图1 寺庄村在甘肃省临夏县的地理位置示意图

图2 寺庄村村口的水泥马路

图3 俯瞰村庄全貌

图4 村民放牛归来

图5 放羊的路上

图6 村中特色农作物——花椒

图7 村民正在用脱粒机脱麦子

图8 村中打工达人马又布一家

图9 村中打工户马尕洒及家人

图10 村民马永祥和他的妻子

图11 村中公务员马明海和他的妻子

图12 村中双胞胎马哈三、马胡才

图13 村民马西明儿子的获奖证书

图14 幸福的马散里海一家

图15 寺庄村阿訇邓马五乃

图16 村中“伊海”牛羊育肥有限责任公司的牛舍

图17 调查人员和村中五保户谭白克

图18 调研组成员和村民马如林交谈中

图19 调研组成员和村民马义华交谈中

图20 调研组成员和村中残疾人马二里交谈中

图21 调研组成员和村中清真寺学东马洒力海交谈中

图22 调研组成员和寺庄村小学校长

图23 调研组师生与村中“全能”商人马木地交谈中

图24 调研组成员与县领导及寺庄村村委会成员合影

图25 调研组成员与村中大学生马腾云交谈中

图26 调研组成员和砖雕制作师傅交谈中

图27 特色手工业——砖雕 （百鸟朝凤、国色天香、富贵迎宾）

图28 用砖雕装饰的古香古色的建筑

图29 寺庄村传统手工艺品——葫芦雕刻（采菊东篱图）

图30 回族特色小吃——花花

图31 回族特色小吃——馓子

图32 寺庄村小学资料室

图33 寺庄村获得的各种荣誉

图34 寺庄村主任马一奴

中国民族经济村庄调查丛书

寺庄村调查

（回族）

周晓丽　党秀云　主编

中国经济出版社
CHINA ECONOMIC PUBLISHING HOUSE
北　京

图书在版编目（CIP）数据

寺庄村调查/周晓丽，党秀云主编．

北京：中国经济出版社，2014．5

（中央民族大学“985”工程中国民族经济村庄调查丛书）

ISBN 978-7-5136-1509-9

Ⅰ．①寺…　Ⅱ．①周…②党…　Ⅲ．①乡村—回族—民族经济—调查报告—临夏县　Ⅳ．①F327．425

中国版本图书馆CIP数据核字（2012）第056145号

出版发行：中国经济出版社（100037·北京市西城区百万庄北街3号）

网　　址：www．economyph．com

责任编辑：余静宜（电话：010-68359421）

责任印制：马小宾

封面设计：华子图文设计

经　　销：各地新华书店

承　　印：三河市佳星印装有限公司

开　　本：170mm×240mm　1/16　　**印张**：21．75　**彩插**：1　**字数**：332千字

版　　次：2014年5月第1版

印　　次：2014年5月第1次印刷

书　　号：ISBN 978-7-5136-1509-9　　**定价**：56．00元

中央民族大学

“211 工程”中国少数民族经济发展研究项目

“985 工程”中国民族地区经济社会发展哲学社会科学创新基地

中国民族经济村庄调查丛书　编委会

本书写作分工

前　　言　周晓丽

第一部分　一、李蔚波；二、林爽；三、林爽；四、罗津；五、陈婷婷；六、饶望飞；七、林爽；八、马子博

第二部分　周晓丽、马子博、林爽、李蔚波、罗津、陈婷婷、饶望飞、布勒格

第三部分　党秀云、周晓丽、马子博、林爽、李蔚波、罗津、陈婷婷、饶望飞、段钰江

总　序

村庄，是农民的聚居地，也是农民生产和生活的社会形式。村庄形成于农业文明时代，在中国最为典型和普遍，迄今依然是中国基本的社会单位。所有中国人，或是生于长于村庄，或是父祖辈来自村庄。村庄是中华民族的根基，是我们走向现代化的立脚点和必须改变其内容和形式的地方。认知中国的现实和历史，一个重要环节，就是了解村庄。

中国的民族经济，包括以下层次：一是以中华民族为主体的经济，二是中华民族五十六个支民族的经济，三是少数民族地区的经济。不论从哪个层次研究，都必须涉及村庄这个基本单位。以往的民族经济研究和行政管理研究，对于村庄的关注，主要是在总体性的统计及对策方面，鲜有对某一村庄的专注的系统调查。这种情况使我们所从事的理论探讨总显得有些飘浮，言不及意，大而不当。反思许久，不能不下决心从小处做起，将村庄调查作为根基，扎实做去。恰"985"项目实施，经费有所保障，故组织本创新基地近百名教师带二百余博士、硕士研究生和高年级本科生，结十五个调查组，计划用六七年的暑、寒假，从五十六个支民族中各选一二典型村庄，深入调查，总百余村，每村一书，为中国民族经济三个层次研究，为政府行政决策，提供基础资料。

百村，不及中国村庄万分之一。我们的村庄调查虽只是抽样性质，但却是探根摸底，力求深入、真实、详细。二〇〇八年夏各组分赴河北、内蒙古、宁夏、云南、广西调查点，历经一月左右，获初步资料。因为首次，困难颇多，思路和方法也要不断调整，秋、冬写作时又各自补充调查。时间虽短，但师生与村官、村民情谊颇深，既为调查提供条件，又为后续补充予以协助。各地党、政机构，对调查全力配合。无此，则调查难以进行。这套丛书，实为共同努力之成果，并赖中国经济出版社黄允成社长、孙岩主任鼎力支持，得以出版。本调查还要持续数年，望读者批评，我们再努力。

劉永佶

二〇〇九年三月十八日

前言

自中央民族大学“985”工程暑期村庄调查从2008年暑假开展以来，已经对中国56个民族中的大部分民族村庄进行了社会、经济和文化发展状况的调查。由于回族人数相对较多，除了大部分生活在宁夏回族自治区之外，我国其他省份也有回族自治州，那么生活在这些地方的回族村民会是什么样子呢？为了能够对这些地方村民的政治、经济、社会和文化生活有一个深入细致的了解，2011年暑期，课题组负责人周晓丽副教授把调研地点确定为甘肃省临夏回族自治州临夏县的寺庄村。

甘肃，对于一些人来说似乎是贫穷落后与干旱缺水的代名词。2011年在调研开始之前，据了解，大部分研究生宁愿去社会安全事件较多的新疆也不愿意去甘肃。难道甘肃真的是干旱缺水、贫穷落后的地方吗？2011年7月到8月间，半个多月的村庄调查使我们对甘肃的印象大大改变。

走进寺庄村，首先看到的是郁郁葱葱的树木，一棵接一棵，一片连一片，即使在最炎热的夏天，走在树荫下也不会感到丝毫的炎热，而是阵阵的凉爽。脚下是一条宽敞的水泥路，还有一些稍微窄一点的水泥路直通村民家中，据说都是这几年政府为了村民出行方便，注重道路硬化的结果。此外，一条清澈的夏河唱着歌自西向东穿越林子和村庄，十几只鸭子自由自在地在水面上嬉戏，看到我们走近，它们一个个仰着头看着我们，好像对我们说：“欢迎！欢迎！看我们的村子多美呀！”不远处，长满庄稼的山坡和着朵朵白云，真像是走进了人间仙境，使我们不由自主地深吸口新鲜的空气。

在县政府相关领导和村长马一奴的介绍下，我们对寺庄村的情况有了进一步的了解。行政区划上寺庄村隶属甘肃省临夏回族自治州临夏县麻尼寺沟乡。地理区域上寺庄村地处老鸦关河河滩地区，西高东低，大夏河的支流老鸦关河从村口流过。北面与赵家村、寺坡村隔河相望，西面与郭东山村相接，东面与扎麻村相邻。寺庄村离县城所在地韩集镇5公里，距州政府所在地23公里，距省会兰州市约170公里。目前寺庄村下辖4个自然村，有8个村民小组，其中磨牙有4社、寺庄有2社、当家有1社、肖家有1社，现共有404户，2020人，其中劳动力人口1212人。

为更加深入地了解当地群众的具体情况，在县政府干部和村干部的帮助下，我们挨家挨户进行走访，了解村民的生活状况、经济情况，对政府的期望和要求，等等。在调查走访中，我们看到的是村民的感激和期盼，感到的是村民们发自内心的淳朴和热情，至今一些人物形象和镜头仍定格在我心中，使我终生难忘。

忘不了临夏县县长马正业在繁忙的工作中为我们介绍临夏县的基本情况，并为调研工作进行了周密细致的安排；忘不了临夏县发改局马云龙局长对当地发展中存在的问题和看法的精辟讲解和论断；忘不了文化局王辉忠对文化工作的热情和付出，更感谢他对文化工作的思考和看法及其对我们研究工作的意义；忘不了临夏县政府办公室副主任马成林、司机马生林、寺庄村主任马一奴在我们调研期间的陪伴，没有他们耐心细致的工作、精确的翻译，就没有我们工作的顺利完成。感谢在临夏县调研期间所有关心照顾过我们的领导和朋友！感谢淳朴、善良的村民！所有的感激之情浓缩为“谢谢！”

另外，调研工作的顺利完成，离不开调研组所有成员，他们是马子博、饶望飞、李蔚波、林爽、罗津、陈婷婷等本科生和研究生。他们的热情和努力令我难忘，他们的投入和执着令我动容，他们的勤奋和务实令我永远难忘！愿他们都有一个美好的未来！

本书由周晓丽副教授拟定调研提纲和写作计划，在书稿的整理过程中，研究生张晓楠、李虹都付出了许多辛苦和时间。由于民族村庄调查涉及诸多部门，其经济社会的发展也涉及诸多领域，本团队水平和写作时间有限，书中错讹之处在所难免，其中错误和疏漏之处请广大读者见谅，恳请读者、专家提出宝贵的批评意见。

编　者

2011年10月18日

目 录

第二部分　农户

第一部分　村庄

一、寺庄村概况

（一）区位、人口及资源概况

1. 区位概况

寺庄村行政隶属甘肃省临夏回族自治州临夏县麻尼寺沟乡。

临夏回族自治州位于黄河上游，甘肃省中部西南面，东邻洮河与定西地区相望，西倚巍峨雄壮的积石山与青海省毗邻，南靠奇峻翠秀的太子山与甘南藏族自治州搭界，北濒湟水与省城兰州接壤，地处青藏高原与黄土高原的过渡地带，介于东经 102°41′至 103°40′，北纬 34°57′至 36°12′之间，东西长 136 公里，南北长 183.6 公里，总面积 8169 平方公里。临夏是全国两个回族自治州之一（另一个为新疆昌吉回族自治州），秦汉王朝时就在此设县、置州、建郡，古称枹罕，后改河州、导河，是历代兵家必争之地，唐蕃古道之重镇，茶马互市之中心，有“河湟重镇”之称。

临夏县是中国古代民族之间往来和迁徙的通道。东经牛津河、广通河、洮河和渭河河谷可达关中，北渡黄河，经永靖、民和与湟水谷地相通，是古代丝绸之路南道的必经之地。秦汉以来羌汉夺地战争从未停止过。东晋高僧法显西去印度，北魏宋云去天竺，隋炀帝去河西及众多的商贾、使节，都是经过这条道路的。沿大夏河谷而上，是通往河曲、羌塘和川北的捷径。经老鸦关河谷向西，翻越达里加山垭口，可达青海省循化县。今有公路北到兰州，东达临洮，西至西宁，仍为通往甘南、青海的交通要道。

麻尼寺沟乡成立于 1955 年 12 月，位于临夏县西南面偏僻山区，双达公路穿境而过，东迎韩集，西接青海省循化县，南连漠泥沟，北与掌子沟相邻，南北长 5.4 公里，东西宽 24 公里，总面积 64.8 平方公里，平均海拔为 3237 米，境内达里加山海拔 4636 米，为临夏第一高峰。

此次项目组展开调研的寺庄村就位于麻尼寺沟乡东南部，是回族聚居的村庄。寺庄村地处老鸦关河河滩地区，西高东低，大夏河的支流老鸦关河从村口流过。北面与赵家村、寺坡村隔河相望，西面与郭东山村相接，东面与扎麻村相邻。寺庄村离县城所在地韩集镇 5 公里，距州政府所在地 23 公里，距省会兰州市约 170 公里。

临夏县属温带大陆性气候，冬无严寒，夏无酷暑，四季分明，气候适宜，空气新鲜，清爽宜人。年均气温 6.3℃，最高气温 32.5℃，最低气温 -27.8℃，年平均降水量 537 毫米，蒸发量 1198 毫米至 1745 毫米，日照时数 2572.3 小时，无霜期 137 天。村庄周围重峦叠嶂，河流纵横，物产丰富，气候温和，风景优美。

2. 人口状况与劳动力结构

寺庄村下辖 4 个自然村，有 8 个村民小组，其中磨牙有 4 社、寺庄有 2 社、当家有 1 社、肖家有 1 社。寺庄村共有 404 户，2020 人，其中劳动力人口 1212 人。截止到 2010 年，全村共有 1837 人参加新型农村合作医疗；12 人参加新型农村社会养老保险。

村中绝大部分人姓马，其余几大姓氏分别为肖、谭、王、张、白。

从民族构成上看，全村有少数民族人口 1835 人，全部为回族，占全村总人口的 90.84%。因此，全村以回族村民聚居为主，是典型的回族特色村寨。

从经济发展程度上来看，寺庄村经济发展缓慢，在全乡经济发展水平中排名第六，被列入全国 15 万重点贫困村。全村低收入贫困户 162 户，751 人，占总人口的 37.18%；绝对贫困户 9 户，27 人，占总人口的 1.34%。全村纳入低保人口 119 户，401 人，占总人口的 19.85%。

从劳动力构成上看，全村共有劳动力 1212 人，占全村人口的 60%。其中劳动力中的文盲、半文盲有 20 人。上年参加各类培训的人数为 250 人；输出转移劳动力人数为 190 人。

表 1－1　　寺庄村户数、人口、劳动力统计表

社名	农业户数（户）	农业人口数（人）	农村劳动力数（个）
一社	70	366	198
二社	52	262	159
三社	61	292	186
四社	50	258	158
五社	35	150	107
六社	46	231	136
七社	42	225	143
八社	48	236	125
总计	404	2020	1212

寺庄村有各类残疾人共 83 人，其中男性 53 人，女性 30 人。听力残疾 16 人，语言残疾 13 人，视力残疾 21 人，肢体残疾 10 人，智力残疾 13 人，精神残疾 10 人。其中残疾儿童 10 人。为了更好地帮助村中残疾人解决生活、康复、就业、教育等问题，寺庄村成立了残疾人协会，积极协助残联及村委会开展各项工作，依法维护残疾人的各项权益，引导残疾人自尊、自信、自强、自立，积极为社会做贡献。

3. 土地资源与农业发展

寺庄村 2009 年年底人均纯收入 1129 元，总耕地面积 1979.2 亩，人均耕地 0.98 亩，人均粮食占有量 167.48 公斤。

寺庄村主要农作物有小麦、玉米、蚕豆、马铃薯等，油菜籽则为本村主要的经济作物。蚕豆是当地的传统优势作物，粒大味美，营养丰富，是外贸出口的主要粮食品种之一。由于寺庄村所在地区地势较高，无霜期短，积温不足，不利于农作物生长，所以其农作物和经济作物的品种较为单一，农业经济基础薄弱。

据村民介绍，村中耕地多为旱地，无法灌溉，适合种植的农作物很少，早年村中曾大面积种植青稞，但由于自然灾害频发，相当大一部分粮食生产处于广种薄收的状态，产量低而且不稳定，有很多家庭的粮食产量还不够自家人口粮。随着近几年来新品种小麦的推广种植，因其耐旱能力强，对当地气候适应性较好，产量相比种植青稞普遍增收二至三成。

针对本村农作物结构单一的具体情况，村中今年引进了双垄沟播玉米新技术。一方面探索新的经济作物，调整种植结构；另一方面玉米的秸秆还可以用来喂养牛羊等牲畜，以达到村中农业和养殖业的互利共赢。

推广初期，由于山阴地区群众没有种植玉米的习惯，大部分群众对这项农业新技术不太了解，思想上顾虑重重，不愿意种植。于是，村党支部书记拜林带头在自家地里试种了2亩双垄沟播玉米，当年便获得了丰收。不仅如此，村主任马成雄创办的伊海牛羊育肥有限公司还承诺乡亲们的玉米秸秆由公司不低于市场价格全部收购。乡亲们看到双垄沟播玉米的种植不仅大获成功，还有公司的收购承诺，纷纷到公司签订种植合同，准备来年种植。

目前，全村已签订种植合同250多亩。双垄沟播玉米的种植，既能为村民家里的牛羊提供丰富的饲料，又具有较高的经济价值，有利于增加村民收入。村主任表示将会继续动员村民种植双垄沟播玉米，希望通过几年的时间，使玉米发展成为像和政县的油菜、永靖县的花椒这样的品牌，做出自己的优势产业。

（二）村庄组织结构

寺庄村的机构主要包括七大组织：寺庄村党支部、寺庄村村民委员会、寺庄村村民评议小组、寺庄村团支部、寺庄村妇女代表会、寺庄村治保调解组和寺庄村民主理财组。

1. 寺庄村党支部

寺庄村党支部设书记一名，委员4名，共有党员19人，其中男性18名，女性1名。

村党支部的职责是贯彻党的路线、方针、政策和上级党组织以及本级党员大会的决议；讨论决定本村经济、社会发展中的重要问题，需由村民委员会和村民会议或集体经济组织按照法律和有关规定做出决定；领导和推进村级民主决策、民主管理、民主监督，领导、支持和保障村民依法开展自治活动；领导村民委员会、团支部、妇代会、治保调解组、民主理财组等群众性组织，支持和保证这些组织依照各自章程充分行使职权。

表 1－2　　寺庄村党支部现任组织成员情况统计表

姓名	职务	性别	出生年份	民族	文化程度	入党时间
拜林	书记	男	1963	回族	初中	1992
马成雄	委员	男	1960	回族	初中	2001
马文义	委员	男	1959	回族	初中	1992
拜夕力麦	委员	女	1946	回族	小学	1987
马学龙	委员	男	1953	回族	初中	1989

2. 寺庄村村民委员会

寺庄村村民委员会设主任1名，文书1名，委员3名，是村民进行自我管理、自我教育、自我服务的基层群众自治性组织，实行民主选举、民主决策、民主管理、民主监督。

村委会的主要职责如下：

第一，宣传贯彻宪法、法律、法规和国家的政策，维护村民合法权益，教育和推动村民履行法律、法规规定的义务，发展文化教育，普及科技知识，促进村与村之间的团结、互助，并积极开展多种形式的社会主义精神文明建设活动；

第二，依照法律规定，管理本村属于村农民集体所有的土地和其他财产，教育村民合理利用自然资源，保护和改善生态环境；

第三，支持和组织村民依法发展各种形式的合作经济和其他经济，承担本村生产的服务和协调工作，促进农村生产和社会主义市场经济的发展；

第四，尊重村集体经济组织依法独立进行经济活动的自主权，维护以家庭承包经营为基础，统分结合的双层经营体制，保障集体经济组织和村民、承包经营户、联户或者合伙的合法的财产权和其他合法的权利和利益；

第五，举办和管理本村的公共事务和公益事业；

第六，组织实施本村的建设规划，兴修水利、道路等基础设施，指导村民建设住宅；

第七，依法调解民间纠纷，协助维护本村的社会治安，向人民政府反映村民的意见要求和提出建议；

第八，向村民会议或者村民代表会议报告工作并接受评议，执行村民会议或者村民代表会议的决议、议定；

第九，建立健全村务公开和民主管理制度。

表1－3　　寺庄村村民委员会成员情况统计表

姓名	职务	性别	出生年份	民族	文化程度	入党时间
马成雄	主任	男	1960	回族	初中	2001
马文义	文书	男	1959	回族	初中	1992
马牙古白	委员	男	1974	回族	初中	-
马永良	委员	男	1958	回族	初中	-
马舍有	委员	男	1951	回族	初中	-

3. 寺庄村村民评议小组

为了使党在农村的各项路线方针政策得到进一步的贯彻落实，增加基层工作透明度，使广大农民群众都能参与到关系切身利益的重大事项的决策上来，确保各项惠民资金都能够用到实处，减少和预防乡村干部以权谋私和干群矛盾纠纷的发生，寺庄村成立了村民评议小组。

村民评议小组自成立以来，按照“一事一议”的原则，进行民主讨论、集体决策，在危房改造、村社道路建设、低保户评审、扶养分配等扶贫项目和村级公益事业建设中发挥了重大作用。

表1－4　　寺庄村村民评议小组成员情况统计表

组　长	拜林	
副组长	马成雄　马文义	
成　员	一社	马洒力海、马海麦、马力克、马社有、马麻乃
	二社	马一四哈、马海麦提、马麻乃、马牙古白、马哈力麦、马牙古、马哈三、马满苏、马由卜
	三社	马福良、肖占良、谭成才、马正良、马尕舍
	四社	马一沙、马一俩四、马忠良、马奴海、马黑牙
	五社	马福祥、马维国、马哎都、马进昌、周海乃飞
	六社	马洒力、肖文明、周一四夫、马二地力、马木洒
	七社	拜一四夫、马一四哈、周五麦、周尕都、拜艾有卜、马英知、马一四夫、马西麦、李色有卜、杨牙古白
	八社	马牙古、康玉成、姚百岁、张发才、马尕哈、马麻二力

4. 寺庄村团支部

寺庄村团支部在村党支部、上级团支部的领导下，开展村团支部的日常工作。主要负责维护本村青年利益，了解青年需求，掌握青年思想动态，做好经常性的思想政治工作，及时反映并会同有关部门解决一些实际问题。

寺庄村团支部一共有3名成员，由马国志同志担任书记，两名委员分别为马哈米东和马二黑。

5. 寺庄村其他组织

寺庄村妇女代表会是中华全国妇女联合会在寺庄村的基层组织，是党和政府联系寺庄村妇女的桥梁和纽带。寺庄村妇女代表会在村党支部的领导下，积极代表和维护妇女权益，促进男女平等、团结，引导广大妇女在建设社会主义新农村中发挥积极作用。

寺庄村治保调解组以村党支部为领导核心，由村主任马成雄牵头成立，一共有4名成员。自成立以来，在本村积极宣传反邪教、崇尚科学、关爱家庭、珍惜生命的进步思想；宣扬尊老爱幼、男女平等、邻里团结的优良传统；帮助村民调解民事纠纷，防治违法犯罪事件，减少群众性上访事件。同时，积极做好归正人员的帮教工作，预防重新犯罪，维护农村社会稳定。

为了进一步健全财务监督机制，强化村中民主理财，增加资金使用透明度，提高资金使用效益，寺庄村成立了民主理财组，由村文书马文义担任组长。理财小组自成立以来，积极履行职责，在监督村中财务资金使用情况、加强农村集体资产管理、审计基建维修项目等工作中发挥了重要作用。

表1-5　寺庄村妇代会、治保调解组、民主理财组组成情况表

组织名称	组成情况	
	组长	成员
妇代会	拜帅力麦	马八姐、马尕香
治保调解组	马成雄	谭成才、马永良、韩白晓
民主理财组	马文义	马进良、马哈比不、马以四麻

除了七大组织之外，寺庄村还成立了“寺庄村禁毒工作领导小组”、

“寺庄村公路管理养护小组”、“妇女儿童维权小组”、“寺庄村计生领导小组”等村级组织，这些组织在其各自具体职能上配合村党支部和村委会开展工作，有力地促进了寺庄村禁毒、公路管理养护、计生等工作的顺利进行。

（三）整村推进与IFAD农村发展项目

1. 扶贫开发参与式整村推进项目

从2000年开始，甘肃省在3349个村实施了扶贫开发参与式整村推进项目，此项目以扶贫开发工作重点村为对象，以增加贫困群众收入为核心，以完善基础设施建设、发展社会公益事业、改善群众生产生活条件为重点，以促进经济社会文化全面发展为目标，整合资源、科学规划、集中投入、规范运作、分批实施、逐村验收，是甘肃省扶贫工作的一大工程。

寺庄村作为项目的重点实施村，始终贯彻以群众选择、群众管理、群众监督、群众受益为宗旨，项目建设取得了重大成果。

危房改造项目：改造贫困户危房18户，54间。每户补助建筑用水泥砖9000块，水泥5吨。项目总投资31.03万元，其中财政拨款10.6万元，自筹资金18.03万元，配套资金2.4万元（县民政局投资，用于改造特困户危房4户，12间）。

养殖业项目：改造圈舍12户，24间；扶羊84户，435只。有9户计生户，每户扶羊7只，其余有74户，每户扶羊5只，1户扶羊2只。项目投资48.1万元，其中财政拨款25.9万元，自筹资金22.2万元。

道路建设项目：硬化村社道路3.6公里，路面厚20厘米，宽3.5米，边沟宽0.5米。项目投资105万元，其中财政拨款10万元，自筹资金50万元（其中群众“一事一议”筹资3.03万元，筹劳12120工日，每个工日20元，筹劳折资24.24万元），配套资金45万元（县交通局投资，用于硬化道路3公里）。

人饮工程项目：实施人饮工程一处，埋设管道2000米。项目投资10万元，全部来自于财政拨款。

村委会建设：维修村办公室4间，新建围墙30米。项目投资3万元，全部来源于财政拨款。

种植业及科技培训：种植脱毒马铃薯200亩，培训农民技术员200人次。项目投资5.5万元，由财政直接拨款实施。

为了更好地实施整村推进项目，在项目实施过程中，村中成立了项目实施小组。由马如昌担任组长；马文华、拜林担任副组长；小组成员有刘俊杰、卢建春、马福祥、李志和、马成雄、马文义。该小组负责整个项目的制定方案、招标采购、项目建设、检查验收、资金使用等环节，协调解决项目实施过程中出现的有关问题。

根据寺庄村的实际情况，项目组还成立了分项目能力建设小组——养殖协会，由村支书拜林担任会长，村主任马成雄担任副会长，协会成员有马文义、马麻乃、马目的、马虎赛、马安有不、马萨里、马舍木、拜一丝扶、马永亮。

在养殖业扶羊项目实施过程中，临夏县扶贫办还根据当地情况创设了扶羊滚动新模式，即“531”的扶羊滚动模式：“5”是指每个贫困户原则上投放5只羊，“3”是指滚动给第一轮滚动扶羊户3只羊，“1”是指滚动给村委会1只羊，村委会的1只羊按当年市场价由村上负责出售后作为村上的村级发展互助资金，周转使用，滚动发展。

截至2010年，全村共完成项目投资202.63万元，其中财政拨款653万元，自筹资金90.23万元，配套资金47.4万元。

寺庄村自实施整村推进项目以来，不仅彻底解决了群众行路难等关系到村民切身利益的问题，而且全村人均收入大幅度增加，村民的居住环境、生活条件也有了较大改善，有力地推进了全村经济社会的平稳、快速发展。

2. IFAD农村综合发展项目

IFAD，国际农业发展基金会，在甘肃省首次实施的这一项目，主要是提供优惠贷款，推动贫困地区的农业和农村经济持续、健康发展，改善基础设施，改善生活条件，逐步消除农村贫困，帮助老百姓脱贫致富。

为了进一步加大IFAD农村综合发展项目的贯彻落实力度，使群众早日脱贫致富，不断提高广大妇女的地位，寺庄村成立了IFAD农村综合发展项目实施小组，制定了详细的村级发展规划。通过项目实施，积极为贫困群众提供项目扶持，有力地推动了全村经济社会的快速发展。

表 1-6　　寺庄村 IFAD 农村综合发展项目实施小组名单

职务	姓名（身份）
组　长	马成雄　　（村委会主任）
成　员	马文义　　（村会计）
	谭成才　　（社长）
	马哈录乃　（群众代表）
	马八姐　　（群众代表）
	马法土麦　（自管小组长）

项目宗旨：筹措资金，以优惠条件提供给农村村民，用于发展粮食生产，改善他们的食物营养，逐步消除农村贫困现象。

项目实施期限：六年，即 2006 年 8 月至 2012 年 9 月。

项目内容：以土地为基础的活动、农村金融服务、社会发展和项目管理 4 个大项，主要包括作物开发和新技术推广；灌溉和土地改良；牲畜与草场；植树造林，改善生态环境；农村金融服务；医疗卫生条件改善；基础教育；开展以妇女为主的创收活动；人畜饮水；管理资源等 13 个项目。

表 1-7　　IFAD 农村综合发展项目实施细则

项目内容		单位	分项活动指标解释
农业	农作物试验	亩	每亩投入补助 2000 元，主要用于租地费、种子、化肥、农药、投工等费用
	农作物示范	亩	每亩投入补助 540 元，其中 360 元主要用于种子、化肥、农药等费用，另外投工折合 180 元
水利	梯田	亩	每亩投入补助 700 元，其中材料费 50 元，技工 150 元，投劳 500 元
	灌溉水窖	眼	每眼投入 2555 元，其中材料费 1870 元，技工 165 元，工程费 140 元，投工 380 元
	人饮管网	户	每户投入 2154 元
畜牧	紫花苜蓿、红豆草种植	亩	每亩投入补助 130 元，其中 80 元主要用于种子、化肥等，另外投工折合 50 元
	饲草种植试验	亩	每亩投入补助 300 元，其中 200 元主要用于种子、化肥等，另外投工折合 100 元

续表

项目内容		单位	分项活动指标解释
畜牧	抗旱饲料示范	亩	每亩投入补助275元，其中200元主要用于种子、化肥等，另外投工折合75元
	秸秆氨化池	个	每个投入补助275元，其中200元主要用于修建费用，另外投工折合75元
	小牲畜饲养	个	每个投入补助875元，其中800元主要用于购买小牲畜，另外投工折合75元
	畜种改良	个	每个投入补助3075元，其中3000元主要用于畜种改良、圈舍改良，另外投工折合75元
林业	地埂植树	亩	每亩投入补助475元，其中300元用于树苗、160元用于化肥等费用，另外投工折合15元
	村级动员	个	每个村级动员补助200元，主要用于培训材料、补助等
	农户植树示范	亩	每亩投入补助780元，其中300元用于树苗，180元用于化肥等费用，另外投工折合300元
	村级植树	亩	每亩投入补助600元，其中300元用于树苗、160元用于化肥等费用，另外投工折合140元
	苗圃育苗	亩	每亩投入补助2800元，其中1300元用于树苗、化肥等费用，另外投工折合1500元
信用社	小额信贷	万元	小额信贷每户3000~5000元，利率是6.0725‰
文教	教学点修建	所	每所投入1万元，其中IFAD投入9000元，政府自筹1000元
	村中心小学修缮	所	每所投入3.5万元，其中IFAD投入3.15万元，政府自筹3500元
	村小学设备	万元	每所投入1万元，主要用于课凳、电脑等教学设备的购置
卫生	产前检查	人	每人三次检查，检查费补助30元，交通费30元（每次各10元）
	分娩补助	人	每人分娩补助医药费、检查费80元，交通费10元（高危分娩补助费750元，交通费20元，合计770元）

续表

项目内容		单位	分项活动指标解释
农民培训	农业培训	人	一次培训4天，每人补助15元，主要用于农民误工补助、培训材料、教师授课补助等
	林业培训	人	一次培训4天，每人补助15元，主要用于农民误工补助、培训材料、教师授课补助等
	畜牧培训	人	一次培训4天，每人补助15元，主要用于农民误工补助、培训材料、教师授课补助等
	妇女健康培训	人	一次培训4天，每人补助15元，主要用于农民误工补助、培训材料、教师授课补助等
	扫盲培训	人	培训50天，每人每天补助5元，主要用于农民误工补助、培训材料、教师授课补助等
	技能培训	人	培训15天以上，每人共计补助362元
	村医培训	人	连续培训三年，共培训16天，上半年培训8天，下半年培训8天，共补助650元
	妇女保健员培训	人	连续培训三年，共培训16天，上半年培训8天，下半年培训8天，共补助650元
	畜牧村技术员培训	人	连续培训三年，每人每年培训4天，共补助47元
职员培训	农业/林业/畜牧技术人员、信用社工作人员培训	人	每人每年培训2期，共培训16天，上半年培训8天，下半年培训8天，每天补助150元
	卫生乡镇医生	人	每人每年培训5个月，每人补助4800元
	教师入门培训	人	每人每年培训5个月，每人补助3850元
	代课教师培训	人	每人每年培训5个月，每人补助7500元

IFAD农村综合发展项目在寺庄村的实施，取得了良好的社会经济效益，

使寺庄村生产条件和生态环境明显改善，农民科技文化素质进一步提高，脱贫致富的步伐明显加快。通过扫盲、妇女创收、卫生保健、农林牧科技知识等培训，使贫困群众从中直接受益，村民思想观念得到进一步转变，科技文化素质不断提高，脱贫致富步伐明显加快。

（四）村庄历史及民族渊源

1. 村庄历史

寺庄村得名于村庄以西远近闻名的八里寺。八里寺为藏传佛教寺院，自古以来香火旺盛，朝拜者络绎不绝。“寺庄”这个名字也是由古时在此居住的藏族人所起，村名一直沿用至今，不曾改变。

该村又分为两个庄子，位于村子西侧的叫寺庄，约有160户人家；位于村子东侧的叫磨牙，约有240户人家。传说磨牙原来有个水磨，旁边一户人家养了很多鸭子，后来人们根据谐音就把这个地方称为磨牙。

该村地处老鸦关河河滩地区，相传早年此地大树较多，适宜老鸦生存，有很多老鸦栖息于此，因此人们把此地叫作老鸦关，把流经老鸦关的小河叫作老鸦关河。

寺庄村原来是藏族人在此居住，后来因为此地气候环境恶劣，自然资源少，不利于生产生活，藏族人先后南迁，到达了今天的甘南藏族自治州境内。大约在清朝末年，有三个回族商人游商至此，在此开荒定居，繁衍生息，慢慢就形成了村落。寺庄村是由回族村民长时间聚居而自然形成的村落，并且历史上并没有大规模的人口迁入迁出，因此村民相互之间大多具有血缘关系。

村子西南侧还有一个范家庙，是道教寺庙。相传有一年冬天大雪封山，天气异常寒冷，有个商人来到此地，发现竟然有牡丹花盛开，非常惊奇，便出资在花开的地方修建了寺庙，因此人姓范，便把寺庙命名为范家庙。时至今日，范家庙里仍有道人住持，每逢初一和十五有很多附近的汉族人来到庙里上香祈福。

2. 民族渊源

寺庄村是以回族聚居为特点的村落，回族人口占到了总人口的90.84%。

历史上，河州为回族发祥地之一。唐代，经丝绸之路来中国的大食信使、商旅不绝于道。处于要冲的河州也有不少大食人留居。宋代，随着丝绸之路河湟路的繁盛，大食使者蜂拥而至，“往往散于陕西诸路，久留不归”，贡使、商贾和传教的西域人在熙河等地的榷场、买马场、茶马司进行茶马丝绢交易，传播伊斯兰教，留居河州。历史上称之为蕃客和蕃商，也有称为番客和番商，成为临夏回族的先民。寺庄村就是由当时的三个回族商人定居此地而自然形成的。

史书记载，包括河州在内的西北大姓马姓，多自西域来。马姓，也是寺庄村比例最大的姓氏。居住于洮河东西地区的马姓，即是杜甫诗中所指“花门贵种”（意为西域人）。金史记载，恒州刺吏马庆祥，小名西里吉斯，宣和之中季，与种人居临洮之狄道，其后辈著名诗人马祖常自述“昔我七世上，养马洮河西”，即在唐代中后期，其祖上与同种人居住洮河以西河州地区，养马为业，世代不绝。

当地回族形成前，多使用阿拉伯语、波斯语和汉语。由于长期和汉族等民族杂居，汉语成分日益增多，汉语逐渐成为回族的基本语言，也保留、融合一些阿拉伯语和波斯语词汇。当地回族文化，既保留原有阿拉伯、波斯等西亚文化传统，也吸收了许多汉族文化特点。在长期使用汉语后，汉族文化的比重大为增加，汉语、汉文成为当地回族民众交际的主要工具。

（五）寺庄村发展存在的问题

通过对村庄的调查，课题组发现了村庄在发展过程中存在的主要问题如下：

1. 教育发展缓慢

寺庄村的教育存在着诸多问题：

一是学前教育缺失。寺庄村没有幼儿园，只有一所小学，村中儿童几乎都是六七岁才入学。另外，村中大部分家庭青壮年都外出务工，家中只有老人抚养孩子，加之村民普遍文化素质不高，老年人更是缺乏科学文化知识，因此不能给予孩子良好的家庭教育，小学老师普遍反映学生入学基础薄弱，教学难度较大。

二是中学教育半径过大，学习布局无法趋于合理。寺庄村没有中学，最近的中学在临夏县政府驻地韩集镇，距离寺庄村还有十几公里路程，学生上学路途遥远，大部分中学生选择住校学习，不仅缺乏家长监护，对当地大部分家庭来说经济压力也较大。

三是对教育的投入相对不足，教育基础设施比较薄弱。寺庄村仅有的小学不仅条件简陋，而且缺乏师资力量。去年学校经多方筹集资金才硬化了校园路面，增设了唯一的体育设施篮球架。学校教学活动存在诸多限制与不便。

四是群众观念落后，送子女上学的积极性不高。村中大部分家庭缺乏对子女教育的重视，让孩子小学毕业就跟随大人外出打工，村民教育观念落后，只能看到眼前的经济利益，看不到教育所带来的长远利益。

五是失、辍学现象严重。寺庄村还有贫困户 162 户，因此贫困失学现象较为严重。据统计资料显示，寺庄村 2010 年失、辍学学生一共有 9 人，除 2 人是因为身体原因外，其余 7 人皆因家庭经济条件困难而辍学。

近年来，全村上下牢固树立“治穷先治愚”的思想，全面落实教育优先发展战略，加大宣传力度，努力使村民改变传统观念。村口的一处标语给了村民最为直接的警示：今天的文盲，就是明天的贫困户！

2. 村庄环境日益恶化

由于村民缺乏环保意识，寺庄村存在柴草乱堆、垃圾乱倒、污水乱流、牲畜乱放等脏、乱、差现象，农村生活垃圾乱堆乱倒、废水任意排泄等问题较为严重。同时，在农业生产中大量使用化肥、农药、地膜等也使该村土壤环境遭受不同程度的破坏。

为此，要加大对农村生活基础设施建设的投入，集中有效处理生活垃圾和生活污水；要推广使用科技环保的农业生产方式，推广使用高效低毒农药和可降解地膜；加强对寺庄村伊海养殖场排污情况的监督管理，减少农业自身导致的污染，积极保护和改善村庄的生态环境。

3. 农村建设规划滞后

长期以来，寺庄村的建设处于“各自为政、自我发展”的状态，缺乏整体和长远规划。存在乱搭乱建、杂乱无章、重复建设现象，并且很多农民受封建迷信等陋习的影响，不听从科学规划，依据风水选址定向，严重阻碍了村庄科学规划和有序建设，也增加了农村管理的难度。

为此，要进一步加大对农民的宣传力度，让农民充分了解新农村建设的各项方针政策，认识到科学规划建设的好处及必要性，转变农村居民传统观念，破除封建迷信思想，让农民真正参与到新农村建设中来。

4. 村民思想观念落后

近年来，随着寺庄村外出打工人员的增多以及受教育面的不断扩大，村民的思想观念发生了很大变化，文化水平也不断提高。但部分农村居民封建思想、宗族观念及迷信思想根深蒂固，小农意识浓厚，只看重眼前利益及局部利益，不重视长远利益及整体利益；法律知识贫乏、法制意识淡薄，违法违纪行为仍有出现，村民整体素质还有待进一步提高。

因此，要加大对农民的教育宣传力度，转变农村居民知足常乐、故步自封、回避风险、不讲效率的生活生产态度，增强自立意识、商品意识、竞争意识、效率意识、法制意识，使村民的整体素质得到提高。

5. 村民普遍缺乏发展资金

寺庄村大部分农户目前没有过多储蓄存款，因此在发展过程中，资金短缺在很大程度上限制了村庄经济的发展速度和规模。贷款政策不对口，大部分农户因没有抵押物无法获取贷款，手续烦琐，限制条件多，在一定程度上压抑了群众贷款发展经济的积极性。

寺庄村领导针对当地实际情况，充分调动资源，依托养殖业实现农民增收。村委会以村中伊海养殖场作为抵押，替农民申请小额贷款，用于发展家庭养殖业；同时，积极探索“公司 + 农户”的产业模式，给予农户养殖技术指导，并把农户的牛羊纳入到公司的销售渠道中，解决了农民的销售难题，为村民解决了实际困难，带领村民共同致富。

6. 红白喜事花费过大

受传统观念及民族习俗影响，寺庄村村民在红白喜事方面的花费过于庞大。在调查过程中我们了解到，“人情消费”已成为当地不少农民的负担，婚丧嫁娶、建房乔迁、升学参军等送礼少则 50 元、100 元，多则数千元、上千元不等。普通农户每年在这方面的花费，少则数千元，多则上万元。有些贫困户经济来源单一，红白喜事的支出竟然占到了家庭总支出的近一半。虽然从传统角度来说，参加红白喜事随礼是亲朋好友互相帮助的美德，但也要根据自身实际情况，量力而行。

因此应该号召广大村民摒弃请客送礼、铺张浪费的陋习，以崇尚节俭为荣、以大操大办为耻，以艰苦朴素为荣、以爱慕虚荣为耻，以移风易俗为荣、以封建迷信为耻，改变传统观念，降低人情消费，争做文明新风的积极倡导者、主动传播者和自觉实践者。

（六）寺庄村经济发展思路

1. 发挥区位优势，鼓励村民外出经商

寺庄村地处黄土高原与青藏高原、中原农区与高原牧区、温带与寒带的过渡地带的中心和枢纽位置，是甘南牧区和中原农区两大经济板块的交址地带，两地的生产、生活方式差异较大，互补性很强。一方面，牧区需要的生活和生产物资从这里采购或途经运送；另一方面，牧区生产的牛羊活畜及其副产品，在这里加工、包装、销售或通过此处运往全国各地。

自古以来，寺庄村所处河州就是汉族与少数民族、农区与牧区“茶马互市”的中心，回族商贩主要把内地产的丝绸、瓷器、茶叶、食品、日用百货等运往广大牧区销售，转而再把牧区的皮毛、蹄角等畜产品收购到手，运到河州集散之后再销往内地。长期以来，当地回族商贩就充当着牧区和农区之间“脚夫”的角色，河州也因此成为西北最大的“旱码头”之一。

近些年来，青藏高原的皮毛、冬虫夏草，新疆的和田玉、中药材在内地大受追捧，冬虫夏草、和田玉的价钱更是一路飙升。这些特产之中都蕴藏着巨大的商机，成为寺庄村人外出经商新的经济增长点。

寺庄村地上少良田，地下无矿藏，虽无“硬”资源，但有巨大的“软”资源。这里不仅自古以来就是“茶马互市”的中心，更重要的是在我国各民族中，回族是唯一“以商起族”的民族，寺庄村是回族聚居的村落，他们继承了祖先的经商传统，善于经商，拥有巨大的经济潜能。

要打好地缘优势这张“牌”，办法就是把国家对少数民族地区经济的扶持政策与回族村民善于经商的优势结合起来，再造“茶马互市”的辉煌，振兴民族经济。

2. 依托传统优势，大力发展养殖业

寺庄村人均耕地只有0.9亩，70%的耕地分布在干旱缺水的山区，人多地少，十年九旱，粮食产量低而不稳，发展传统种植业存在着种种困难。与此同时，发展养殖业却有着得天独厚的条件：第一，村子周围草坡宽广，农作物秸秆丰富；第二，寺庄村是一个回族聚居村落，历史上就有养殖牛羊、食用牛羊肉、生产清真肉食品的传统；第三，在地理位置上自古以来就是丝绸古道上的旱码头，是西北几省重要的牛羊贩运集散地之一；第四，随着国

内人们生活水平的提高和饮食结构的变化，牛羊肉需求量日益增加，市场前景广阔。综合以上情况和有利因素，寺庄村应该大力发展畜牧养殖业。

寺庄村农户喂养的牛羊，大多使用天然牧草喂养，没有或极少使用人工饲料，不受各类饲料添加剂的影响，更不存在转基因等食品安全方面的争议，是真正意义上的绿色食品。不仅如此，当地的牛羊由阿訇和符合条件的穆斯林专业人员屠宰加工，严格遵循伊斯兰教义规范，是所有穆斯林的放心食品，其清真食品在西北地区乃至全国各地都享有极高的声誉。

近年来，寺庄村为发展养殖业做出了很大努力。2010 年 4 月，村委会主任马成雄创办了临夏州伊海牛羊育肥有限公司，总投资 1200 万元，占地 120 亩，已完成投资 580 多万元，主要从事牛羊养殖、育肥和销售，年可育肥牛 1000 头，羊 5000 只。公司现已建成牛羊暖棚各 2 栋，牛存栏 105 头，羊存栏 96 只。

寺庄村历来就有搞养殖的传统优势，群众普遍积累了丰富的养殖经验。村主任意识到只有把分散经营的群众凝聚起来，发展规模养殖，才能做大做强。于是，伊海牛羊育肥有限公司创设了“公司 + 农户”的经营模式，将公司的发展与农户的创收有机结合起来，形成公司“自担风险，利益共享”的发展模式，这种以群众利益为出发点的企业理念赢得了乡亲们的大力支持，村民纷纷表示愿意与公司合作，共同发展养殖业。公司选择了 200 户肉牛繁殖示范户和 100 户良种羊养殖户，通过对养殖示范户包资金支持、包技术指导、包统一销售的方式加强扶持与合作，改变了分户养殖、单打独干的养殖习惯，走出了一条“联户养殖、集中管理、集体出栏、分户核算”的养殖新模式，这种新型的养殖模式，既降低了单个养殖户的风险，又增加了村民收入，得到了村民的一致认可。

目前，全村羊存栏达到 2300 只，出栏 1250 只；牛存栏 620 头，出栏 381 头。人均畜牧业收入 626 元，占村人均纯收入的 40%。规模养殖初见端倪。

今后，寺庄村应该在继续扩大养殖业规模的同时，着力在牛羊肉深加工、开辟新市场、吸引社会资金投入畜牧业等方面寻求突破，争取发展成为临夏县最大的牛羊养殖加工基地。

3. 规范劳务输出，推动本村经济发展

寺庄村所在临夏县作为国列、省列贫困县，由于经济基础薄弱，农业生产效益低下，农民增收问题成了制约经济发展的关键因素。

“穷则思，思则变，变则通。”为解决农民增收难的问题，临夏县委、县政府高度重视劳务输出工作，将其作为发展县域经济的“四大支柱”产业之一和最大的开发项目来抓，提出了“发展劳务经济，增加农民收入”的工作思路。

近年来，寺庄村积极响应上级政府号召，主抓劳务经济。劳务经济的蓬勃发展，为该村经济发展插上了腾飞的翅膀。

今年，该村开展了“春风送岗位”暨“劳务用工信息下乡”活动。以张贴劳务用工信息、发放宣传单的方式，开展了宣传活动，为该村返乡农民工、有外出务工意愿的群众、大中专毕业生提供工作岗位。

“赠人千金，不如授人一技”。寺庄村以提高农民工技能素质为重点，稳步开展了农民工职业技能培训工作，开设牛肉拉面技能培训班，截至目前已有数百人参加了培训班。通过技能培训，外出务工人员的月收入比培训前增加800～1200元，实现了逐步从重体力劳动收入转变为技能型收入的跨越，“拉面经济”已成为农民群众快速增收的捷径。

该村外出务工人员平均月工资在2000元以上，东南沿海城市的清真餐厅为本村最大的输出对象，寺庄村村民足迹遍布上海、江苏、福建、广东等地。

同时，寺庄村采取多种渠道和方式，多方联系，进一步加强省际间、地区间的劳务协作，实现跨省区对接，输出工作尤其是有组织输出取得了新的突破。去年，由村主任马成雄带头组成考察团，对江苏、上海、浙江、福建等地清真拉面馆市场进行了考察，为今后开展有组织劳务输出指明了方向。

随着劳务输出人数逐年增加，劳务创收越来越多，劳务收入在该村群众家庭收入中所占的比例也越来越高。外出务工已成为该村村民脱贫致富奔小康最有效、最直接的途径。

4. 亟待开发的旅游资源——老鸦关

老鸦关，地处临夏县麻尼寺沟乡境内，沿寺庄村村口老鸦关河往上游走约两公里即是老鸦关关口，西北端是熠熠闪光的达理加山雪峰和有美妙神话传说的五山池。关内山峦起伏，河谷纵横，既有高山苍岭之雄奇，又有重峦叠嶂之壮美。每当盛夏，关内关外青松挺拔，灌木丛生，山花烂漫，鸟语花香。凡是到过老鸦关的游客，无不被其雄奇风韵所陶醉，仿佛进入了“世外桃源”，山下青山绿水，山顶白雪皑皑，以其翠、奇、幽、静的独特风光，令人心旷神怡，流连忘返。

老鸦关地处要塞，为历代兵家必争之地。据《河州志》载："二十四关内，如积石、老鸦、槐树、沙麻、土门五大关，尤为入腹之门户。"老鸦关是重要的战略要地，也是古丝绸之路的南通要道。进关可直趋河州城，出关越达理加山垭豁直通青海循化、西宁等地。1949 年 8 月，人民解放军一兵团二军部郭鹏部五、六两个师就是经此关西上，解放青海的。

据传说和有关资料记载，老鸦关关口坐落在麻尼寺沟乡西部的关滩村，寺庄村所处位置正是在老鸦关关内区域。老鸦关建于明代洪武年间，昔日的老鸦关在无数次战乱灾荒的洗劫下，已荡然无存，只留下了"将台"、"官台"、"石台"、"面草湾"等雄关遗址。老鸦关内南山坡有唐朝故城，旧称"老鸦堡"，今称"城庄"，东、南、西三面残垣尚存，为唐天城军治所，建于唐天宝十三年（公元 754 年），是历代驻兵戍守之处。

老鸦关北有别藏关，南有漠泥关、土门关，汉代就已建有烽墩（也称烽火台）。明天顺二年（公元 1458 年），关内设烽墩 5 处，关北有大坪山佘家墩，关东有哈麻墩，烟洞山、梁家山也均有烽墩。这些烽墩多分布于山顶、平地制高点和交通要塞，每处设兵丁 5 名常年驻守，彼此形成连势，遥相呼应，在当地有"十里塘房五里墩"之说。

老鸦关不仅以其壮美的景色令人叹为观止，而且是河州地区藏传佛教的圣地之一。关内著名的"八里寺"，历史悠久，规模宏大，富丽堂皇，现为临夏回族自治州重点保护寺观。该寺建于明万历五年（公元 1577 年），前身为南索罗关顶寺，清朝初达鼎盛时期，有和尚 700 余名，大小经堂 2 座，昂欠僧舍 2000 余间，藏、汉、蒙古等族拜殿百余间。转世活佛孙法太，到 1958 年共转世 18 世，对天文、哲学、历史、医学等有较深造诣，曾传法于青海、蒙古等地。

光阴似箭，岁月如梭。老鸦关蕴藏着丰富的旅游资源，只要稍加开发，就会成为一片旅游胜地。

二、传统种植业

寺庄村位于甘肃省西南部，处在黄土高原与青藏高原的缓冲地带，属温带半湿润与高寒阴湿气候，海拔在 1735～4636 米，年均气温 5.9℃，年降水量 631 毫米，无霜期 150 天左右。寺庄村以粮食增产、农业增效、农民增收为奋斗目标，稳定粮食面积，调整种植业结构，主要农作物有小麦、玉米、蚕豆、马铃薯等，经济作物有花椒、油菜籽、胡麻等。

随着世界经济全球化，中国与世界各国的经济贸易往来日趋频繁，高效能现代农业商品竞争也日益激烈，城乡人民生活水平不断提高，群众的饮食消费要求也日益提高，社会对于农业产品的需求量也呈现增长趋势，这对寺庄村发展高效农业提出了一系列要求。寺庄村在州、县政府的领导下，结合本地实际，在传统种植业的基础上，开展农产品加工，延长农业生产链条。通过与村干部的座谈和与村民的调查访谈，调查组成员对寺庄村的传统种植业以及农业发展情况有了初步了解并在此基础上发现了寺庄村农业发展中存在的一些问题，并提出了一些有针对性的建议，帮助寺庄村更好地发展。

下面从传统种植业和特色种植业两个方面来分析寺庄村种植业的情况。

（一）传统种植作物

1. 小麦

甘肃的小麦生产区域根据种植小麦的冬春性可分为冬麦区和春麦区，近年来，由于气候变暖和种植习惯的改变，冬春麦区的分界日趋模糊。寺庄村居于冬春麦混杂区，位于寒阴湿区，属于温凉半湿润春小麦种植带。这里年降水量 500 ~ 650 毫米，品种以抗病、抗倒伏、耐阴湿、早熟高产类型为主。

(1) 优势分析

第一，气候优势。寺庄村位于高寒阴湿区，该区大多耕地分布在海拔 2100 ~ 2600 米之间，年降雨量丰富（548 ~ 660 毫米），热量不足（平均 6.0℃以下），无霜期短（130 天左右），全年日照时数 2200 ~ 2600 小时。小麦是一种喜凉爽、长日照作物，寺庄村的光、热资源符合小麦的生长环境。

第二，地域优势。寺庄村大部分地区是旱地，这一地区年降水量在 300 ~ 450 毫米，是典型的干旱半干旱地区，适宜种植小麦。寺庄村属于高寒阴湿春小麦种植区，同时寺庄村地处冬春麦混杂区，山地资源广阔，土壤肥沃，适宜发展小麦种植业。

第三，政策优势。我国建立了以粮食储备、粮食最低收购价格为主的粮食生产保护制度，出台了一系列粮食直补、良种补贴等惠农政策，保障了农民的种粮收益。小麦是寺庄村的主要粮食作物，惠农政策在一定程度上提高了农民种植小麦的积极性，种植粮食的效益也有显著提高。

2010年入冬以来，寺庄村气候干燥，气温偏高，降水偏少，发生了较为严重的秋、冬、春连旱。面对严峻的旱情，寺庄村将抗旱资金及时用于抗旱救灾工作。为了顺利进行春耕生产，寺庄村组织人员及时深入乡村调查旱情，动员群众加强冬小麦田间管理，采取土地整理、追施农家肥等综合抗旱措施，减少水分蒸发。

（2）存在的问题

第一，寺庄村的小麦生产以家庭小农经营为主，规模化程度低，由于种植方式以农户家庭分散经营为主，生产规模小，效益也不高。

第二，寺庄村小麦生产经营方式仍较粗放，技术含量及经济效益低。村民们普遍重种植而轻管理，小麦种植仍然采用传统的管理模式，栽培管理技术较落后，机械化水平低，小麦种植效益低。

第三，寺庄村小麦的综合利用率不高。寺庄村小麦种植还处在粮食作物的认识上，小麦可用作其他产业的材料的地位还没有被重视起来。因此，寺庄村应积极发展小麦的综合加工利用，使其由单一的粮食作物向多元化的利用模式转变，提高其综合利用率。应加强小麦的深加工层次，对小麦进行深加工可以延长生产链，提高其综合利用率。

第四，科技服务力度不够，新技术成果推广受限。尽管通过近年来的宣传教育和强化培训，向科技要效益的理念已被越来越多的村民所接受，科学栽培、科学管理已逐渐形成风气。但寺庄村科技强农惠农的服务体系仍不健全，科技推广的服务能力较弱，对村民的培训面小且量少，大多仍以宣传代替培训，并以发放宣传材料为主，科技服务的力度达不到小麦产业发展的要求，一些试验、示范成功的新技术、新品种、新成果无法在生产中大面积推广应用，产品的市场竞争力有待提高。

（3）发展对策

第一，加强科研体系建设，加大小麦品种保护力度。为提高小麦品种的竞争力，寺庄村政府应加强小麦科研体系建设和小麦品种保护力度，保持小麦育种机构和人员的相对稳定。采取自育、引进相结合等多种途径，重点解决小麦品质水平不高和品种数量不足等问题。

第二，充分调动现有农业技术推广体系的积极性，认真做好农业技术指导和农民技术培训工作，提高农民科技素质。鼓励和引导农民成立协会，形成“企业+协会+农户”的产业链，解决产销脱节的问题，达到农民增收和农业增效的目的。农产品市场信息网络的发展刚刚起步，市场信息的获取滞后于市场行情的变化，农民很难及时获得市场行情，生产的盲目性较大，是制约农村经济发展的主要原因。寺庄村要强化农村市场网络体系建设，做好市场信息收集、分析、筛选、发布及预测工作，引导村民按市场需求安排生产。

第三，加强育种工作，提高小麦种子质量和水平。针对目前小麦品种存在的不足，积极做好品种选育改良工作。把育种目标由单纯以产量为主转向产量与质量并重，尽快选拔出优质、高产小麦新品种。要保障小麦商品品质，提高供种水平和质量是关键。加工企业、育种单位、种子公司三者之间应相互联合，对生产基地实行统一供种，一地一种，确保种子质量；建立健全小麦良种繁育体系，提高供种水平；种子管理部门要对现有品种进行筛选、鉴评和质量检测，推荐主推品种，保证种子质量。

第四，市场信息网络体系建设。力争在寺庄村建立优质小麦信息中心，购置相关设备，配备专门人员，收集、整理、发布优质小麦的市场、技术、生产、加工、品质、销售等信息，引导农民按照市场需求搞好优质小麦生产。

第五，出台优惠政策，扶强扶优，加快小麦加工企业发展步伐。小麦加工企业的发展是小麦产业化发展的关键，如果没有龙头企业的带动，小麦就不能实现产销衔接和优质优价，因而也就不能调动农民生产的积极性，更谈不上形成生产基地。扶持龙头企业的发展，是促进小麦产业化发展的当务之急。对有带动力的龙头企业，在资金、运输、税收等方面政府应给予扶持，扶持企业做大做强，加快其发展；加强对农业和小麦生产的支持力度，提高小麦的市场竞争力。

第六，注重产销衔接，做好小麦后期销售和深加工环节。小麦发展光靠国家政策和政府的力量还不够，科研、生产、收购、贮存、加工必须形成一个产业链，将小麦品种选择规模化种植、规范化管理、订单收购和加工利用多个环节组装成产业链，将科研、生产和企业多种行业结合在一起，将国家科技项目与农民的小麦产业化联系在一起。

2. 马铃薯

寺庄村马铃薯种植历史悠久，马铃薯生产在寺庄村农业经济中占有相当重要的地位。近年来，随着商品农业的发展和马铃薯加工业的迅速崛起，马铃薯已由传统的粮食作物转变为寺庄村种植业中经济效益显著的经济作物，农民种植积极性提高，马铃薯市场十分活跃，马铃薯产业已成为寺庄村农业最具发展前景的产业之一，而且也是寺庄村农村经济具有优势和特色的产业之一。寺庄村应充分发挥和利用马铃薯产业发展的区域优势，进一步加大发展力度和加快发展步伐，提高寺庄村农业竞争力。

(1) 优势分析

第一，自然资源优势。马铃薯主要集中分布在中部干旱地区和高寒阴湿地区。这些地区大多处于黄土高原及其过渡地带，土层较厚，土质疏松，富含钾；海拔高，气候冷凉，昼夜温差大，年平均气温5℃～8℃，7月份平均气温16℃～20℃，6至8月气温日较差11℃～14℃；春旱频繁，年降水量420～650毫米，但降水量主要集中在7至9月，这种降水分布特点恰与马铃薯生产需水规律相吻合，降水对马铃薯生长需水满足率达62.2%～96.4%。寺庄村这种独特的自然条件，最适宜于发展马铃薯生产。马铃薯是寺庄村三大农作物之一，寺庄村生产的马铃薯块大、干物质含量高，是国内重要的优质马铃薯产区之一。同时，由于寺庄村是高寒阴湿山区且海拔在2000米以上，马铃薯病害发生轻，传播病毒媒介昆虫少，自然隔离条件好，是马铃薯繁育的理想地区。

第二，群众基础优势。马铃薯适应性强，喜冷凉的气候条件，抗旱、高产、早熟，易于种植，特别是营养丰富、全面，既能用作粮食作物又能做菜，还可以作为工业原料，经济效益好，农民群众种植积极性较高。过去在农业生产水平不高的情况下，马铃薯作为高产作物、救灾作物，在寺庄村农业生产和农民群众中发挥过极大的和不可替代的作用。在长期的生产过程中，寺庄村农民不断创造出许多传统的马铃薯栽培技术，如晒种催芽、坑种等。近十多年来，马铃薯价格一直看好，而且比较稳定，马铃薯的经济效益促进了农民种植马铃薯的积极性。

第三，科技发展优势。寺庄村一直十分重视马铃薯科学研究与技术推广工作，开展马铃薯育种工作已有40多年历史。寺庄村在马铃薯栽培方面已掌握了一系列相关技术与经验。在新品种推广的同时，寺庄村还先后推广了一系列先进的栽培技术、防治病虫技术和留种技术。

第四，寺庄村政府推动优势。面对当前调整农业结构和农村经济结构、增加农民收入的目标，寺庄村政府把马铃薯产业作为结构调整、农业增效、农民增收和促进农村经济发展的主导产业来抓，不断加大资金和科技投入，引导农民大力发展优质马铃薯生产，培育和开发马铃薯市场，扶持发展马铃薯加工企业。

（2）存在的问题

第一，生产技术落后，单产水平较低。寺庄村村民只是把马铃薯生产当作鲜食及饲料来生产，因此，在管理上难以达到精细化管理。从种到收，管理粗放、田间渍水、营养生长不良或疯长、病虫危害等现象普遍存在。

第二，生产方式落后，马铃薯商品率低。寺庄村的生产经营方式比较落后，大多为分散式的、家庭式的小规模生产方式，种植分散制约了马铃薯生产的规模化，影响了生产、加工、销售的有效衔接，因而马铃薯的种植效益不高。

第三，市场营销体系建设不完善。首先，马铃薯产业的市场营销体系建设不完善，对产业的带动能力、对农民种植的引导作用、对产品价格的调节形成作用都没有充分发挥，导致广大农户的种植、销售仍然处在无序的自发状态。其次，广大种植农户还没有形成比较稳定的利益关系，与销售、加工企业也没有形成相对稳定的链接机制。最后，几乎没有专门从事马铃薯的营销企业。

第四，寺庄村农民认识上存在误区。寺庄村大部分农民把马铃薯当作一种自食自用的粮食作物，对马铃薯的生产潜力认识不明确，寺庄村马铃薯生产仍然停留在粗放的生产模式上，组织化、产业化、规模化、科技化程度低，难以形成相对稳定的产业化基地。

（3）发展对策

第一，加快专用型品种育种步伐，实现品种专用化、优质化与多样化。品种是农业产业开发的基础，一批优良的新品种可以带动一个产业。尤其是马铃薯加工专用型品种，更是发展马铃薯加工业的关键。缺乏适合寺庄村大规模推广种植的专用品种，是当前制约寺庄村马铃薯产业化开发的瓶颈。应加大科研投资力度，选育出适合寺庄村大规模推广种植的马铃薯新品种。

第二，实行标准化、规模化种植，提高寺庄村马铃薯产品竞争力。要促进马铃薯产业化发展，就必须将农户组织起来，建立大规模的优质马铃薯生产基地，采用先进的栽培技术，建立标准化技术体系与质量管理体系。按照市场及加工企业对马铃薯质量的要求，制定出马铃薯产品质量标准及相应的栽培技术规程，并对农民进行必要的技术培训，以确保马铃薯产品质量优质安全。合理进行品种布局，做到统一供种、统一技术指导，进行专业化生产，做到播种、施肥、田间管理、病害虫防治、收获贮藏等各个生产环节操作统一标准，及时到位，使马铃薯生产由过去追求产量最大化转变到追求质量效益最大化的轨道上来。同时要大力创造条件，实行订单种植、合同收购，做到优质优价，增加农民收入，并有效防范和降低市场风险。在实行标准化、规模化种植的基础上，通过不断增加科技含量，不断提高产品质量，大力发展精品马铃薯，积极打造自己的马铃薯品牌，从而提高市场竞争力。

第三，完善市场营销体系，建立市场信息网络，帮助农民实现增收。通过市场，农民不仅可以销售自己的马铃薯产品，实现经济效益的转化，而且可以直接感受市场变化，获取市场信息，及时调整自己的种植计划。市场是将农村家庭经营式的小生产与马铃薯产业联系起来的纽带。由于信息网络不健全，寺庄村马铃薯产业缺乏对价格波动的缓冲，不能最大限度地维护农民利益。另外，马铃薯流通中介不多，不能与农民形成稳定的购销关系，实行订单生产。为了进一步完善马铃薯市场体系，促进产品销售畅通，寺庄村应加大市场建设力度，做到马铃薯产区有专业批发市场和交易网点；同时积极扶持流通中介企业，在市场管理、资金信贷、税收、运输等方面给予一定的优惠和支持，使其真正发展成为带动经济发展的产业。

第四，发展精深加工，延伸产业链，全面提升马铃薯产业素质和效益。随着马铃薯产业向纵深层次发展，马铃薯加工业将成为带动寺庄村经济发展的重要出路之一。所以，发展马铃薯加工业，特别是发展科技含量高、附加值高的精深加工业，对延伸马铃薯产业链，提高产业素质和经济效益具有十分重要的意义。马铃薯作为加工业原料具有很高的经济价值，在工业方面，马铃薯生产的淀粉及其衍生物以其独有的特性，是纺织、造纸、化工、建材等众多领域的添加剂、黏结剂、稳定剂等；在医药上，可生产酵母多种酶、维生素等；在食品上，各国已研制出几百种用马铃薯或配合其他粮食制成的营养、美味的休闲食品。寺庄村若要将资源优势转变为经济优势，就必须大力发展马铃薯加工业。

3. 玉米

寺庄村处于高寒阴湿地带，该区耕地大部分分布在海拔 2000 ~ 2600 米之间，年均气温 5.1℃ ~ 5.9℃，大于等于 0℃积温 2549.2℃ ~ 2831.3℃，大于等于10℃积温1760.3℃～2120.7℃，无霜期123～145天，年降水量548.4～630.6毫米，年日照时数2200～2600小时。近几年来，随着农业产业结构的调整、畜牧业的发展和地膜覆盖栽培技术的推广应用，寺庄村玉米种植面积逐年扩大，已成为主要粮食作物之一。

(1) 优势分析

第一，气候资源优势。寺庄村属于高寒阴湿区，该区大多耕地分布在海拔2100～2600米之间，年降雨量丰富（548～660毫米），热量不足（平均6.0℃以下），无霜期短（130天左右），全年日照时数2200～2600小时，土壤肥力较好，光照充足。在寺庄村，年日照时数长且日温差较大，十分有利于作物的光合生产。寺庄村日温差在20℃左右，有利于玉米干物质积累，生产的玉米种子千粒重高，单产提高幅度大。空气干燥，有利于种子快速脱水，并且种子含水量低。灾害性天气较少，增加了玉米种子生产的保险系数。

第二，病虫危害轻。种子的健康程度是影响玉米种子出口的一个重要因素。在寺庄村，由于日照时间长，干旱少雨，空气干燥，玉米病虫害相对较少、较轻，因而生产的玉米种子色泽鲜亮，籽粒饱满，种子带菌少。

(2) 存在的问题

第一，寺庄村玉米品种多、乱、杂。目前寺庄村种植的玉米品种较多，村民在种植过程中缺乏政府引导，随意性、盲目性比较大，导致玉米种植品种多、乱、杂的局面。加之对引进品种没有进行区域适应性研究就推广种植，没有形成适宜当地种植的玉米主栽品种，影响了产量和效益的进一步提高。

第二，寺庄村玉米种植技术不规范。由于种植区域分散，玉米栽培新技术的推广难度较大，大多农户种植技术不规范。一是多数农户仍采取露地种植方式，由于春播时干旱，导致出苗困难，缺苗断垄现象严重；二是种植密度过大，造成田间通风透光性差，光能利用率低，果穗发育时期光合作用合成的产物不足。

第三，玉米综合利用率不高，深加工转化滞后，造成增产不增收。随着旱作农业新技术的推广普及，马铃薯、玉米成了寺庄村主要粮食作物，是农民增收的主要产业之一。但是，目前寺庄村对玉米籽粒和秸秆的综合开发利用十分有限，对玉米秸秆的利用未引起充分重视，产业链条短，产品就地增值转化的空间小，造成农业增产，农民不增收。玉米的深加工转化是玉米消费的最大渠道和提高玉米综合效益的主要措施。在寺庄村，玉米深加工企业和饲料加工业比较少，村子里的玉米基本上都是自产自销，加工转化滞后。寺庄村可以根据该村的情况逐步建立玉米加工和饲料加工业，提高玉米的综合利用率。

(3) 发展对策

立足寺庄村农业和农村经济发展的现状和特点，以发展玉米经济为契机，推进农业内部结构调整，努力推进农业产业化经营，实现寺庄村玉米产业化发展。

第一，合理规划，优化品种结构。寺庄村生态、气候适宜玉米种植，实行玉米专业化生产，必须进行区域化种植。寺庄村的玉米种植大部分是村民自家种植，没有形成区域化种植。

第二，促进玉米产业向专业化、营养化、商业化、标准化方向发展。建议面向市场，把专用品种的引进、生产同加工、销售连为一体，促进玉米生产的产业化经营。同时，根据市场竞争发展的新趋势，在玉米产品的精深加工、专用包装以及销售服务的社会化、专业化、方便快捷上下功夫；标准上总体要实现标准化生产，做到玉米生产环境标准化、玉米生产程序标准化、商品玉米质量标准化。总之，必须采取有效措施，更好地促进玉米产业向专业化、营养化、商业化的方向发展。

第三，加快玉米的转化加工。大力提倡发展玉米的深加工，提高其转化能力，不断提高市场的竞争力；鼓励企业对玉米深加工产品的研究开发，拉长产业链，优化玉米加工产品的结构；加快企业向规模化方向发展，提高市场竞争力，使玉米生产、加工有机结合起来，增强玉米产业发展后劲，以市场为导向、科技为动力，培育玉米支柱产业。

第四，加大直接补贴等政策性的扶持力度。积极推进粮食流通体制的改革，探索符合寺庄村的市场化发展道路，抓好粮食直接补贴的工作，探索对农民实行直接补贴的有效方法，把各类涉农支持资金较好地用于开发玉米产业中。

第五，加强水利、土壤、机械等农业基础设施建设。寺庄村的农业机械化水平较低，基础设施建设不良。近年来，广大农民购置使用玉米生产机械的积极性高涨，玉米生产机械化得到了发展。各种玉米生产机械化作业服务组织迅速发展，服务能力不断增强，玉米耕整地、种植和田间管理等环节机械化作业问题基本解决。但是由于寺庄村山区环境和交通条件的影响，玉米生产机械化发展滞后，总体水平很低，目前仍然以人工为主。同时，除了农业机械化、现代化水平不高以外，寺庄村玉米生产的农田基础建设和生产手段等相对滞后，制约着当地应对玉米自然灾害的能力，制约着玉米产业的规模化发展。

（二）生产工具

随着经济和科学技术的发展，早期依靠劳动者自身的体力、用手操纵的生产工具（石木工具、金属工具）已不能满足现代农业发展的要求，生产工具日益复杂化。生产工具是推动社会生产力发展的一个重要因素，现代化的农业生产工具改变了传统的农业生产方式，提高了劳动生产率，促进了农村经济的发展。

新中国成立前，寺庄村一直沿用步犁、镰刀、榔头、镢头、背斗等传统旧式农具，以畜力和人力为动力进行耕作，运输靠马车、牛拉车和人担肩挑。

新中国成立后，在党和政府农村经济的政策指引下，从20世纪50年代起，寺庄村出现了新式农机具和机械化、半机械化农机具。20世纪60年代，农机作业项目逐步由单一机耕发展到机械耙耕、机播、机械脱粒等多方面机耕。随着农业机械在品种和数量上的增长及农机队伍的扩大，寺庄村的农业机械化水平逐渐提高，农业机械器具有架子车、手扶拖拉机、山地步犁、大中型拖拉机和粉碎机等。

党的十一届三中全会以来，随着农村经济体制改革的不断深入，农业机械在农业和农村经济中的作用被越来越多的寺庄村村民所重视，不仅得到普及，还逐步向新型、多用、小型、灵巧等方向发展。寺庄村农机部门先后引进了小型机引犁、新式农用运输车和各种播种机械等，寺庄村农业机械化程度不断提高。

寺庄村农业生产中常用的农机具种类较多，大致可分为耕作农具、种植农具、收割机具和运输机具。随着农业生产水平和科技水平的逐步提高，新的农业生产工具不仅减少了农民的劳动强度，而且极大地提高了劳动生产力。

1. 寺庄村的传统生产工具

耕作农具。寺庄村主要是依靠人力和畜力，使用犁、铲、锄等传统农具。

截至现在，这些工具仍然广泛使用在农业活动中。由于这些农具适用性比较强，村民比较乐意选择这种劳动工具。

种植机具。寺庄村使用锄头为种植工具。后来引进了一些新的种植机械，例如播种机和插秧机。此外，铁农具和牛耕的使用逐渐普及到每户村民。

收割机具。寺庄村购进磨面机，原有的石磨和水磨逐渐被取代，后又引进脱粒机和碾场机，但群众习惯以拖拉机农用三轮车和脱粒机为动力碾粮和脱粒。寺庄村有小麦收获机械、秸秆揉丝粉碎机械、小型耕作机械等收割机具。

运输机具。新中国成立前，寺庄村运输靠以蓄力为动力的木轮大车、手推车、扁担等农具，以及靠牛驮运。新中国成立后，新式胶轮架子车逐渐取代了木轮车和手推车，载重运输逐渐由拖拉机、农用三轮机动车和农用汽车代替。随着农业的发展，中小型农用运输车逐渐增多，农用运输车、农用三轮运输车、大中型拖拉机在农业生产活动中发挥着越来越重要的作用，极大地提高了劳动生产率。

2. 农业生产工具的变革对寺庄村农业生产的影响

从改革开放之初到现在，随着土地承包制的实行以及国家各项助农政策的实施，农业生产工具有了新的发展。在大力增补旧式农具的同时，寺庄村政府部门开始大量推广效率高、轻便省力、耕作质量好的各种新式农具。大量新式农具的推广使用，使农业生产工具落后的面貌有了初步改观，初步结束了“听天由命、靠天吃饭”的时代。寺庄村在农业生产工具方面已经有了一定的变革，农业机械化得到了推广和使用，在一定程度上实现了使村民从土地生产中解放出来的目标。

(1) 把农民从土地中解放出来。

农业机械化是农业现代化的重要组成部分，是解放劳动生产力、提高生产效率的重要手段。农业机械化的实现把寺庄村村民从繁重的体力劳动中解放出来，从困扰束缚他们的土地上解放出来，从而实现农业增效和农民增收，推进寺庄村新农村建设。

各类新型农业机械已代替人工畜力在寺庄村农业生产活动中发挥着重要作用。农忙时节，为了方便农户，大型收割机帮助农牧民收割粮食。现在大型现代联合收割机忙碌在田间地头，提高了生产效率，减轻了农民劳动强度，成为农民群众生产中的好帮手。许多村民们都反映，自从用上了大型收割机以后，不仅大大减小了劳动强度，而且提高了土地产量。以前100多亩地用小型收割机需要十几天才能收割完，现在仅用1台大型收割机，一天就可以收割完。

(2) 寺庄村的经济水平增长

寺庄村农机服务种类增多，应用范围明显扩大，由单纯的耕作机械扩展到排灌、收获、畜牧、农副产品加工、农田基本建设等各个方面，各类机械拥有量大幅度增加。随着生产工具的改革，寺庄村的生产规模不断扩大，生活水平和生活质量得到了显著提高。

(3) 寺庄村的产业结构得到调整

由于生产工具的调整，寺庄村积极发展多种经营，使产业结构逐步得到了优化，从而全面活跃了农村经济。

3. 农机化发展存在的问题

寺庄村是一个传统的农业大县，农机在农业生产、农村经济社会发展和新农村建设中具有不可替代的作用。为此，寺庄村切实将维护广大农民群众生命财产安全作为一切工作的出发点和落脚点，千方百计确保农机安全生产，建立了“政府负责、农机为主、部门配合、社会参与”的农机安全生产长效机制。寺庄村属丘陵沟壑区，人多地少，农业机械化水平低。2009年寺庄村农业机械化水平只有19.6%，其中机耕水平为51.3%，机播5.03%，机收4.51%，处于零星示范阶段。寺庄村农业机械化综合水平还处在初级阶段，农业生产依然是以人力、畜力为主的传统方式，不仅劳动强度大，而且生产效率低下。

第一，基础设施建设严重滞后。寺庄村农业投入不足，导致水利、灌溉等农业基础设施落后，道路条件差，致使农业机械在村社之间和田间转移不方便，有的根本无法行走，阻碍了新型农业机械的快速推广和应用。

第二，政策扶持和资金扶持力度不够。目前除《农业机械化促进法》和《甘肃省农机管理条例》外，寺庄村没有地方性法规相关的规划和政策等支持；除了国家实施的购机补贴的扶持项目外，寺庄村也几乎没有其他农机专项资金项目。

第三，以县乡为主的基层农机服务体系建设缓慢，服务功能弱。特别是处在服务前沿的乡镇服务站没有发挥应有的作用，寺庄村农机合作组织发展缓慢，社会化服务程度低。

4. 寺庄村农机化发展的对策研究

发展农业机械化一定要坚持立足本地实际情况，因地制宜，科学发展。

第一，寺庄村应以小为主推广适用农机具。一是从做好发展规划，制定短期和长期发展目标。重点发展马铃薯生产机械、小型小麦收获机械、秸秆揉丝粉碎机械、小型耕作机械、脱粒机械等。二是要坚持“引进、试验、示范、推广”的原则，通过试验示范逐步确定主攻机型。三是机械化发展引进推广中小农机具，如小四轮拖拉机、手扶拖拉机、微耕机等，以及相配套的各类作业机械。

第二，积极探索适合寺庄村特点的农机推广方式。大力发展农机经营大户和农机合作组织，实行集约化经营、社会化服务。根据农机具作业量所服务的农户种植的面积合理配置机具，重点培育发展耕、种、收、加工等多项作业一体的农机经营大户或农机合作组织，为乡邻提供农机作业服务，并收取合理的作业费用，不提倡家家户户买农机。

第三，完善补贴政策。一是提高补贴比例，扩大补贴范围。实行累加补贴，提高农机购置补贴的比例。适当扩大购机补贴的范围，满足村民对各类机具的需求。二是改变农机燃油补贴方式，由向农户直补改为向农机户和直接从事农业生产的农机服务组织补贴。

（三）耕作方式

过去寺庄村大多数的农户一直沿用的是传统的耕作方式，犁田、耙田都是靠人工或牛来完成的，不仅劳动强度大，而且花费的时间多，严重影响了群众从事多种经营、搞脱贫致富项目的发展。而现在，随着农村经济的快速发展，越来越多的农机具在广大的农村得到了普遍推广，现代农业机具的使用改变了传统的耕作方式，也加快了农业机械化的步伐。

1. 农业机械替代“二牛抬杠”

以前广大农民群众都有一个强烈愿望，那就是“照明不用油、耕地不用牛”。如今，这一憧憬已经成为现实。古老的“二牛抬杠”的耕作方式已经逐渐淡出历史舞台，取而代之的是农牧产业的现代化，机械化耕作已全面实现。

寺庄村农业生产发展主要靠人力、畜力，耕地用土犁、土耙，灌溉用木桶、脸盆，运输用人背、畜驮等。由于工具简陋，技术落后，造成农业生产效率低下，农业产量低而不稳，严重制约着社会经济的发展，全区农业生产水平很低。随着农业生产规模的扩大，农牧民生产积极性得到提高，普遍要求改进农具，提高生产效率。

村民们对于新的生产工具的出现感慨颇多：这“铁牛”真管用，播种、施肥一次完成，减少了作业工序，一天就可耕种20多亩地。各种农机具已普遍被广大农户接受，结束了“二牛抬杠”的耕作方式。农业生产工具的改进在促进农业现代化方面发挥了很大作用。

2. 实施保护性耕作

寺庄村政府应予以大力扶持，并进行农业耕作技术宣传，改变农民的传统耕作方式；强化技能培训，提升农民的科学种田能力，减轻农民的劳动强度，增加农民收入。

近年来，寺庄村引导农民科学施肥、进行保护性耕作，是一条实现农民增收的重要途径。保护性耕作是我国正在力推的一项先进农业技术，它以保护生态环境、促进农田可持续利用和农业节本增产增效为目标，以秸秆覆盖留茬、免耕少耕等为主要内容，具有增产增效、防治农田扬尘和水土流失、蓄水保墒、培肥地力、减少秸秆焚烧等作用。保护性耕作和科学施肥是发展循环农业的必由之路。寺庄村已意识到转变农业生产方式的重要性，正切实把农业发展引导到依靠科技进步的轨道上来。

（四）问题与思考

寺庄村立足于农业和农村经济的实际，着力开展适宜高寒阴湿地区种植的春蚕豆、春小麦、马铃薯等作物优良品种选育以及高产高效栽培等先进实用技术的研究推广工作。

1. 寺庄村农业发展存在的问题

（1）农业生产基础薄弱，优势农产品资源开发利用不足

由于寺庄村地处青藏高原和黄土高原交接地带，该地区适合蚕豆、马铃薯、油菜、小麦等喜阴耐湿作物生长。动植物资源丰富，优势农产品包括蚕豆、马铃薯、油菜及药材，具有地方特色的农产品如啤特果、花椒等农副产品。区域内水资源丰富，污染较小，尤为适宜发展水产品养殖。此外，寺庄村作为穆斯林聚居地，长期以来形成了家家饲养牛羊的生活习惯，畜牧业发

展具有广阔的群众基础。然而，寺庄村目前没有充分利用该地区的资源优势，资源优势没有转化为经济优势。

（2）农业结构调整不合理，农业产业化进程缓慢

寺庄村农业经济结构有待进一步调整，畜牧业、林果业、饲草业发展相对滞后。相对于种植业而言，畜牧业、林果业、饲草业在寺庄村农业生产总值中所占比例仍然较小，为农民增产增收效果不明显。

（3）农业社会化服务体系不完善

农业系统的工作人员作用没有充分发挥，寺庄村技术服务机构需要进一步推进建设。农技推广体系不健全，农技服务人员不多，推广能力弱，而且乡镇农技服务人员也以乡镇中心工作为主要任务，农技服务工作薄弱，对服务本身的含义理解不够，对新技术推广反映不及时，对产前、产中、产后的服务不能及时到位。

（4）专业科技人员数量少，素质有待提高

寺庄村科研力量薄弱，科技成果不能及时转化。当前寺庄村农业科研工作面临着科研经费短缺，高素质科研人员较少且有外流现象，研究设施落后老化，新技术引进及吸收消化能力差，科研成果不能及时转化的滞后局面，这对提高寺庄村农产品科技含量形成了阻碍。

（5）农民文化素质较低，对农业生产新技术的接受和掌握能力差

寺庄村的大部分村民没有接受过教育，部分只有小学文化水平。农村中具有较高文化素质的农民正逐渐被农产品加工、服务行业和城市中的第三产业吸收，专门从事农业生产的农民多对新技术的接受和掌握能力差，应通过加大科技培训、咨询、宣传、教育等方法提高农民的科学文化素质。

2. 促进寺庄村农业发展对策思考

（1）进一步调整农业结构，推进优势农产品布局

调整结构，优化资源配置。在稳定发展粮食生产的前提下，按照因地制宜和充分发挥资源优势的原则，合理调整寺庄村的农业结构。在稳定粮食生产的基础上，积极发展特色农业、林果业和高效养殖业。大力推广花卉与蔬菜制种、优质林木及观赏树种育苗、高效畜禽养殖等，切实改变寺庄村农业结构单一现状。

在种植结构调整布局方面，以马铃薯、玉米、花椒种植为主，兼顾发展养殖业。在玉米、蚕豆、油菜等耐阴作物种植的基础上，优先发展饲草业，

为寺庄村畜牧业的发展提供优质的饲草。同时积极发展畜产品加工产业及清真食品加工产业，使其成为寺庄村农业经济新的增长点。

(2) 大力发展畜牧业

寺庄村处于农牧业过渡带，该地村民历来具有家庭养畜的习惯，畜牧业发展有广泛的群众基础。有效地利用自然资源，引导农民发展畜牧业，实行规模养殖，对增加寺庄村农民收入及农业可持续发展具有重要意义。

通过技术改造和技术引进的方式加强与肉制品、乳制品龙头企业的合作，充分利用寺庄村资源优势和生产清真食品的有利条件，在国家民委对少数民族特需产品进行项目资金支持、减免税收的机遇的带动下，发展和壮大清真食品产业，寺庄村有条件的企业可以在对市场进行充分调查的基础上，采取订单方式为客户生产所需清真食品，提高畜牧产品的附加值，从而带动整个地区农民发展养殖业的积极性，促进产业化向更高层次的方向发展，有力地带动寺庄村农业经济的发展。

(3) 提高农业产业化水平，为农民增收开拓更大空间

寺庄村应加快推进农产品标准化生产，全面提高农产品质量安全水平；大力优化农业区域布局，推动优势农产品和特色农产品向优势产区集中，形成优势农产品产业带；加大对初级农产品的加工转化，积极发展农产品的现代流通方式，增加农产品的附加值，将农产品生产、加工、销售有机结合，实施一体化经营，提高农业综合效益，提升寺庄村产业化经营竞争力。

(4) 以发展农产品加工业和服务业为重点，大力培育和扶持龙头企业

林果业已经成为林业建设的主要组成部分和稳定增加农民收入的主导产业。寺庄村应充分利用好国家对西部地区和少数民族地区的优惠政策，挖掘内部潜力，突出区位优势、资源优势和产业优势，不断提升林果产业建设的整体水平和效益。

在实践中突出建设重点，扩大基地规模。充分利用寺庄村现有土地资源和荒山、荒坡、荒沟，大力发展市场前景广阔、富有地方特色的经济林果，重点抓好花椒、啤特果产业，在基地建设规模、质量效益上取得重大突破，使林果业成为当地稳定增加寺庄村农民收入的主要来源。

兴办加工企业，延伸产业链条。加工是实现林果业增值和提高林产品附加值的重要途径。通过落实优惠政策、加大资金投入、技术创新和扩建改造，对外招商引资，兴办林果产品加工企业，延伸产业链条，逐步形成

“市场牵龙头，龙头带基地，基地连农户和产、加、销一体化”的企业发展格局。

针对目前龙头企业的龙头带动作用没有真正发挥出来的现状，寺庄村应围绕清真牛羊肉加工，以有基础、能带动农户和产业发展的企业为龙头，择优扶持。要实施品牌战略，农产品市场竞争说到底实际就是农产品质量、价格、卫生、安全、服务、信誉等多种市场竞争元素的比拼，可以说拥有了品牌也就等于拥有了市场。

三、特色种植业

在市场经济体制逐步完善的条件下，对农业结构进行战略性调整，实施扶优扶强的非均衡发展战略，培育和建设特色优势农产品产业带，发展特色优势种植业，是提高农业生产力和竞争力的必然选择。经过近年来的发展，寺庄村立足该村实际，大力发展特色种植业，农业生产水平有了很大提高。加大对农业的投入，引进良种、推广农业新技术，培育特色种植业，选择蚕豆、花椒、啤特果产业作为该村突出发展的优势产业，注重这些产业向优势产区集中。

（一）蚕豆的种植

1. 寺庄村蚕豆种植优势分析

气候资源优势。寺庄村地处高寒阴湿区，气候冷凉，降水较丰富，所处地区为温带半干旱气候，气候因素对蚕豆生长十分有利。寺庄村气候特点适宜蚕豆生产，是我国蚕豆主产区之一，寺庄村发挥地域优势和作物特点，充分利用光能和土地资源开展蚕豆种植。

地理资源优势。寺庄村地处青藏、黄土与蒙古高原三大高原交会处，与蚕豆原产地中亚高原在纬度、海拔和冷凉高亢的生态环境上有显著的相似性，因此发展蚕豆生产有着优越的自然优势。高寒阴湿区有种植蚕豆的传统和优势，只要合理引导，开拓市场资源，蚕豆种植将为高寒阴湿区可持续农业发展注入新的活力。

科研优势。自20世纪70年代初临夏州农业科学研究所开展蚕豆科研工作以来，提出了以良种、配方施肥、早播为核心的综合技术和病虫防治等多项科研成果。甘肃省农业厅在寺庄村召开蚕豆育种、栽培现场培训会，加快了寺庄村蚕豆生产的发展。

2. 存在的问题

资金投入不足。寺庄村财力薄弱，对该产业的投入和支持十分有限，在农业生产条件改善和农村基础设施建设方面投入资金不足；寺庄村信贷结构单一，农民和龙头企业贷款难，优势特色产业的发展受投入不足的制约的现象十分突出。

科技的运用程度低。目前，寺庄村蚕豆产业的发展，对整体科技推广应用还很低。应加大科技投入，注重市场需求动向，引进符合寺庄村发展的蚕豆新品种，加强科技支撑体系的建立。

资源和市场的双重制约。寺庄村农业资源有限，农业产业规模不大，蚕豆在国内有良好的卖方市场，但一旦打入大中城市，却又不能实现足额供应和均衡供应，寺庄村蚕豆产业的发展受到资源和市场的双重制约。

3. 发展对策

政府给予蚕豆产业扶持。为促进寺庄村蚕豆产业的良好发展，县乡政府应有计划地发展寺庄村的蚕豆产业，根据寺庄村的区域环境科学配置种植品种。通过科学规划，合理布局，发挥寺庄村蚕豆生产优势，提高产业综合效益。

转变观念，重视蚕豆生产。将传统单一的粮食观念转变为现代多样化营养化的食物观念。由于蚕豆等豆类食品既能满足人们的饮食营养需求，又能饲养畜禽，在膳食饲料营养平衡和农田生态平衡中有着重要的地位，因此在种植结构调整中要充分重视豆类生产。

提高寺庄村生产的经济效益，调动农户种植积极性。蚕豆生产经济效益的提高，可以有效调动农户种植积极性，实现蚕豆播种面积和产量的增加，保证整个蚕豆生产过程的良性循环。一方面，要努力实现规模化生产与规范化种植，降低农户生产成本，提高蚕豆产量和质量；另一方面，要不断完善蚕豆产业发展模式，实现生产、加工、销售一体化经营，提高蚕豆转化、增值的能力。

加强蚕豆种子市场管理，发挥种子增产增收潜力。优良品种是提高蚕豆产量、品质和种植效益的最佳措施之一。针对寺庄村蚕豆种子市场品种多、乱、杂的现象，应加大对全村蚕豆种子市场整顿的力度，未经县农业部门在寺庄村进行过试验、示范，确认其产量和品质等性状的品种严禁在寺庄村销售，这是保证和提高蚕豆产量与品质的有效途径，是保障农民利益、防止假冒伪劣种子坑农害农的有力措施。

明确发展蚕豆产业的思路与策略。寺庄村蚕豆产业化应确立小作物、大产业的发展思路，从发展生态农业提高整体效益着眼，把蚕豆生产纳入集约化生产体系中，产品上突出蚕豆产业化，种植上不搞蚕豆单一化，不追求专业化生产。

（二）花椒的种植

花椒，属芸香科落叶灌木，特点是适应性强，根系发达，生长快，结果早。叶青、花黄、子黑、皮红、肉厚味麻、气味浓香，是上等调味品，能强化食品风味，减除腥膻味，同时具有温中祛寒、健胃止泻等医疗功效。还有防虫、杀虫之功能。果实富含挥发油和脂肪，可蒸馏芳香油。花椒有刺椒、绵椒之分，刺椒香浓味鲜，产量稍低，因开花早容易霜冻，栽植面积小；绵椒，又名大红袍，色艳、粒大、产量高，不易霜冻，栽植面积大，色味略次于刺椒。

花椒是重要的油料、香料、药用经济林木，有3000多年的栽培历史。据《本草纲目》记载："蜀椒出武都，色赤者善；秦椒出陇西、天水，粒细者善。"花椒从根到干、枝、叶、果实都有特殊的香味和用途，有"五宝树"之称。花椒在我国栽培历史悠久，除东北、内蒙古等少数地区外，全国都有栽培。花椒具有食用与药用价值，同时又是山地生态造林的重要树种，因此，将发展花椒产业与生态建设、退耕还林、水土保持以及调整农村产业结构和扶贫开发有机结合，是解决农民当前生计和长远发展问题的有效途径。

地处黄河之滨的寺庄村气候湿润，日照时间长，为花椒提供了良好的环境，这里栽植花椒历史悠久，品质更优。近年来，寺庄村全力实施退耕还林惠民工程，力争把小花椒做成大产业。如今，花椒产业在实现了良好经济效益的同时，生态效益也日益凸显。花椒已成为寺庄村经济发展的重要支柱和促进农民就业增收的主渠道之一。

花椒是寺庄村的特色产业之一，花椒的大面积发展不仅使农户从土地上获得了比种植粮食作物更可观的收入，而且减轻了村民的劳动量，更重要的是使全村许多农民从种植业中解放出来，增加了经济收入。花椒种植业的发展对推动寺庄村花椒的科学化管理、标准化生产和产业化发展水平，对促进农民增收具有重要意义。

寺庄村花椒种植业的发展具备良好的环境，除了寺庄村具备适合花椒种植的良好地理条件外，临夏县也为寺庄村发展花椒产业提供了良好的政策环境。2007 年，临夏县举办花椒推介会，邀请各地区的客商看基地、品椒香。通过推介会，不仅签订了花椒的销售协议，而且进一步提高了花椒的知名度、信誉度，树立了好花椒的品牌形象。寺庄村以增加农民收入为核心，合理调整种植结构，充分利用良好的气候条件，积极发展花椒产业，不断延伸产业链。目前，寺庄村花椒种植成为增加农民收入的主要途径之一。

1. **优势分析**

（1）气候资源优势

寺庄村资源丰富，光照充足，气候温和，平均海拔 1735～2206 米，平均气温 6.4℃～7.7℃。受刘家峡水库气候影响适宜花椒种植。寺庄村光照充足，昼夜温差大，土层深厚，具有适宜发展花椒的自然条件。

（2）地理区位优势

寺庄村地处青藏高原和黄土高原过渡带，平均海拔 2000 米，村内年平均气温 6.3℃，无霜期 152 天，属温带半干旱气候。寺庄村河谷平川温和，冬无严寒，夏无酷暑，年平均气温 6.3℃，最高气温 32.3℃，最低气温 -22.3℃，年平均降雨 537.4 毫米。寺庄村充分利用荒山、荒坡，大面积种植花椒经济林。

（3）政府的大力支持

花椒是寺庄村产业开发和生态建设的主要生态经济兼用型树种，已成为发展该村农村经济的一大支柱产业，寺庄村在提高花椒产量、品质和收益方面采取了一系列有效措施，稳步推动花椒产业持续发展。

（4）政策优势

围绕林业产业建设目标，依托退耕还林等林业重点建设项目，采取示范推动和政策引导相结合的措施，在适宜地区营造花椒经济林，寺庄村花椒基地规模不断扩大，产值稳定增加。

2. 存在的问题

寺庄村部分农民花椒种植的积极性不高，发展速度放缓。由于受不同条件的限制，寺庄村一部分农民仍持怀疑、观望态度，农民积极性不高。此外，目前寺庄村栽培的花椒大多为实生树，挂果迟，果实分散、品质差，椒园更新换代难度大，从而影响了椒农的积极性和花椒产业的进一步发展。

栽培技术落后，病虫危害普遍，威胁花椒生长的主要病虫害居高不下。花椒病虫害造成的经济损失远远超过了其他自然灾害造成的损失，成为阻碍花椒产业化发展的主要因素。目前寺庄村花椒的病虫害防治还没有从根本上得以解决，虫害仍威胁着花椒产业的进一步发展。椒园的综合管理水平偏低，建园、整地、栽植、施肥、锄草、修剪、病虫防治等栽培体系不健全，科技培训不足，严重影响着花椒的产量和质量。

管理水平低，寺庄村花椒种植户的科技意识、市场意识不能适应形势的发展。寺庄村已经意识到引进相关技术人员的重要性，但目前既缺乏专业的管理技术人员，又缺乏农户自己培养的土专家，传统模式管理依然占主导地位。尽管花椒栽植面积不少，但产量低，效益不高，主要原因就是农民缺少技术、不懂技术，导致科学投入少，管理水平低下，长远的科技意识和市场意识不强。

生产机械化程度低，采摘、制干和加工环节薄弱，资源再利用程度不高。花椒采摘工作效率低。花椒生有皮刺，采摘以手工为主，采收速度慢、难度大、工作效率低、用工多，人工采摘已日益成为制约花椒产业发展的一个限制因素。特别是近年来花椒采摘工价不断攀升，致使花椒生产“丰产不丰收”，广大椒农的利益得不到保障，极大地影响了群众的栽培热情，严重地制约了花椒产业的健康发展；花椒制干工艺落后，花椒制干基本上沿用传统的晾晒和阴干的方法。自然晾晒方法受天气影响大，如遇阴雨天，花椒果皮色泽就会暗褐无光，香麻味锐减，甚至霉烂变质，直接影响花椒的品质。

花椒种植标准化程度低。花椒种植基本仍处于传统的经验生产状态，规范化、标准化意识不强，花椒生产技术规程的制定工作进展缓慢，花椒的质量、安全标准难以控制，导致产品缺乏市场竞争力。

花椒深加工不足。寺庄村花椒产品大多以干花椒为原料，或加工成粉末或与其他调料稍加调配后直接销售，深加工力度和产品的附加值很低。花椒籽是花椒果皮生产中的主要副产物，其质量占整个花椒果的50%以上。花椒皮是调味品，而大量的花椒籽却被作为燃料焚烧、堆肥使用或丢弃，造成了极大的资源浪费和环境污染。花椒开发利用潜力巨大，综合利用花椒籽等废弃物，提高综合效益是可持续发展战略的要求和体现，符合循环经济理念。

3. 发展对策

第一，充分发挥寺庄村政府引导作用，开展花椒栽培模式推广。延长产业链条，需要政府的扶持引导、部门联动，需要进一步健全科技服务体系，组织科技人员常年进村入户；针对广泛存在的“广种薄收”的情况，将那些规模不大、收益较好的椒农树立成当地椒农学习的榜样，并在科研部门的指导下提高栽培技术并加以示范推广；针对花椒生产中存在的容易大面积发生冻害和采摘难等突出问题进行研究指导，规范综合配套管理技术，大力推广花椒修剪、施肥、灌溉和病虫害防治为主的实用技术，使花椒生产管理实现规模化、规范化、科学化作业。

第二，积极推进寺庄村农业产业化经营。在确保粮食安全、稳步提高单产、增加总产的同时，扩大花椒种植面积，大力推广优良花椒品种，增强农产品竞争力。早期，寺庄村主要农作物为单一的小麦，经济落后，农民穷困。根据人多地少的矛盾和群众素有花椒种植经验的实际情况，经乡政府引导，以振兴农村经济为宗旨，寺庄村充分发挥自身优势，加大科技兴农力度，努力实现技术与生产同步推进，“产、供、销一体化”和“公司＋农户”双赢利，闯出了一条发展农村经济的新路子，花椒成为寺庄村农民增收的主要渠道之一，此外，寺庄村周边地区花椒产业的快速发展得到有力的带动、巩固和促进。

第三，建立和完善农业科技推广体系，提高产业科技水平。寺庄村气候适宜，花椒种植历史悠久，但规模小，花椒产业科技含量低下，为民增收效果甚微。为此，及时确定以技术服务为重点，以扩大规模、增加收入的工作思路，紧紧抓住西部大开发、退耕还林的机遇，努力做好花椒文章。一是坚持“科技兴农”方针，以科技服务为突破口，广泛宣传动员群众种植花椒，及时将种植花椒、田间管理等技术传到农民手中，为花椒产业的发展提供了强有力的科技支持。二是在总结推广花椒种植经验的基础上，多次邀请省、州、县农林科技部门进行授课培训，技术人员现场指导，广泛推广花椒丰产栽培和病虫害防治新技术。

第四，转变观念，提高花椒种植的科技含量。寺庄村政府从农民最需要解决的技术难题着手，针对花椒病虫多、霜冻等自然灾害严重的实际，转变靠天吃饭的观念，加大科技开发力度。积极向农林科技部门、相关大中专院校靠拢，指导椒农防虫治病，使花椒病虫害现象得到有效控制。

第五，大力扶持花椒深度加工业，积极培育市场。花椒全身是“宝”，果实是香料，椒籽可榨油，嫩叶可制“椒芽菜”，老叶、果实和果梗等下脚料还可发展医药和加工有机农药。为此，政府应积极倡导、引进花椒加工企业和食品企业到寺庄村建设花椒深加工项目，开发科技含量高、附加值高的新产品，拉长、拓宽花椒产业发展链，提升产品科技含量和附加值，促进花椒产品转化增值。花椒产业要建立和完善企业与基地、农户、协会的利益联结机制，把基地和农户作为“第一生产车间”，通过“公司（企业）+农户”经营模式，与椒农结成利益共同体，把一家一户的分散经营与大市场衔接起来，延长花椒产业链，形成“龙头企业联基地，基地带农户，相辅相成”的良性循环，推动花椒产业的发展。

（三）啤特果的种植

1. 啤特果简介

“啤特果窝黑是一包包水，甜给者尕心里渗上。”——摘自一首“花儿”。

啤特果，又称酸巴梨、剥皮梨、皮胎果、牙面包，系蔷薇科梨属秋子梨系统的一个地方栽培品种，性温，味甜酸，是生长在海拔2400米左右的独特山珍。它具有树势强健、树龄长、对土壤要求不严、喜阴湿耐寒、抗病虫害、适应性强的特点。富含氨基酸、脂肪、铁、钙、蛋白质、磷、还原糖、鞣酸、维生素B_1、维生素B_2、粗纤维等多种成分，果汁性温，对老年体弱、妇女儿童和病人尤为适宜，所含氨基酸成分之高堪称果中之王。处于梨属植物分布的上限，为甘肃西南部冷凉性半湿润区栽植的特有梨树品种。该果具有喜阴湿、耐寒、抗病虫害等特点，在高寒阴湿山区有着悠久的栽培历史。因其润肺养胃、消泄止渴、软化血管、解酒保肝，被赞誉为“绿色食疗珍品”，成为最具开发价值的特色果品。

啤特果有悠久的栽培历史，极适宜在高寒阴湿地区栽培。果品含有丰富的维生素、蛋白质、还原糖、粗纤维、鞣酸、氨基酸以及钙、铁、钾等人体必需的元素。啤特果产业是经济建设的支柱产业，它的大力发展能增加农民的家庭收入，带动农业产业发展。近年来，临夏县大力发展啤特果产业，同时，当地的企业也用啤特果做原料，开发出各种饮品，使啤特果深加工成为当地的一项支柱产业。经试验，啤特果还可以制成果脯、果干、果酱、果汁等新产品。通过借鉴其他地区发展啤特果的经验，逐步形成了“种植、销售、加工”和“公司加基地，基地联农户”的产业链。通过果品厂的加工、销售，弥补了啤特果难以储藏保鲜的不足，刺激带动群众发展啤特果的积极性，走出了“龙头企业带动产业发展”的模式。现如今，小小的啤特果真正变成了群众增收的一个有效途径。临夏县发展啤特果产业的模式为寺庄村提供了借鉴。寺庄村也正在把啤特果作为一项群众脱贫致富的产业来培育，拟规划按照“龙头带基地、公司加农户”的发展模式，树立特色品牌，全力做强做大啤特果产业。

啤特果树比一般果树大，产果率高。每当阳春三月，嫩叶初展时露出满树枝的花蕾，立秋后果实已长足，由青转黄，散发出一阵阵果香味。于是，人们开始爬梯采摘丰收的果实。但是刚刚摘下树的啤特果，虽果香扑鼻，却又酸又涩，不能食用。啤特果的味道酸甜，有一种微微发酵的啤酒味，它含有氯基酸、糖类、维生素和钾、钙、铁等各种元素，是一种高品位的绿色食品。

入冬以后，气温骤降，啤特果就会冻成颗颗冰球，再经精心保管，可以一直冻藏到次年二三月间。冬天吃啤特果，要先在容器中盛入凉水，后将冻果放入水中浸泡片刻，待啤特果表面蜕出一层薄冰壳后，果则变软。这时，剥皮吮食，其汁清甜而微酸，沁润心脾、凉人肺腑，令人烦热俱消。而待到翌年春，自然解冻时，则果肉已化成泥状，汁水溢出，味香甜而清冽，微有酒气，吮饮之甘美适口，风味极佳，尤其是大人和小孩嘴角上火、口干厌食、昏沉欲睡时，若吃上几个啤特果顿觉脾胃畅和，精神清爽。啤特果还有润肺止咳的功效，若家中大人、小孩谁发生咳嗽、哮喘的常见病，吃一个啤特果，就会马上见效。

2. 啤特果的特点

啤特果性温，味酸甜。

啤特果含有丰富的蛋白质、还原糖、粗纤维、维生素（C、B_1、B_2）、鞣酸、氨基酸（376 毫克/100 克）和钾、钙、铁等多种人体必需的元素，是民间润肺养胃、消泻止渴、软化血管、解酒保肝的食疗佳品。

啤特果汁既保留了啤特果的独特口感，又吸收了其中的果肉精华，是人们喜爱的绿色、天然的健康饮品。

消费群：啤特果适合各种人群饮用，特别对女性有较好的效用，有减肥、降血脂以及保持皮肤光泽的作用。

3. 寺庄村特色种植优势分析

气候优势。寺庄村位于黄土高原西部，处在黄土高原与青藏高原的缓冲地带，属温带半湿润与高寒阴湿气候，海拔在 1735 ~ 4636 米，年均气温 5.9℃，年降水量 631 毫米，无霜期 150 天左右。啤特果具有喜阴湿、耐寒、抗病虫害等特点，适宜在高寒阴湿山区栽培。

社会经济优势。全村仍存在闲散劳动力，有村民出外打工，村民的人均收入水平比较低，全村农民以单一种粮为主，以广种薄收来维持生计，生活困难。农民渴望改变自己的生活现状，寺庄村也在极力寻找富民的支柱产业。

产业基础优势。寺庄村已有大面积啤特果生长，并且部分地方已经形成了规模化，只要充分利用当地资源，政府给予政策扶持、技术服务和信息引导，这种规模化种植就能形成规模经济，形成富民的特色产业。

市场前景优势。寺庄村啤特果种植面积大，水、空气的污染轻；光照充足，果品的外观、色泽及品质很好，属无污染果品。每年采收季节都有外地商来订购，有广阔的市场前景。

综上所述，寺庄村诸多因素对发展啤特果产业有得天独厚的优势。

4. 寺庄村啤特果产业发展现状

近年来，寺庄村高度重视“三农”问题，从调整农村产业结构入手，紧紧依靠国家退耕还林政策，加大资金扶持力度，寺庄村大力发展啤特果业，积极引导农民大力发展啤特果种植。县政府出台了《关于加快啤特果产业发展的意见》，为进一步加快全县啤特果产业发展确定了发展目标和政策导向。通过媒体向群众宣传讲解啤特果产业的发展优势、前景、效益及相关扶持措施，在啤特果生产、加工、经营等方面为果农提供全方位的服务保障，积极引导和带动群众把种植业结构从传统农作物种植向啤特果等优质林果业转变，进一步调动群众发展啤特果产业的积极性。县里的这些举措对寺庄村发展啤特果提供了很好的指导。寺庄村把啤特果产业作为增加群众收入的特色优势产业之一来精心培育，啤特果种植已初具规模，农民增收成效显著，啤特果产业已成为该村促进农村发展、农业增效、农民增收的产业之一。

5. 存在的问题

(1) 啤特果产量、质量存在问题

寺庄村部分农户生产管理水平低，轮作制、合理密植、科学施肥和防治病虫害等先进技术的实施力度不够，导致单产偏低。另外，经营管理粗放，没有实施标准化生产技术规程，产量高低悬殊，品质良莠不齐，品种退化，品质下降。同一片土地的果实品质差异大，很难达到高产、优质、高效的要求。

(2) 管理水平低，啤特果种植户的科技意识、市场意识不能适应形势的发展

当前缺乏专业的管理技术人员，传统模式管理依然占主导地位。尽管啤特果栽植面积不小，但产量低，效益不高，主要因素就是农民缺少技术、不懂技术，导致科学投入少，管理水平低下，长远的科技意识和市场意识不强。

(3) 啤特果多为小规模种植，分散经营，产业化、规模化水平低

寺庄村相当多的啤特果种植户属于自发种植，缺乏统一管理。寺庄村对啤特果产业缺乏系统化的管理指导，生产规模小，种植技术和管理水平低，啤特果种植技术有待提高。村民们分散种植，寺庄村相关农业部门无法进行调控及提供有效的服务，使得村民们对啤特果的种植、加工、销售处于无序发展的状态，产业经济效益不能充分发挥，新技术推广困难，产业发展缺乏有力的技术支持，缺乏统一管理，零星分散，产业化、规模化水平低。

(4) 啤特果生产缺少龙头企业的带动作用

啤特果生产存在信息不灵、产销脱节的问题，缺少龙头企业的带动作用。啤特果产地基本上没有形成稳定的销售网络，生产、销售随机性大，未完全适应市场经济的要求，不能捕捉准确的市场信息，产品流通在一定程度上已成为制约啤特果生产发展的“瓶颈”。另外，关于啤特果的信息网络不健全，村委会发布信息不及时，不能满足市场的需要，这也阻碍了村民种植啤特果的积极性。

6. 发展对策

首先，寺庄村要重视基层农技服务工作，促进新品种、新技术的推广

应用。村委会应重视基层农技服务工作，落实基层农业技术人员的有关待遇，调动基层农技人员的工作积极性，保证他们做好农业技术研究与推广工作，以促进新品种、新技术的推广，及时消除新品种带来的相关技术配套问题。寺庄村农业相关部门要重视新技术培训工作，一是利用农民培训工程的实施，广泛开展新技术培训；二是积极推进啤特果科技入户，以"专家进大户、大户带小户，农户帮农户"的技术推广要求，组织技术人员，深入田头，深入农户，解决啤特果种植中出现的实际问题，以促进新品种、新技术的应用。

其次，形成品牌、建立寺庄村的龙头企业是啤特果产业发展的关键。随着市场经济下品牌带动的效益日益凸显，越来越多的人认识到品牌的重要性，寺庄村的啤特果要在市场中立稳脚跟，必须树立自己的啤特果品牌形象。同时，寺庄村还可以与县里的啤特果加工企业建立合作关系，村委会要加大资金的投入，优化融资环境，全程提供信息咨询和服务，逐步取代现有家庭式的生产经营方式，努力把寺庄村建设成为啤特果生产、出口基地。

最后，创新寺庄村啤特果产业发展模式。真正实现啤特果产业现代化，寺庄村必须结合该地实际情况，因地制宜地提出自己的发展模式。在许多环节上要有新突破，例如，在引导管理环节上大力实施科技特派员制度，送科技入户，对啤特果种植户进行科技指导和组织培训；在销售服务环节上，积极构建信息服务平台，指导村民们按照市场需求进行啤特果的种植。

（四）特色种植业成果辉煌

寺庄村在地域、资源、气候、土壤等条件方面具有独特优势，在立足当地实际的基础上，寺庄村培育和形成不同于其他地区、具有当地特色的优势产业，产品具有较强的市场竞争力，能带动农民增收。

（1）特色优势产业发展较快，规模化水平不断提高

寺庄村大力推进农业产业化经营，打造特色地域品牌农业，形成了特色农产品加工格局。寺庄村的农业特色产业经过多年的发展，已经形成了较大的规模，尤其是以蚕豆、花椒、啤特果为主的种植业发展基础较好，在寺庄村特色农业发展和农民收入中占有一定份额。

(2) 产业化经营进程加快，利益联结机制逐渐完善

产业化经营是发挥市场配置资源基础性作用的最佳形式。寺庄村特色种植业经过多年的发展，逐渐摸索出了适合该地的产业化发展途径。建立和完善利益联结机制是提高农民组织化程度的核心。面对竞争激烈的市场环境，高度分散的个体农民无法有效抵御市场风险，寺庄村逐渐摸索出了适合该地生产力发展水平的农业产业化发展道路，逐步建立起了多种形式的利益联结机制，如市场主导型的“公司+市场+农户”的模式。

(3) 加强农产品的综合利用和深加工，农产品综合利用率有了显著提高，深加工转化层次增加

寺庄村开发适应市场需要的优质精深加工产品。一方面，在产品上进行多层次、多样化开发，满足不同消费群体需要；另一方面，重视开发功能产品。

（五）特色种植业存在的问题

寺庄村产业生产规模小而分散，市场流通体系不健全。寺庄村农业优势特色产业发展较快，经济效益凸显，但产业规模化、集约化程度较低，市场配置资源的基础性作用还没有得到充分发挥。生产以农户为主，企业经营比重低。农户与企业在生产中因资金投入、技术、市场信息方面存在较大差异，效益明显低于企业，且在种植、优良品种选择等问题上市场意识不强，生产安排随意而分散，主导产品不突出，难以形成规模化的生产，缺乏有影响力的品牌效益，产品外销优势不明显。

产业链条短，标准化生产不够。寺庄村大多数企业加工的产品还是低层次的初级产品，主要是从事材料的挑选、分等、切片和包装，缺少产业链条长、技术含量高、市场竞争力强的拳头产品。在这些龙头企业中，缺乏拥有自主知识产权的品种，龙头企业技术装备整体水平还比较低，限制了企业市场竞争力。农产品生产、加工、流通产业链条短，资源的加工和深加工能力弱，附加值低。寺庄村要实现农产品的转化增值，可以使农业向食品工业、饲料工业和营销业等上下游产业延伸，拉长产业链条。

品牌培育不够，市场竞争力弱。品牌是企业形象和产品形象的直接体现，是企业生命力和综合实力的反映。在某种程度上寺庄村龙头企业发展缓慢的

原因就是品牌意识的缺乏。寺庄村不乏好产品，但企业的品牌意识不足，致使许多好产品缺乏被大家普遍认可的好品牌。

企业投融资渠道单一，产业发展缺乏必要的金融支持。寺庄村土地和劳动力具有相对优势，只要充分发挥市场机制的作用，运用市场机制组合协调各种资源，促进各种生产要素流动和聚集，就能使外部的资本、技术优势和自身优势有机融合，从资源优势转变为经济优势，构建出适合寺庄村发展的特色产业体系。

科技创新水平有待进一步提高。虽然寺庄村部分特色产业已初具规模，但因技术推广机制不完善、推广机构的公共服务能力弱等多方面的影响，农村特色产业在农民增收上的支撑作用还不强，产业效益和市场竞争力过低。

（六）促进特色种植业发展措施

培育龙头企业建设，提升产业竞争实力。围绕特色农业产业链，寺庄村应吸引龙头企业参与现代农业建设，鼓励企业向农业产业化示范区聚集，推动规模化、集约化生产，提升农产品加工增值水平和综合效益。以标准化生产、产品研发及精深加工、市场开拓为重点，扶持龙头企业的发展，充分发挥其带动作用。

完善市场流通体系，拓展产业发展空间。寺庄村可以通过开展产品推介、产销对接、品牌宣传等市场开拓活动，集中推介该地的特色农产品，培育打造绿色、有机和清真品牌。

强化农业科技和装备支撑，提高产业科技水平。寺庄村应进一步优化农机装备结构，提高农机化装备水平、作业水平，改善特色优势产业生产经营条件，不断提高特色优势产业综合生产能力。

推进质量安全体系建设，确保产品质量安全。寺庄村应进一步优化特色优势农产品品质结构，积极推广无公害、绿色、有机农产品标准化生产技术，提高产业发展的整体质量和效益，增强产业发展的市场竞争力。

支持和引导建立利益联结机制。大力推进企业与基地的对接，形成“企业+合作组织+农户”的稳定利益共同体，使市场主体都能获得平均利润，从而建立稳定合理的利益联结机制，延长产业链条。

四、特色手工业

（一）寺庄村砖雕

1. 砖雕概略

（1）砖雕简介

砖雕通常指用青砖雕刻而成的雕塑工艺品，是中国古代建筑上使用的一种很重要的装饰性雕刻艺术形式。它是由东周瓦当、空心砖和汉代画像砖发展而来的，萌芽于战国、两汉时期，成熟于唐、宋时期，经过元、明、清三个朝代的发展日臻完善。明清以前，主要运用于宫殿、寺庙、墓室中，明清以后，大量装饰于民间园林和民宅建筑上。

寺庄村位于甘肃省临夏县，群山环抱，风景秀丽。临夏在春秋战国时代地属西羌，秦时地属陇西郡，东晋时改名河州，唐朝天宝元年（公元742年）改名为安乡郡，元朝改名为河州路，故今人也称临夏为河州。临夏，历来是一个多民族聚居、人文荟萃之地。中原汉儒文化、伊斯兰文化和藏传佛教文化在这里相互浸濡、融合。勤劳聪慧的汉、回、东乡、保安、撒拉等各族儿女在漫长的历史长河中共同创造了丰富、灿烂的民间文化艺术。寺庄村则是一个回族聚居的小村落，村中弥漫着浓郁的伊斯兰风情。寺庄村中留存着许多民间文化艺术，而众多的民间文化艺术中，砖雕是一朵迷人的奇葩。木雕、彩绘、砖雕被当地村民称为建筑艺术中的“三绝”。在寺庄村，乃至临夏，砖雕无人不晓，几乎处处都能见到砖雕装饰的秀丽景致，且不说它装点着清真寺这些公共建筑设施，即使走进普通百姓家，也会有令人叹服的砖雕艺术佳品或筑于屋脊之上，或镶嵌在门庭之间，装点着人们的生活。

隶属于临夏的寺庄村的砖雕艺术是中国砖雕艺术的一个主要分支。从考古发掘来看，当地砖雕在宋、金时代已使用于墓室，而现在则广泛应用于民宅和园林建筑之中。不同的建筑部位，砖雕的样式、形状都有不同，巧妙使用雕镂的手法装饰着人们生活的地方。在制作技法种类上一般采用“浅浮雕”、“中浮雕”、“高浮雕”和“镂空”相间的制作技法。寺庄村砖雕作品使用的中国画的构图形式，大都体现了“文人画”的特点，“诗、书、画、印”

俱全，可以说寺庄村砖雕就是雕刻在青砖上具有立体效果的中国画。关于砖雕雕刻技法、特点等会在下文中作具体介绍。寺庄村的砖雕艺术作品种类繁多，形象逼真、素雅，无处不闪烁着其灿烂的艺术光芒，国家建工部专家曾高度赞誉其砖雕是“全国罕见的珍品”。

(2) 溯源

砖雕是我国民间一门独特的传统建筑雕刻艺术。我国的砖雕艺术源远流长，最早关于砖雕的记载是在《左传》中曾描述了在建筑中使用刻镂艺术。在宋金时代，在表现题材和雕刻技法上，寺庄村砖雕艺术就已经相当完善和成熟了。其砖雕艺术是从汉代祠堂、墓室、宫殿等建筑物上的画像砖、画像石雕刻演化、发展而来的。据考证，寺庄村砖雕起源于北宋，明清时工艺趋于成熟，到现代则日臻完善。由于历史上战乱、民族迁徙等原因，早期砖雕精品已难寻觅，目前的宋金砖雕主要见于当地及周围出土的宋金砖墓中，红园路、铜匠庄、邓家庄、和政县杨马家庄等地均发掘出内饰雕刻精美的宋金砖墓。这一时期雕刻的题材内容主要是花卉、动物和人物情景。宋金砖雕中，最常出现的是花卉、动物图案的砖雕，主要有牡丹、荷花、麒麟、祥鹿、飞龙、奔马等，这些都是中国民间传统祥瑞心理的表现。宋金古墓砖雕中最具艺术价值的应是人物情景图，它不同于宋墓中画像砖的是，墓中砖雕人物皆以生活中的真人为原型进行表现，没有汉魏时期人物足下云气缭绕之类升仙图的遗迹。人物情景图中，极具代表性的是王吉墓门上的砖雕描述的是“元觉劝父”这幅图，图中祖父骨瘦伶仃，苍老单薄，眼望着坡下的儿孙，孙子元觉手握着担架，与父亲相对，两人似在争辩。画面逼真，惟妙惟肖，展现了元觉规劝自己父亲尽孝道的主题内容。这一时期砖雕多古朴、素雅，以浮雕为主要雕刻形式，景物简洁，连缀紧凑，重于装饰。

自元代蒙古军西征，把中亚各族人民（主要是伊斯兰教信徒）编入探马赤军迁徙到寺庄村。探马赤军规定：“上马则备战斗，下马则屯聚牧养。”像寺庄村这样的回族聚居区就是在这一时期开始形成的。所以在建筑装饰上，特别是砖雕艺术上，也形成了以回族为主体又融合了汉族等其他民族传统的独特风格，创作了大量绚丽多彩、精致细腻的寺庄村砖雕精品。到了明清以后，这种充满浓郁民族特色的砖雕风格更加明显。回族砖雕主要用于清真寺、拱北及住宅建筑等的装饰。河州是古丝绸之路的南道重镇，明清时期为茶马互市的商贾云集之地，商业的繁荣不仅促进了商业的发展，也造就了一批巨贾富商。在当时王公贵族与庶民百姓的宅地是有严格区别的，据《明史·舆服志》记载："庶民庐舍……不许用拱斗，饰彩色。"由此可见，在这种封建制度下，没有地位的地主商人即使家财万贯，也不敢在民宅建筑中使用上等材料，于是富而不贵的商人财主只好在砖上动心思、下功夫，并将积累的大量钱财用于修建清真寺、住宅，以此向世人证明自己的财富，同时又光宗耀祖，这也是寺庄村砖雕艺术不断发展的客观基础。而且当地的金属制品、建筑材料和木器加工行业也为砖雕工艺提供了必要的技术条件。在这个时期，从事砖雕艺术的人才辈出，不断有砖雕精品出现，作品风格质朴简约，内容丰富多彩，雕工精细，声誉响彻西北。

到民国时期，寺庄村砖雕进入了鼎盛时期，无论在制砖业还是在砖雕业都已颇具规模。此后，寺庄村砖雕在吸收绘画、木雕等技艺的艺术特长的基础上又采用了高浮雕手法，至此寺庄村砖雕风格由明清的质朴、简约转变为细腻、繁复。小幅作品即可雕出几个层次，构图严谨，大幅作品则要饰上凸出的回纹，并在四周衬以几何纹图案，高贵、富丽。

(3) *砖雕分类*

第一，墓室砖雕。在寺庄村所属的临夏地区是甘肃省宋金时期墓室砖雕的主要出土地之一，这里的墓室不仅分布广泛，而且出土的数量众多，图案大都造型优美，雕刻技法娴熟。在众多的墓室中，最有代表性的是1982年在临夏王闵家村发现的一座金代、建筑结构为券顶式青砖单室砖雕墓，它是目前发现的最早的全砖雕墓室。该墓距今已有833年，建造于金代大定十五年(公元1175年)。整个墓室由1000多块青砖镶砌，分墓门、甬道和墓室三部分。墓内用浅浮雕的形式装饰了砖雕作品，内容有二十四贤孝故事中的《王祥卧冰求鱼》、《原谷谏父》图；有反映美好生活愿望的《莲生贵子》图；有反映生活场景的《端盘侍女》、《捧壶侍女》图；有佛教题材中的《飞天》图；有瑞兽砖雕作品的《狮子戏绣球》、《腾龙》、《天马》、《鹿衔荷花》、《鹿衔灵芝》、《鹿衔如意》图，等等。整个墓室的砖雕运用夸张、丰富的想象力，雕刻的造型精美、细腻，形象生动逼真，堪称金代砖雕的优秀作品，充分体现了当时工匠的高超技艺。

第二，宗教建筑砖雕。伊斯兰教文化反对偶像崇拜，人与动物的形象是不可在艺术造型中出现的，所以大多只有花卉、草木图案以及阿拉伯文字和汉字书画等题材，从而形成了别具一格的伊斯兰教砖雕艺术风格。大拱北伊斯兰教建筑群是砖雕作品最为集中的地方之一，保存着很多近现代的砖雕艺术佳作，也体现着寺庄村砖雕艺术的发展与技术的完善。在其坐东向西的长廊影壁上，装饰着一幅直径为1.4米的《荷花图》。图中风叶露荷，摇曳多姿，形态惟妙惟肖，与整个影壁巧妙构成一体，是其宗教建筑砖雕中的代表作品。

20世纪80年代，在钢筋水泥建筑普遍出现后，出现了许多用钢筋水泥浇注塑刻而成的仿古建筑和钢筋水泥仿砖雕的艺术作品。如老王寺的阿拉伯文《赞圣词》、南关大寺的《御赐连根古寺图》以及老华寺、大西关寺、前河沿清真寺、华寺拱北等建筑中的各种《古兰经》节文图案、花卉和大拱北清真寺的大殿等。

第三，民宅砖雕。寺庄村的砖雕艺术与临夏砖雕艺术具有很大的相似性，所以在这里不得不提到东公馆——临夏现存砖雕艺术作品最多、最丰富的地方之一，集中体现了近代其砖雕艺术的最高水平，也是雕刻大师绽成元的毕生作品。它是民国时期军阀马步青的私邸，建成于1945年，院内有大小砖雕作品共189幅，目前遗留下来的只有70多幅。这些砖雕图案内容各不相同，分布在不同建筑物上，其代表了当时砖雕艺术的精华。其中最大的一块是中心天庭影壁，长7米，高8米，上为仿木结构砖雕房檐和屋脊，下为雕花台座，正中为《江山图》，又名《山村小景》，画面长2.5米，高2米，由24块厚7厘米、宽25厘米见方的方砖组成。画中红日高照，碧空万里，江河滚滚，白帆点点，山势峥嵘，青松郁郁，亭台高阁隐约点缀其中，整个画面气势磅礴，意境深远，大有气吞万里河山之势。整个建筑将儒家思想与伊斯兰装饰艺术融合为一体，作品中吸收使用了山水画和花鸟画的艺术技巧来处理画面，且应用的题材广泛，画面的立意新颖，造型生动，层次分明，雕功精湛。

第四，园林建筑砖雕。虽然寺庄村没有经典的园林建筑，但是园林建筑却是砖雕艺术当中不可或缺的经典。园林建筑自明朝成化年（公元1484年）以来，已经有500多年的建造历史。设计园林者独具慧心地将砖雕作品巧妙安插在园内各处，将当地人民爱美的高尚情操淋漓尽致地表达了出来，使当地园林建筑达到了古朴、浓艳、雅静、淡远的艺术效果。

红园是园林砖雕艺术保存最完整的地方之一。此次调研时，我们就曾多次来到红园里。一步入红园就被它古朴淡雅、静谧优美的气质所吸引，院内处处红柱灰墙，到处都是令人为之赞叹的砖雕作品，它们完全融入红园整个建筑中，遥相呼应、相得益彰。园内建筑的装饰有很多精美的砖雕图案艺术作品。各处的砖雕图案平中有奇，同中有异，无论是花卉山水，还是花鸟鱼虫，每一幅都布局匀称，精巧雅致。其代表作品为一字厅南侧照壁上的《泰山日出图》，用中、浅浮雕结合中国画荷叶“皴”的技法雕刻而成，作品两侧山峰巍峨对峙，峭拔挺秀，中间石峰奇险，透迤曲折其间，更有宝塔耸立，泉水淙淙；北侧照壁上的《多子双喜图》，画中石榴枝繁叶茂，果实累累，一只喜鹊已饱尝了那珍珠模样的熟透了的籽粒，正举起一只脚爪，擦去尖喙上的残汁，整个画面玲珑别致，惹人喜爱。

2. **寺庄村砖雕制作工艺流程**

寺庄村的砖雕所使用的砖料材质取自临夏北塬乡专门用土窑烧制的一种质地细腻的青砖，俗称“绵砖”。砖块制作所采用的是精选的泥土，以水洗淘去杂质和沙粒调制成泥巴，然后用规格大小不等的木制模具打坯成型，晒干后入窑焙烧。采用这样的泥土制成的砖密度高，硬度适中，极适宜在其上雕刻图案纹饰。砖块经过打磨后，以切、勾、削、凿、剔等多种手法精雕细刻，拼挂安装，全部用手工制作完成。经过处理的砖雕材质坚硬，不易损毁。

寺庄村砖雕从制作工艺上讲，有“捏活”和“刻活”之分。

“捏活”是指将黏土泥巴用手和模具捏成各种造型，而后放入窑中焙烧而成的一种砖雕制作工艺。以这种制作工艺成型的作品大多一体成型，如龙、凤、麒麟等，多用于屋脊之上，俗称“脊兽”。

而“刻活”是指在已烧好的青砖上雕刻出浮雕图案造型，其工艺要比“捏活”复杂得多，砖雕师傅在土窑绵砖上用刀雕刻，一个图案往往由十几块甚至几十块青砖拼接而成，建筑物中的墙饰、台阶等多用此种工艺。这一类技法主要靠子承父业和师父传、帮、带的方法来传承，需要长时间的锻炼才能练就精湛的技法，但做出的成品具有很高的艺术收藏价值。其工艺制作过程主要经格方、落样、雕刻、安装、打磨5道工序，具体步骤如下。

①找正、磨平砖面：用手锯将青砖切成平整的形状，取粗纹砂纸、砂布或青砖，将其平铺于桌面上，而后将青砖置于砂纸上或用另外一块青砖缓缓推磨，待青砖至平整无隙为止。对接砖块的四边边线需成一条直线且厚度需一致。

②设计画稿：在普通白纸上将构思好的图案画好，如人物、树木、花草

等。如果砖雕艺人技术娴熟，可直接将图案画在砖上。

③渡稿：将已设计好的印稿过渡到砖面上，可用复写法和钢针刺印法过稿。此外，在刻好大样后再用铅笔画出细部，进行深入刻画。

④雕刻：首先掏开画面空白处，留好需要精加工的地方；其次刻出主要造型的轮廓和层次；然后进行深入细致的精加工，刻画出细微之处；最后打磨完成。

⑤刀法：刀法是砖雕刻法艺术的灵魂，用得好坏直接与执刀姿势、力量和运刀形式有关。首先，执刀方法主要有“竖握柄式”和“横握柄式”两种。“竖握柄式”执刀方式，形同双手握棍，十指相助，双手与肩部同时发力用刀。“横握柄式”执刀方式，状若紧握匕首的柄部，五指合攥，运用双手的腕力、臂力作自上而下的锲刻。其次是刀法，最典型且常用的刀法有三种，即冲刀、切刀和冲切混合刀。冲刀法：刀杆倾斜45°，以刀锋一角入砖，使用双手、肩部和腰部的力量用力冲刻。由于冲刻方向不同，还可分为横冲、竖冲、逆冲三种。切刀法：刀杆倾斜，刀锋入石，随之刀杆向相反方向倾斜，使刀锋直接切入砖面，一起一伏，边切边行。冲切混合刀法：以冲刀为主，切刀为铺。是一种集冲、切之长，避二者之短的常用刀法。

还有一种砖雕制作方法被称作软模具钢筋水泥砂浆浇注翻制法，其为仿砖雕作品。这一制作方法是20世纪后期兴起的，可大规模批量生产或订单生产，生产成本低，具有广阔的市场前景。其制作工艺大致分为以下几个步骤：①用传统的“刻活”方法做出模具样板；②用软橡胶类材料或高分子类材料筑模具；③以钢筋做骨架，用水泥、干净河沙搅拌后在模具里浇注；④水泥凝固后，取下软模具，进行修饰后安装。

制作寺庄村砖雕的工具及材料大致有以下几种，主要是“刻活”所需的工具材料。①铅笔、毛笔、墨汁、砚台，这几样工具皆是用于起草底稿。毛笔以狼毫小楷为宜，墨用书画墨汁。②刻刀：用于雕刻砖石的刀具，因刀口处锋角度不同可分钝、锐，大、小两种。一般常用的是平刀、半圆斜口刀和U形刀具。③砖料：传统的青面砖，以质地绵软不脆，无石灰石、杂物，下刀不爆裂为好。④纸：用于设计画稿，普通白纸即可。⑤泥：自制黏土雕塑泥（主要制作“捏活”）。⑥砂纸或电动打磨工具，用于打磨青砖砖面。⑦油石：用于磨砺刻刀。⑧雕刻案桌：帮助雕刻砖雕作品时端正位置，便于用力雕刻。桌面要平整，桌体要结实、抗重压。⑨锯子：是调整砖面平整、方直效果的辅助工具。⑩毛刷或吸尘器：用于清理砖面砖屑的辅助工具。⑪手电钻、镩：配合平铲清除大面积空白处时的辅助工具。

寺庄村砖雕在技法上采用雕刻和镂空相结合的手法，或圆雕或半圆雕，使其跃出画面，层次分明，立体感很强。对于次要部位和衬景，则用浮雕方式处理。其雕刻技法主要有阴线刻、凹面线刻、凸面线刻、浅浮雕、高浮雕、镂空式透雕等。这是临夏砖雕艺术的精华之所在，一幅砖雕往往由三四层图案构成，重重叠叠，里呼外应，浑然一体，有极强的立体感，令人叫绝。

3. **寺庄村砖雕的艺术特色**

寺庄村的村民们十分喜爱花木，每家每户几乎都种植着牡丹、菊花、石榴和其他果树、花卉，甘肃省的牡丹是享有盛名的。每一个住户的门前，都可以看到繁花似锦的小庭院；每当信步于幽巷之中都会被出墙的红杏或惹人的石榴所吸引，真可谓塞上的花镇。当地的很多砖雕艺人自己就是一位育花的能手，有的能培植如葡萄、石榴、金钱吊梅等盆景，有的还是精于书画的画师。这些艺人用画家观察事物的锐敏感觉来体察花木，不但能够掌握这些花木的形体特征，更重要的是能够领悟花木的“精神”。因此，艺术修养颇高的工匠多受民族文化的渗透和陶冶。处处皆花、山河秀丽的生活环境，如脂似玉的优质黏土砖，这些都是造就“临夏砖雕”的基石。加之，当时的达官贵人为了炫耀自己的财势不惜工本，为创作砖雕提供了客观的可能性。在上述条件下产生了寺庄村砖雕特有的立意新颖、构图严谨、造型生动、雕工精湛的艺术风格。

寺庄村特色砖雕近千年来不断推陈出新，经久不衰，近代又吸收了绘画、木刻诸长而得到了更大的发展。它广泛应用于寺庙、拱北、园林和民居建筑中，装饰部位有影壁、障壁、门楼、门、墀头、墙垣、脊饰和山花等处。现按砖雕所处部位分述如下。

影壁也称照壁或照样，也就是古代所谓的“萧墙”。临夏常见的影壁、障壁，一般由檐部、壁身和基座三部分组成。从总体来看它们的比例关系都是十分严谨的，许多影壁都是按黄金分割比的关系进行整体布局。为了使影壁既与四周墙壁合而为一，又能起到必要的装饰作用，使檐部这个主要落影区有丰富的光影变化，在基座上加上几条横向线脚，形成几条平行的落影以增加影壁的稳定感。其他部分的雕饰都与总体布局浑然一体，对于檐下的斗拱、雀替或挂落，这些雕饰的凸起都不能过大，从而形成影壁平整、统一的效果。

壁身的墙心是影壁或障壁的主题所在之处。其中有的将这部分只作四角的装饰点缀，配以大面积磨砖对缝的清水墙面，显得素雅、端庄，如大拱北经堂两侧厢房山墙的影壁。而更为多见的是在壁身墙心部位嵌以有主题的独幅“砖雕画”。

影壁墙嵌心画的题材十分广泛，有壮丽山川、松岩秀色，有累累硕果、争艳百花；还有博古陈设、瑞气祥云等，每一幅画面都极为生动。从风格来看，有的采用程式化、图案化手法，如云气和松柏的枝叶；有的则着意于写实，如一幅在清风中果实累累的桃树和随风摆动的垂柳，十分逼真。

寺庄村砖雕中常以石榴、葡萄作为主要的雕刻对象，其中一层含义大约是借用它们“多子多孙”的谐意，另一层含义则是，像石榴、葡萄的老家都在西域伊斯兰教国家中，汉代张骞出使西域后才带到中原来。如石榴又称安石榴，西晋张华《博物志》中记载：“汉张骞出使西域，得涂林安石国榴种以归，故名安石榴。”所以，石榴、葡萄成为常见的回族装饰纹样。

影壁在雕刻技法上，采用把主体处理为似圆雕或半圆雕，使其跃出画面，给人以强烈的视觉效果。而次要部分和衬景，则以浮雕形式来处理。同时，在砖上，注意用不同的刀法，造成光影上下不同的效果，创造出不同对象的不同质感来，如山石的厚重、树干的粗壮、枝叶的茂密、花瓣的丰盈。此外，在刀法上还吸收了中国画的传统技法，如雕石山则效法绘画中“披麻皴”、“折带皴”、“云头皴”等皴法的刀法。

寺庄村砖雕以精巧、细腻见长，所以它不只用于室外作为建筑物的外部装修，而且还引入室内，成为室内装饰。目前现存的砖雕影壁尚数百计，这些影壁、障壁虽然大小各异，大的宽达七八米，小的仅一米许，但在其中都凝聚了砖雕艺人的大量心血。

墀头，当地称为垂（锤）头，多置于门楼檐下或房屋两端的檐下部位，一般高度为墙身高度的1/7～1/6。在这个位置上设置一个雕琢精致、富于起伏变化的墀头装饰，既可起到檐下强烈阴影与光洁墙体的过渡阶梯，又能在整个建筑物上起到画龙点睛的作用。所以尽管墀头的体量不大，但却成了砖雕界的一个百花园，丰富多彩的墀头花饰竞相争艳。墀头的外形呈盾形，也有圆形或其他不规则形的。

墀头花饰一般可分为两类：一类是较为有规律性的以图案纹饰为主体的墀头，如云形、卷草、饕餮纹、蝙蝠、博古等，在这一类型中常以一些小纹饰为底烘托出一个主体福字、寿字或是一个重点花饰，突出主题。如一个莲花心墀头，它是以相互穿插的饕餮纹和卷草花饰为底托出中心的莲花，柔中寓刚，相得益彰。另一类则是以花木纹样为主体，其题材更为广泛，梧桐、山石、菊花（谐“五世同居”意)、玉兰、牡丹（谐“金玉满堂”意)、松树、万年青（谐“松柏常青”意）以及梅、竹、藤萝等。这一类型更是百花齐放，琳琅满目。有的为了构图活泼，将花木的茂枝冲破墀头的画框，大有使这些有生机的花草跃然出壁之势。在雕刻技法上，由于画面较小，一般采用透雕、圆雕或高浮雕，使之造型更为生动，光影变化更为丰富。

至于砖雕的题材，一方面受封建宗法制度的束缚，如在《臣庶室屋制度》中规定：“禁官民房屋，不许雕刻古帝后、圣贤人物及日月、龙凤、狻猊、麒麟、犀象之形。”另一方面也受到封建统治思想的制约，“支配物质生产资料的阶级，同时也支配着精神生产的资料”（马克思、恩格斯《德意志意识形态》)。因而在创作主题上多为“福山寿海”、“吉祥如意”、“五福临门”等富贵、祥瑞、如意、延年、长寿等命题之作。当然这在一定程度上也束缚了艺人的创造性，但就这样，还创作出了很动人的画幅来，使普通的黏土砖焕发出绮丽的光彩。

4. 主要砖雕作品的介绍

(1) 东宫馆

东宫馆坐落在临夏市八坊东南郊，是国民党四十集团军副司令，柴达木屯垦督办马步青的私邸。始建于1938年，1945年竣工，历时8年，占地约150亩，是临夏现存最古老的楼院建筑。在近代，临夏马氏家族作为封建军阀，其势力遍及甘、青、宁，统治西北近一个世纪。而马步青在民国时期更是权倾一时，作为封疆大吏，其生活尤为奢华，这在东宫馆的修建规模、选材用料、装饰设计上可见一斑。其中，最引人注目的是大大小小的砖雕作品，共有189幅，目前留有70多幅，皆出自砖雕大师绽成元师徒之手。面对这些飘逸在青砖上的精美图案，无不赞叹作者高超的雕刻技巧和精巧的构思。东宫馆砖雕的艺术特点归纳起来主要有以下几点：

第一，细腻、逼真的艺术效果。寺庄村砖雕技艺分“刻活”和“捏活”两种。而东宫馆的砖雕作品皆属“刻活”。事先根据不同建筑部位设计好图案，巧妙地使用雕镂，“中浮雕”、“高浮雕”和“镂空”技法来表现形象的立体感。在东宫馆众多墀头上雕刻的博古图案，将这种雕镂的技术发挥到了极致。

第二，民族特色的相互融合。寺庄村虽然是一个回族人民聚居的村落，但是由于地处临夏这样一个少数民族汇聚的县，经过经年累月的与汉族等其他少数民族一起生活，在其砖雕作品中也能不断地看到各个民族的特色。在当地，伊斯兰教对穆斯林民族的历史文化、伦理道德、生活方式和习俗产生了深刻的影响，成为中华民族文化宝库中的一枝奇葩，这在东宫馆的砖雕艺术中同样也得以体现。

首先，信仰伊斯兰教的回族、东乡族、保安族等各少数民族群众在长期的实践中按民族习惯加以选择砖雕题材，大致可分为花草植被、山水建筑、图案符号、文字诗句等，正如东宫馆的砖雕作品所采用的题材一样。比如用花草植被的图案预祝农业丰收的“五谷丰登”；象征君子高尚情操的“岁寒三友”；期盼福寿、子孙多多、生活美满的“三多”；还有诸如“百事如意”，“连理枝”，“竹梅双喜”等。而“江山图”则属于山水建筑类型，另外还有用阿拉伯语雕刻的《古兰经》，以及雕刻在“江山图”两边的隶书对联的文字诗句类型。在东宫馆的砖雕中，数量最多的是各种图案符号，如“博古纹”“唐草纹”“八宝纹”等。其次，东宫馆虽说是中式风格的建筑，但门楼、回廊的拱门、窗户的设计又是典型的伊斯兰风格，并用寓意吉祥的砖雕图案加以装饰。实际上，这种样式就是寺庄村民族装饰风格的特点。

第三，与中国画相互融合。在东宫馆的砖雕作品中，成就最高的则是若干幅用砖雕雕成的中国画。之所以说是中国画是有如下原因的，首先，从功能上来讲，它并不是为了装饰建筑上的某个部位，而是作为一个独立的艺术品，以纯粹的审美为目的，既承载着作者的情感又体现了官邸主人的品格与作为。其次，它具备了中国画特点：①诗、书、画、印、俱全，互为彰显；②在构图上追求情景相生，气韵生动的中国画的意境。如雕刻在中心天庭影壁上的《江山图》，高2米，宽2.5米，由24块25厘米见方的方砖组成。是东宫馆最大的砖雕作品。画面上红日高照，碧空万里，近景山势险峻，远景白帆点点，是一幅气势磅礴，意境深远的中国山水画。其他尺寸较小的作品，题材大都以梅、兰、竹、菊为主，尽显雅致、恬淡之情，具有明显的文人画特点。东宫馆是当地现存砖雕艺术作品最多、最丰富的地方之一，被称作砖雕艺术的“大观园”，容纳、汇集了临夏雕刻艺术之精华，代表了这一地区的最高水平，与其他地区的砖雕相比更多了几分大气与美感。

(2) 同心清真大寺砖雕

同心清真大寺是一组完整的古典建筑群。其门前的照壁，既是清真大寺建筑的重要组成部分，也是砖雕艺术体现最为集中的仿木工艺品。它是由青砖打磨拼对而成的，照壁整体高 6 米，宽 9 米，由上、中、下三部分组成。上部是壁顶，集中体现传统仿木结构建筑样式，中间是照壁的主体，所绘制的是“月藏松柏图”，整个画面由青砖打磨刨洗拼对而成，整个画面浑然一体。图画的外围同样由精致的砖雕图案来完成，有葫芦、宝剑、竹、梅等图案相连接。图两边雕一副隶书体对联：“万物偏生沾主泽，群迷普度显圣恩。”照壁修建的样式简洁明快，图案构思新颖，砖雕工艺极为精湛，颇具韵味。照壁由造型到各种图案花纹的运用，总体上体现的是中国传统文化特色，修建样式与清真大寺建筑在风格上形如一体。照壁修建于清光绪三十三年(1908 年)，整个图案设计和对联文字的雕刻是由河州工匠马忠良主持完成的，照壁落款处有完整的记载。

进入大寺，门楣上的砖雕也非常精致，汉文与阿拉伯文并列。两幅砖雕，一幅名为《洗心》，一幅名为《忍耐》。门楣两边雕刻的是阿拉伯文，周围都是精细的雕花纹饰，下方有图案相连，两边有雕刻的垂梁作为装饰。同心清真大寺的主体建筑礼拜大殿，是由前后两座殿宇式建筑和门前抱厦连接而成，抱厦（宋代管这样的建造形式的殿阁叫“龟头屋”，清代的叫法就是“抱厦”。原来在隋唐时期，建筑组合上有了较大的发展。在主建筑的四面都可接建，在左右侧的称“挟屋”，在前后的称“对垒”，局部向前后突出的称“龟头屋”。）两侧是八字形影壁墙。八字墙上的砖雕是同心清真大寺砖雕里最精美的部分，在圆形的空间里雕刻了内容非常丰富的图案造型，有代表中国传统文化的文房四宝、荷花、翠竹、梅花、牡丹、葡萄、石榴等，整个图案布局有序，内涵丰富。

据《同心县志》记载，同心清真大寺曾三次重修，第三次是清光绪三十三年，与大寺门前照壁一样，同为河州工匠完成。同心清真大寺的砖雕，使我们看到了西北砖雕艺术悠久的历史，同心清真大寺的建筑风格，使我们看到了中国传统建筑文化与伊斯兰建筑文化的完美融合。

(3) 二十里铺拱北砖雕

二十里铺拱北位于固原城南平凉至银川公路东侧的台地上，整个建筑群依山而建，集伊斯兰教建筑风格与传统古典建筑风格为一体，格局独特，气势雄伟。二十里铺拱北建于清康熙十六年（1677 年），乾隆时期再度扩建，与宣统《固原州志·艺文志》记载一致。《固原州志》记载乾隆十九年（1754 年）扩建后，曾敕碑记事，名曰《回教先仙碑》，碑文大略是："先仙不传其名，康熙中，乡人每见有在山诵经者，近而视之杳无踪迹。后有西域老叟至此，曰此山有先仙遗塚，吾教宜礼奉焉。启土视之，年墓志一方，泐于成化二年。"这里记载的故事虽传奇色彩较浓，却成为康熙年间在此创建拱北的根由。

坊门楼是三门四柱牌楼式建筑，也是二十里铺拱北砖雕的第一道景观。牌楼上不同位置的砖雕图案不相同，雕刻内容也不一样。梅、兰、竹、菊是一类，春牡丹、夏莲、秋菊、冬梅是一类，鱼闹莲门、喜鹊登梅、蝙蝠、狮子是一类，十二生肖又是一类，台阶左右护栏上也雕有石榴、牡丹等图案。牌楼两边是砖雕的隶书体对联："教演西方敬服念拜斋课朝，道通东土敦崇仁义理智信。"中门上的雕刻可算得上第二道风景，牌楼的建筑物上雕刻着二龙戏珠、凤朝阳等图案，左右坎墙上同样雕有花卉，门洞上雕有鸳鸯戏水、海水朝阳等大幅图案。

大殿的廊柱上主要是传统木雕。殿壁龛后的主塔亭是一座六角八卦形砖塔，塔顶覆盖着绿色琉璃瓦，中部塔身各面均镶嵌着不同的砖雕花卉和图案，主要是牡丹、莲花、梅花等；塔身中部东、西的窗户，也是由各种连续性的图案雕刻镶嵌而成的。底部为须弥座双层雕花图案，工艺精湛。大照壁是整个寺院建筑的最后部分，高 10 米，长 18 米，厚 1.5 米，全部用水磨砖加浮雕而成。中间镶有鹿鹤同春、龙凤呈祥、五老观月、丹凤朝阳、青牛吸水、鹿踩灵芝等大幅砖雕图案，每幅图案都是由不同花卉砖雕为边框，既独立成画，又是一个完整构图。

二十里铺拱北无论是墓祠还是门墙，皆有精巧的砖雕以及云纹、莲花纹、龙纹、古钱纹等浮雕或高浮雕，以夸张和变形的手法装饰着坚实的建筑，舒适而紧凑，质朴而华丽，显示着回族工匠的高超技艺。随着时代的发展、文化背景的变化，今天二十里铺拱北的砖雕艺术及其图案造型的变化和布局与百年前相比肯定发生了细微的变化，但是艺术的精神会继续一代代传承下去，它的文化内涵依旧承载着逝去的历史。

（4）海原九彩坪拱北砖雕

九彩坪拱北坐落在一处四面环山的山包上，当地俗称屹垯山，宋代史书称九羊谷，后来又称九羊寨。九彩坪拱北毁于1920年海原大地震，经过工匠师傅们的修复后又毁于“文化大革命”。现在看到的拱北建筑，是20世纪80年代陆续修建的。九彩坪拱北整体建筑主要是由山门照壁、中门照壁、拱北的主体建筑、后照壁等组成，再配以相关的建筑，是一组完整的多元文化相融合的砖雕建筑艺术群。

九彩坪拱北的砖雕艺术主要体现在影壁、照壁、门楼、卷门、墀头和饰脊方面，包括山花的装饰等。大照壁的造型不是通常意义上的直线，而是由高低不等的阁楼构成。照壁中间建筑样式是传统的无檐顶，由四层砖雕斗拱支撑，斗拱下是悬空的垂拱联纹砖雕饰。两边的建筑样式也是无檐顶，没有斗拱砖雕，却是两层悬垂柱和回廊式透雕砖雕图案。檐下的砖雕垂柱，有的是竹，有的是葡萄。照壁的背面由三块碑文和数副对联构成，横批是由三块造型不一砖雕构成的匾额状方框，砖雕的图案有梅花、菊花、竹子、宝瓶、莲花等。

中门的照壁建筑样式与山门的建筑样式在外形上大致相同，只是无顶檐下的斗拱没有了，而是两层垂廊柱悬空透雕装饰。八卦亭的顶部除按照伊斯兰建筑风格处理外，檐下全是非常精细的砖雕斗拱，斗拱下是两层垂柱加悬空的回廊透雕图案。八卦亭的窗户边缘全部由透雕莲花或缠枝草环绕，窗棂由精细的对称砖雕图案组成，整体看是窗户，分开看是一个个独立成形的花草图案。八卦亭的底座是传统须弥座样式，但是由数层大小不等的雕刻图案连环构成。

九彩坪拱北体现了多元文化的交融。首先，拱北建筑样式本身就是传统文化与伊斯兰文化融合的体现，如传统阁楼与大无顶檐建筑造型。其次，砖雕图案除了以花草、几何图案、吉祥物体现伊斯兰的艺术风格外，大部分取材于中国传统祥瑞内容，如松、竹、梅、菊、蝙蝠造型与象形寿字。然后，儒家文化通过对联的形式得到了非常完好的反映，如山门照壁上的“心道救人伏羲始，度化善诱三圣功”“道通中国不外乎仁义理智信，教演西域原来复念拜斋课朝”。最后，多种宗教文化和谐并存，一幅雕刻非常精细的龙纹八卦图，就让人们看到了九彩坪拱北海纳百川的文化气度。

现在我们看到的这些砖雕建筑遗存，很大一部分都体现了寺庄村砖雕的技艺与特色。新中国成立以后尤其是20世纪80年代以来，文化的振兴与传统文化的回归为砖雕艺术的复兴提供了时代契机。随着河州砖雕术的复兴，寺庄村的砖雕产业也被逐渐带动，促进了其技术的完善。因原二十里铺拱北的不少图案构成都与传统的构图方式有着文化意义上的联系；九彩坪拱北也是一样，六角八卦亭的砖雕图案也极为相近，尤其是底部须弥座两层精细的图案纹饰。大照壁上的巨幅浮雕松鹤图，包括外围的双层图案雕刻，也能看到寺庄村砖雕的影子。在图案的选取上，龙凤、松柏、仙鹤、鹿、蝙蝠、十二生肖、鸳鸯、莲花等都是常用的取材对象。

5. 寺庄村砖雕业现存问题及解决措施

寺庄村砖雕源于宋金时期，因其独特魅力和文化内涵，2006年被列入国家级非物质文化遗产名录。近些年来，随着建筑业的蓬勃发展，砖雕艺术空前发展，当地的能工巧匠们组织起一支支砖雕建筑工程队，在祖国的大江南北都留下了他们的足迹，同时也将他们的优秀作品带到各地。独特魅力和非物质文化遗产的身份使砖雕的需求量大增，市场不断扩大。据了解，寺庄村产品销往新疆、青海、山东、宁夏、四川等地，部分产品甚至远销至国外，成为地方经济增长的一个亮点。砖雕工匠的收入和人数也在大幅度提升，带动了寺庄村村民的人均收入，家庭生活也愈加宽裕。已是高收入行业的砖雕业，因其飞快地发展吸引了大量人员从事砖雕行业。

目前，砖雕艺术处在一个空前繁荣的发展时期，砖雕人才辈出，每年都有大量的作品问世，且不乏大气宏伟的砖雕作品，但鲜有能与前辈艺术大师媲美的后起之秀，经典佳作极度匮乏，且大都采用原有的图纸，师傅们鲜有新构图案问世，难以发现令人赏心悦目的艺术精品。这说明现在的砖雕界也存在不少令人担忧的隐患。有着20多年砖雕从业经历的张全明说："市场销售良好使从事这门技艺的人增加，这对砖雕技艺的传承是一件非常好的事情，但随着现在流水线式的生产，砖雕作品中的文化内涵面临逐渐消失的危险。越来越多的人成为工匠，艺术大师层次的人却越来越少。"在我们看来，张全明的担忧不无道理。从事砖雕行业需要绘画、书法、古典诗文、雕刻等众多文化知识和艺术素养，一件作品从题材创作到制图、雕刻、修饰加工等环节，应当体现创作者的思想，但如今由于人们急于从市场获取利润，使传统工艺所要求的从题材创作、雕刻到修饰成形一气呵成的创作过程，成了分段制作的“流水线”式作业，致使砖雕作品整体缺乏风格上的统一性和连贯性，缺乏传统砖雕艺术生动的气韵。

临夏州砖雕艺术协会会长毛兴文认为，砖雕工艺现在面临的最关键问题是技艺的传承和发展。市场的发展虽然促使学习砖雕技艺的人增加，但却没有带动优秀砖雕艺术作品的产生，砖雕作品的文化及艺术价值大打折扣这样的现象着实令人尴尬。毛兴文感叹道：“现在生产的不是艺术品，而是商品，看不到传统临夏砖雕体现的灵动，更多的是生硬、呆板。”传统工艺流程的第一步是制砖。需要把黄土用筛子筛过后，用脚“敲”（踩踏）、用手像和面一样揉，这样才可以增加泥土的柔韧性，烧制出的用来雕刻的砖硬度适中、材质细腻、没有气泡。但现在许多制砖工人拿的是计件工资，每做好一块砖 1.3 元，为了多赚钱，传统的制作工艺几乎已没人愿意做。另一个受冲击的传统工艺流程是雕刻，雕刻也是计件工资，工匠们按件领取报酬，工匠们贪多图快。“本来是个艺术品创作的过程，现在成了流水线上制作商品的过程，艺术品变成了商品，技艺变成了一门单纯以谋生为目的的手艺”。现在这么多的临夏砖雕匠人中，超过60%是近年来因为砖雕市场好了之后才进来的。整个寺庄村虽从事砖雕行业的人数不胜数，但是手艺好的没有几个，更何况创作出优秀的艺术佳作。对于一些艺术大师，尽管有着创作更好砖雕艺术品的能力，但面临增加收入的压力，他们更多还是选择快出、多出作品。

临夏砖雕唯一的省级非物质文化遗产传承人沈占伟认为，非物质文化遗产的保护需要市场，但“当砖雕工匠是为多生产、多赚钱而雕刻，雕刻时把手里的青砖当成商品而不是艺术品，这门技艺的生命就受到了威胁，在这样的环境下，可以出现很多匠人、工匠，但出不了艺术大师”。看着如今红火的砖雕市场，如此多的人在学习砖雕的雕刻技术，但真正喜欢这门艺术的人，并真正能够把其当作一份事业去追求的人却寥寥无几。临夏砖雕市场化后面临的尴尬境地，是不少非物质文化遗产保护中面临的难题。临夏州文化出版局副局长马珑说：“一些文化遗产本身有经济价值，也可以作为地方特色经济积极发展，但是文化产业发展后，并不会带来对传统工艺的保护，政府对此要有客观认识，还要高度重视。”

从许多砖雕艺术师的话语中，大致可以总结出，造成寺庄村砖雕艺术性逐渐流失困境的原因不外乎三个：其一，需求方为节省费用，只求量多价廉，不求艺术品位；只求壮观宏伟，不求精雕细刻；只求尽早完工，不愿多费时日；使得砖雕队伍只求尽早完工，无暇精雕细刻，也就无暇顾及艺术创新了。其二，砖雕队伍缺少有深厚国画功底的画师，使得砖雕队很难创作出构图新颖、意味深远的又能满足需求方要求的图案，只能大量沿用过去用过的旧图案，造成各个地区砖雕作品都有相互雷同、似曾相识的感觉，不能令人耳目一新。其三，砖雕界现在通常采用计件制付费制度，而这一制度显然不利于艺术创作。

我国已经开始在国内确定非物质文化遗产传承人，并给予精神和物质资助。不少地方政府还自主制定了针对民间工艺大师、非物质文化遗产传承人的保护和激励措施，按月或按年发放津贴。政府希望通过这样的方式，让他们安心于技艺的传承和创新，创作出更多精品。此外，一些有志于非物质文化遗产传承和推广的民间力量也成为当前保护和传承的主要力量。在寺庄村，一些专门从事砖雕加工的作坊也开始尝试在满足普通市场需求后，引导工匠们创作更多的精品。

（二）寺庄村葫芦雕刻

寺庄村的另一个特色手工业就是葫芦雕刻，小小的鸡蛋葫芦展现着葫芦雕刻师精湛的技艺，八仙过海图、一百单八将等复杂绚丽的图案都可以跃然于葫芦上，花草的脉络、人物的神情都如此清晰可见、动人活泼。

1. 葫芦的神话传说

葫芦对许多少数民族的生活与信仰都有着特别的意义。在傣族、佤族、彝族等许多少数民族中就流传着很多关于葫芦的民间神话故事，一些少数民族至今仍将葫芦作为一种吉祥的象征。

我国先民起源传说的最早记载“緜緜瓜瓞，民之初生”说明了中华民族对葫芦崇拜的历史十分久远。历史文化悠久的云南山区的先民们对人类的起源问题，即我们从哪里来这一问题不断进行探索、追寻，从而形成了许多关于葫芦的人类起源的神话及传说。

在傣族的人类起源神话中，葫芦是已经被神化了的。他们有三个关于葫芦的神话：一是人们是从葫芦中生出来的。在荒远的古代，天神见到人间没有任何生物，就派遣一头母牛和一只鹞子来到人间。母牛生下了三颗蛋后，鹞子来孵化，其中一个蛋孵出了一个葫芦，继而人就是从这个葫芦中生出来的。二是葫芦既是人类始祖，又是人类躲避洪水灾难时的工具。肆虐的洪水将一个大葫芦从很远的地方冲过来，从这个葫芦中走出 8 个男人，一个仙女让其中 4 人变成女子与另外 4 个男人结为夫妻，从而人类得以存活下来。三是神话中记载，各种有生命的动植物都是从葫芦中出来的。彝族的创世古歌《梅葛》也记述了一则关于人类起源的葫芦神话：在洪水中幸存的两兄妹奉天神的旨意成亲后生下一个葫芦，从此就有了汉、彝、苗、藏等 9 个民族。

据说彝族人们成亲时，在新郎将新娘娶进门之前，一定要将盛满灶灰的葫芦在这对新人面前摔破在地上，让二人在灰雾中成亲，这一风俗被当地人称为破壶成亲。当地彝族认为，葫芦就像母亲的肚子一样是用来孕育胎儿的，并把孕妇隆起的肚子称为“圆葫芦”。葫芦被摔破后灶灰飞散，意欲着产妇破水分娩，它象征着成亲后，夫妻二人必然生儿育女，孕育后代。而在佤族的创世神话中，传说人是从“司岗”里孕育出来的，“司岗”也就是佤语“葫芦”的意思。滇西南沧源县旧称葫芦国，当地佤族各个部落和各姓的家族谱系都称来自“司岗”，即来自葫芦。在基诺族的洪水神话中，在洪水后只剩下一对孪生兄妹，这对兄妹结为夫妻后，神仙将葫芦籽给了他们，葫芦籽种下后结出了一个大葫芦。他们将大葫芦打破，从里边走出了基诺、汉、傣等各族人民。傈僳族中也有流传人类来自葫芦的神话，据说是天神派两个葫芦来到人间，第一个葫芦里走出了男人西萨，第二个葫芦里走出了女人诺萨，他们结为连理，生育了九男九女，因而才有了汉、彝、缅、景颇、纳西等各族人民。

2. 葫芦的意义

葫芦是一种爬藤植物，我们每个人都见过它，被我国古人当作瓜类的一种。其形状奇特，有两头大、中间小的细腰葫芦；还有像鸡蛋一样的圆葫芦。它是我国栽培历史最悠久的植物之一，而且能追溯的文字记载也很久远，在距今七八千年的我国新石器遗址中曾发现它的残果和遗存的种子。葫芦本是一种普通的植物，因为其造型奇特活泼，在我国古代有着极为广泛的用途。它的果实和叶子可供人们食用，还可作药物来医治他人。葫芦除了食用以外，还可以把它从中剖成两半用来舀水；由于携带方便，古代边疆战士还将其用来盛酒；而郎中则用它来装药，所谓“悬壶济世”应该就是这样得来的；其成熟的果实还被用来制作各种日常生活用具、乐器，等等；另外瓜瓤被用作喂家畜，种子被用于榨油浇制蜡烛，这些都在中华文明发展进程中起着非常重要的作用。且正如在民间传说神话中葫芦是被神话了的，天上神仙手中的葫芦，既是装起死回生灵丹妙药的器皿，又是降妖捉怪的宝贝。近年来，还有人工用特制的模型培植出各种奇形怪状的葫芦。

葫芦在中国文化艺术中可谓是一朵奇葩，它不仅可以作为艺术品供大家把玩欣赏，同时它也是我国古老文化传承的很好的载体。葫芦这个名称是由“福禄”的谐音得来，是中华民族最原始的吉祥物之一。人们常将它挂在门口用来避邪、招宝。上至百岁老翁，下至孩童，见之无不喜爱，缘由之一也不乏因其有着古老的渊源。古人认为它可以驱灾辟邪，祈求幸福，人丁兴旺。由于葫芦内有很多籽，据说在婚房里悬挂葫芦，可以多子多孙。葫芦可以帮助人们驱赶身上的病痛，只需挂在病者的床尾或摆放在病者的床侧，就可以吸取病人身上的病气，使其快速地好起来。如果是健康人，也是可以摆放葫芦在床侧提升运势，因为其可以吸取人们身上的晦气。亚腰葫芦是最常见的一种葫芦，在外形上看是由一个大球和一个小球组成，它象征着婚姻和谐美满，寓意着夫妻相敬如宾。如果夫妻感情不顺，则可以将它摆放在床头，以促进夫妻感情的升华。葫芦挂在大门外，则有保屋内人平安的作用。葫芦除了具有以上几点作用之外，在古代神话中还有孕育人类的作用。中国古代宇宙论认为，在创世之前，世界还处于天地合为一体的混沌状态，其物化形象是葫芦，而人格化形象则是盘古、伏羲、女娲，等等。从混沌到世界的创生过程，被形象化地叙述为将葫芦从中央剖开，也就是所谓天地分割，阴阳分离。闻一多先生在《伏羲考》中指出，神话中作为创生之祖的男女二神伏羲、女娲均为葫芦的拟人化，或者说是一对葫芦精。葫芦不但在古代人民的物质生活中占有重要地位，而且与文学、艺术、宗教、民俗、神话传说乃至政治等关系也十分密切，围绕葫芦所形成的种种意识形态，无疑是构成中国传统文化的一个重要组成部分。中国的几千年的灿烂文化博大精深，葫芦文化经历数千年的历史积淀，有着独特的历史渊源以及广泛的群众基础，在现代文化中仍占有重要的地位，是中华吉祥文化的代表象征。

3. 工艺葫芦的分类

寺庄村的葫芦雕刻种类比较单一，当地的村民们一般都是对鸡蛋葫芦用最简单的雕刻工艺制作完成。但其实，在市场上我们能发现的葫芦雕刻还有许多不同的类型，不仅仅局限于寺庄村葫芦雕刻的方式，在此进行简要的介绍。

(1) 勒扎葫芦

勒扎葫芦不同于一般的葫芦，又称之为系绳葫芦，是用绳子、电线等工具在葫芦表面系（勒）出花纹，效果十分独特。制作勒扎葫芦最主要的步骤就是勒扎前的构思，葫芦工艺师最好在纸上先拟出草稿，再根据图案进行具体操作，勒扎的时间一般是葫芦结果 15 天左右，在葫芦比成熟瓢的一半稍大时开始缠绕电线，将其缠成螺丝状。电线的缠绕方法：①先将电线的一头绑在棚架上；②从葫芦的根部开始有间隔地斜绕下去，末端固定在葫芦底部，这样的螺旋葫芦必须搭架子生长。要让葫芦柄长出螺旋缠绕的效果，首先从架子上选择一个大约长了两周的长勺或蛇葫芦，将一条扫帚杆儿以约 30°角的斜度，上端用麻绳捆到架子顶，下端支撑在地，小心地将小葫芦卷到木杆上。

(2) 押花葫芦

押花葫芦又称掐花、砑花葫芦。其制作工艺与其他刻葫芦有所不同，雕刻葫芦是将葫芦的皮质刻去，而押花葫芦其纹理的产生却不会损伤皮质。其是用金属刀片、玛瑙、玉、牙等制成的押花刀具在葫芦表面押挤出花纹，在葫芦工艺品中独具美感。

押花葫芦真正形成流派、名家辈出还是在晚清、民国时期。其制作过程一般要先打草稿，再持刀、沿边线按压出呈斜面的凹沟，两侧凹陷，则中间纹饰凸显出来。如果是雕刻高手的话，还能在很小的范围内使花纹的图案深浅、虚实、层次分明。制作押花葫芦，首先是图案的整体规划，一个完整精致的押花葫芦无论从哪个角度看，都应是一幅精美的图画。其次是雕刻的技法，因为是浅浮雕，既要有层次感、立体感，又不能损伤葫芦的表皮。因此要用玛瑙刀在葫芦表面一遍遍的押、砑、赶、挤、按，使之呈现层次分明、线条流畅、具有传统艺术韵味的浮雕花纹。据葫芦雕刻师傅介绍，此种葫芦工艺品深得海内外人士喜爱。

(3) 镂雕葫芦

所谓“镂雕葫芦”，就是将所要展现于人的图案以镂雕的方式将表皮刻通，使得葫芦呈现一个镂空的状态。这种葫芦装饰感很强，初次见到的人总是会被精湛的雕刻技艺所震惊，给人以耳目一新的感觉。但现如今并没有大规模的艺人专门雕刻这种镂雕葫芦，在甘肃地区能做镂雕葫芦的只有一位艺人，名叫王宗弛。

(4) 疙瘩葫芦

疙瘩葫芦正如其名，是一种身上长满疙瘩的葫芦。疙瘩葫芦的历史并不久远，大约是六七年前才真正出现在人们的视线中。虽然现在人们对疙瘩葫芦也并不太熟识，但其实疙瘩葫芦是葫芦和苦瓜杂交产生的新品种，并且在十几年前就培育出来了。疙瘩葫芦的产生，给兰州、临夏地区的葫芦雕刻艺人们开辟了一个新领域。正如大家所看到的以往的葫芦，如“八字葫芦”、“鸡蛋葫芦”等，它们表面都很光滑，师傅们可以自如地在上面绘画、雕刻，但因疙瘩葫芦上的疙瘩，师傅们必须“因葫芦制宜”才能把自己的创作思想融入其中。疙瘩葫芦在生长过程中具有很大的偶然性，有时有的疙瘩葫芦本身就酷似某种动植物和人物造型，雕刻艺人只需在葫芦上描绘雕刻一番，葫芦就活灵活现了。疙瘩葫芦被奉为葫芦中的“丑角”，其样子虽然丑，但却是兰州、临夏地区刻葫芦中不可或缺的艺术佳品。

(5) 范制葫芦

范制葫芦，又称模子葫芦，就是以“范迫”使葫芦依照人的意愿生长成形。制作范制葫芦的方法是，将幼小的葫芦放入刻有阴文的范模中，随着葫芦的不断生长，逐渐将范模中的空间填满，待葫芦木质化后取出，我们便可在葫芦上看到原先设计的花纹。范制葫芦有简有繁，大致可分为以下几种：①夹范，仅以两片木板将幼葫芦夹起来，长成后的葫芦呈扁形，这是最简易的范制葫芦。②素范，范模光滑无纹路，这种葫芦目的是为追求其整体造型的变化，对葫芦造型的要求非常高。③花范，将范模刻成带有各种图案、文字的形态。葫芦通过花范培育，便可获得各种人物、花卉、山水图案、文字及各种造型的器物。花范葫芦制成的品种是最多、也最精美的，如碗、盆、笔筒等，其样式可达数十种。近年来还培育出了像足球、篮球这样更具特色的工艺葫芦，更加丰富了范制葫芦的种类。由于范制葫芦雕刻精致，制作精良，极富艺术性；同时，范模又是匏器文化（匏器，又名葫芦器）的直接体现，所以雕刻精致的阳模或阴模也都具有极高的收藏价值。如今，在历届的拍卖会场上范制葫芦的出现，都会引起收藏界的不小震动，所拍价格不菲。

范制葫芦是将现代农业科技与民间传统文化相融合的产物，也是葫芦艺术进一步创新之作。这种工艺葫芦种植非常困难，而且成活率也较低，完全是依靠自然的生长和阴模的帮助而成形。2008 年 4 月，在北京国际会议中心的新闻发布会上，世界独一无二的足球葫芦、篮球葫芦、排球葫芦、象棋葫芦和罗汉禅意葫芦亮相于大众，吸引了有关部委和协会的领导、工艺收藏领域的专家、国际友好人士以及新闻媒体的广泛关注。而创造这绝世精品葫芦的人，就是兰州一分田农业科技有限公司法人代表查泰山先生，他在北京成功申办奥运会后，受到“绿色奥运、科技奥运、人文奥运”的启发，决心种植一种既能体现中国传统文化特色，又能体现奥运精神的工艺体育葫芦。这葫芦作为农民企业家为我国首次举办奥运会的良好祝福，既凝结着查泰山的心血，同时也代表着亿万农民的心愿。经过六年的艰辛培育，终于在 2007 年成功种植出了足球、篮球等范制葫芦，并获得了六项国家专利。查先生表示将扩大工艺葫芦的规模生产和新品种研发，不断挖掘葫芦工艺品的文化内涵，尽他最大的努力为中国民族艺术品市场锦上添花。

4. 寺庄村刻葫芦及其发展历程

千百年来，葫芦作为一种吉祥物和观赏品，一直受到人们的喜爱和珍藏，因此葫芦雕刻艺术在全国各地都有着广泛的发展。其中，兰州刻葫芦在葫芦雕刻界可算是独树一帜，我们此次调研的甘肃临夏县寺庄村也是葫芦雕刻发展十分兴旺的一个地区。微雕葫芦是临夏县民间艺术中的一朵奇葩，以严谨的构图、精美的图案、流畅的线条、细腻的刻画、清新淡雅的着色，赋予葫芦无穷的魅力。“美酒酌悬瓢，其醇好相映。蜗房卷坠首，鹤胫抽长柄。雅色素而黄，虚心轻且劲。岂无雕刻者，贵此成天性”。唐朝诗人张说的《咏瓢》就从葫芦的形状、特点说到了葫芦雕刻。

兰州人自古就有种葫芦的习惯，小小的鸡蛋葫芦，因其皮质细腻、光滑，非常受老年人的喜爱，闲来无事时拿一两个鸡蛋葫芦在手中把玩一下，乐趣无穷。时间长了，因怕把自己的葫芦和别人的弄混了，就用小刀在上面随意刻画出简单的线条或文字，当作记号好与他人区别。随着人们越来越喜爱在葫芦上刻画，线条逐渐复杂，图案逐渐讲究，兰州刻葫芦由此而生。而寺庄村地处兰州附近，自然也兴起了刻葫芦之风。

寺庄村刻葫芦源于兰州的葫芦雕刻，关于其刻葫芦的起源说法不一，有种说法是隶属于兰州刻葫芦的寺庄村葫芦雕刻始于清光绪年间。当时有个裁缝首次在带皮的葫芦上镌刻花草，以供自己赏玩。继而到了民国初年，卖艺人雕刻刀马人物和戏剧脸谱以作为儿童玩具售于街坊。到了张广建入主甘肃时期（1914—1920年），一是由于张广建的提倡，二是由于李文斋创造性的发挥，刻葫芦从民间走入上流社会，成为官僚士绅互相馈赠的珍贵礼品。而另一种更广为流传的说法认为其源起于魏晋。考古资料证明自魏晋时期起，生产技术已发展到相当高的水平，丝绸之路愈加畅通，大量丝帛锦绣通过兰州不断运至中亚，同时西域各国的珍奇异物也源源不断地运送到中国。北魏建国后不久就派使者前往西域，金城兰州则成为各国商人会聚之地，其中也聚集着不少胡商，当时胡商从和田带过来的巨型葫芦（用于盛水）经兰州工匠刻上图案和文字后出售，这便是最早的兰州、临夏地区刻葫芦。随着丝绸之路的开通，自汉至唐、宋时期，兰州逐渐成为丝绸之路重要的交通要道和商埠重镇，是联系各西域少数民族的重要纽带，在沟通和促进中西经济文化交流中发挥了重要作用。这时兰州刻葫芦除了用于盛水外，工匠们开始刻"药葫芦"。隋炀帝曾派黄门侍郎裴矩到张掖组织西域商人将大量西域葫芦运到兰州，此时兰州刻葫芦得到了初步发展，丝绸之路也愈加繁盛。到了唐贞观年间称葫芦为匏器和瓠，当时兰州刻葫芦雕刻技艺已十分精巧、完善了。据《隋荫刻缉》记载，隋末兰州周围已大量种植葫芦，把葫芦的外皮去除后，在葫芦上雕刻书法或图文。到明清时，兰州刻葫芦已发展成了一种艺术品，它的艺术性大大增加。道光年间，宫中一位太监名叫梁九公，人称梁葫芦，精于刻葫芦，其手艺传承于兰州师傅胡鼎和，他常常在葫芦上雕刻山水花鸟，葫芦雕刻细致如斯，有的葫芦还镶嵌象牙、以紫檀为盖，好是精致，在空隙处刻有"梁九公制"的小方印，京城的名流人士无不喜爱，价值贵重。光绪年间，兰州的葫芦雕已逐渐领先于其他地区，以其最为著名。光绪年间，书画家李文斋也从事刻葫芦，他对葫芦雕刻技艺加以改进，以细针代笔，刻画人物、诗词等。他能在直径5~6厘米的小葫芦上，一面刻苏东坡《前赤壁赋》全文，一面刻《后赤壁赋》，并附上山水图案，字迹清晰且韵味无穷。

到了20世纪40年代，兰州刻葫芦的质量进一步提高，其中以阮光宇、王德山、王云山、陈唯一的作品最为出名。阮光宇原本是河北省的一个民间画家，1938年移居兰州后开始研究刻葫芦的技艺，并将他在诗、书、画、印等方面的修养带入了这一民间艺术。因而他的刻葫芦题材广泛、刻功精细，凡诗词书法，南北派山水，以及西厢、红楼、聊斋人物应有尽有，技法也日臻完美。到20世纪50年代，兰州刻葫芦空前繁荣，并在政府的支持下，于1954年成立了兰州市特种工艺美术社专门从事刻葫芦的制作。1959年首次出口海外，销往英德等国，年出口量达1100多件。20世纪70年代刻葫芦所用的葫芦是经过改良、培植的独特品种，正是我们现在所熟知的鸡蛋葫芦，更小的像算盘珠子那么大。每当其成熟采摘后，经过刮去外皮、晒干、磨光等程序，尤见光亮。而后葫芦雕刻师们再在上面雕刻出各种图画诗词，风格有的古朴典雅，有的清新活泼。20世纪80年代以后，兰州葫芦艺术大家阮文辉以刀代针，并且创作出镂空刻葫芦、仿水墨画刻葫芦、彩画刻葫芦等。有的刻葫芦上端开口，配以盖，下端配以底座，有的可以悬空吊挂。20世纪80年代末，陈氏刻葫芦其创始人陈唯一大师发明的三角刀刻，独辟蹊径地开创了陈氏刻葫芦之先河。陈氏刻葫芦打破了以往刻葫芦只有单色的古老模式，大胆创出多彩葫芦，使用多种色彩使画面更加丰富。进入20世纪90年代后，兰州葫芦雕刻界更是人才济济，高手如林。他们的刻葫芦构图新颖、线条流畅、技艺精湛，题材也不再仅限于中国的古典诗词歌赋，还有山水、人物等内容，而是推陈出新，将西方的人物、文化等雕刻在葫芦上，还有用阿拉伯文刻的《古兰经》。因而，他们的作品不但行销国内许多地方，有些作品还漂洋过海，被美国、英国、澳大利亚、新西兰、新加坡、韩国、日本、加拿大、法国、埃及、瑞士、德国、希腊、瑞典、葡萄牙、西班牙、奥地利、挪威、沙特、伊朗等几十个国家的收藏家或博物馆所收藏，为兰州刻葫芦更多地走向世界开创了新的局面。

5. 寺庄村葫芦雕刻技法及原则

(1) 雕刻技法探析

重于雕刻、以雕刻技法来体现传统书画是寺庄村地区葫芦雕刻区别于我国其他地域葫芦雕刻的最主要一点，随着刻者们不断地摸索创新，其工艺水平在不断提高。就创作用的工具而言，以最初的只用针刻，发展为现在的用针、刀、针刀并用，甚至使用烙铁。但他们雕刻用的工具还是以针为主，由于只用刻刀刻不出很精细的图案，故至今只有少数人用刻刀雕刻葫芦，未成气候。除了只用针或只用刀的雕刻技法以外，还有一种是针刀并用刻法，在此我们主要谈谈针、刀、针刀并用三种刻法的利弊，从技法的角度深入了解寺庄村刻葫芦艺术。

在葫芦上雕刻出美轮美奂的传统书画并不是件容易的事，中国画有其特有的画法，而书法更是有各种不同的写法，刻金石有各种不同的写法，刻金石的刻法也是有其独有的刻法的。掌握这么多方法，其中最主要的就是要掌握处理细节问题的方法，只有精湛的刻功才能体现无尽变化的细节，只有精湛的细节处理才能构筑美的整体，才能体现工艺葫芦的美感与韵味。判断一件葫芦雕刻作品的优劣，就要看工艺师是否抓住传统文化的根本以及对细节问题如何处理，而不应被外在华丽、内容繁杂的雕刻内容所迷惑，这也是欣赏葫芦艺术作品的唯一标准。

第一，单针刻法。针是寺庄村刻葫芦所必不可少的工具。旧时刻葫芦用的针就是平常缝纫、做针线活的针，这种针被作为刻葫芦的主要工具，一直使用了很多年，到现在还有葫芦工艺师在用。但此种针硬度小，没刻几下就容易断裂，老一代的艺人在雕刻前要事先磨好若干个针，以备雕刻时使用。现在用的针都是从五金店买来小麻花钻头，把钻头的平端磨成针的形状，然后再在葫芦上进行刻画，钻头的材质硬度比缝纫针要高很多，在雕刻葫芦时不易折断，使用方便，一个作品的完成只要磨两三次就行了。针刻的技法很简单，刻者几乎不需要有专业雕刻的底子，通过自身练习，假以时日就能掌握。且针刻的速度快，产量丰富，目前市场上很多中低价位的葫芦都是用针雕刻的，这也是兰州刻葫芦为什么被叫作“针画葫芦”的原因。

用针刻出的线条都十分纤细，可以做到“细如丝”的地步，但针的表现手法比较单一。针尖的形状决定了其在线条变化的表现方面能力有限，比如书法线条要达到古人说的“折钗股、屋漏痕、锥画沙、印印泥”的效果，只用针的刻画是很难办到的。目前针只适合雕刻某些白描（线描）图案和线条变化较少的动物毛发、装饰纹案等。举个例子来说，一幅用白描技法画的佛像绘画作品，其画面对线条的走向和弧度要求严格，但单个线条的粗细、枯湿、浓淡等的变化较小，这类图案单用针雕刻是可行的。但在中国艺术中，白描作品在诠释传统文化元素方面有很大局限性。在用针雕刻对线条变化有相当复杂要求的传统国画线条时，针刻出的线条就显得十分死板。如果要刻一幅水墨画就先要把原画简化为白描，把很多富有变化的东西转化为单一的曲线，这样的作品就失去原有的韵味了，这种做法在艺术上是很不可取的。此外，尤其在雕刻中国书法这类极尽变化的线条时，只靠针这一单一的工具更是不行，即使用直径不同的钢针来刻画葫芦，也只能在线条粗细上有些变化，在刻点画时就不能准确体现笔画的细节，没有细节也就更没有韵味可言了。

第二，单刀刻法。刀是寺庄村刻画葫芦的另一种工具，虽没有针使用的那么频繁，但还是有少数雕刻者们用刻刀雕刻葫芦，其作品内容也是以传统国画为主，刻出的线条粗大，水墨意味浓厚，很多商人把这类作品称作“写意风格”。刻刀的雕刻技法要比钢针复杂得多，挑、拉、皴等技法能够充分表现中国水墨画和书法的韵味，且其表现线条变化、画面墨色浓淡等细节的能力基本上和毛笔接近，刀刻技法与“木雕”中的“刀法”类似。但这种刻法用在葫芦上也有着明显的弱点：因为葫芦的表面虽是一层极薄的硬皮，但在刻破后会露出白色海绵状物质，而这种物质则十分柔软，刻刀无法在上面体现出木刻的效果，从而导致刻出的总体效果不如木板的好，容易让观众产生污浊的感觉。

第三，针刀并用刻法。寺庄村刻葫芦的最大特点，就是刻出图案的效果要细腻、精致。然而刀刻葫芦的线条粗大，毛糙感强，这就失去了本应有的精细的特点。若想用刀刻技法对葫芦进行微雕，描绘出细微的线条几乎不太可能。可是，针的细节表现力却又有限，雕刻的画面仅限于一些白描作品，在表现书法、金石印章等样式时，韵味更显不足。因此，将针雕和刀刻技法相融合的方法走进了许多葫芦工艺师的视线。

针刀并用刻法将针和刀的优点进行互补，在老一辈名家的葫芦作品中可以看到，他们试图用针刀并用的方法来达到毛笔的效果。王德山大师的师傅李文斋先生在创作过程中也不断想办法尽可能使雕刻出的图文与毛笔所达到的效果相似，甚至不惜使用一些化学药品来进行刻制，这些实验对于葫芦雕刻上可谓是一个很大的进步。但前人由于当时社会环境条件的限制，未能全面吸收正宗木刻、板画、金石等艺术门类的经验和知识，作品中还是存在这样那样的问题。针刀并用法简单地说，就是先用钢针打底稿，然后用小刻刀（类似木刻刀）进行细节的修饰，以表现韵味，这种方法刻出的文字图案线条圆润又不失细节之美，而且可以运用于微雕。这种刻法比前面所讲的单一用针或刀来的复杂，且难掌握，但艺术的复杂性决定了制作技法的复杂性。要创造出优秀艺术品，掌握娴熟、细腻、多变的制作技巧是必须的。雕刻的线条唯有如此才能给予作品灵魂与生命，雕刻者才能在作品中准确充分地表现自己的雕刻与创作能力，使作品独具匠心、引人注目。

针刀并用的刻法能表现所有的传统绘画题材，包括书法、水墨、白描、印章，等等，同时又充分体现了寺庄村葫芦雕刻精细这一特点。这是目前制作高档葫芦工艺品所采用的主要方法，也是这一代葫芦雕刻者们必须要继承和发扬的重要方法。

(2) 雕刻原则

葫芦的雕法和刻法基本上是从竹雕、木刻等工艺中借鉴而来的，但如何才能真正发挥雕刻者的技艺与水平，还需要雕刻者在进行作品创作时注意以下雕刻原则：施刀要做到心静气和，下刀准确无误，时刻记住在用刀上有单刀、单针、针刀兼用之别。在书体上融真、草、隶、篆、行为一体，在风格上雄强与婉约并存。在内容上丰富多变，有唐朝白居易、陈子昂、杜甫、杜牧、韩愈、李白、李商隐、李煜、刘禹锡、柳宗元、王昌龄、王维；宋代范仲淹、李清照、陆游、欧阳修、苏轼、王安石、文天祥、辛弃疾、晏几道、周邦彦、贺铸、张元干；元代关汉卿、王实甫；明代刘基、汤显祖；清代龚自珍、纳兰性德、陈维崧、钱谦益的诗词歌赋，同时再附上山水、花卉、鱼虫、鸟兽、人物等图画。还可以加入自己的感想，或叙事或抒情或考辨。这样，寺庄村刻葫芦就成了一门集书法、绘画及文学、史学于一体的综合艺术。

6. 葫芦雕刻的现状及前景

在此次甘肃临夏寺庄村的调研中，我们采访了一些当地的葫芦雕刻带头人，据其描述，随着葫芦雕刻不断受到社会各界人士的青睐与赞誉，刻葫芦在新兴一辈的艺人中依旧发展的欣欣向荣，不断有新人加入葫芦雕刻的队伍。政府部门也十分重视葫芦雕刻的发展与传承，在资金、技术以及政策上都给予极大的支持和帮助，协助葫芦雕刻带头人开办学习班，引领更多的人加入到葫芦雕刻的艺术殿堂。此外，葫芦雕刻所带来的收入还是不错的，尤其是著名葫芦雕刻大师，他们的一件优秀作品就价格不菲。由兰州的著名微雕葫芦鉴赏师陈致安与兰州工艺美术家协会共同发起的将刻葫芦送进课堂的活动是第一次将兰州、临夏地区刻葫芦的传承实践教育带进了学校，让更多的孩子们了解这门兰州本土特有的艺术品。这对于葫芦雕刻这门艺术而言，显而易见是一件幸事。

据我们了解，除了寺庄村一直在发展砖雕艺术外，临夏县桥寺乡从事葫芦雕刻的人家有近 80 户，分布在周家寺、尕金、冯唐、江川等村，尤数江川村最多，该村有 40 多户人家，近百人从事葫芦雕刻，被当地人称为“葫芦雕刻第一村”。随着人们日益关注葫芦雕刻，涌现出了许多著名葫芦雕刻大师，如张作良、江国正、高跃才、王春雷、王国荣、高保福等人。2008 年，张作良的 5 件刻有奥运吉祥物福娃图案的“临夏亚腰葫芦”，被兰州奥运火炬传递组委会选为特色礼品亮相于兰州奥运火炬传递活动。近几年，临夏县葫芦雕刻已形成一定规模，作品远销兰州、西安、北京等地。

如今，走在兰州、临夏的大街小巷，随处都可以看到来自寺庄村优美、精细的微雕葫芦，它们代表着这一地区悠久、灿烂的民间文化。随着葫芦雕刻作品的一步步发展与精进，刻葫芦已经成为展示这一地区工艺美术形象以及民间优秀文化的一个缩影。刻葫芦这种独特的民间手工艺传达着民众对艺术、对中华民族传统文化的一种质朴感情，具有非常鲜明的地方人文特色。这种文化已经渗透于他们的生活之中，在保留传统工艺的基础上，人们还不断地发挥着自己的创造力与想象力，将自己独特细腻的感受与葫芦雕刻相融合，在葫芦上雕刻美好图景，同时也在绘制自己美好的生活。

五、教育与医疗

（一）教育

教育是振兴民族、推动社会进步的最终动力，教育的普及程度是衡量一个国家社会发展水平和现代文明与民主程度的标志之一。作为为民族发展提供智力支持的重要组成部分，少数民族地区农村教育将在建设社会主义新农村的历程中发挥传播知识、培养劳动者和接班人的重要功用，它将影响一个民族发展的整个历程。寺庄村村民的文化素质要提高，生活质量要改善，最根本的途径就是要发展教育，通过教育来转变农民的思想，提高农民的文化水平和劳动技能，以教育来促进农村农业发展，为振兴农村经济提供永久动力。

1. 基础教育设施概况

位于寺庄村的寺庄小学始建于 1946 年，是一所六年制完全小学。学校服务半径内总人口 1887 人，其中女性 875 人，并辐射郭东山村、扎麻村。小学坐落在村中水泥路的一旁，门口有一条清澈的溪水流过，透过几棵高大的柳树才能看见学校大门。学校大门十分简单，杏白色墙柱上安着两扇大大的铁门，“好好学习，天天向上”八个红色大字分别写在校门两旁的围墙上，往两边看，除了这几个格外显著的大字外，蓝色的墙面上还写着“知识改变命运，教育成就未来”、“百年大计，教育为本”等标语。走进学校，一眼便能看见整个校园的大体布局，四排校舍整齐对称，红墙灰瓦，分别建在校园两边，还有几个工人在粉刷墙面。中间的小路直通后面的篮球场，远远就能看见一个比较破旧的篮球架。小路边栽种着两排翠绿的观景松树，有一米多高。国旗台在靠近操场的路中央，在阵阵微风中，一面红艳艳的国旗尽情地飘扬。走进校园仔细一看，还能发现每排教室的尽头放有一个绿色的垃圾桶，校园里不是水泥路面，但是都铺上了大大小小的砖，十分平整。围绕着校园走一圈，最大的感觉就是整洁和漂亮，虽然此时学生们都放假了，也不失活跃和生动。

从建校到现在，寺庄小学经历过三次大的修缮。新中国成立初期，寺庄小学和当时的郭东山小学并在一起，校舍在清真寺里，用泥土和茅草等搭建而成。1972 年，寺庄村和郭东山村分开，寺庄小学迁到新的校址，就是现在的所在地。1987 年，学校第二次修缮后，建起了砖瓦房，共两排教室，6 间房，虽然简陋，但是校舍基本上已够用。只是没有教师宿舍，所有老师都在一个办公室办公，家离的比较远的老师晚上也只能住在办公室里。二十几年后，经过无数的风吹雨打，这几间教室渐渐变成了危房。到 2004 年，政府拨下来近 28 万元的资金，学校这才大规模的重建，由原来的两排校舍变成四排校舍，增加了图书室、计算机教室、美术室、音乐室、体育器材师和教室宿舍，也增加了不少图书和教学器材。

如今，学校占地面积 4200 平方米，现有教室 3 栋，教师宿舍 1 栋。全校共有图书 2050 册，人均 11 册；教学仪器两箱三仪 5 件，体育器材 11 件。另外，学校有图书阅览综合室、电教室、计算机教室、美术室、音乐室、体育器材室以及电脑 2 台、卫星小站 1 个。2011 年 6 月份，学校又新添音乐器材 18 件，包括电子琴 16 件、手风琴 1 件、脚踏琴 1 件。教师宿舍一共 6 间房，平时 4 位教师住在学校，其他两间房用来做办公室。

2006 年，我国西部地区农村义务教育阶段中小学生全部免除学杂费；中央财政同时对西部地区农村义务教育阶段中小学安排公用经费补助资金，提高公用经费保障水平；启动全国农村义务教育阶段中小学校校舍维修改造资金保障新机制。寺庄小学自政策实施以来，停止向学生收取学杂费，每学期只代收少许本子费，高年级学生一人 8.4 元，低年级学生一人 5.1 元。每年，政府会按照学生人数投入一定的教学资金，一人一年 380 元，其中包括冬季取暖费 80 元/人。这笔资金学校基本上用在购置图书、办公用品、教育器材以及美化校园等用途上。

2. 学生与教职工概况

2011 年，寺庄小学共有在校学生 320 名，其中女生 141 名，少数民族学生 280 名，少数民族女生 116 名。教职工 11 人，其中公派教师 7 人，义务教师 4 人；本科学历 1 人，大专学历 5 人，中专学历 4 人，高中学历 1 人，教师合格率为 100%；小学高级教师 3 人，小学一级教师 1 人，小学二级教师 2 人，未聘级教师 1 人。

从下表可以看出，在麻尼寺沟学区，除唐尕小学之外，寺庄小学的学生数量是最多的。其中由高到低依次为六年级 77 人，四年级 70 人，三年级 56 人，一年级 49 人，二年级 36 人，五年级 32 人。由此可见，有些年级的学生人数已严重超过标准人数。77 个学生挤在一个教室，一方面是因为校舍不够用，另一方面是因为师资缺乏。

2010 年，寺庄全村适龄儿童 172 人，入学 169 人，入学率为 98.3%；适龄女童 91 人，入学 89 人，入学率 97.8%；少数民族适龄儿童 144 人，入学 142 人，入学率 98.6%。在校生巩固率：2009—2010 学年内学生巩固率 93.8%，其中女生巩固率 91.3%。少数民族巩固率 93.5%，少数民族女生巩固率 91.3%；在校生辍学率：2009—2010 学年内辍学学生 1 名，其中女生辍学 1 名，少数民族学生辍学 1 名，少数民族女生辍学 1 名；辍学率为 0.6%，其中女生辍学率为 1.0%，少数民族辍学率为 0.7%，少数民族女生辍学率为 1.6%。毕业率和升学率：2010 年毕业生共有 29 名，毕业 29 名，毕业率为 100%；升学率为 100%。

表 1－8 麻尼寺沟学区 2010—2011 学年第一学期各年级学生数统计表（年报）

	一年级				二年级				三年级				四年级				五年级				六年级				合计			
	总数	女	少数民族	女	总数	女	少数民族	女	总数	女	少数民族	女	总数	女	少数民族	女	总数	女	少数民族	女	总数	女	少数民族	女	总数	女	少数民族	女
合计	317	166	253	131	258	141	188	93	470	221	346	164	432	200	318	142	374	182	284	128	315	175	260	146	2166	1085	1649	804
扎麻	25	15	25	15	13	8	13	8	28	13	28	13													66	36	66	36
寺坡	23	13	14	8	26	11	21	8	41	18	26	11	32	20	20	13	29	14	23	10	22	14	20	10	173	90	124	60
赵家	28	14	25	12	24	12	17	10	32	17	27	15	30	17	27	16	22	10	14	4					136	70	110	57
寺庄	49	24	44	21	36	11	33	10	56	27	50	25	70	34	64	30	32	11	26	3	77	34	63	27	320	141	280	116
中路	10	3	10	3	11	10	11	10	23	10	23	10													44	23	44	23
郭山	30	17	20	11	31	16	7	3	50	22	27	14	49	20	17	6	50	25	26	14					210	100	97	48
角岭	25	10	25	10	16	7	16	7	34	15	34	15													75	32	75	32
唐尕	33	21	28	19	25	19	22	17	62	30	41	18	157	68	135	53	154	72	142	65	179	109	164	101	610	319	532	273
寺沟	24	13	22	13	13	5	9	3	39	21	28	14													76	39	59	30
大坪	9	7	5	3	13	6	7	3																	22	13	12	6
韩门	28	11	19	8	25	20	18	7	42	21	28	14	40	16	26	11	28	11	18	9					163	79	109	49
关滩	23	12	6	2	15	11	4	2	43	17	14	5	54	25	29	13	59	39	35	23	37	18	13	8	231	122	101	53
三台	10	6	10	6	10	5	10	5	20	10	20	10													40	21	40	21

表 1－9　　**全州教职工基本信息表**

填报单位（盖章）：麻尼寺沟学区寺庄小学　　　　填表日期：2010 年 3 月 5 日

姓名	性别	出生年份	学历				所学专业	参加工作时间	身份	职称
			第一学历	毕业学校	最高学历	毕　业学校				
韩进忠	男	1968	中专	临夏师范	大专	西北师大	计算机科学技术	1988.09	正式职工	小高
丁育虎	男	1982	中专	甘肃联合中专	大专	西北师大	计算机信息管理	2004.06	正式职工	未聘级
马学芳	女	1982	中专	临夏师范	大专	西北师大	英语教育	2005.09	正式职工	小二
徐旻	女	1983	大专	甘肃电大	大专	甘肃电大	英语教育	2008.01	正式职工	未聘级
马明良	男	1955	中专	临夏师范	中专	临夏师范	普通	1975.03	正式职工	小高
常丽萍	女	1986	大专	合作师专	大专	合作师专	初等教育语文	2008.08	特岗	未聘级
徐赫霞	女	1979	大专	兰州教育学院	大专	兰州教育学院	英语教育	2009.01	正式职工	未聘级
马海兰	女	1987	中专	临夏师范	中专	临夏师范	普通	2007.04	临聘教师	未聘级
马伟国	男	1983	中专	甘肃财贸学校	中专	甘肃财贸学校	会计电算化	2005.09	临聘教师	未聘级

寺庄小学校长韩进忠，1988 年宁夏师范中专毕业，2005 年 3 月调到寺庄当校长，之前在唐尕中心小学担任了 18 年的语文老师。除了上表中的 9 名教师外，2011 年寺庄小学又新来了两名义务教育老师马玲和马继芳。寺庄小学的教师由唐尕中心小学统一调配，调配主要考虑的是家庭因素，比如尽量将本村的老师安置在本村小学，以方便回家。在教学方面，6 个班级每班配置一名班主任，班主任管理本班学生教学，以学生教育为准，课程设有语文、数学、音乐、体育、微机、劳动、美术、法制、品德与社会和自然。从三年级

起，学生开始学习英语。另外，每周学校还会安排一节综合课，给学生宣传治安、禁毒等常识。目前寺庄小学有3名老师正在进修本科学历，分别是马学芳、徐赫霞和常丽萍。可以说，在校长的领导和带动下，老师们教育学生和自我学习的热情都充分发挥出来。除了公派的7名专任教师之外，其他4名义务教育老师都是依据相应国家政策自主应聘而来，义教老师每月有630元生活补助，其他教师的薪酬由唐尕中心小学按照教师级别统一发放，工资在1500元到2000元之间。

3. **教育氛围**

2007年10月，为了贯彻落实《中国教育改革和发展纲要》《临夏州教育事业“九五”计划和2010年发展规划》，遵照两基同步实施的要求，临夏州政府制定了《临夏州基本普及九年义务教育、基本扫除青壮年文盲验收标准及办法》，以期有步骤、分阶段、认真扎实地搞好该州普及九年义务教育和扫除青壮年文盲的工作。

根据该标准和办法，普及初等义务教育的基本条件及标准如下。

经济水平应达到：农民人均年纯收入300元以上；人均占有粮食600斤以上。

“五率”指标应达到：适龄儿童入学率达95%以上，适龄女童入学率达到93%以上，残疾儿童、少年入学率达到60%左右；在校学生的年辍学率：城市控制在3%以下，农村控制在5%以下；小学毕业生毕业率达到95%以上；15周岁人口中初等教育完成率：城市达98%以上，女童93%以上，农村达到95%以上；15周岁人口中的文盲率控制在5%以内。

办学条件及要求应达到：对于教学及办公、生活用房，城市小学和乡镇中心小学应有符合国家规定标准的教室、仪器室、图书阅览室、办公室、会议室及其他辅助用房，其他小学（含教学点）均应有坚固且采光和内部设备基本符合教学要求的教室和必要的辅助用房。各类学校的危房面积不得超过校舍总面积的2%。

小学校舍人均占有量：城市3.6~3.8平方米，乡镇中心小学3~3.5平方米，农村2.5~3平方米。

课桌凳、体育活动场地及其他设施：小学生应有基本符合国家规定标准的课桌凳；城镇和乡中心小学一般应有200米跑道的活动场地，其他小学至少应有60米跑道的活动场地。各类小学均应有围墙、校门、旗杆、厕所、绿化场及劳动课实习基地。

教学仪器及图书资料：城市和乡镇中心小学必须配备“两箱”、“三仪”，农村小学必须配备数学、自然课教具箱。人均图书应达到：城市小学人均10册，农村小学人均5册。

教师学历达标率：小学专任教师学历达标率达90%以上，实施义务教育后补充的教师学历均符合规定要求。按国家规定的全日制小学教职工编制标准配备教职员工，教师队伍结构合理。民办教师各项报酬落实，待遇逐步提高。有计划地组织校长、教师进修培训，广泛开展教研活动，校长必须经过岗位培训，并取得合格证书。教师业务培训必须计划落实并有保证的措施。

经费要求：财政对教育的拨款要做到“两个增长”，教育经费支出总额中做到以财政拨款为主，公用经费应占教育事业费的20%~25%；城乡要按规定足额征收教育费附加，做到专款专用，收支清楚，使用合理；坚持集资办学，捐资助学，开展勤工俭学，多渠道筹措教育经费的各项政策落实。

教育质量要求：重视学校德育工作，机构健全，制度完善，学生遵纪守法，积极向上，文明礼貌，小学生日常行为规范要求的合格率达到98%以上；严格执行教学大纲、教学计划；积极开展教学改革，不断提高教学质量；注意减轻学生课业负担，促进学生全面发展；认真贯彻执行《学校体育工作条例》和《卫生工作条例》，学生《体育合格标准》的合格率在95%以上。

“两基”的评估验收程序分为自评、复评和抽查验收。自评工作在乡镇人民政府领导下，由乡教委组织实施。复评工作在县（市）人民政府领导下，由县（市）教育行政部门组织实施。抽查验收工作在州人民政府领导下，由州教育局行政部门和教育督导部门组织实施。以县（市）、乡（镇）为单位，采取抽签抽查的办法。在时间上，以县（市）为单位的抽查验收，在每年6月底前组织进行。以乡（镇）为单位的抽查验收，在每年10月底前组织进行。调查组到达寺庄村时，寺庄小学刚接受完上级部门的抽查验收。据校长说，寺庄小学各项指标基本达标。

在政府相关政策的有力保障和各方的支持和帮助之下，寺庄小学近年来的毕业率和升学率一直是100%。所有在校学生毕业后都能进入韩集中学继续学习。建校以来，从寺庄小学走出去不少高学历人才，譬如目前在甘肃省甘南大学担任教员的马啓龙就是兰州大学的研究生；掌子沟乡小学教员马玉莲，是临夏师范中专学历。虽然有不少高中以上资历的毕业生，但是总体来说，寺庄村的文化水平仍处于相当低的阶段，大多数的村民只有小学和初中文化水平。

4. 存在的问题

在调研过程中我们发现，目前寺庄村在教育方面存在以下几点问题：

（1）村民教育观念落后

农民的教育观念支配着他们的行为，深受农村传统文化和小农意识影响的农民是“最实惠的”，教育观念上也凸显功利色彩，这是农民的教育观念的特点。民族地区教育相对比较落后，这是不争的事实。

在寺庄村，很多村民不清楚教育与经济的联系，认为能挣钱就好，读不读书没有多大的关系；有的不懂现代教育规律，孩子成绩不好时便开始埋怨教育，觉得农村的孩子“升高中无用，升大学无望”，因此“认识一两个字就行”；很多孩子初中没有读完，便被家长叫回家，或是去清真寺里念经，或是帮忙给家里干农活，还有的十几岁便出去打工。另外，一部分村民还有重男轻女的落后观念，认为女孩读书无益，应该早帮父母做家务事，早嫁人早生子。在我们入户访谈过程中，就经常从村民的言语中了解到，在回民村里面，女人的社会地位是低于男人的，反映在教育问题上，便是许多村民愿意送男孩儿进一步上学，却只让女孩儿认识几个字便可以了。在这种“读书无用”的观念的支配下，有些村民把孩子送去读书只是为了应付乡村干部规定的村规民约，不关心孩子的学习情况，不过问孩子的学习成绩，孩子到了初高中时便让其辍学回家。另一方面，大多数村民认为，教育学生只是老师的事情。他们不知道教育需要家庭、学校、政府、社区通力合作才能做好，而是认为既然把孩子送到了学校，自己就只负责解决孩子的生活问题，孩子在学校学什么、怎么学、学习效果如何那就是教师的事情了。因此，他们几乎不到学校了解自己孩子的学习状况、生活状况、思想状况，几乎不与教师沟通、互动。

据寺庄小学韩校长说，每年快开学的时候，老师们必须挨家挨户地去每个学生家里做家访，以确保家长们还会送孩子来学校上学。虽然每年从乡政府到村委都会进行一系列的宣传和教育，但仍无法实现100%的入学率。2010

年，寺庄村的入学率为98.3%，有3名适龄儿童未能入学；2009—2010学年内辍学学生1名，2010—2011学年内辍学学生2名，究其原因，韩校长解释说："辍学的学生大多是因为生病，无法继续来学校；入学率没有达到100%则是因为，一方面家长不够重视教育，另一方面有的家庭确实非常贫困，孩子更愿意在家帮忙干活。"

(2) 学校教学设施陈陋，无法满足正常的教学要求

寺庄小学经过2005年的修缮之后，教学条件得到了很大提高，但是仍然无法满足正常的教学要求。首先，缺乏足够多的教室。目前寺庄小学共有6个班级，但是只有9间教室，除去6间每个班常用的教室之外，其他3个教室既是图书室，又是美术室、计算机室和音乐室。今年刚买来的18架电子琴暂时堆在图书室里，没有空余的教室可以摆放；其次，基础设施有待进一步改善。寺庄小学校园的地面是校长号召学生家长用拆旧教室的砖打磨铺设而成的，2005年以前，校园全部都是泥土地，每逢下雨天，便会影响校园卫生和孩子们的学习环境。韩校长发动学生家长来修整地面，之后逐年又买一些砖铺上才变成今天整洁的校园。但是因为资金有限，学校操场一直没有修整，唯一的一个篮球架已是锈迹斑斑，地面坑坑洼洼，没有标准的跑道，学生们上体育课只能在这样的环境中进行，和城市里的孩子比起来，条件差距实在太大。然后，学校虽有微机室，也配置了两台电脑，但至今仍无法联网。韩校长希望今年能够实现联网，以便老师可以借助网上丰富的教学资源和优秀的教学方法，提高教学质量。

(3) 师资力量缺乏，且结构不合理

在我国，农村中小学由于地理位置、经济条件的限制、教师的待遇整体水平较低等原因，无法吸引优秀人才到农村地区从事教育工作，即使是当地培养出来的优秀骨干教师，也因待遇低、职称提升困难等问题而流向城镇或城区，这给农村学校师资力量发展造成了很大的负面影响，也是目前农村中小学面临的头等问题。

在许多城区学校，一个教师上一个学科还有剩余，而农村学校，一个教师跨年级、跨学科教学是常事，师资严重不足。在寺庄小学，几个年级的学生都是六七十人挤在一个教室，究其原因，一方面是因为教室不足，另一方面是因为没有足够的老师。目前，学校英语、信息技术、音乐、体育、美术等学科的教师普遍短缺，甚至有些学科因缺教师而不能开课，经常是班主任

老师一人担任多门功课。譬如马明良老师，不仅教一至四年级的语文和数学，有时还会担任自然和品德课的老师。

另外，教师学历层次偏低、综合素质不高、结构不合理也是一大问题。当前扎根我国农村任教的主要人员是：民办教师转正的公办教师、少部分的中师和非师范类的毕业生，农村教师的平均学历明显低于城市教师。寺庄小学的7名专任老师中，3名是大专学历，4名是中专学历，进修之后，学历有所提高。师资结构严重不合理主要体现在两个方面，一是年龄结构不合理，二是学科结构不合理。农村教师要么是30岁以下的，要么是40岁以上的，中年教师基本处于断层状态。寺庄小学的11名老师，30岁以下的有8名，40岁以上的有2名，中年教师只有1名。教师中40%左右的是语文教师，音乐、体育、美术教师比较短缺。目前寺庄小学只有1位音乐老师，负责全校6个班级的音乐课程，而体育课基本上就由别的学科老师代任。

(4) 幼儿教育和农民的技能文化培训亟待加强

让城市和农村的同龄儿童一起比较，就不难看出在个性表现、才艺表演等方面后者明显逊色于前者，这其中的原因主要在于城乡对幼儿教育的重视、开发程度不同。城市儿童从0岁方案的胎教开始，到花样翻新、各具特色的托儿所、幼儿园。而农村儿童却没有如此幸运，许多儿童从出生后到入学前，过的是玩泥巴、捉虫子、逗小狗小猫的生活，没有人教他们唱歌、跳舞、画画、识字、讲故事。所以，对于农村孩子来说，他们已输在起跑线上，落下的距离甚至终生都难赶上。在寺庄村，很多孩子在7岁左右上小学之前都没有接受过学龄前教育。这段时间里，孩子们在家由父母或是爷爷奶奶看管，每天在村子里和伙伴们在田野里玩，基本上是处于放养的状态，因此在大脑智力发育的最好时期，他们失去了受教育的机会。

另一个值得关注的问题是农民的职业技能文化培训。千百年来，我国广大农村为城市输送了大批的知识分子和其他各类人才，而农村自身却因为人才的大量流失而沦为文化科技的贫瘠之地。如下表所示，今年寺庄村接受各类科技培训的125人中，77名为女性，这是因为村里的青壮年男性大多外出打工，有的在外挖矿，有的做冬虫夏草生意，不愿意回村参加教育培训。

表 1-10 参加巩固提高班学员、各类实用技术培训人员统计表（五）

麻尼寺沟乡（镇）寺庄村 2011 年 3 月

行政村	参加巩固提高班学员人数				巩固提高人数		巩固率		接受各类科技培训人员总数			
	计	女	少数民族	少数民族女	计	女	计	女	计	女	少数民族	少数民族女
寺庄	85	55	69	45	85	55	100	100	125	77	105	64

5. 寺庄村教育发展的几点建议

农村教育在农村社会经济发展过程中起着基础性和决定性的作用，它既是农村发展的基础性条件，也是农村发展状况的重要表现，结合寺庄村的教育情况，笔者认为应该从以下几个方面加以改善：

(1) 加强宣传教育，改变村民落后的教育观念

观念的转变是一个长期的过程。当然，随着时间的推移，社会的变革能够带来观念的转变。但是，我们也不应忽视精神的力量，通过宣传教育，必定能转变农民落后的思想观念。乡政府和村委可以积极组织群众开展自我教育活动。具体说来可以采取以下方法：首先是树立典型，开展现场教育。要大力宣传当地的科技致富户、艰苦创业者、现代企业家的事迹。譬如说村里的致富带头人、村主任、发家致富能手马尕团，这些典型人物身上有着许多良好的品德和先进的思想观念，他们对科学技术有着浓厚的兴趣和爱好，勤奋刻苦，敢冒风险，敢于创新。农民有较强的崇实观念，榜样有着极大的说服力。其此，要大力发展文艺宣传队、科研组织等农民自愿组织的团体，倡导新观念、新风尚。近年来，随着农村经济社会的发展，很多地区一些农民的自发组织正在蓬勃发展，如“科技示范户联合会”、“家庭经济协作会”、“妇女之家”、“文艺宣传队”等。这些自愿组织的团体，能够发挥群体智慧的功能，宣传崇尚科技、崇尚知识、文明生活的观念，对农民转变观念产生积极的影响。然后，可以通过讲座、广播、传单等方式，向村民宣传现代教育思想，让村民认识到教育对于个人和家庭以及社会发展的重要性。关于村中现存的重男轻女的思想，很大一部分是受经济落后、特定宗教文化和风俗习惯的影响，这就需要当地政府从多方面去除其落后的思想观念，以期实现男女教育平等。

(2) 加大教育投资，改善办学条件

从现在来看，国家和地方政府对教育经费的投入还偏低，国家投入明显偏重于城市教育和高等教育，致使农村教育得不到有力的经费保障。农村税费改革之前，我国大部分农村地区教育投入主要来源于乡镇两级，即教育附加费、教育集资、财政拨款，其中财政拨款主要来源是乡一级财政。由于国家投入的比例较低，而乡一级财力薄弱，农村义务教育的主要渠道就是教育附加费和教育集资。改革之前，农民负担农村义务教育的投入主要有三个方面：一是集资办学，二是上缴农村教育附加费，三是交付学费。农民不仅要支付日益加重的中小学学杂费，还要通过缴纳农村教育附加费间接支付部分教师工资、补助和学校的各种杂支，给农民造成了很大的压力，这是很多地方辍学率难以降低的原因之一。农村税费改革之后，义务教育费用主要就依靠政府投资。这样大大减轻了农民的负担，极大地促进了农村教育事业的发展。但是到目前为止，我国对农村地区教育的投入与城市地区教育投入仍有很大的差距。针对此问题，笔者认为从中央到地方财政都应该加大对教育的投入，尤其是对民族地区农村教育，更要加大扶持力度。

寺庄村小学的办学条件要提高，最主要的就是依靠从省到县级政府部门增加财政拨款，增加对寺庄小学的资金投入。只有有了足够的资金，寺庄的孩子们才能有平整的操场和宽敞的教室，才能享受真正平等的受教育权利。

(3) 引进人才，优化教师结构

和寺庄村一样，目前我国很多农村地区师资力量十分缺乏，且结构不合理。我们认为要解决这一问题，首要的是提高农村教师的待遇，这是根本之道。农村教师的工作、生活条件都较艰苦，他们理应得到较高的工资待遇作为补偿。农村教师的工资应略高于同级别的城市教师，对长期扎根农村的教师要加大教龄补贴，在职称评定、退休年龄上也应享受一定的优惠政策。

另外，当地政府可以制定应届大学毕业生到农村学校任教的优惠政策，鼓励大学生向农村流动，提高农村老师的待遇，从而提高农村老师的教育水平，也促进教学方式的转变。鼓励大学生在农村任教几年，提供一定的优惠政策，优惠政策中可考虑如免除实习期、提前晋级、任教满三年后在报考公务员中给予加分等政策。新任城镇中小学教师也应有一定的农村工作期限。

同时，要加强对农村教师的培训。建议国家出台相应的政策规范教师培训经费的使用范围，明确各地设立教师培训专项经费。经费的使用应更偏重于农村教师的培训，使农村教师通过加强培训，尽快提高素质水平，缩小与城市教师的差距。

最后，仍是要提高对农村教育的投入，改善教学环境，以吸引优秀老师。财政开支要向农村倾斜，改善农村的教学环境，提供给老师更好的教学设备，更大的发挥空间。鼓励老师改变教学方法，促进素质教育发展。把生师比调低，适当增加教师编制，在此基础上，重视为各科教学配备专职的教师，改变目前大多数农村学校历史、美术、音乐等课程由主科老师兼任的情况，以优化师资结构。只有教师配备齐全，才能真正实现农村学生综合素质的全面提高。

(4) 开设幼儿园和农民培训班

根据有关部门的规定，学前教育是以“公办为骨干和示范，社会力量为主体”，也就是说，多个主体共同参与办园。但从目前我国大部分民族地区农村办园的现状看，由于缺乏硬性措施制约，没有人愿意承担学前教育的责任。寺庄村自建村以来，从未出现过幼儿园，可以说这里的人们在学前教育方面一直是空白。针对此情况，调查组建议可以举办幼小一贯制学校，将幼儿教育与义务教育打通。像寺庄村这样的边远地区和人口比较分散的农村地区，将幼儿教育与小学教育打通，将 5～7 岁的幼儿教育纳入义务教育管理范畴。这样，既能推动农村学前 3 年教育的普及，又能解决幼儿提前入学的问题。同时，设立学前教育专项经费，增加幼儿教育财政投入，形成以财政投入为主的农村学前教育经费投入体制。幼儿教育虽然以地方投资为主，但上级政府，尤其是中央应带头设立幼儿教育专项经费，并将之用于转移支付，对地方财政起示范和引领作用。另外，也可以鼓励民办幼儿园的创办，鼓励那些从寺庄村走出去的大学生们回家开办幼儿园，并通过宣传等方式提高村民对学前教育的重视。

对于开设农民培训班，首先要做的就是深入调查研究，掌握农民真正的农业技术和职业技能需求，建议农广校教师坚持深入到群众中去，到农业生产中去，对他们的生产情况、生活情况以及他们的需要进行深入的了解。了解到农民需要什么，再制定培训课程，做到有的放矢。根据我们调查，寺庄村有很大一部分青壮年都经常外出打工，对于这一部分村民，可定期开设职业培训班，以提高其相关职业技能；对在家务农的村民提高科技知识教育，彻底扫除“科盲”人员。除了开设培训班之外，还建议为寺庄村派一位农业技术指导员，以提高村民的农业技术，提高生产量。

（二）医疗

新型农村合作医疗，简称“新农合”，是指由政府组织、引导、支持，农民自愿参加，个人、集体和政府多方筹资，以大病统筹为主的农民医疗互助共济制度。这是我国政府历史上第一次为解决农民的基本医疗卫生问题进行大规模的投入。从2003年开始，本着多方筹资、农民自愿参加的原则，新型农村合作医疗的试点地区正在不断增加。临夏县自2007年被确定为甘肃省新型农村合作医疗制度试点县以来，全面推行农村新型合作医疗制度，成效明显。

临夏县属国家扶贫重点县，也是农业大县，总人口37.52万人，其中农业人口35.57万人，占总人口的94.80%，全县共有医疗卫生机构35个。2007年临夏县参加新型农村合作医疗31.76万人，占全县农业人口的89.30%，收缴农民参合金317.59万元，共申请落实四级政府补助资金1259.29万元，全县共筹集资金1576.88万元，参合住院人数达到1.19万人，累计报销986.65万元，参合户数受益比为15.05%。截止到2011年8月，位于该县麻尼寺沟乡的寺庄村全村404户共2000多口人已全部参加新型农村合作医疗，参合率为100%。

1. 寺庄村新型农村合作医疗制度开展情况

（1）宣传引路，典型带动，吸引农民自愿参合

通过召开党员会、村民代表大会、印发宣传资料、培训工作骨干等形式，多渠道、多层次地开展了政策宣讲和动员培训工作，做到家喻户晓。对在新农合实施过程中受益的农民典型进行广泛宣传报道，利用典型生动的事例宣传合作医疗的好处，以身边事教育身边人，提高了农民对国家政策的信任程度，使广大农民真正认识到合作医疗的好处，消除了疑虑，引导农民不断增强自我保健和互助共济意识，提高了农民自愿参加新型农村合作医疗的积极

性，营造了全民理解、支持和参与新农合的良好氛围。

(2) 政府主导，多管齐下，初步建立了新农合制度的良性运行机制

为了切实把这项惠农的民心工程实施好，临夏县及时成立了相关的组织机构，进一步落实了工作责任，理顺了工作关系，加强对新型农村合作医疗工作的组织领导和监督实施。实行主要领导亲自抓、负总责，及时协调、解决工作中出现的困难和问题。从2007年开始，在进一步调查分析、反复研究讨论的基础上，遵循以大病统筹为主、兼顾门诊的补偿原则，制定了《临夏县新型农村合作医疗制度实施方案》、《临夏县新型农村合作医疗工作管理细则》等工作制度，明确了补偿标准、起付线和封顶线，合理定位补偿标准、酝酿讨论出符合实际的起付线和封顶线，形成了比较完善的运行机制，为新农合工作的顺利实施奠定了坚实基础。

(3) 措施到位，优化服务，展开多种筹资方式

寺庄村村小组从2007年12月开始，把开展新农合工作作为村务工作的重中之重来抓，集中人力物力，本着农民自愿参加的原则，主要通过以下三种方式筹资：

第一，据实筹资。新农合政策开展伊始，寺庄村村委根据现有的农户实际户数和个人的相关情况进行了调查核实，切实做到参合农民不重、不漏、不错。寺庄村有很大一部分村民常年在外打工，人口流动性很大，这给该项工作的顺利展开带来不少的困难，但是寺庄村的领导班子不畏辛苦，挨家挨户核实情况，力保数据精确。

第二，示范筹资。村中党员干部、村民代表首先带头交纳参合金，以率先垂范的方式引导农民积极参合。可以说，党员干部们的示范作用为村民排除疑问以及该政策的顺利实施起到了很大的作用。

第三，上门筹资。村干部主动上门逐户服务，在人群聚集处设立新农合报名筹资工作点，在人群分散的地方或田间地头做工作，逐一收取参合资金。

2. 寺庄村新型农村合作医疗制度取得的成效

新型农村合作医疗制度的实施，进一步减轻了临夏民族地区农民群众的医疗费用负担，使看病难、看病贵、因病致贫、因病返贫的问题得到了有效缓解。由政府主导的新型合作医疗制度受到了当地农民的欢迎，产生了一定的积极效应。

第一，新型农村合作医疗制度的实施，使临夏民族地区农民的健康有

了保证，负担得到了适当减轻。新型农村合作医疗制度结束了新中国成立以来农民看病由个人负担的历史，农民的健康问题受到了各级政府的普遍关注。就寺庄村而言，2007 年临夏县新农合试点工作启动后，麻尼寺沟乡政府积极研究，精心安排，广泛发动，措施到位，有力地推动了寺庄村新农合试点工作的开展。农民积极参与进来，普遍感受到党和政府的关心和照顾。

第二，越来越多的农民受益于新型农村合作医疗制度，农民真正享受到新型农村合作医疗的实惠。新型农村合作医疗缓解了群众“看病难”的问题。以前绝大多数群众都是“小病扛、大病拖”，主要因为高额的医疗费用使他们望而却步。自实行新型农村合作医疗后，群众看病才真正有了保障。新型农村合作医疗推广之前，寺庄村“小病不就医、大病不住院”的问题非常突出。新型合作医疗推广之后，这种情况出现了新变化，已参合的农民生大病基本上都能住院治疗。另外，过去在寺庄村，“因病致贫、因病返贫”的农户并不在少数，新农合政策实施之后，类似情况得到了很大改善。从乡镇农民、干部到省里专管卫生的领导，也都对新农合的作用给予高度评价。

3. 寺庄村推行新型农村合作医疗存在的问题

首先，尽管该项政策取得了很大的成效，但是农民对新型合作医疗也有些看法，主要是报销比例低。住院除了药费和手术费以外，其他检查、化验、材料、护理等项目费用均不能报销。笔者初步估计了一下，如果一个农民去省市大医院看病，实际报销比例只有 10% ~16% 左右，这还不算来回地吃住行等费用。以寺庄村某村民为例，其住院实际发生的费用为 10000 元左右，其中，能报销的项目（药费、手术费）共计 7000 元左右，按在市级医院住院报销 30% 的标准，实际报销金额 2100 元，自己需要承担 7900 元，报销比例约为 20% 。由此可见，在医疗费用过快增长的现实下，新农合还只能是有限地提供“大病救助”，并不能真正解决农民“看病贵”问题。尤其在寺庄村这样的贫困地区，农民“看病贵”问题还相当严重。

其次，现实问题导致民族贫困地区新农合筹资遭遇困境。这主要体现在两个方面：一是新型农村合作医疗加大地方财政压力。新型农村合作医疗制度实行个人缴费、集体扶持、政府资助相结合的筹资方式。在当前，甘肃省大部分县财政是吃饭财政，再加上政府对合作医疗应该资助的专项资金难以及时到位（一般中央政府的资金最快到达时间在 8 月底），尤其是经济欠发达的县更加困难，很难拿出资金扶持农村合作医疗持续开展。因为长期以来西部农村整体医疗保障严重匮乏，中央政府对农村医疗保障的财政支持远远不够，地方政府对合作医疗支持能力有限。财政体制改革后，现行“分税制”的体制也在不同程度上制约着西部地方政府重建农村合作医疗制度。目前很多西部县级财政基本上是“吃饭财政”，相当数量的县级政府都是负债运转。地方政府领导还面临上级GDP、财政收入等硬性规定的指标考核，谁愿意把有限财政资源用于合作医疗的投入上呢？临夏县政府虽然高度重视新农合的推行，但是“巧妇难为无米之炊”，财政的压力使得该项政策在实施过程中面临不少问题。二是新型农村合作医疗筹资成本太高，个人出资部分存在问题。首先，新型农村合作医疗筹资成本太高。新型农村合作医疗每年要向参合农民筹资收钱，临夏县新型农村合作医疗筹资主要靠乡村干部、乡镇卫生院人员和村医挨家挨户去收取，但是这对乡、村干部和卫生院来说却是额外工作，影响乡、村干部和卫生院的工作积极性和主动性。我们调研过程中在访谈乡村干部和卫生院院长时，这也是他们普遍反映的问题，在临夏县这样的少数民族地区的县（市）筹资成本甚至占到筹集到资金的一半或2/3左右。其次，个人出资部分仍存在问题，许多农民负担过重。在调查结果中，仍然有一部分被调查农民难以负担每年30元参合费，如果加上起伏线和封顶线的限制，将有更多的农民看不起病。

最后，医疗服务人才短缺和卫生基础设施薄弱的问题依然突出。西北地区由于卫生环境差、待遇低，普遍留不住人才，很多医生刚有所建树，就想办法调到县城工作。久而久之，一些乡镇卫生院对人才培养的兴趣越来越冷淡，感觉是在为别人做嫁衣，转而要求医生个人承担进修费用，这种环境对年轻医生的成长非常不利。两方面因素的综合作用，造成基层优秀人才缺乏、医疗服务能力不足。就村中来说，寺庄村有2000多人口，但只有1个乡村医生，已经做了31年的赤脚医生，只能看些“头痛脑热”的小病，稍大一点的疾病就要转到乡卫生院或县城大医院就诊。去大医院看病，不仅报销比例降低，而且还要掏路费、食宿费等，大大增加了就医负担。二是农村卫生基础设施薄弱，城乡差距大。卫生资源主要集中在县级以上大医院，而乡镇和村中卫生基础设施极其落后。寺庄村只有一个卫生所、一个房间，条件极其简陋，十平方米左右的房间里一半放着药品柜台，另一半是一张窄小的病床，供病人打吊瓶时使用。

4. 对策与建议

(1) 找准新农合的定位，创新报销模式

在“保大”与“保小”的定位上，许多学者赞同以保大病为主，兼顾小病。但从我们调研实际看，影响西部地区农民的多半是常见病和多发病。由于小病不报销，许多农民，尤其是妇女，采取自治和不就诊的方式，久而久之，小病拖成大病。我们建议：短期内，新型农村合作医疗仍然以保大病为主，这是出于目前低缴费水平和提高参保率方面的考虑；长期内，随着缴费水平的提高和农民认同感的增强，建议兼顾“保大病”与“防小病”。根据西部不同地区的情况，可以试行门诊报销与大病医疗报销分立。采取三种报销模式供农民选择：只选门诊报销，只选大病医疗报销或两者都选。每一种对应着不同的筹资标准。这样既可考虑新型农村合作医疗的受惠广度，农民也可以根据自己的健康状况和收入水平选择不同的参保模式。

(2) 建立农村公共卫生稳定的筹资机制

筹资是新型农村合作医疗制度建立和持续发展的根本。筹资量与经济实力有关，更与财政分配有关。西部地区大部分基层政府属于“吃饭财政”，县、乡两级财政的配套资金落实困难。为了公平起见，也为了对贫困县（市）以支持，应该根据不同的财政状况采取不同的补助比例。首先，中央财政应加大对西部地区新农合的资助力度，提高中央对西部地区新农合医疗补助资金占财政收入的比重。其次，可以适当提高省级财政补助比例，减少县级财政补助比例。目前西部地区许多地方的财政分摊比例为，省级财政40%，地级市财政30%，县（市）财政30%。这种地方财政层层配套的做法让许多贫困地区的试点县不得不从已经很拮据的财政中挤出一部分财力安排配套。因此，建议在对不同县（市）财力进行充分调研的基础上，区别对待，可以考虑对贫困地区的省、市、县三级政府经费分担比例改为5∶3∶2，即省级财政出大头。最后，停止乡镇财政对新型农村合作医疗的补助。同时，对农村五保户、特困户、残疾人的入保费，政府应明文规定由民政部门给予补贴或代缴，以保证这部分群体也能享受公共医疗保障。

(3) 改善医疗条件，加大农村医疗队伍的培养和再培训力度

政府要加大对民族地区投资，切实改善乡镇卫生院、卫生所的基础设施建设，增加必要的医疗设备，改善医疗条件，提高乡镇卫生院的服务能力，让农民放心就医就诊。加大民族地区基层卫生院专业技术人员的培训，给他

们提供免费再学习的机会，鼓励在职卫生从业人员参加成人高等教育举办的医学类和药学类专业的学历教育，提高他们的业务水平、服务质量和职业道德素质。此外，还应改善乡村卫生从业人员的工作环境和生活待遇，为民族地区留住医学人才，逐步缓解民族地区基层卫生院医务人员紧缺的现状。寺庄村的医疗设施和医疗队伍可以说仍处于最原始阶段，一人一屋组成了这个几千人大村的村卫生所。从 20 世纪 70 年代到现在，村中只有一位不是很专业的女赤脚医生。因此，改善当地的医疗条件，增加专业医疗人员是提高当地农民受医疗待遇的必要措施。

(4) 大力支持民族地区的经济发展，提高农民参合积极性

甘肃民族地区大部分属于经济落后的欠发达地区，中央和地方政府应该对经济发展相对落后的地区多加扶持，促进当地经济和社会的发展。只有政府扶持，不断为个别民族地区创造发展经济的条件，千方百计地增加农民的收入，才能解决他们最基本的温饱问题，农民才会考虑参加新型农村合作医疗。提高民族地区新型农村合作医疗的实际报销比例，缩小与其他地区平均水平的差距，让这里的农民真正得到实惠，也能提高他们的参合积极性。另外，在发展经济的基础上加强宣传力度，变上门收缴为农民主动缴纳，降低筹资成本，提高工作效率也是当前寺庄村的当务之急。

自新农合试点工作开展以来，寺庄村村民们从看不起病到看病有补偿，的的确确从中得到很大的实惠。调研过程中，笔者也发现寺庄村的村民对新农合政策非常拥护，也给予了高度评价。相信在不久的将来，在各级政府的共同努力下，该项政策会愈加完善，农民享受到的实惠会越来越多。

六、相关政策

(一) 五保供养政策

1. 甘肃省农村五保供养办法简述

依照国务院《农村五保供养工作条例》规定：老年、残疾或未满 16 周岁的村民，无劳动能力、无生活来源又无法定赡养、抚养、扶养义务人，或者其法定赡养、抚养、扶养义务人无赡养、抚养、扶养能力的，可申请享受农

村五保供养待遇。标准是每人每年1600元。

甘肃省为了做好农村五保供养工作，保障农村五保供养对象的正常生活，建立和完善农村社会保障制度，根据国务院《农村五保供养工作条例》，结合本省实际，制定《甘肃省农村五保供养办法》。农村五保供养是指依照国家和本办法规定，在吃、穿、住、医、葬方面给予村民的生活照顾和物质帮助。寺庄村村委会在上级的领导下，根据《甘肃省农村五保供养办法》的精神和基本要求，结合具体情况，确定和认证寺庄村五保户的条件。

2. 寺庄村村民享受到的五保供养政策

寺庄村五保供养工作遵循以下原则：公开、公平、公正的原则；财政供养为主的原则；分散供养与集中供养相结合的原则和动态管理的原则。村民委员会协助乡镇人民政府做好农村五保供养对象的申请受理、民主评议、公示、上报和日常生活照料工作。寺庄村对符合五保供养条件的村民登记造册，建立农村五保供养对象数据库，实施动态管理，做到应保尽保。由于经济能力有限，寺庄村鼓励、引导和支持企事业单位、社会团体和个人为农村五保供养对象和农村五保供养工作提供捐助和服务。

寺庄村五保供养对象是指村民中符合下列条件的老年人、残疾人和未满16周岁的未成年人：第一，无法定赡养、抚养、扶养义务人，或者虽有法定赡养、抚养、扶养义务人，但无赡养、抚养、扶养能力的；第二，无劳动能力的；第三，无生活来源的。

寺庄村五保供养对象申请审批程序，由本人向村委会提出申请；因年幼或智力残疾无法表达意愿的，由村民小组或其他村民代为提出书面申请。经村委会民主评议，对符合五保供养条件的，在本村范围内公示；无重大异议的，由村民委员会将评议意见和有关材料报送乡镇人民政府审核。乡镇人民政府自收到评议意见之日起，对申请人的家庭状况和经济条件进行调查核实，20日内提出审核意见，并将审核意见和有关材料报送县级民政部门审批。县级民政部门自收到审核意见和有关材料之日起，对上报材料进行复核，10个工作日内做出审批决定，对批准给予农村五保供养待遇的，发给《农村五保供养证书》；对不符合条件的，做出不予批准的书面说明。

寺庄村五保供养对象有下列情形之一的，经村民委员会初审，报乡镇人民政府审核，县级民政部门审查批准后，停止其五保供养待遇，收回《农村五保供养证书》：第一，有法定赡养、抚养、扶养义务人，且义务人有赡养、抚养、扶养能力的；第二，年满16周岁，已完成义务教育阶段学习，且具有劳动能力的；第三，重新获得生活来源的；第四，五保供养对象死亡，丧葬事宜办理完毕的。

寺庄村农村五保供养标准，按照每人每年不低于720元的标准，配合当地农村居民家庭人均生活消费支出和人均纯收入等指标，由临夏县人民政府制定，不低于当地村民平均生活水平，并根据当地村民平均生活水平的提高适时调整供养标准。

寺庄村五保供养包括以下内容：供给粮油、副食品、生活用水和生活燃料；供给冬夏服装、被褥等生活必需品和零用钱。社会捐助活动中募集的衣被优先用于农村五保供养对象；提供符合居住条件的住房，确保通风、采光、安全及照明。寺庄村五保供养对象住房原则上由县（区市）民政部门、乡镇人民政府和村民委员会组织修建；提供疾病治疗。目前村寨中三位五保老人的住房是接受上海市民宗委对口帮扶项目建成的。对生活不能自理的农村五保供养对象，各乡镇人民政府、村委会、敬老院要落实专人或亲属给予照料。五保对象的新型农村合作医疗的参合金，由县级民政部门从农村医疗救助资金中缴纳。对五保供养对象的医疗费，在农村合作医疗制度报销后个人承担部分，在农村医疗救助中核销。

3. 寺庄村五保供养现状

通过对寺庄村的实际调研和了解，明晰了五保供养包括以下内容：

包括供给粮油、副食品、生活用水和生活用燃料。

向村五保户供给冬夏服装、被褥等生活必需品和相应的零用钱。社会捐助活动中募集的衣被优先用于寺庄村五保供养对象。

向寺庄村五保户提供符合居住条件的住房，确保通风、采光、安全及照明。村五保供养对象住房由临夏县民政部门、麻尼寺沟乡人民政府和寺庄村村民委员会组织修建。

向五保户家庭成员提供疾病治疗保障。对生活不能自理的村里的五保供养对象，麻尼寺沟乡人民政府、寺庄村村委会要落实专人或亲属给予照料。针对寺庄村具有新型农村合作医疗的条件，自2006年新型农村合作医疗在寺庄村试点和推广。临夏县民政部门要从寺庄村五保户的医疗救助资金中提取和征收五保供养对象的新型农村合作医疗的参合金。对于村里的五保户供养对象的医疗费，在农村合作医疗参合金的前提下，按照报销的比例由合作医疗报销，医疗费的剩余部分由五保户个人承担，农村医疗救助中重点对五保对象的医疗费给予保障。

寺庄村五保供养对象死亡后，麻尼寺沟乡敬老院、寺庄村村民委员会负责办理丧葬事宜。乡镇人民政府按照五保供养对象5个月的供养标准一次性支付五保对象的丧葬费用，并从寺庄村五保对象的供养经费中核销。倘若村里的五保户对象的遗产与供养者有协议的，寺庄村村委会、麻尼寺沟乡政府将按协议办理相关事宜。在村里的五保供养对象中有未满16周岁或者已满16周岁仍在接受义务教育的家庭，村委会、乡政府按照国家有关规定，免除其义务教育的相关费用，并向其提供必要的学习用品，保障其依法接受义务教育的权利。

寺庄村的五保供养工作措施有力，方法得当。基本做到了应保尽保。通过调研查证，寺庄村现在共有54人享受五保供养，详细信息见下表：

表1－11　**寺庄村五保供养金发放表**　2010年第四季度

序号	姓名	住址	发放金额
001	马法土麦	麻尼寺沟寺庄村四社10#	400.00
002	马阿西	麻尼寺沟寺庄村六社38#	400.00
003	马哈麦	麻尼寺沟寺庄村六社38#	400.00
004	马尕东	麻尼寺沟寺庄村七社	400.00
005	马麦芽	麻尼寺沟寺庄村七社	400.00
006	马汉汉	麻尼寺沟寺庄村二社25#	400.00
007	马哈录给	麻尼寺沟寺庄村二社25#	400.00
008	马来者	麻尼寺沟寺庄村二社33#	400.00
009	马二女	麻尼寺沟寺庄村五社	400.00
010	马奴给牙	麻尼寺沟寺庄村三社	400.00
012	马来乃	麻尼寺沟寺庄村三社	400.00
013	谭海麦提	麻尼寺沟寺庄村三社	400.00
014	谭麦来	麻尼寺沟寺庄村四社	400.00
015	马索罗麻	麻尼寺沟寺庄村三社10#	400.00
016	马如林	麻尼寺沟寺庄村八社23#	400.00
017	肖虽花	麻尼寺沟寺庄村八社23#	400.00
018	肖成俊	麻尼寺沟寺庄村三社20#	400.00
019	谭白克	麻尼寺沟寺庄村三社20#	400.00
020	马比连	麻尼寺沟寺庄村三社20#	400.00

续表

序号	姓名	住址	发放金额
021	谭来海麦	麻尼寺沟寺庄村三社35#	400.00
022	马福良	麻尼寺沟寺庄村三社35#	400.00
023	马麦来牙	麻尼寺沟寺庄村七社	400.00
024	拜四宝	麻尼寺沟寺庄村七社	400.00
025	马么乃	麻尼寺沟寺庄村	400.00
026	赵尕有	麻尼寺沟寺庄村八社42#	400.00
027	马尕胡	麻尼寺沟寺庄村八社12#	400.00
028	马录给牙	麻尼寺沟寺庄村八社12#	400.00
029	周一四夫	麻尼寺沟寺庄村六社35#	400.00
030	马塞艾的	麻尼寺沟寺庄村六社33#	400.00
031	马哈地查	麻尼寺沟寺庄村六社33#	400.00
032	马阿一沙	麻尼寺沟寺庄村五社	400.00
033	马奴海	麻尼寺沟寺庄村五社	400.00
034	赵尕来	麻尼寺沟寺庄村二社44#	400.00
035	马哈录乃	麻尼寺沟寺庄村二社44#	400.00
036	马一力四	麻尼寺沟寺庄村一社45#	400.00
037	马麻乃	麻尼寺沟寺庄村一社45#	400.00
038	马比代	麻尼寺沟寺庄村一社45#	400.00
039	王有成	麻尼寺沟寺庄村一社30#	400.00
040	马天雄	麻尼寺沟寺庄村二社22#	400.00
041	马哈飞索	麻尼寺沟寺庄村二社22#	400.00
042	马苏德	麻尼寺沟寺庄村二社22#	400.00
043	马胡塞尼	麻尼寺沟寺庄村二社15#	400.00
044	马林	麻尼寺沟寺庄村二社	400.00
045	马秀兰	麻尼寺沟寺庄村八社7#	400.00
046	马阿飞牙	麻尼寺沟寺庄村八社7#	400.00
047	马麦塞	麻尼寺沟寺庄村四社43#	400.00
048	马毛内	麻尼寺沟寺庄村四社43#	400.00
049	马孙女	麻尼寺沟寺庄村四社43#	400.00

续表

序号	姓名	住址	发放金额
050	马来黑	麻尼寺沟寺庄村三社 27#	400.00
051	马海麦	麻尼寺沟寺庄村二社 30#	400.00
052	马艾都	麻尼寺沟寺庄村五社	400.00
053	马阿一沙	麻尼寺沟寺庄村三社	400.00
054	马六十	麻尼寺沟寺庄村六社	400.00

4. **寺庄村五保供养对象审批流程示意图**

寺庄村村委会一方面向村民宣传与解读政策并进一步讲解申请的流程；另一方面协助村民依据其条件进行申请，完成相关的程序与流程。通过对寺庄村的村民的访谈以及相关政策文件的分析，了解和掌握了村五保供养的相关流程。具体如下图所示。

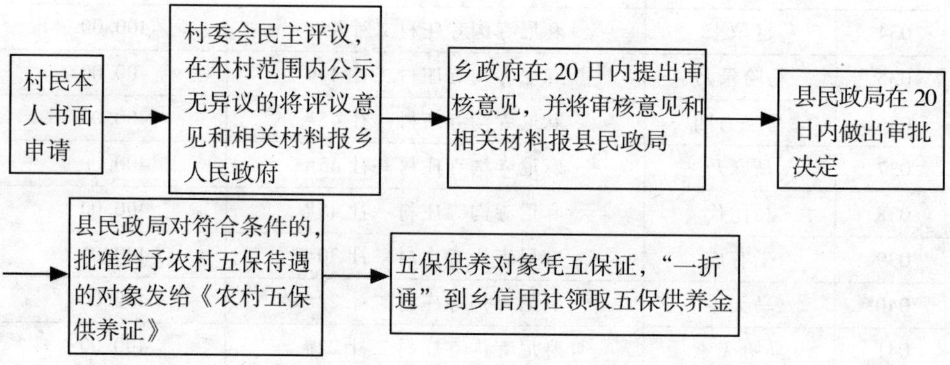

图 1－1　寺庄村农村五保供养对象审批程序示意图

5. **寺庄村的五保对象供养困境**

由于国家五保供养制度的建立和各项工作的扎实开展，寺庄村五保供养对象的生活水平在相当程度上有了较大的改观。但是，随着寺庄村人口结构的变化，特别是国家对农村税费改革之后，寺庄村五保供养制度原有的社会经济政策基础发生了变化，寺庄村的五保供养工作面临新的挑战，最突出的两个问题是：

(1) 五保户供养资金来源单一，缺乏融资渠道

随着地区经济的发展和社会状况的改善，村民生活水平有了明显提高，但当地市场物价也出现了较大幅度的上涨，使得本就不太宽裕的寺庄村五保供养资金更显拮据。五保供养被定位于“农村集体福利事业”，资金筹措的主体是当地乡镇和村集体，尤其是寺庄村集体。在农村税费改革前，五保经费主要从“三提五统”资金中解决。据我们了解，寺庄村没有集体企业，麻尼寺沟乡属于经济状况较好的回民村落，村民的主要经济来源就是种植、养殖、打工以及其他方面的经营所得。

(2) 集中供养比例偏低，分散供养对象生活质量有待提高

寺庄村目前没有养老院，五保供养对象以分散供养为主，村里主要负责五保经费的筹集、发放，五保老人们目前的生活尚能自理，虽然他们都参加了农村合作医疗保险，但是，由于平时未设专人照看他们的生活起居，有病有灾时很难得到及时救治。一旦这些老人生病或者失去生活自理能力，洗衣、做饭、看病、喂药等只能由村干部或村里的好心人自愿照顾，农闲时间还好一点，遇到耕种收割的农忙时节就没有保障了。因此对寺庄村五保供养对象的实行集中供养方式，亟须形成制度化的供养机制和新思路的探索。

6. 寺庄村五保供养工作建议

为进一步做好寺庄村五保供养工作，我们调研小组认为应当重视以下几个方面：

(1) 大力发展村办集体企业，保障五保供养经费及时到位

仅仅依靠政府资金扶持或者其他地方政府的援助，毕竟不是治本之道。不可否认，寺庄村的经济发展受到地理条件和传统文化等原因的制约，但作为临夏县具有代表性的回族村落之一，传统的文化与民族风俗保存较为完好，寺庄村可以充分开发自身优势，把发挥回族人民独有的经商思维和优势利用起来，努力争取上级政府的资金支持，为其拓展收入的路径和渠道（如创建特设的寺庄村大型企业——伊海牛羊肥育有限公司）。只有村中大型企业的经济收入，才能为村里农村五保供养工作引进“活水”，才能从根本上解决五保供养的经费不足问题。

(2) 加大宣传力度，拓宽寺庄村五保供养经费的融资渠道

“农村五保对象是农村困难群众中最为特殊、最需要政府救助的弱势群体，扶助鳏寡孤独、老弱病残是中华民族的传统美德，宪法也赋予了他们获

得物质帮助的权利。”村委会和基础党组织应当最大限度地动员村里村外的力量参与到五保供养事业中来，积极开展“结对帮扶”活动，努力营造关爱孤寡老人、无私奉献的良好氛围，使社会力量成为五保供养事业的有力补充。例如，动员村中的外地商人和富裕家庭组成帮扶村里五保户对象的帮扶活动，更好地解决五保供养对象的资金困难和融资难问题。

(3) 发扬扶危济困，扶贫济弱的美德；组织和发动社会力量，鼓励公司企业、人民群众积极捐款捐物，帮助五保对象解决生活困难

寺庄村村委会、麻尼寺沟乡政府应将帮扶制度列入目标管理，促进村福利院的发展，扩大集中供养率，把村福利院制度的完善作为一项目标，使农村五保供养工作成为农村三大“文明建设”和发展社会福利事业的“阵地”。同时，发扬扶危济困、扶贫济弱的美德；组织和发动社会力量，鼓励公司企业、人民群众积极捐款捐物，帮助五保对象解决生活困难。最后，继续加强敬老院的建设和管理，不断提高管理和服务水平。提高农村五保供养工作水平，提高五保供养对象的生活水平和生存质量。

（二）低保户政策

农村低保户是指共同生活的家庭成员年人均纯收入低于户籍所在地农村最低生活保障标准，持有本地居民常住户口的农村居民均属保障范围。而农村最低生活保障对象的具体资格条件由县（市、区）民政部门会同财政等有关部门制定，报同级政府批准。也就是说，农村居民年人均收入低于当地保障标准的，均可申请低保。

1. 国家与地方关于农村低保的政策

国家关于农村低保户政策是解决农村困难群众生活问题的制度安排，与此同时，中央对建立农村低保制度的提法逐步强化，2004 年中央一号文件提出“有条件的地方，要探索建立农民最低生活保障制度”，到 2005 年中央一号文件提出“有条件的地方，要积极探索建立农村最低生活保障制度”，再到十六届六中全会提出“逐步建立农村最低生活保障制度”，中央对农村低保制度的要求越来越高。

2006 年，中央农村工作会议明确提出：“在全国范围建立农村最低生活保障制度，各地应根据当地经济发展水平和财力状况，确定低保对象范围、标准，

鼓励已建立制度的地区完善制度，支持未建立制度的地区建立制度，中央财政对财政困难地区给予适当补助。”这标志着农村低保已基本完成试点探索的过程，进入了全面推进的新阶段。农村最低生活保障制度是继城市低保成功实施以后的又一项重大制度创新，是又一项惠及千百万贫困农民的新举措。

为贯彻落实科学发展观，统筹城乡协调发展，保障农村困难群众基本生活，促进构建社会主义和谐社会，甘肃省省政府决定，在甘肃省建立并实施农村居民最低生活保障制度。为切实做好此项工作，结合甘肃省的实际情况，制定《甘肃省农村居民最低生活保障制度试行办法》。总体目标：2006 年起，在甘肃省建立农村低保制度。按照低标准起步、重点保障农村特困户、逐步扩大覆盖面的原则，稳步推进，力争用 2～3 年的时间，在甘肃省建立起制度完善、管理规范的农村低保制度。

凡具有甘肃省农业户口且在农村居住一年以上、上年度家庭年人均收入低于所在县（区、市）当年农村居民最低生活保障标准的农村居民，均应纳入当地农村居民最低生活保障范围。根据国家有关政策规定，农村居民所享受的奖励、荣誉津贴，抚恤补助金、优待金、独生子女费、农村计划生育奖励政策扶助金、新型农村合作医疗报销的医疗费及医疗救助金、学生助学金、奖学金及勤工俭学收入以及临时性社会救助金等不计入家庭收入。

农村居民最低生活保障标准由各市、州按照维持当地农村居民衣、食、住等基本生活需要，并适当考虑水电、燃煤（柴）和未成年人的义务教育费用及地方财政的承受能力，提出科学、合理、可行的保障标准方案，经市、州人民政府批准并报省人民政府核准备案后执行，同时向社会公布。保障标准应随当地经济社会发展、财政收入增长、人民生活水平和物价指数的变化，适时进行调整。各地的保障标准，原则上按照当地农村居民年人均纯收入不低于 600 元确定。农村独生子女领证户和二女户结扎户应适当高于其他一般人员的标准。

2. 寺庄村低保户基本情况

临夏县坚持广覆盖、保基本、多层次、可持续的原则，加快推进覆盖城乡居民的社会保障体系建设。临夏县强化完善社会保障体系建设，严格按照村民申请、村级评议、乡镇审核、民政局审批的程序规范操作，并通过“一排序”、“两确定”、“三公开”、“三测评”的程序，县、乡两级严格履行责任追究制度，确保了对象的准确性，真正把困难群众确定为低保对象，健全了农村低保工作在动态管理下有进有出、能进能退的管理机制。

寺庄村位于麻尼寺沟乡东南部，现有 8 个社，402 户，2020 人；少数民族占村总人口的98.5%，人均耕地面积 0.7 亩，贫困面为90%，人均纯收入 1210 元。原有农村五保户 9 户，27 人；农村低保户 162 户，751 人。2010 年，该村农村低保增加 15 人，其中一类 89 人，二类 158 人，三类 242 人，四类 177 人。

麻尼寺沟乡对 2011 年的低保调标扩面工作高度重视，立即成立寺庄村村委会领导小组，制定切合实际的工作方案，各社成立了村民评议小组，乡村两级干部对低保工作作出承诺，严肃了工作纪律。坚持“分类施保，动态管理”的原则，严格按“户主申请、村委会调查评议并公示、乡政府审核、县民政局审批公示”的程序办理低保，以“四个优先、六个不准”的要求，进一步规范工作档案，真正做到了公开、公正、公平，切实改善了广大贫困群众的生产生活水平。

寺庄村村委会在麻尼寺沟乡政府的指导下，组建村民评审小组，经过民主评议，在 2010 年的寺庄村农村低保指标扩大面上，新增加了 15 人。由于寺庄村农村低保户名单里的人数较多，在此我们对其不进行一一列举，仅列举 2010 年农村低保指标扩大新增加的 15 人名单。具体名单如下表所示。

表 1-12　寺庄村低保户名单

姓名	性别	民族	住址	保障人口	年收入/月	救济标准（元）	保障类别
马哈土麦	女	回	寺庄一社	3	50	100	一类
马正才	男	回	寺庄二社	3	40	100	一类
马麻二力	男	回	寺庄四社	3	40	100	一类
马忠良	男	回	寺庄四社	2	50	100	一类
马舍木	男	回	寺庄八社	2	40	100	一类
韩合米东	男	回	寺庄七社	4	40	100	一类
马一奴	男	回	寺庄一社	3	40	75	二类
马以奴四	男	回	寺庄一社	2	40	75	二类
马一四夫	男	回	寺庄二社	3	40	75	二类
马由布	男	回	寺庄二社	4	50	75	二类
马以四哈	男	回	寺庄一社	3	50	75	二类
马文才	男	回	寺庄四社	3	40	75	二类
拜白克	男	回	寺庄七社	3	50	75	二类
拜一四夫	男	回	寺庄七社	4	40	75	二类
马血力麦	女	回	寺庄二社	2	40	75	二类

3. **寺庄村低保的申请条件和标准及申报的流程**

根据《甘肃省农村居民最低生活保障制度实行办法》，寺庄村村委会针对村民家庭年人均纯收入低于850元的农村贫困居民，在政策和文件解读的基础上着力帮助村民完成申请和申报程序与流程，并按照统一标准进行详细的明示，具体标准分为三类：一类每人每月100元，二类每人每月75元，三类每人每月55元。

寺庄村居民最低生活保障待遇以家庭为单位申请享受，由户主填写《农村居民最低生活保障待遇申请表》，提供居民户口本、身份证、家庭收入状况证明以及其他相关证明材料，向户籍所在地村民委员会提出书面申请。寺庄村村民委员会参照省扶贫办《贫困户卡》确定的农民人均收入，对申请人的家庭收入和实际生活情况进行核实，并由村民评议小组进行民主评议后张榜公示，对无异议的上报麻尼寺沟乡政府。乡政府对寺庄村村民委员会的申请材料采取走访等方法调查核实并予公示，无异议的上报临夏县民政部门审批。其具体流程示意图如下：

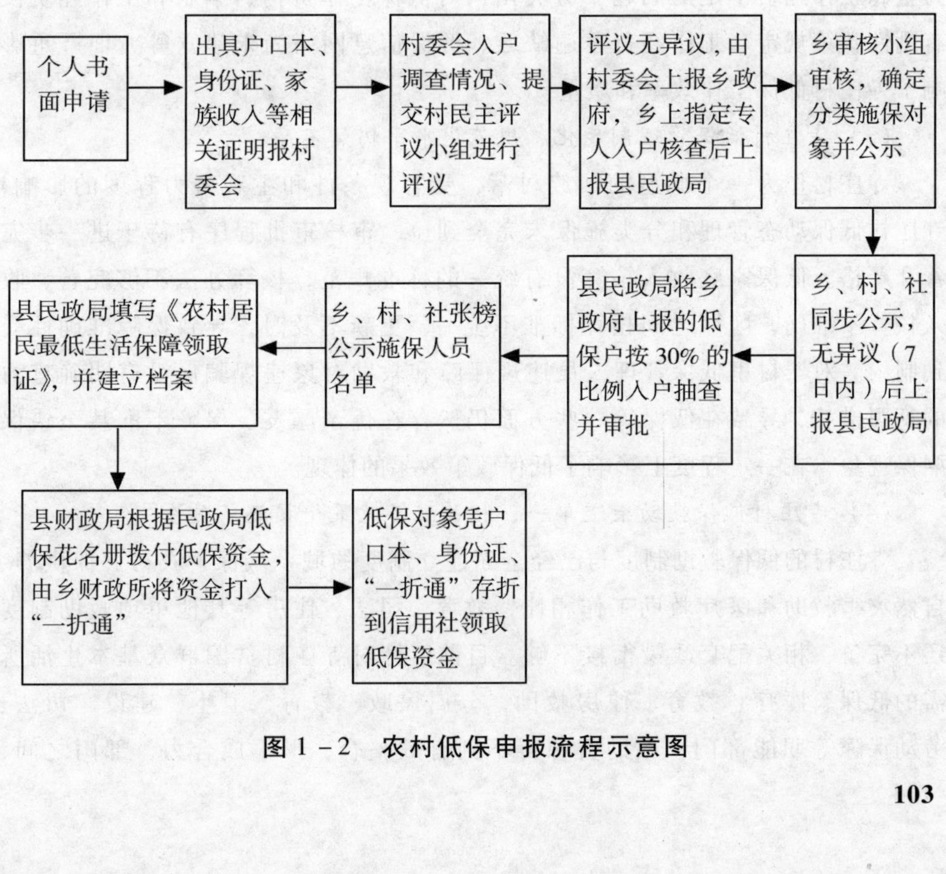

图1－2　农村低保申报流程示意图

4. 寺庄村低保存在的问题

通过对相关低保户家庭的调研和了解，并结合相关材料的分析提炼，我们调研小组认为主要存在以下几个方面的问题：

(1) 寺庄村救助资金相对不足，救助范围小、标准低

一方面，由于当地经济社会发展基础差，群众生活水平较低，需要救助的弱势群体人数相对较多；另一方面，各级财政普遍困难，尽管中央财政的支持力度在逐年加大，省、州、县三级财政也在努力增加投入，但是，救助资金不足的问题仍然突出。救助资金总量不足，导致寺庄村低保保障标准和补差水平普遍偏低。同时，寺庄村、乡政府等基础组织的扶贫统计口径与民政社会救助统计口径存在一定差距，致使村里一部分符合条件的特困群众不能纳入低保范围。农村低保还存在保障面偏小、应保未保的问题。

(2) 低保工作力量薄弱，工作经费不足，工作条件缺乏

寺庄村低保管理政策性强、涉及面广、工作量大、工作具体，寺庄村村委会、乡政府需要逐户掌握救助对象生产生活情况。由于各级民政部门工作力量和工作经费不足的问题十分突出，对低保工作机构、编制和工作经费没有刚性政策规定、工作经费普遍缺乏、低保信息网络尚未建立等方面严重影响了寺庄村低保工作效率和质量。

(3) 寺庄村低保管理制度化、规范化水平仍然不高

寺庄村作为一个典型的回族村落，受客观条件和主观努力程度的影响，寺庄村低保动态管理和分类施保未完全到位，审核审批程序有待于进一步完善和严格。低保家庭收入核算没有统一的标准规范，核算办法不够完善，收入核算不准确，区域之间核算标准不统一，更新不及时，导致保障准确性受到制约。对于村里低保管理人员违规保障和救助对象违规骗保没有明确有力的惩罚措施，导致在低保等一些方面仍然存在优亲厚友、保障不准甚至错保漏保现象，在一定程度上影响了低保政策效果的体现。

(4) 寺庄村低保救助渠道单一，相关配套政策衔接还不健全

寺庄村的低保救助制度与已经全面建立制度的城乡低保、农村五保供养、自然灾害救助和医疗救助工作相比，教育、司法、住房等其他单项救助制度还不完备，相关配套政策衔接不够。目前，针对寺庄村贫困群众基本生活所需的低保、医疗、教育、住房救助，分属民政、教育、卫生、建设、司法、劳动保障等职能部门，救助资源得不到有效整合，形不成合力，部门之间，

救助对象、救助标准之间衔接不畅，在救助项目和资金安排上不能及时有效地达到统一，救助效果不能很好地体现。

(5) 临时救助制度尚未建立

由于寺庄村低保制度只计算家庭收入而不计算家庭支出，在低保制度建立实施、已纳入保障范围的困难群众的基本生活得到保障后，家庭收入刚刚超过低保线的边缘贫困人群由于突发灾害、医疗、教育、住房、取暖等原因造成的基本生活困难日显突出，他们没有基本生活补助，也享受不到低保相关的配套救助政策，其中一些家庭的生活困难程度比低保对象更加严重，低保线内外困难人群享受社会保障情况出现明显反差，社会公平受到新的挑战。2007 年，民政部要求各地建立健全临时救助制度，以妥善解决低保线内外贫困居民的突发性、临时性生活困难。目前，甘肃省只有部分市、县积极探索开展了局部或单项的临时救助，受资金来源等因素制约，甘肃省临时救助制度还未建立，2010 年 9 月才开始在寺庄村进行试点推开，完善的救济制度有待提高。

5. 解决的思路探析

面对这些问题，要采取有效措施，认真加以解决。针对以上存在的问题，我们调研小组认为需要从以下几个方面着手：

(1) 进一步明确思路，努力提高寺庄村的低保水平

党的十七大指出，要加快推进以改善民生为重点的社会建设，加快建立覆盖城乡居民的社会保障体系，保障人民基本生活。完善城乡居民最低生活保障制度，逐步提高保障水平。做好城市低保工作，保障城乡困难群众的基本生活，是解决民生问题、建设社会主义和谐社会的重要前提。今后一个时期，寺庄村村委会和麻尼寺沟乡政府的低保工作，要以开展基层低保规范化建设活动为契机，以进一步建立健全各项制度、严格程序规范操作、加强工作队伍建设、改善基层工作条件、确保资金及时足额到位、推进低保信息公开透明为主要内容，全面提高低保管理水平和为民服务质量。

(2) 进一步加强寺庄村村委会的能力建设，下大力气解决基层低保工作力量和工作条件问题

低保工作主体在基层，低保制度落实的关键也在基层，要认真研究解决当前城乡低保工作中最为突出的问题。寺庄村作为基础单位，一是要认真解决好低保工作力量问题。要建立健全低保管理服务体系，配备必要的工作人

员。进一步加大培训力度，对低保工作者从法规理论、政策规范、操作程序等方面进行全面培训，定期进行知识更新培训，以适应工作要求。二是要解决工作经费问题。上级财政要根据低保保障人数或年度保障资金支出总量的一定比例列支必要的工作经费，以保障低保管理工作的开展，改善工作条件。三是要加快低保信息化项目建设，按照临夏县民政部要求，按时完成立项审批和项目建设，尽早实现低保信息化管理，提高管理工作的质量、效率和服务水平。

(3) 进一步完善工作制度，加强寺庄村低保的规范化管理

各级低保管理部门要严格依法操作，坚持三级审核审批和社会化发放。首先，要继续推进分类施保，强化对寺庄村特殊困难低保对象的生活救助，提高救助针对性；同时，坚持基本生活救助与特殊需要救助相结合，增强低保资金使用效益。其次，强化动态管理，切实做到定期审核、应保尽保、应退即退、及时调整。寺庄村村委会应当结合具体情况建立合理的家庭收入核查核算办法，制定收入评估参考标准，减少人为因素的随意性，规范灵活收入核算办法，提高保障准确性。再次，继续完善村社民主评议和张榜公示制度，实施“阳光低保”，主动接受村民监督和上级监督，切实做到保障政策、对象、资金三公开。最后，要健全责任追究制度，规范行政复议和行政诉讼程序，坚决惩处各种形式的优亲厚友、违规保障和骗保行为。要进一步改进工作作风，提高寺庄村低保为村民服务的水平。

(4) 进一步加大投入，建立稳定增长的社会救助资金筹措机制

随着经济社会的发展，社会救助资金的需求量将会日益增加，社会资金的筹措必须坚持以村和政府投入为主体。上级财政要进一步加大力度，把政策性社会救助资金纳入财政预算，形成低保资金投入自然增长机制。同时，争取上级财政支持，进一步调整加大对村特殊困难地方的资金补助力度，认真解决寺庄村低保应保未保、临时救助和其他救助项目空白的问题。充分发挥社会团体、公益组织和村民个人捐赠、资助的作用。

(5) 加快建立临时救助制度，完善社会救助体系内容

按照建立“以最低生活保障制度为基础，医疗、教育、住房等专项救助政策为辅助，慈善救助、临时救助和社会帮扶为补充的新型社会救助体系”的要求，积极探索建立与寺庄村低保相关的医疗、教育、住房、取暖等专项救助制度，健全社会救助体系。当前尤其要研究解决针对低保边缘家庭贫困

的临时救助问题。根据具体情况，适当确定标准，尽快建立临时救助制度，对因各种原因导致生活出现临时困难的低保家庭，和实际生活水平低于当地低保标准的低保边缘家庭提供临时性、应急性救助。同时要研究制定政策，让村低保边缘家庭与村低保对象有所区别地享受已经建立的低保配套专项救助制度，切实缓解他们的基本生活困难。

寺庄村的低保工作涉及人民群众的切身利益，是党和政府落实“三个代表”重要思想的具体体现。寺庄村和上级政府应进一步认真实施好这项惠民制度，使这项亲民、爱民、为民的德政工程惠及困难群体，在构建社会主义和谐社会进程中发挥更大作用。

（三）价格临时补助

面对不断提高的物价消费水平，甘肃省启动社会救助和保障标准将与物价上涨挂钩联动机制，即“临时生活补助与 CPI 挂钩联动长效机制”。甘肃省发改委会同省民政厅、省财政厅、省人社厅、省统计局和国家统计局甘肃调查总队联合下发《甘肃省关于建立社会救助和保障标准与物价上涨挂钩联动机制的实施意见》，明确了甘肃省联动机制的总体原则、保障对象和启动条件、补贴标准和资金来源及联动办法和保障措施。经测算并报经省政府同意，从 2010 年 9 月起，对符合条件的低收入群体发放价格临时补贴，其中标准为：城市低保对象、优抚对象每人每月 20 元；农村低保对象、五保对象每人每月 10 元。

甘肃省在及时启动联动机制的同时，还将进一步完善各项社会保障标准的正常调整机制，逐步实现各项社会救助、保障标准提高幅度与当地经济发展速度、居民收入增长水平基本同步的目标。甘肃省发改委草拟和下发了《甘肃省价格调节基金征收使用管理办法》。

根据甘肃省省政府要求，除国家安排的调价项目外，各级政府、各有关部门 2011 年底前一律不得出台新的政府调价措施。各地发展改革（物价）部门要继续清理规范行政事业性收费以及涉及居民用水、用电、用气等垄断性经营服务收费，降低偏高的价格和收费标准。省发改委将继续会同省统计局、国家统计局甘肃调查总队开展价格形势月度分析通报。各级发展改革、商务、粮食、农牧等部门要进一步完善市场监测体系，加强价格走势监测分析，及时向当地政府报送粮、油、肉、菜、蛋、奶等主要生活必需品生产、销售、库存等监测信息，研究完善价格应急预案，积极应对可能出现的市场价格异常波动。各级发展改革（物价）部门将开展对群众生活必需品、集贸市场收费以及“绿色通道”政策落实情况的监督检查，对捏造散布涨价信息、哄抬价格、相互串通操纵市场价格以及恶意囤积、恶性炒作等价格违法违规行为，将依法从快查处。

自2010年7月以来，以农产品为主的生活必需品价格上涨较快，加大了城乡居民，特别是中低收入群体的生活负担。为保障低收入人群基本消费，甘肃省及时启动发放临时价格补贴工作。截至12月1日，甘肃省共为425.69万人发放临时物价补贴。其中为86.9万城市低保对象发放补贴资金9640万元，为12.3万农村五保对象发放补贴资金1234万元，为318万农村低保对象发放补贴资金1.59亿元，为8.49万重点优抚对象发放补贴资金861万元。

寺庄村现有8个社，402户，共计2020人；原有农村五保户9户，27人；农村低保户162户，751人。2010年，本村农村低保对象增加15人，其中一类89人，二类158人，三类242人，四类177人。由于低保户和五保户人数超过上级给定的名额，寺庄村村委会在贯彻麻尼寺沟乡政府方针的同时，对符合《甘肃省关于建立社会救助和保障标准与物价上涨挂钩联动机制的实施意见》条件的五保户和低保户进行重新核实和认证，并成立以村主任和村党委书记为主的民主评定小组，通过民主评定和表决，对符合条件的低收入群体发放价格临时补贴。民主决议名单如下：

表1-13　寺庄村2010年价格临时补助给付花名册

序号	姓名	住址	发放金额
001	马法土麦	麻尼寺沟寺庄村四社10#	100.00
002	马阿西	麻尼寺沟寺庄村六社38#	100.00
003	马哈麦	麻尼寺沟寺庄村六社38#	100.00
004	马尕东	麻尼寺沟寺庄村七社	100.00
005	马麦芽	麻尼寺沟寺庄村七社	100.00
006	马汉汉	麻尼寺沟寺庄村二社25#	100.00
007	马哈录给	麻尼寺沟寺庄村二社25#	100.00
008	马来者	麻尼寺沟寺庄村二社33#	100.00
009	马二女	麻尼寺沟寺庄村五社	100.00

续表

序号	姓名	住址	发放金额
010	马奴给牙	麻尼寺沟寺庄村三社	100.00
011	马来乃	麻尼寺沟寺庄村三社	100.00
012	谭海麦提	麻尼寺沟寺庄村三社	100.00
013	谭麦来	麻尼寺沟寺庄村四社	100.00
014	马索罗麻	麻尼寺沟寺庄村三社 10#	100.00
015	马如林	麻尼寺沟寺庄村八社 23#	100.00
016	肖虽花	麻尼寺沟寺庄村八社 23#	100.00
017	肖成俊	麻尼寺沟寺庄村三社 20#	100.00
018	谭白克	麻尼寺沟寺庄村三社 20#	100.00
019	马比连	麻尼寺沟寺庄村三社 20#	100.00
020	谭来海麦	麻尼寺沟寺庄村三社 35#	100.00
021	马福良	麻尼寺沟寺庄村三社 35#	100.00
022	马麦来牙	麻尼寺沟寺庄村七社	100.00
023	拜四宝	麻尼寺沟寺庄村七社	100.00
024	马么乃	麻尼寺沟寺庄村	100.00
025	赵尕有	麻尼寺沟寺庄村八社 42#	100.00
026	马尕胡	麻尼寺沟寺庄村八社 12#	100.00
027	马录给牙	麻尼寺沟寺庄村八社 12#	100.00
028	周一四夫	麻尼寺沟寺庄村六社 35#	100.00
029	马塞艾的	麻尼寺沟寺庄村六社 33#	100.00
030	马哈地查	麻尼寺沟寺庄村六社 33#	100.00
031	马阿一沙	麻尼寺沟寺庄村五社	100.00
032	马奴海	麻尼寺沟寺庄村五社	100.00
033	赵尕来	麻尼寺沟寺庄村二社 44#	100.00
034	马哈录乃	麻尼寺沟寺庄村二社 44#	100.00
035	马一的力四	麻尼寺沟寺庄村一社 45#	100.00
036	马麻乃	麻尼寺沟寺庄村一社 45#	100.00
037	马比代	麻尼寺沟寺庄村一社 45#	100.00
038	王有成	麻尼寺沟寺庄村一社 30#	100.00
049	马天雄	麻尼寺沟寺庄村二社 22#	100.00
040	马哈飞索	麻尼寺沟寺庄村二社 22#	100.00
041	马苏德	麻尼寺沟寺庄村二社 22#	100.00
042	马胡塞尼	麻尼寺沟寺庄村二社 15#	100.00
043	马林	麻尼寺沟寺庄村二社	100.00
044	马秀兰	麻尼寺沟寺庄村八社 7#	100.00

续表

序号	姓名	住址	发放金额
045	马阿飞牙	麻尼寺沟寺庄村八社 7#	100.00
045	马麦塞	麻尼寺沟寺庄村四社 43#	100.00
047	马毛内	麻尼寺沟寺庄村四社 43#	100.00
047	马孙女	麻尼寺沟寺庄村四社 43#	100.00
049	马来黑	麻尼寺沟寺庄村三社 27#	100.00
050	马海麦	麻尼寺沟寺庄村二社 30#	100.00
051	马艾都	麻尼寺沟寺庄村五社	100.00
052	马阿一沙	麻尼寺沟寺庄村三社	100.00
053	马六十	麻尼寺沟寺庄村六社	100.00

临时价格补助是针对甘肃省各地优抚对象和城乡低保对象、农村五保供养对象分别发放的价格临时补贴。受国内外多种因素影响，甘肃省居民消费价格指数（CPI）呈上升趋势，农副产品价格一度出现较大幅度上涨，加大了城乡居民，尤其是中低收入群体的生活负担。临时价格补助这一措施在一定程度上体现了政府心系群众的情怀。保障农村和城市五保户和低保户的最低社会保障，保障困难群众基本的生活不受价格上涨的影响。进一步加快和推动建立和完善城市和农村最低生活保障、失业保险标准与物价上涨挂钩的联动机制。

（四）社会养老保险政策

1. 农村社会养老保险政策

为建立健全农村社会保障体系，保障农村居民的基本生活，统筹城乡社会协调发展，根据国务院《关于开展新型农村社会养老保险试点的指导意见》（国发〔2009〕32 号）精神，结合甘肃省实际，制定本办法。

新农保制度坚持“保基本、广覆盖、有弹性、可持续”；从农村实际出发，低水平起步，筹资标准和待遇水平与经济发展及各方面承受能力相适应；个人（家庭）、集体、政府合理分担责任，权利与义务相对应；政府主导和农民自愿相结合；有利于与村干部养老保险、被征地农民养老保险和城乡其他社会保险制度相衔接等原则。

收益高。农村社会养老保险采取复利计息，随着国家利率的调整而相应调整，且总是高于银行存款利率。年轻时加入农村社会养老保险，到领取养老金时将积累一笔可观的资金。

缴费方式灵活，特别适合老百姓的实际情况。根据大多数农民收入不固定的实际，农村社会养老保险的缴费方式十分灵活，大体分为以下三种：第一，定期缴费。收入比较稳定的人群采用这种方式。如乡镇企业可按月、按季缴纳保费，富裕的农民可按半年或按年缴纳保费，其缴费额既可以按收入的比例，也可以按一定的数额缴纳。第二，不定期缴费。多数因收入不稳定而采取的方式。丰年多缴，歉年少缴，灾年缓缴。家庭收入好时缴，不好时可不缴。第三，一次性交费。多数是岁数偏大的农民，根据自己年老后的保障水平将保费一次交足，一直到60岁以后按规定领取养老金。总之，根据自身经济状况，自愿选择缴费标准和方式，多缴多领，少缴少领。

安全有保障。农村社会养老保险是社会保险体系的重要组成部分，其养老金支付由政府负责，有国家政权做后盾，保证投保对象60周岁时按规定领取养老金一直到死亡为止。领取养老金不满10年身亡者，10年内养老金可以继承。如果投保人60周岁以前身亡，退还所缴全部本息。

2. 寺庄村享受的社会养老保险政策

为推进农村社会养老保险工作，根据《甘肃省新型农村社会养老保险试点试行办法》（以下简称《办法》），于2009年10月21日印发，甘肃省各地正式实施。

(1) 寺庄村社会养老保险参保对象

试点县、市、区年满16周岁以上（不含在校学生）、未参加城镇职工基本养老保险的农村居民，可以在户籍地自愿参加新型农村社会养老保险。参保时年满60周岁以上的农村居民个人不再缴费，直接享受中央财政补助的基础养老金。属农村户口的各类人员，包括进城务工的农民（含征地后农转非人员）和乡镇聘用人员。

(2) 寺庄村参保投保基数

《办法》规定了新农保费用的筹集采取个人缴费、集体补助、政府补贴相结合的筹资方式。参保的农村居民个人缴费标准暂设为年100元、200元、300元、400元、500元5个档次，参保人自主选择档次缴费，多缴多得，长缴多得。新农保制度实施时，年满16周岁且不满45周岁的农村居民，按年缴费，累计年限不得低于15年；年满45周岁以上的农村居民，至60周岁时累计缴费年限不满15年的允许补缴，补缴时，政府补贴部分由试点县、市、区政府承担。省级财政按照实际参保缴费人数每人每年补贴30元。《办法》规定了新农保试点待遇享受条件：参加了新型农村社会养老保险，年满60周岁、未享受城镇职工基本养老保险的农村有户籍的老年人，可按月领取养老金。养老金待遇由基础养老金和个人账户养老金组成，支付终身。中央确定的基础养老金标准为每人每月55元，个人账户养老金的月计发标准为个人账户全部储蓄额除以139。

试点试行办法实施时，已按照原农村社会养老保险制度领取养老金，且已年满60周岁的农村居民，同时享受新农保基础养老金；未满60周岁的，个人账户资金并入新农保个人账户，按照新农保的缴费标准继续缴费，符合规定条件时享受相应待遇。农村居民参加了村干部养老保险、被征地农民养老保险尚未达到待遇享受年龄的人员，应当参与新农保，其个人账户资金并入新农保个人账户，达到待遇享受年龄时，按本办法规定计发养老金；已达到待遇享受年龄的人员，在享受村干部养老保险、被征农民养老保险待遇的同时，可享受新农保基础养老金。补贴标准由各村委会研究决定。个人不缴纳养老保险费的，不得享受政府、集体的补助。

(3) 寺庄村养老保险待遇

参保人员年满60周岁，个人缴费年限累计最低满15年或缴费金额达到4500元以上的参保人员，由本人提出申请，并附有本人户口簿或身份证等有效证件作为申报的证明材料，报市农村养老保险经办机构审核批准。经批准后，从次月起参保人到当地农村社会养老保险经办机构按月或按季领取养老保险金。参保人员领取养老保险金的标准，依据参保人员的缴费年限和个人账户中的养老保险费积累总额确定。个人缴费累计不满15年或缴费金额不到4500元的，须按当年缴费标准一次性补缴至15年或缴费金额补缴达到4500元后方可办理领取养老金待遇手续。未按规定补缴的，其个人账户积累额（本息之和）一次性支付给本人，同时终止养老保险关系。参保人员领取养老金的保证期为10年，领取养老金不足10年身故者，由法定继承人或指定受益人一次性领取保证期内的余额。领取养老金满10年后仍健在者，其养老金按原标准继续领取，直至身故为止。

3. 寺庄村养老保险关系转移程序

在缴费期间，参保人员因户口迁移等原因需要转移保险关系的，由参保人员提出书面申请，经农村社会养老保险管理经办机构办理相关手续，保险关系可以随人转移。参保人员在本市内流动的，不许转移关系。

4. 寺庄村农村社会养老保险遭遇的困境及其原因分析

寺庄村的社会养老保险办理状况很不乐观，截至目前，除了村中个别在外面工作的村民由单位代办了养老保险之外，其余村民均未办理，造成这种现状的原因，我们调研小组认为有以下几点：

(1) 经济基础的薄弱，导致村民缺少参与社会养老保险的经济基础

村中经济社会发展滞后，没有集体企业，除了普通农作物之外，就是经济农作物，这些传统农作物的种植，解决温饱问题尚可，而且寺庄村的每户村民的种植面积有限，且粮食的价钱不会有太大的浮动，以此致富的可能性不大。同时，虽然经济林的收益高于传统农作物，但是由于经济林的生长需要经过一定期限的前期投入，才有可能见到收益，所以，村中经济发展状况决定了寺庄村村民缺少参与社会养老保险的经济基础。

(2) 传统的养老思想和意识，是村民参与社会养老保险的思想障碍所在

寺庄村是一个传统的回族自然村落，长期形成的养老模式使村民在生活本不宽裕的情况下，不愿意拿出一部分投入到社会养老保险的开支中去。一直以来，养老任务通常是由直系亲属来承担的，虽然生活质量和养老来源没有保障，但是惯性做法使得村民对政府出台的农村社会养老保险政策应者寥寥。

寺庄村村民参与农村社会养老保险的积极性不高，应该还有其他原因，比如对社会养老保险政策的宣传力度还有待加强，政府的扶持力度还不够等。但我们调研小组认为以上两点是关键所在，经济发展的滞后是建设生产发展、生活宽裕、乡风文明、村容整洁、管理民主的社会主义新农村的主要障碍。当地政府应该积极开动脑筋，为乡村经济发展寻求新的增长点；寺庄村本身应当克服等、靠、要心理，主动开源节流，充分利用自身的边陲区位和回族文化优势，大力发展旅游业，为村庄经济引入活水。同时加强社会主义新农村精神文明建设，开展先进文化教育和普及，村干部以身作则，主动接受新生事物，为村民接受现代新型养老方式做出良好示范。

（五）计划生育政策

计划生育政策主要内容及目的是：提倡晚婚、晚育，少生、优生，从而有计划地控制人口。计划生育这一基本国策自制定以来，对中国的人口问题和发展问题的积极作用不可忽视，但计划生育只一味地控制人口数量，忽略世代更替，造成国家严重的老龄化、未富先老的格局。到21世纪初，中国的计划生育政策又做出了一些调整。由于20世纪80年代出生的第一批独生子女已经到达适婚年龄，在许多地区，特别是经济较发达的城市，计划生育政策有一定程度的放松。同时，一些地方的省份也根据各自具体的实际制定出具体的试行办法、条例等政策文件。

我们调研小组走访调查和了解了寺庄村计划生育的基本情况，由于基层组织的堡垒性作用和村民认真贯彻计划生育政策的觉悟和意识的提高，寺庄村的村民家庭全是在计划生育政策内生育孩子。在此就不再赘述有关计划生育政策的内容，而是主要叙述关于农村计划生育奖励和扶助制度的相关内容。

1. 寺庄村计划生育奖励扶助制度内容简述

《甘肃省农村部分计划生育家庭奖励扶助制度试点工作实施细则》是农村贯彻计划生育政策的重要文件。其目的是确保甘肃省农村部分计划生育家庭奖励扶助制度试点工作顺利开展和规范运行，根据《国务院办公厅转发人口计生委财政部关于开展对农村部分计划生育家庭实行奖励扶助制度试点工作意见的通知》（国办发〔2004〕21号）和国家人口计生委、财政部制定的《农村部分计划生育家庭奖励扶助制度试点方案（试行）》制定本实施细则。实行农村部分计划生育家庭奖励扶助制度，充分体现了党和政府对人民群众切身利益的高度重视以及对农村人口与发展问题的高度关注，有利于密切党群干群关系，有利于增加农民收入、提高农民生活水平，引导农民自觉实行计划生育，进一步降低和稳定生育水平，加速建立和完善农村社会保障制度，深化计划生育工作管理机制改革，对促进甘肃省农村人口与经济社会协调发展和可持续发展，具有重大而深远的意义。

《农村部分计划生育家庭奖励扶助制度试点》是在现行计划生育奖励优惠政策的基础上，针对农村只有一个子女或两个女孩的计划生育家庭，夫妇年满 60 周岁以后，由中央和地方财政安排专项资金给予奖励扶助的一项基本制度。实行农村部分计划生育家庭奖励扶助制度试点工作，要与现行的计划生育奖励扶助优惠政策和各项帮扶措施相结合，并不断完善甘肃省计划生育“奖优免补”等各种优惠政策，逐步形成农村计划生育利益导向机制和社会保障机制。

奖励扶助制度试点工作的目标如下：

引导农村群众自觉实行计划生育，减轻计划生育工作难度，进一步降低和稳定生育水平。

建立资格确认、资金发放、资金管理、社会监督“四权分离”和四个环节相衔接、相制约的运行机制，确保奖励扶助资金落实到户、到人。

建立以政策性奖励为主体、多种形式的帮扶活动为补充、社会经济政策相配套的政策体系和利益导向机制。

缓解计划生育家庭特殊困难，逐步减少新增贫困人口，促进农村经济发展，加快全面建设小康社会的步伐。

2. 寺庄村计划生育扶助对象确认及奖励扶助标准与程序

（1）奖励扶助对象的确认

通过对寺庄村村委会领导和村民的访谈与了解，针对寺庄村计划生育奖励扶助对象的确认必须同时具备以下条件：

第一，本人及配偶均为农业户口或界定为农村居民户口。

第二，1933 年 1 月 1 日以后出生，在 1973—2001 年间没有违反计划生育法律、规章和政策规定生育。

第三，现存一个子女或两个女孩或子女死亡现无子女。

第四，年满 60 周岁。

（2）寺庄村计划生育扶助对象的确认程序

第一，村民本人提出申请。申请人本人在年满 60 周岁的前一年 5 月 31 日前，向户籍所在地的乡人民政府提出申请，填写《奖励扶助对象申报表》。

第二，寺庄村村民委员会审议。村民委员会依据人口与计划生育法律、法规和政策规定，对申请人的条件进行审议，提出拟上报的奖励扶助对象名单，提交村民代表大会讨论，并将讨论通过的申请人名单以组（社）为单位张榜公布 7 天，确无异议后，由村民委员会在《奖励扶助对象申报表》

上签注意见，于每年6月30日前上报乡人民政府（街道办事处）。

第三，麻尼寺沟乡（镇）人民政府初审。乡人民政府对村民委员会上报拟奖励扶助对象的资料，通过走访群众、入户调查和同相关计划生育资料以及核对公安户籍等方式进行核实，核实后的申请人名单在政务公开栏张榜公布7天，同时设立举报信箱，公布举报电话，接受群众监督，确无异议后，于每年7月31日前以正式文件上报县人口计生部门。

第四，临夏县人口计生部门审核认定。临夏县人口计生部门对麻尼寺沟乡人民政府上报的拟奖励扶助对象抽检50%进行审核。经初步确认后，将奖励扶助名册印发至村民委员会，在各村张榜公布，并将奖励扶助名册和举报信箱、举报电话通过媒体向社会公布，确无异议后，于每年8月31日前将最终确认的名册提交县财政部门和委托发放机构，建立奖励扶助个人信息档案，同时上报临夏州人口计生部门。

第五，临夏州人口计生部门审查。州人口计生部门组织相关部门、社会团体以及其他社会中介组织对县人口计生部门上报的奖励扶助对象按10%的比例进行抽查，对不符合奖励扶助条件的对象，要取消其资格，并将奖励扶助对象汇总人数以及处理情况和结果及时上报省人口计生部门。

第六，甘肃省人口计生部门对上报的奖励扶助对象进行质量评估，并将本省奖励扶助对象人数和名册上报国家人口计生部门。

第七，奖励扶助金实行专账核算和直接拨付的办法，以年为单位计算，一年发放两次。根据确认的奖励扶助对象人数，各级财政部门于次年3月底和9月底分别将资金拨付给奖励扶助金的委托发放机构；奖励扶助金委托发放机构在6月底和12月底前，根据奖励扶助对象名单和个人信息卡，通知奖励扶助对象领取奖励扶助金，或根据奖励扶助对象的要求上门服务，并将发放情况在发放对象本人居住地张榜公布。奖励扶助对象凭个人身份证或有效证件领取奖励扶助金。

3. 寺庄村计划生育奖励扶助制度的表现形式和示意图

（1）“少生快富”

①采取长效措施的独女户奖励5000元；②采取长效措施的少数民族独男户奖励4000元；③符合三孩生育，自愿少生的奖励3000元。

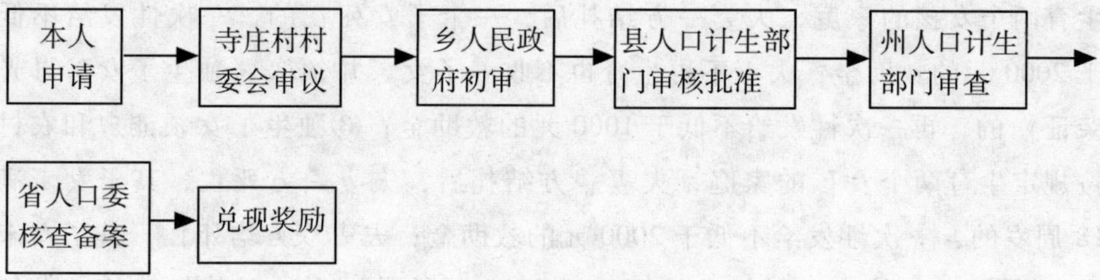

图 1－3 “少生快富”奖励程序示意图

（2）奖励扶助：每人 720 元/年。

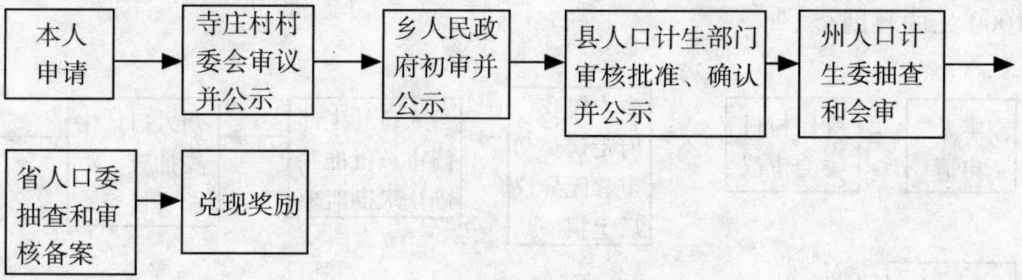

图 1－4 奖励扶助奖励程序示意图

（3）特别扶助

寺庄村村民计划生育奖励扶助制度的特别扶助包括：①独生子女死亡后未再生育或收养的夫妇，每人 100 元/月；②独生子女伤病残后未再生育或收养的夫妇，80 元/月。

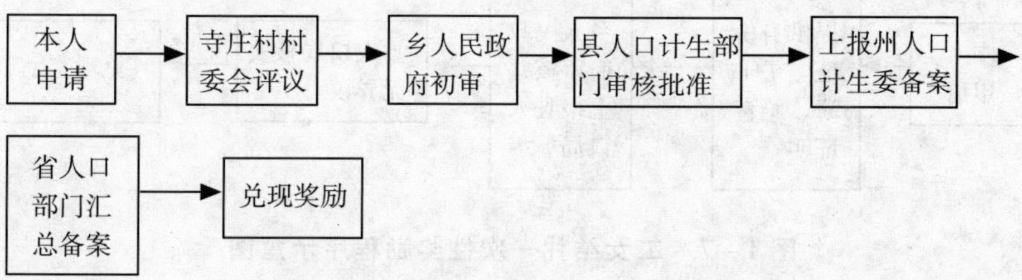

图 1－5 特别扶助奖励程序示意图

（4）寺庄村特殊困难家庭救助

①独生子女死亡的，一次性发给不低于 4000 元的救助金；②农村按规定

生育两个女孩的家庭，夫妻一方结扎后，一个子女死亡的，一次性发给不低于2000元的救助金；夫妻不再生育也不收养子女，并领取《独生子女父母光荣证》的，再一次性发给不低于1000元的救助金；③独生子女领证户和农村按规定生育两个女孩的家庭，夫妻一方结扎后，夫妻一方死亡，其子女未满18周岁的，一次性发给不低于2000元的救助金；夫妻双方均死亡，其子女未满18周岁的，按家庭每年发给不低于2000元的救助金，至其年幼的子女年满18周岁止；④独生子女领证户和农村按规定生育两个女孩的家庭，夫妻一方结扎后，夫妻或者其子女意外伤残或者有特殊疾病的，一次性发给不低于1000元的救助金。

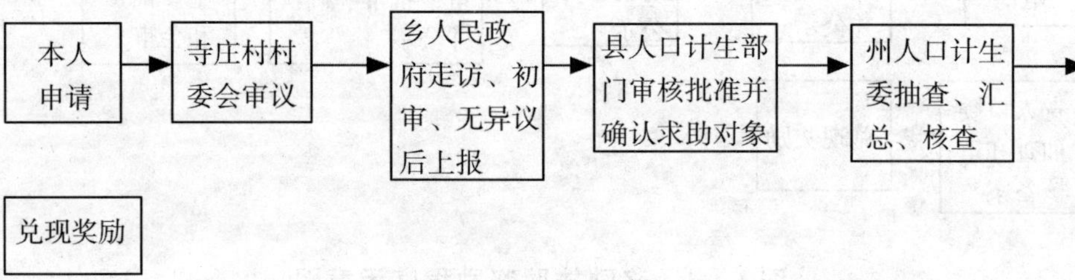

图1-6　特殊困难家庭救助奖励程序示意图

(5) 寺庄村二女结扎后一次性奖励

结扎后当年一次性奖励3000元。

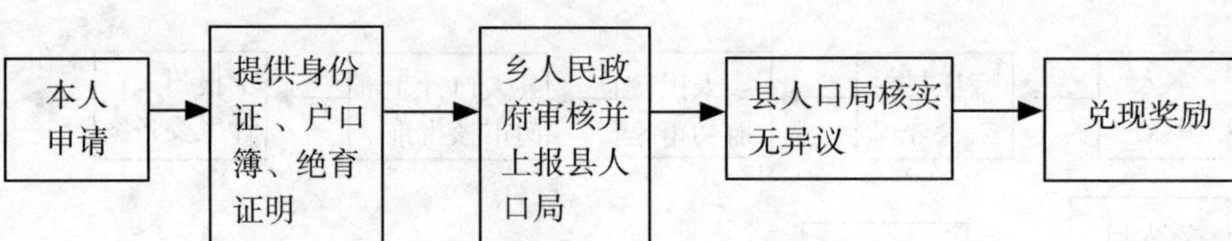

图1-7　二女结扎一次性奖励程序示意图

4. 计划生育奖励扶助制度存在的问题

寺庄村部分计划生育家庭奖励扶助制度自2005年实行以来，受到了计生家庭的认可，对于计划生育政策的贯彻落实和群众生育观念的转变起到了积极的促进作用。通过我们调查了解，寺庄村在落实奖励扶助制度工作中，严格执行相关政策要求，按照相关程序认真进行奖扶对象的调查摸底和资格确认，并严格按照每人每年600元的奖励标准，足额及时发放给奖扶对象，没有因标准不够或资格确认不严造成群众上访事件的发生。对于奖励扶助政策落实中存在的问题主要有以下几个方面：

一是档案要求的资料较多，完善程序比较麻烦。一些奖励扶助对象的婚姻证等一些证明文件因年久丢失，需要补齐，但因这些群众大部分子女较少，需要自己跑相关部门补充资料，给这些老年人带来了麻烦，也给乡镇的一些包村、政管人员增加了工作量。

二是对符合奖励扶助对象的条件有待完善。例如农村存在部分抱养现象，对这部分双女家庭是否可以纳入奖励扶助，实践中这部分人员具有强烈的要求，且对这部分家庭子女是抱养还是生育的认定也存在一定的难度。

三是对符合条件人员的奖励扶助力度还有待于进一步加大。随着经济的发展，寺庄村的生活成本也在逐年提高，物价不断攀升，建议上级有关部门加大兑奖扶对象的帮扶力度，多方位、多渠道为他们解决后顾之忧。

5. 问题的解决思路探索

计划生育奖励扶助制度在甘肃省乃至全国范围内实施和推广，然而我们通过对临夏县寺庄村的走访和调研结果可以看出，其存在的问题表现在如上综述。针对出现的问题的解决思路的探索，我们调研小组认为可以从以下几个方面进行考量。

首先，探索和改革宣传教育工作和申请程序模式。寺庄村是一个典型的回族聚居的村落，由于传统思想存在，村民文化素质普遍不高，这在一定程度上限制了村民对材料的填写和程序与流程的了解和掌握。同时加上乡、村组织的个别地方言过其实的宣传方式，也将增加村民材料筹集的难度。上级人口计生部门作为政府的一个职能部门，为群众办实事、办好事是天经地义的，是其应该履行的行政职能，在实际中应探索和改革宣传教育的方式和申请的程序的渠道和模式。尽可能减少群众对繁杂的资料收集上的难度，真心帮助群众，服务于群众。

其次，落实责任，实现事权统一。在县级、乡和村一级人口计生部门内部成立专门机构，配备专门人员负责计划生育奖励扶助对象的审核、确认、把关，并认真把关和核实认定环节。把奖励扶助制度执行情况纳入人口和计划生育目标管理责任制的考核范围。针对寺庄村现实的情况，村委会、乡作为最基层的组织，更应该将计划生育奖励扶助对象的审核、确认、把关环节作为主要的工作内容，落实责任，实现事权统一，更好地减轻上级的工作量。

再次，加大计划生育家庭奖励扶助力度。随着国家居民基本养老保障制度的不断完善，对于计划生育家庭的扶助力度是改善其家庭的重要方式之一。对于计划生育奖励扶助对象的确认由人口计生部门把关，同时在认证之后进一步加强对寺庄村计划生育奖励扶助对象的扶助力度，更加有力保障其生活上的困难。

最后，建立计划生育奖励扶助对象的回访制度。由乡、村两级采用上门回访、电话回访、预约回访等方式对计划生育家庭奖励扶助对象每年两次定期进行回访，避免奖励扶助资金的流失。

（六）禁毒防艾政策

毒品作为西方殖民者掠夺的主要手段之一，在过去的中国历史中，在毒品的面前整个国家变得积弱积贫、国弱民衰，遭受着世界列强的瓜分和宰割。在中国面对着抵御外辱的过程中，毒品也几乎摧毁我们有着辉煌历史的中华民族。在近现代史中，浩大的禁毒运动是在1839年，民族英雄林则徐“虎门销烟”，开展声势浩大的禁毒运动，打响了近代中国禁毒的运动和抵制侵略的第一枪。从新中国成立到改革开放的发展历程中，中国的禁毒史有四个里程碑。显示出我国禁毒工作取得的巨大成就，也标志着我国禁毒工作进入到一个法制化的阶段。在建设社会主义和谐社会的今天，猖獗的国际以及国内毒贩分子和集团，甚至把魔爪伸向了未成年人，对社会、学校、家庭构成了极大威胁。同时毒品和犯罪是一对孪生兄弟，吸毒会引起社会犯罪的增加，所以打击毒品犯罪将是我国一项长期而艰巨的任务。

艾滋病是由艾滋病毒引起的传染病，是一种发展迅速、死亡率高的病，它的死亡率在所有的病中排名第二。在当今世界，目前尚无预防疫苗，又无有效治愈办法，因此预防艾滋病工作尤为重要。甘肃作为中国西部的省份，东南亚历来有种植罂粟的传统，毒品犯罪猖獗，所以也是防止毒品进入内地的重要地带。随着国际化的程度加深，并伴随我国改革开放的深入，中国与东南亚各国的贸易交流日益增多，境内外毒贩勾结作案，对临夏回族自治县的安全稳定和人民群众的生命财产安全构成了严重威胁，因此，禁毒防艾工作一直是临夏县各级政府部门的一项极为重要的工作内容。

寺庄村是一个以回族为主的村落，回族占98%，信仰伊斯兰教。尽管在宗教的教义中，对毒品排斥，但正是以少数民族为主的地区，同样不能对此掉以轻心和放松警惕。寺庄村在上级政府的指导下，坚持正确的思路，村民小组为做好禁毒防艾工作做了大量的有益工作。

1. 寺庄村禁毒防艾工作

村民委员会在贯彻乡政府以及上级政府的政策和任务的基础上，一直保持警惕，加强领导，明确任务，加强宣传，不放松监测的禁毒防艾工作任务。具体来说如下：

（1）加强领导，明确任务

一是加强对禁毒防艾工作的领导。寺庄村村小组高度重视禁毒防艾工作，抽调村中精干力量，明确各自的工作职责。将艾滋病防治工作作为村干部的一项重要内容，继续强化“责任追究制”，以确保各项工作目标责任的落实；根据上级政府禁毒防艾工作精神，制定了寺庄村艾滋病防治相关工作方案和计划，把艾滋病防治工作作为“创建社会主义新农村”的重要内容来抓。二是明确工作任务，层层抓落实。建立了以基层组织为核心的领导组织，认真贯彻落实州、县卫生、防艾工作会议精神，安排部署了2010年的防艾工作重点。

（2）不放松防艾知识的宣传

宣传教育是预防与控制艾滋病的重要手段之一，主要是通过从知识教育层面来加强村民的防艾知识教育。一直以来，寺庄村村委会都把艾滋病预防干预的重点工作放在普及艾滋病防治知识和提高艾滋病防治知识知晓率上，克服各种限制因素，积极创造宣传条件，拓展宣传渠道，采取多途径、多形式、全方位的宣传，进一步深化了艾滋病有关政策、法律法规和艾滋病防治知识的宣传。

（3）不放松疫情监测

监测检测工作就是控制艾滋病疫情。寺庄村结合具体情况，对村中外出的打工青年进行抽查，确保监测工作的落实。同时在进行监测的同时加大了针对禁毒防艾知识的教育、宣传和检测。截至调查时间为止，根据我们调研小组对寺庄村的调查和了解，全村没有发现吸毒人员和艾滋病的感染者。这种成果的取得与寺庄村村民的宗教意识以及政府有效的疫情监测和其他扎实工作是分不开的。

2. 寺庄村禁毒防艾调查情况

由于伊斯兰教的教义教旨中对信徒有了深厚的影响，所以在调研过程中据我们通过与清真寺的阿訇、村中年长的人以及村干部的了解，目前在寺庄村没有一人吸毒，艾滋病感染者也无一人。调研小组通过对伊斯兰教宗教教义教旨来加以说明。

在一些人的想象中，宗教追求的都是一些虚无缥缈的东西，为此让人们整日沉湎于祈祷、念经、礼拜、斋戒等纯精神活动中。其实，在伊斯兰教看来，人的需要是多种多样的，念经、祈祷、礼拜、斋戒固然能强化信仰，陶冶人格，达到修身养性的目的；然而，真主把人造化成了血肉之躯，人有七情六欲，包括饮食男女，正如古人所言："食色，性也。"对于人的这种天性，对于人的生理的物质的需要，伊斯兰教既不放纵它，也不压抑它，而是给予合理的引导和适当的满足。

伊斯兰教允许吃一切佳美的食物。佳美的食物很多，有动物类、植物类、矿物类，等等，举不胜举。植物类食物除有毒的以外，一般均可以吃（酒例外），如各种粮食作物、各种果品等；动物类如牛、羊、驼、鸡、鸭、鱼、虾等；矿物类如盐等，都是可以吃的。

禁酒的理由很简单，就是为了预防麻醉、预防丧失理智、预防犯罪、预防失职、预防失态、预防相互仇视、预防耽误拜主、预防耽误其他正常工作、预防沉湎酒色、预防道德沦丧、预防危害健康……当然，不饮酒的人同样会犯罪、同样会失职、同样会失态、同样会耽误工作……

还禁止毒品。毒品，实际上是各种麻醉品（如大麻烟、鸦片烟、可卡因、海洛因，等等）的总称。给这些麻醉品，冠以"毒品"二字，实在是再贴切不过了。吸毒和贩毒在当今社会已成了全球性的公害。毒品狂潮如洪水猛兽，席卷着世界各国。它的危害是多方面的。首先它摧毁了吸毒者本人的人格尊严，使之道德沦丧、寡廉鲜耻、行为颓废、精神萎靡。沉溺于毒网而不能自拔的人，最终或倒毙于街头，或惨死在某间破烂的房屋里；其次，毒品毁灭了千千万万个家庭的和睦与幸福。因为一旦染上毒品，无论你有多少财产，最终也会倾家荡产，家破人亡。[①]

① 西方社会病［M］．北京：人民日报出版社，1992：137.

当今世界各国尤其是西方国家毒品泛滥成灾。而美国又居西方国家之首。据西方国家缉毒机构披露，全世界非法生产的毒品有90%是在美国销售的。全世界每年交易额达500多亿美元，美国就占1/5，比通用汽车公司的总销售额还多。目前美国已有3300多万人吸毒。从十来岁的孩子到中老年科学家，从华尔街的证券交易经纪人到好莱坞电影明星，从穷困潦倒的失业者到腰缠万贯的富翁，吸毒之风“盛况空前”。美国上流社会的社交界正流行着一种时尚，那就是鸡尾酒会的第一道“菜”便是一份可卡因。《纽约时报》还报道了这样一件可笑的事情：在一次美国上流社会举行的晚会上，偶然有价值数千美元的可卡因被碰洒在一块白色的小地毯上，那些颇有身份的贵宾们纷纷爬到地上，用鼻子猛嗅那块小毯子，整个晚会的时间就被他们这样消磨掉了。

伊斯兰教对毒品的态度是明确的、严厉的。伊斯兰学者们根据《古兰经》和《圣训》的基本原理，一致认为，无论是吸毒或贩毒，对穆斯林而言都是非法的。根据是：既然《古兰经》把酒列为麻醉品而禁止饮用，那么毒品的麻醉程度和危害性有过之而无不及，因此理所当然地要受到禁止。近年来，中国的个别穆斯林或由于利欲熏心或由于无知，也干起了吸毒贩毒的勾当，自然而然地遭到了广大穆斯林的谴责和唾弃。

伊斯兰性文化可以说是节欲主义的性文化的典型代表。

第一，对性的本质的认识。伊斯兰教认为，以上列举的禁欲主义与纵欲主义，表现形式虽有不同，便本质都一样，都是违背人的天性的。因为，人既不是无饮食男女，纯洁无瑕的天使，也不是屈从本能的低级动物。人就是人，人既有物质性需要，也有精神性需要，二者缺一不可。若人的物质的、生理的需要得不到满足，人就难以生存，难以发展；而当人成为纯粹的肉体，脱离一切精神和文化，只知贪婪地追求物质和感官享受，人便会堕入兽的行列。因此，人必须对物质的、生理的需要与精神的、心理的需要兼顾，人应该以人的方式而非兽的方式满足肉体需要；人同样以人的方式而非神的方式完成对和谐精神的追求。

第二，鼓励通过合法的婚姻来满足性的需要。在人类社会，女人不是所有男人的性对象；男人也不是所有女人的性对象。因为，性在这里不再是无意识的、机械的，而成为被人理解的，被赋予某种社会、伦理和审美意义的自觉行为。这样，婚姻家庭便成为必要。《古兰经》指出：“他的一种迹象是：他从你们的同类中为你们创造配偶，以便你们依恋她们，并且使你们互相爱悦、互相怜恤”。

同时据村里的德高望重的老书记说，由于寺庄村的回族信仰的是伊斯兰教，吸毒品、贩毒，在伊斯兰教的价值观和穆斯林的信仰观理论中是遭到诅咒的。当今，无论是穆斯林国家还是非穆斯林国家在司法领域，对吸毒、贩毒的违法行为已经形成“公决”，穆斯林世界，无论孙尼派还是什叶派，在这个问题上所达成的共识，形成的“公决”在伊斯兰教教法的天平上，被视为经训之后的四大立法依据之一。中国伊斯兰教协会和中国的广大阿訇、学者，对吸毒、贩毒问题也已经做出了“非法行为”的教法说明和判断，如发现有与此教法说明相矛盾的观点，应该视为背离正统的异端。

综上所述，伊斯兰教的教义教旨对其信徒产生了重要的影响，对于像寺庄村这样的回族村落，吸毒和艾滋病疫情的传播和扩散在信徒的心灵与心理进行了革除，并进一步从行为上进行了遏制。并在很大程度上给予社会成员在禁毒防艾的工作中有着重要的作用和贡献，也更加有力地保证了社会稳定、和谐的构建。

七、寺庄村私营经济

（一）寺庄村私营经济概述

中华人民共和国成立以来，寺庄村的私营经济在党的各项惠民的农村牧区政策指引下，经过各级政府带领广大农民艰苦奋斗，获得了长足发展，不仅为改善村民的生活提供了物质保障，而且为以畜产品为原料的其他产业的发展和村子的出口创汇做出了贡献。

私营经济是我国社会主义市场经济的重要组成部分，是推动经济社会发展的重要力量，对扩大就业、拉动内需具有重要意义。没有民营企业的参与，市场经济就缺乏活力。随着民营经济发展的实践理论和政策环境不断完善，其发展受到的限制越来越少，其自身规模、内在素质和运作空间都得到了长足发展。在民营经济发达地区，经济增长、社会就业、政府收入等明显好于其他地区。作为西部少数民族贫困地区的甘肃临夏州民营经济发展比甘肃省其他民族地区要早，其是在农村全面推行家庭承包责任制的基础上，于 1983

年初开始发展起来的。目前，临夏县的民营经济已真正成为全市经济发展的主导力量，是财税收入的重要来源和社会就业的主要渠道。

寺庄村贯彻公私兼顾、劳资两利、城乡互动、内外交流的方针，对私营商业实行保护和支持，使传统商业有了较好的发展。改革开放以来，寺庄村把发展个体私营经济作为扶贫攻坚战略的一个重要组成部分，采取一系列激励措施，积极发展非公有制经济：一是开放了农副畜产品的经营和贩运；二是国家允许自由买卖的物品，也允许个体户经营；三是个体经济可以充分发挥自身的优势，参与市场竞争；四是因地制宜地发展城镇经济和集贸市场经营活动；五是鼓励广大待业青年、无业人员自筹资金，开办各种小集体经营。

（二）临夏州伊海牛羊育肥有限公司简介

临夏州伊海牛羊育肥公司成立于2010年4月，注册资本300万元，公司位于临夏县麻尼寺沟乡寺庄村，老鸦关河畔，紧邻双达公路，交通便利，是一家集饲草种植、牛羊养殖、育肥、加工、销售为一体的集约化生产企业。

为了进一步发展壮大麻尼寺沟乡的畜牧产业，通过畜牧业带动农村经济快速发展，帮助农民群众尽快脱贫致富，寺庄村村委会主任、致富能人马成雄在积累多年牛羊育肥、加工、销售等经验的基础上，联系投资大户，发动全村农户，通过“公司＋农户”的形式，创办临夏州伊海牛羊育肥有限公司，计划总投资为1200万元，资金主要通过大户投资、政府补助、群众集资和银行贷款等形式筹措。该项目总占地约120亩，是集饲草种植、牛羊育肥、饲料加工、牛羊肉加工销售、沼气生产为一体的全自动化生产服务一条龙厂家。建饲料加工车间、牛羊育肥车间、屠宰车间、加工车间和销售车间，计划发动群众种植饲草2000亩，养牛1000头，养羊3000只。

公司占地103.9亩，于2010年3月份开工建设，现已建成高标准牛养殖暖棚3栋，占地面积1800平方米；羊养殖暖棚3栋，占地面积1200平方米；办公用房8间，220平方米；2000立方米青贮氨化池一座，并完成围栏、环境美化等附属设施。公司现有员工26人，其中党员4名，初中文化程度以上3名，平均年龄53岁。

该公司积极响应州上提出的“依托藏区大市场、融入兰州都市圈”政策优势，在深入分析当地环境、资源优势和广泛市场调研的基础上，立足临夏地区丰富的畜产品资源，以发展特色循环经济为目标，把发展牛羊产业化开发作为企业发展的主攻方向，2011 年计划上马牛羊育肥、畜产品深加工及综合利用项目，该项目估算总投资 6800 万元，其中企业自筹 3000 万元，银行贷款 2300 万元，申请国家扶持 1500 万元。

（三）伊海养殖场牛羊育肥、畜产品深加工及综合利用项目、项目建设情况

伊海养殖场位于寺庄村，老鸦关河畔，双达公路旁，交通便利，是一家采用“公司＋合作社＋农户”，集饲草种植、牛羊育肥、加工、冷冻、销售、沼气生产为一体的集约化生产企业。

该项目建设用地为综合开发和治理后的河滩地，充分利用了未曾开发的河滩，不占耕地，节约了土地资源。是一项能够带动当地农民群众脱贫致富的好项目。项目全部建成后，年可实现销售收入 3.99 亿元，新增利税 2617.19 万元，解决劳动力就业 279 人，可有效解决 150 多名农民工就业问题，也可带动周边群众脱贫致富。同时，也能通过“公司＋农户”的形式由公司负责饲养和加工销售，解除了农民群众牛羊育肥后无出路、价格不稳定的后顾之忧，并带动周边群众发展畜牧养殖，经济效益和社会效益十分显著。截至目前，该项目已征地 85 亩，完成投资 560 多万元，现已建成牛羊暖棚 2 栋，74 间，1200 平方米；办公用房 8 间，160 平方米；青贮氨化池 2 座，6000 立方米；完成围墙、院内道路硬化、环境美化等附属设施。

(1) 项目建设情况

第一，项目建设计划。该建设项目计划总投资 1200 万元，其中自筹资金 500 万元，需申请银行贷款 700 万元，建设年限为 3 年，占地 120 亩，计划养牛 1000 头，养羊 2000 只，培育牛羊养殖专业户 300 户，建牛羊养殖暖棚 10 栋，建青贮氨化池 2 座，建饲料加工、屠宰等车间。引进牛羊肉加工、冷冻设备 1 套，计划建成面粉加工厂、榨油厂和粉条厂各 1 座，逐步建立和完善企业营销体系。

第二，项目完成情况。该项目现已完成投资 580 多万元，征地 120 亩，建成高标准牛羊养殖暖棚 4 栋，1800 平方米；加工车间 10 间，300 平方米；办公用房 8 间，160 平方米；青贮池 2 座，3000 立方米；化粪池 1 座，36 立方米；购置大型的铡草机和粉碎机 4 台，完成围栏、路灯架设等附属设施，

并对养殖环境进行了美化，栽植侧柏、速生柳等苗木1700多株，绿化面积达3500平方米。目前，该养殖场牛存栏已达到180头，羊存栏500多只。

同时，为了切实加强对公司各项工作的组织领导，在县非公党工委的帮助指导下，结合“创先争优”活动，成立了公司党支部，形成了公司发展的合力。公司现有员工26人，其中党员4名，已成为当前公司发展的主心骨。

第三，项目效益。该建设项目充分利用了未曾开发的河滩地，不占耕地，有力地整合了闲散的土地，节约了土地资源，该项目建成后，年可实现销售收入500万元，实现利润40万元左右。可有效解决50多名农民工就业问题，也可带动周边群众脱贫致富。

（2）项目背景

第一，国家规划及产业政策。在畜牧业产业方面，国家出台了规划及产业政策，具体如下。

《国务院关于促进畜牧业持续健康发展的意见》（国发〔2007〕4号）指出：大力发展产业化经营，鼓励畜产品加工企业通过机制创新，建立基地，树立品牌，向规模化、产业化、集团化、国际化方向发展，提高企业的竞争力，进一步增强带动农民增收的能力。建立健全加工企业与畜牧专业合作组织、养殖户之间的利益联合机制，发展订单畜牧业。鼓励企业开发多元化的畜禽产品，发展精深加工，提高产品附加值。规范生产经营方式，维护农民利益。

《中华人民共和国畜牧法》提出：要积极引导畜牧业发展方式转变，加快推进畜牧规模化标准化健康养殖，进一步促进畜牧业产业化水平，鼓励畜产品加工企业、农民专业合作社发展，逐步形成生产、流通、加工等环节的利益联结机制，保护养殖者的利益。

《农业科技发展规划》（2006—2020年）要求将牧业小区规划布局与粪便无害化处理等技术进行配套集成和示范，推进人畜粪便向肥料、燃料、饲料（三料）的资源转化，实现经济、生态和社会三大效益，提高养殖集约化饲养能力和水平。同时将生产和加工剩余产品以及废弃物的资源化、循环再用技术等进行组装配套，建立良性循环示范模式。

《甘肃省循环经济总体规划》提出：在甘南、临夏、陇南建设以林业、草业和中药材等生态经济为主的“甘临陇”循环经济基地。同时提出，要以不同行业的骨干企业为龙头，围绕资源的循环利用、节能减排和产业链延伸，培育发展相关及下游配套产业，着力打造16条循环经济产业链。各市州、各企业要充分发挥项目的支撑作用，紧紧围绕资源循环利用、降低资源消耗、降低污染排放等国家重点扶持的领域，狠抓有示范性的、有促进力的、有大影响力的项目建设，构建重大项目建设的支撑体系。

第二，项目提出背景。

① 资源优势。临夏地处甘南、青海、四川草原牧区与中部农业区的过渡地带，是甘肃省主要畜牧业基地之一，自然条件优越，农牧业发达，牛羊资源相当丰富，在国际国内市场上有较强的竞争力。

② 传统优势。临夏地区是国内回族等穆斯林民族主要聚居区域之一（被称为“小麦加”，伊斯兰风情浓郁），是穆斯林特需产品的传统生产基地。特别是当地生产的清真食品，历来受到国内穆斯林群众和伊斯兰国家的人民的信赖和欢迎。临夏县发展养殖业历史悠久，当地农民自古就有养牛、羊的习惯，有农谚“无牛无羊不成家”。

③ 原料优势。畜牧业是合作的主导产业，当地又无工业生产污染，有牦牛、藏羊为绿色资源，具有原料品牌的优势。该地玉米等饲草资源丰富。

畜牧业逐步发展成为农业增收、农民增收的主要途径之一，养牛业更是全县畜牧业优势所在，养牛户已占全县农户的70%，全县肉牛的良种化程度达90%以上，优质肉牛存栏比例高。2010年，全县累计建成畜牧龙头企业14户，规模养殖场204个，养殖小区56个，发展规模养殖户7500户，全县牛存栏达6.07万头，羊存栏19.43万只。畜产品市场发展进一步增强了当地牛羊资源的优势。加之临夏州是甘肃乃至西北地区重要的畜产品生产基地，肉牛存栏25.66万头，年出栏13.87万头；羊存栏119.58万只，年出栏107.41万只；活畜过境交易繁荣，过境交易量230万头，交易品种以来自青海、甘南藏区的牦牛、藏羊居多，为纯天然无污染的绿色环保肉源，特色优势资源非常鲜明。

④ 地理资源优势。临夏县气候温和湿润，荒山草地较多，草料资源丰富，水质好，环境无污染，为育肥产业提供了优质的资源。另外，寺庄村具有背靠牧区、邻近临夏市的区位优势。

寺庄村大力发展优质畜禽，提高畜牧业产品的市场竞争力，以科学发展观为契机，以增加农民收入为出发点和落脚点。寺庄村把牛羊养殖为主的畜牧产业作为调整农业产业结构、繁荣农村经济、加快农民脱贫致富步伐的重要产业来抓，通过加大资金扶持力度、出台优惠政策、狠抓规模养殖、推广实用技术、强化疫病防治等措施，对畜牧产业政策上引导，资金上扶持，技术上服务，有效促进了畜牧产业的健康快速发展。

第三，项目发展前景。国务院于2009年12月24日正式批复《甘肃省循环经济总体规划》，这是国务院批准实施的第一个地区性循环经济发展规划，标志着甘肃省成为全国唯一的国家级循环经济示范区。临夏州伊海牛羊育肥有限公司以科学发展观为指导，紧密结合省委省政府实施“中心带动，两翼齐飞，组团发展，整体推进”的区域发展战略，解放思想、破解难题，强抓机遇、锐意进取，积极响应并深入贯彻《总体规划》要求，努力发展循环经济。公司规划在企业现有养殖基地的基础上，扩大建设养殖、屠宰加工的同时实施对本场及周边养殖粪便无害化处理、资源优化利用项目。本项目的实施特别注重发展循环经济的要求。循环经济要求充分考虑自然界的承载能力和净化能力，模拟自然生态系统中“生产者—消费者—分解者”的循环途径和食物链网，将经济活动组织成为“资源—产品—消费—再生资源”的物质反复循环的闭环式流程。本项目实施后，不仅可解决养殖业产品销售渠道，而且可以为市场提供充足的肉源，同时，利用牲畜养殖实现农作物秸秆“过腹还田”：粪污生产沼气供热，生产固、液体有机肥供应农田，发展种植业，而种植业产品又可以加工饲料用于养殖，最终形成循环经济模式下现代化养殖业和畜产品加工业的新业态，从而为当地畜牧业的健康发展做出新的贡献。项目循环的流程为：

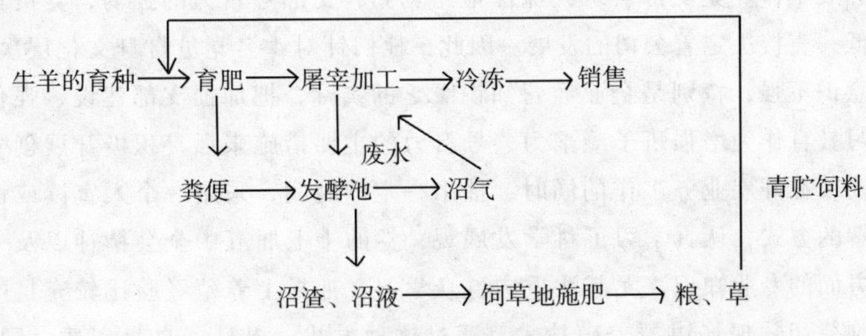

图1－8　项目循环流程

本项目充分利用资源优势，以养殖带动加工，再以养殖和加工产生的废弃物生产沼气，沼液、沼渣用于饲草地施肥，从而形成资源综合利用和循环发展模式，项目的实施将促进临夏州及甘肃省畜牧业的发展，促进科技进步和综合利用循环经济模式建设，对加快地区经济的快速发展，将产生强大的辐射示范效应。项目建成后，可明显改善当地农民生活水平与生活质量，有利于发挥企业的带头作用，加快农业产业化和新农村建设，也有利于缓解当地城乡富余劳动力就业压力，项目社会效益良好。

（四）支部引领，党员带头，全面打造特色牛羊育肥基地

公司现有员工26人，其中党员4名，初中以上文化程度3名，平均年龄53岁。

1. 建强支部夯基础

俗话说得好："火车跑得快，全靠车头带"。公司成立伊始，面临着资金筹措、厂房建设、技术培训、项目争取、牛羊购买等许多急需办理的事项，头绪非常繁杂，真可谓一团乱麻。公司一班人认为，要有条不紊地开展好各项工作，必须要有一个坚强的领导组织，有一个主心骨。于是他们借着开展创先争优活动的东风，在县非公党工委的帮助指导下，于2010年11月成立了党支部，设支部书记1名，支部委员3名，选好配强了党支部负责人和党务工作人员，这些同志都是企业经营的明白人、熟悉党务的热心人、员工权益的保护人和职工群众的贴心人。其中支部书记由村委会主任马一奴四担任，负责开展工作。党支部一班人深深地感觉到，支部号召力的强弱，党员素质的高低，直接决定着公司的发展。因此，他们针对4名党员自身文化层次低、政策意识不强，特别是企业经营知识匮乏的实际，把加强支部建设、强化党员学习教育作为增强班子凝聚力、号召力的主要措施来抓，积极开展创先争优活动，在开展业务工作的同时，抽出一定的时间，采用一个人宣读或请别人讲解的方式，认真学习了科学发展观、党的十七届五中全会精神以及一些养殖方面的专业知识。尤其注重向群众学习，把村上养殖经验比较充足的农民请到公司，现场讲授养殖技术，通过这种方式，提高了自身素质。同时，党支部一班人按照"五个好"的要求，带头坚持民主集中制原则，分工明确，责任到人，对涉及公司经营、投资、销售的重大问题及时向董事会提出合理化建议，还在征求党员员工意见建议的基础上，协调董事会从技术培训、扶

贫帮困、公益事业、员工利益等方面做出2～3项承诺；引导有能力的党员围绕帮教技术、帮扶困难员工等方面做出1～2项承诺。对承诺事项进行挂牌公示，接受员工群众监督，做到承诺项项落实、条条兑现，党支部成为公司健康发展和维护员工利益的坚强后盾。

2. **产业链上党旗红**

寺庄村历来就有搞养殖的传统优势，群众普遍积累了丰富的养殖经验，发“羊”财一直以来是群众的梦想。公司党支部经过认真分析研究，认识到只有把分散经营的群众凝聚起来，发展规模养殖，才能做大做强，增加群众收入。于是，公司把“公司+农户”作为经营的首选模式，将公司的发展与农户的创收有机结合起来，形成公司自担风险、利益共享的发展模式，这种以群众利益为出发点的企业理念赢得了乡亲们的大力支持，都表示愿意与公司合作，共同发展养殖。公司党支部因势利导，选择200户肉牛繁殖示范户、100户良种羊养殖户，通过对养殖示范户包资金支持，包技术指导，包统一销售的方式加强扶持与合作，改变了分户养殖、单打独干的养殖习惯，走出了一条联户养殖、集中管理、集体出栏、分户核算的养殖新模式，这种新型的养殖模式，既降低了风险，又增加了群众收入，得到了社会的认可。同时，为了充分发挥党员养殖户的模范带头作用，党支部组织开展“1+1结对帮扶”活动，推选有养殖经验的党员与群众结成帮扶对子，指导群众加强养殖管理，搞好疾病防疫，真正使养羊产业发展到哪里，党组织的战斗堡垒作用和党员的先锋模范作用就发挥到哪里。老党员拜有才可谓是村里的“土专家”和“大忙人”，谁家的羊病了，他都会义不容辞地去诊断看病，并将多年的养殖经验编成易学易懂的顺口溜，传授给群众，受到了群众的普遍欢迎。一年来，公司党支部充分发挥“指挥部、参谋部、后勤部”的作用，邀请养牛养羊专家对养殖户进行技术指导和培训，培养了一批懂技术、会经营、善管理的养殖技术人才。目前，全村羊存栏达到2300只，出栏1250只；牛存栏620头，出栏381头，人均牧业收入626元，占人均纯收入的40%。

3. **真抓实干赢民心**

修建高标准的暖棚、改善基础设施、美化厂房环境是公司发展的基础，也是公司起步阶段的头等大事。党支部一班人积极向县上有关部门反映情况，争取项目，先后投资580万元，修建了高标准牛羊暖棚6栋，3000平方米，办公室、库房、工人宿舍等8间，220平方米，购置大（小）型粉草机5台、大型拌料机1台，安装电子磅（30吨）1个，建成2000立方米的青贮氨化池1座，栽植侧柏、速生柳等苗木1200多株，还硬化了道路，架设了路灯。在积极搞好公司内部经营发展的同时，身为省政协委员、州人大代表、村委会主任的马一奴四，时常惦记着乡亲们的增收问题，为了使广大农户进一步扩大养殖规模，增加收入，马一奴四多次通过各种途径向省（州）建设银行反映群众的实际困难，诚恳地讲述群众加快发展的期盼和决心，近期，与州建设银行达成了穆斯林商贸涉农个人贷款，为16户群众争取贷款480万元，解决了养殖户的燃眉之急。

养殖业的发展，能够有效带动种植业的发展，积极调整种植结构，大力发展玉米种植是公司党支部抓的第二件大事。公司建成后，他们就利用这一平台，由支部书记带头挨门逐户动员乡亲们积极种植双垄沟播玉米。刚开始，由于山阴地区群众没有种植玉米的习惯，大部分群众对这项农业新技术不太了解，思想上顾虑重重，不愿种植。于是，公司党支部委员拜林看在眼里，急在心里。他带头在自家地里试种了2亩双垄沟播玉米，当年获得了丰收，并承诺乡亲们的秸秆由公司不低于市价全部收购。乡亲们亲眼看到双垄沟播玉米的种植不仅能成功，还有公司的收购承诺，大家不约而同地到公司签订种植合同。目前，已签订种植合同250多亩。双垄沟播玉米的种植，既能为养殖业提供丰富的饲料，又能增加群众收入。在搞好公司硬件建设的同时，公司一班人还把改善本村基础设施条件，提升公司形象作为一项义不容辞的任务，竭尽全力为村上办实事、办好事，赢得了群众的广泛好评。先后投资230多万元，拓宽修建了6.5公里的村社道路，安装了路灯，修建了1座便民桥；改造了村小学教室40余间，近600平方米，硬化了院落，极大地改善了办学条件。

一份耕耘，一份收获。目前，伊海牛羊育肥有限公司正处在起步阶段，相信今后在公司党支部的引领和党员的带动下，以创先争优活动为动力，进一步加强内部管理，科学饲养，拓展市场，必定会取得更大的效益，成为临夏县最大的牛羊养殖基地。

（五）公司发展存在的主要问题及对策建议

1. 公司发展存在的问题

部分养殖户经济基础薄弱，融资相当困难；

养殖技术的培训力度不够，技术力量薄弱；

引进新技术、新品种的渠道不宽；

公司管理制度和营销制度还不够健全；

产业规模小，产业化程度不高。

2. 公司发展的对策建议

公司发展的畜牧加工业应按照“扩繁增量、改良提质、完善体系、转变方式、产销衔接、健康发展”的思路，努力把畜牧产业发展成为该地区经济的主导产业。为此建议采取以下措施：

积极转变饲养方式，大力发展规模化养殖；

实行良种补贴政策，加快品种改良步伐；

推广先进实用技术，提高饲草利用水平；

努力拓宽融资渠道，形成稳定的投入机制；

大力推进产销联结，提升产业化经营水平；

逐渐建立畜牧业产前、产中、产后环节的服务体系。畜牧业生产方式由家庭分散经营向规模化标准化逐步转变。

切实加强组织领导，形成发展的保障机制。

（六）民营企业发展存在的问题及解决措施

1. 民营经济发展面临的困难和问题

（1）融资难问题仍然困扰民营企业发展

民营企业经过发展逐渐成为国民经济新的增长点。然而，民营企业在向纵深发展中遇到了许多困难，融资难仍然是其中的一个因素。其原因主要来自5个方面：一是企业财务信息透明度不高；二是缺少可供担保抵押的财产；三是缺乏可持续发展能力；四是风险资本投入过多依赖信贷资金，五是信用担保体系不健全，信用环境有待改善。

（2）民营企业创新能力不强

民营经济的增长，主要还是靠“量”即要素的投入和投资的拉动，而不是通过技术、管理的创新。近年来，虽然越来越多的民营企业逐步树立起了自主创新的意识，但大都苦于人才、技术、资金等的缺乏，创新能力非常弱。

(3) 产业集群层次不高

产业集群是临夏县中小企业的特色和优势，但是目前临夏县产业集群大多以劳动力密集、技术含量低、资源消耗大的传统产业为主，发展特色与当前产业政策相矛盾，集群企业开发能力弱。

(4) 企业管理组织和管理制度不健全

目前民营企业的管理水平、产业层次、技术水平和企业外向度等仍然偏低。管理方式仍然是小规模家族式经营特征，进行经验式、机械式管理，缺乏科学管理。这种经营方式会制约企业资本的积累和进一步发展。如果企业主经营能力和经验不足，对经营方向判断失误，经营决策可能对企业持续发展带来风险。从企业的战略管理看，许多企业缺乏周密的市场研究，对顾客需求、供应者、中间商、竞争格局、市场阻障等缺乏了解，资源配置没有主体原则，经营行为短期化。

(5) 民营经济发展环境不完善

虽然民营经济受到政府重视和大力支持，但政府功能错位，法制及保障体系、管理体系不健全，政出多门，负担过重等问题依然存在，但正确引导、信息提供、搭建平台等服务观念和服务能力却有限，一些民营企业总感到在本地区发展压力太大。宏观管理不顺，这是一个改革发展过程中的体制性问题。目前对民营经济的宏观管理与民营经济发展的需要存在诸多不相符之处，政府宏观管理“缺位”、“越位”现象仍然存在，对各职能部门缺乏有效监督和约束，对民营经济管理方式、方法落后。

(6) 高素质人才缺乏，家族式管理也影响了民营企业的发展和壮大

2. 加快临夏县民营经济发展的对策和建议

(1) 转变政府职能，构建服务型政府

要提高政府服务能力，为民营经济发展营造良好的发展环境。首先，政府要立足于区位特点和资源优势在扶持民营企业的发展规划和政策措施上下大力气。

一方面要以市场为导向，合理规划重点民营企业、重点产品和重点项目建设，并将其纳入州经济社会发展规划中，以规划引导企业进行战略调整，优化产业结构。

另一方面要扶持培育大户，提高产业聚集度。政府要研究发达地区民营经济成功发展聚集经济的经验，可采取改善投资环境、财政金融支持等多种

途径，在原有基础上，以核心企业、资源和品牌等为纽带，以扩大投资为突破口，将相关生产同类和相关类产品的民营企业在一定区域内聚集，强化符合民族特色的民营经济优势品牌的培植。

其次，构建支持民营经济发展的服务体系。包括：切实提高政府部门的办事效率，提高审批、信息咨询、培训等服务效率；加强中介组织建设和提高中介组织运营能力，政府部门与中介组织加强合作，共同举办各种服务活动，比如项目建设、招商、举办展览展销等，发挥服务作用；不断消除对民营企业发展不利的制度障碍，杜绝“三乱”，规范市场秩序，创造公平、公正和公开的竞争环境，促使民营企业转变经营方式等。

再次，积极推进城市化建设步伐，要有规划、有次序地进行城市基础设施建设和生态环境建设，改善城市环境，提高地区生产要素和人口聚集功能，为民营经济形成聚集效应和规模效应、区域内外社会经济文化的交流与合作提供基础平台。

(2) 进一步放宽产业准入限制，加快民营企业产业升级

政府应当进一步降低包括垄断行业和公共服务行业在内的准入门槛，鼓励民间资本进入。这一方面可以缓解政府在这些领域的投资压力，另一方面也为民营企业的发展开拓更为广阔的空间。政府要做好相关的配套工作，有关部门要制定并细化《行业准入目录》，有步骤、分门类减少限制，进一步扩大市场范围，向全社会公开禁止非公有制资本投资的行业和领域，增强市场准入的透明度。政府还应通过财政、税收等政策措施，支持民营企业加大技术创新力度，促使民营企业由过去高耗能、高污染、低附加值的粗放经营模式向低耗能、低污染、高附加值的集约经营模式转变。

(3) 必须内外结合，缓解融资难题

解决民营融资的问题，一方面政府要加强对企业的扶持，另一方面也要通过企业自身的努力。企业方面：一是要加强企业内部信用管理，健全企业信用评价体系；二是要健全企业财务管理制度，理清会计账册，方便外界审计，使投资者能随时了解财务信息，增强对企业的信任。政府方面：一是加大金融中介机构建设，建立健全担保体系，扶持建立政策性担保机构，支持发展商业性担保，形成覆盖甘肃省的融资担保网络；二是发展直接融资，鼓励民营企业通过股份制改造上市、产权转让、典当、拍卖等方式直接融资；三是加快银行体制改革，增加商业银行的服务意识，推动银企合作，探索成

立为中小企业服务的民营企业银行及金融服务组织等。

(4) 因势利导，转变企业经营模式

增强民营经济发展的内生性，根本途径在于转变西部少数民族贫困地区民营企业小农经济思想和粗放的经营方式为集约的经营方式，使民营企业跃上以规模、科技、外向为支撑的发展新平台。为此，政府要利用建设甘肃省民营经济示范区的机遇，采取有效措施对民营企业进行改制，积极推行现代企业制度的建立；鼓励和引导民营企业跨行业、跨地区、跨所有制进行联合，改变家族企业股权结构和治理结构；要研究江苏省“三个五”企业家培训计划和浙江省“5511 培训计划”等旨在提高民营企业家综合素质和能力的培训计划的制订与实施，要制订以提高民营企业家和企业主管理水平为目标的政府培训计划，为本地企业家和企业主学习先进管理经验和方法，以及提高他们学习能力，进行制度化安排。同时建立健全职业经理人市场，鼓励民营企业从市场上聘用经理人才，提高管理水平；帮助民营企业认清在现代市场条件下，只有转变过去凭经验和勇气、凭关系、钻政策空子等做生意的方式，进行管理创新，才能生存和发展。

(5) 增强民营企业的技术创新能力，改变低层次发展现状

创新是企业保持竞争力的主要因素。民营企业创新主要包括两个方面：技术创新和管理创新。在技术创新方面，民营企业要制定技术创新战略，加大技术创新投入。政府对企业的技术创新与改造，要从政策、资金、人才等方面给以扶持，如创新公共服务平台和创新基地建设、财政和税收支持、建立企业与科研机构技术交流与合作等。在管理创新方面，对于具有相当规模的民营企业，要鼓励其在企业内部建立规范的法人治理结构，促使其实现所有权和经营权的分离；通过提高企业内部市场化程度，提高决策效率和决策水平；通过建立健全董事会，重新构筑企业全新的治理机制。

增强企业技术创新能力，是企业不断获得拥有自主知识产权的核心技术，获得竞争优势，并向价值链高端移动的重要手段，也是西部少数民族贫困地区民营企业取得“后发优势”的关键。政府应该在这方面有更大的责任和作为。首先，应该引导企业采取与企业技术水平和技术基础相适应的技术创新模式，比如可以借助外力的引进消化再创新模式和合作创新模式，并对民营企业的研究开发活动给予补贴、税收减免、资金扶持等激励措施。其次，借助国家大力发展职业技能教育的有利时机，提高地方职业技术学校办学水平，

培养适应市场需求的“技术技能型”和“复合型”人才，进一步加强技术培训，提高劳动者专业技术水平，培养科技带头人；建立有效的物质和精神激励机制，采用“柔性”方式，吸引和聘任高级技术人才为本地民营经济发展服务等，解决企业技术创新中人才匮乏问题。再次，政府部门帮助民营企业对技术创新项目进行科学周密的论证，正确评价技术创新的市场价值和经济风险，在政府权限范围内给予最大限度的财税支持，还要积极动员金融机构的信贷支持，吸引民间资金，弥补创新资金的不足。

(6) 大力发展产业集群

产业集群对企业降低生产成本、节约资源、提高市场竞争力具有积极作用。发展产业集群，一是要制定并实施产业集群发展规划，明确发展思路、发展目标、发展途径和保障措施，形成“省指导、市县操作”的分工格局；二是做强做大产业集群龙头企业，产业集群地政府要积极培育发展主导产业，重点支持优势企业和龙头企业开展技术创新和技术改造，通过发展一批，带动一片，提高产业集群民营企业市场竞争力；三是要培育产业集群区域品牌，鼓励和引导产业集群中小企业创建驰名商标、名牌产品，提高企业知名度；四是要加强产业集群公共服务平台建设，围绕产业集群发展瓶颈，加强以信息咨询、人员培训、产品交易、物流配送为配套的公共服务平台建设，建立与产业集群相适应的公共服务体系。

(7) 优化民营企业人力资源

要走出人才缺乏这个困境，需要企业自身和政府共同努力。政府方面，加大教育和培训的投入力度，合理确定基础教育、职业教育和高等教育的比例关系，重视发展职业教育和专业教育，以便在较短时间内迅速提高民营企业就业人员的素质，为民营企业产业结构调整提供人力保证；政府要进一步清理阻碍民营企业人才流动的政策法规，促进人才资源合理流动和优化配置。企业方面要重视人才的引进和有效使用，激发企业员工的创新热情。民营企业需要转变理念，在对待人才方面要采取更开明的态度，采取多种方式和手段留住人才、引进人才，并将各类人才的潜能最大限度地发挥出来。企业要营造全员创新的良好环境，激励广大员工的创新热情，推动民营企业向更高、更好、更快的方面发展。

(8) 建立良好的市场环境

切实维护公平竞争的市场秩序，为个体私营经济发展提供良好市场环境。

加大对个体私营企业的字号名称、注册商标和商业秘密的保护力度，维护个体私营企业的合法权益。严厉打击制售假冒伪劣商品、虚假广告、不正当竞争等违法违规行为，保护合法经营，维护正常的市场秩序，促进个体私营经济健康发展。

(9) 积极探索，促进农民专业合作社加快发展，大力培育和发展农村经纪人

本着依法、自愿、有偿和进退自由的原则，在不改变土地集体所有性质、不改变土地用途、不损害农民土地承包权益的前提下，允许农民以土地承包经营权出资设立农民专业合作社。配合有关部门，探索农民专业合作社开展资金互助、信用合作。支持农民专业合作社跨地域、跨所有制、跨行业开展经营和提供服务。利用信息化手段提升农民专业合作社登记服务质量，加强法律法规宣传，做好政策咨询，严格执行农民专业合作社登记不收费的规定。引导农民专业合作社实施商标战略，加强农副土特产品的商标注册，提高农产品附加值，增强市场竞争力。实施合同帮农，引导农民专业合作社发展“订单农业”，减少农业生产风险。支持农民专业合作社与高等学校、科研院所开展多种形式技术合作，促进产学研、农科教结合，加快农业科技成果转化。对农村经纪人开展经纪、合同、商标等业务培训，指导农村经纪人提高经纪水平和服务技能，充分发挥其桥梁和纽带作用，促进农产品流通、农业产业结构调整和农民增收。

八、风俗习惯与文化活动

文化是一个族群共同体在特定环境下所形成的物质积淀、意识形态、行为模式、心理素质的总和。文化既是一个民族精神脊梁的支撑，又是其物质经济发展的外在驱动力。回族文化既保留了伊斯兰文化的内核，又广泛吸收融合了中国传统汉文化的精髓。无独有偶，回族文化承载的和谐思想、尊崇的“孝”文化、提倡的“和而不同”的思想也在寺庄村体现得淋漓尽致。“六大信仰、五大功修、外出经商、博爱友善”是寺庄村村民践行自身文化的外在写照。然而，在严格恪守回族宗教信仰的同时，寺庄村穆斯林在长期的生活交往中也形成了不少独具特色的文化元素与氛围。

（一）宗教文化

众所周知，回族是一个全民信仰伊斯兰教的民族，可以说宗教文化是回族文化的最主要的组成部分。在寺庄村，伊斯兰教更是影响着人们生活的点点滴滴。寺庄村的村民大到七八十岁的老人，小至四五岁的小孩可都是虔诚的穆斯林。每天的五番礼拜是村民们必不可少的功课，麦加朝觐是村民们最大的宗教愿望，从日出到日落的斋戒也是村民们虔诚信教的体现。但简而言之，寺庄村村民的伊斯兰信仰表现在其内在意识形态和外在行为方式上可概括为一句话，即“六大信仰，五大功修”。所谓六大信仰是指：信仰真主、信仰天仙、信仰经典、信仰后世、信仰前定、信仰圣人；五大功修即指：念、礼、斋、课、朝。[①] 一方面，“六大信仰”从意识形态层面为穆斯林构建了一个基本价值观念；另一方面，“五大功修”是其宗教价值观作用于外部行为的结果。

1. 六大信仰

（1）信仰真主

与其他回族一样，寺庄村穆斯林奉行真主独一无二，其通常将真主尊称为“乎达”。他们对于真主的信仰可分为三个方面：一是信仰真主全知、全能、全观、全听的功用。而这些功用可驱除邪魔的作祟，可遏制人们暗地里做坏事。二是信仰真主全明的功用。即相信世界上有一个能看清一切是非善恶的真主，主宰留神着人类，督察着人类，因而人类不能做出违法的行为和勾当。三是信仰真主独一无二的效用。将真主列为独一无二的信仰能使整个人类变成一个平等的民族，即没有贫富的区别，没有种族贵贱的隔阂。寺庄村穆斯林认为信仰真主是其他一切信仰的支撑和基础，而这种信仰在他们的言行举止中也体现得很明显：

寺庄村村民邓马五乃：“我做的一切都是无条件顺悦真主的过程……作为穆斯林就应该诚心祈祷让真主免除你以前所有的罪恶，并决心从此以后不再伤害真主和所有人……”

---

① 马东平．临夏八坊回族民俗文化中的伊斯兰文化特质及构建［J］．西北民族研究，2009（2）．

寺庄村村民马又不：“我希望我的虔诚能获得乎达的赐福，让我们家一直平平淡淡，平平安安……”

(2) 信仰天仙

寺庄村磨牙清真寺的阿訇邓马五乃告诉我们，真主曾创造了很多光明物体，叫“天仙”。他们能变幻万物，自隐其行，并且无男女老少之分，不吃不饮，也不休息睡眠。诸天仙作为真主的使者，各司其职，各尽所能。寺庄村村民对“天仙”的存在深信不疑，他们认为天仙是真主的操作化和实体化，是真主管理世界万物的外在媒介。无论是行善还是作恶都有天仙在旁记录，无论是后世审判还是来世轮回都由天仙负责执行。

寺庄村穆斯林多为哲合忍耶门宦，在哲合忍耶门宦信仰中，最著名的有4位天仙，分别是：①哲拍啦依来：真主所降示的一切经典、命令、禁止、警告、奖励等，都是由哲拍啦依来传达给圣先知奉行的；②米卡依来：真主创造的各种自然戒律都是由米卡依来负责执行的；③尔兹拉依来：负责管理各种动物的生命；④依思拉非来：在今世毁灭，后世成立的时候由依斯拉非来吹响天号。此外，管理天堂的利兹瓦尼与管理火狱的玛力克都是哲合忍耶信仰的天仙。

归纳寺庄村穆斯林信仰的天仙，我们可大致将其归为以下几类。一是辅助性天仙，他们负责将真主的圣言、感知传达给其他先知。二是管理类天仙，他们负责管理世界万物的生老病死、知言行为。三是监督类天仙，他们监视人们的行为，并将人们的善恶作为记录在案。四是司法类天仙，他们负责后世中人们好坏善恶的审定，并由此决定是“上天堂”还是“入火狱”。五是执法类天仙，他们负责科以前世作恶的人以严厉的惩罚，给予前世行善的人以丰厚的奖励。正是由于这种超自然形态的，游离于物质世界而存在的传达者、监督者、司法者、执罚者所组成的管理系统，寺庄村穆斯林才有一种来自于意识形态的压力和激励去身体力行伊斯兰的法规教义。此外，诸天仙完美无缺的人格，完全顺主悦主的操行也是信众们所推崇和学习的标杆。

(3) 信仰经典

信仰经典是每个穆斯林不可或缺的一条信仰，对于寺庄村的村民也毫不例外。正如寺庄村磨牙清真寺阿訇邓马五乃所说：“经典是指真主降下来的天经，而不是神话中传说的那些无根无据的天书。”可以说伊斯兰教的经典浓缩于一部《古兰经》之中。《古兰经》是伊斯兰教的宪法，小到衣食住行等日常琐事，大到外交军事政治，《古兰经》中都有原则性的提示和展现。应该说《古兰经》是真主的统治意志的文本化和法律化，他构建了一个超自然形态的宗教治理体系，广泛规定了伊斯兰信众的义务、权利与救济。虽然就我国及寺庄村来说这种义务和权利来自于空想的意识形态，这种救济是游离于现实物质世界之外的法律程式，但是《古兰经》依然是寺庄村穆斯林所遵循的基本教法。

在寺庄村，学习《古兰经》的内涵与奥妙，践行《古兰经》的教义与教规，感悟《古兰经》的神圣与召唤已是村民们日常生活中不可或缺的一件功行。像马一奴家、邓马五乃家、马洒力海家就收藏了二十几种不同版本的《古兰经》，《古兰经》和其他书籍分开放置，摆放《古兰经》的书橱也被收拾得一尘不染。邓马五乃告诉我们，《古兰经》是异常神圣和不可亵渎的，在翻阅《古兰经》之前一定要带小净；翻阅时，也要做到内心虔诚，平心静气。此外，磨牙清真寺每年寒暑期都会举办学习班，接收村中的一些小学生、中学生以及大学生，开展免费的经堂教育。而经堂教育的重点内容就是向年轻一代传达《古兰经》的原则和精神。在我们的实地调研中确也发现村中的年轻人具有非常高涨的《古兰经》学习热情，他们一到放假就主动到清真寺报名，在清真寺念主赞圣、做礼拜成为其每天必备的功课。村主任的儿子马阿旦更是到兰州经学院求学，专门攻读阿拉伯语，研习《古兰经》。

(4) 信仰后世

后世信仰可视为伊斯兰教超自然社会形态统治系统中的前溯性的震慑机制和后置性的奖惩机制。“今世一定要毁灭，后世一定要建立，死后一定要复活”[①] 是穆斯林必须遵信的一个信条。“今世毁灭，后世建立”是指伴随着依思拉非来吹响第二声天号，海洋干枯，树木枯化，地球告终，万物毁灭。此后，天体卷起成轴，真主重新创造一个上无天、日、月、星辰，下无山、河、草、木的广阔无垠的大平原。“死后一定要复活”意指依思拉非来天仙吹响第三声天号时，从古到今的人凭借永不朽的一个原子复活并与肉体相连，之后便奔向审判场。真主秉承“善有善报，恶有恶报”的原则为每个人安排归宿，或入天堂，或下火狱。寺庄村穆斯林对于“后世、复活”的存在也是深信不

① 穆罕默德·努勒·马存恩．伊斯兰教教义大全［M］．兰州：西北民族大学出版社，2007.

疑，他们认为前世行善作恶是后世享乐受苦的前定诱因，因而也正是由于这一意识形态上的终极审判机制的存在，每个人遵从经典，博爱行善才成为必要。

寺庄村村民马一奴：“我们信后世，因此在做生意时要诚信，平时也要多多行善……”

寺庄村村民邓马五乃：“我们一定要面向后世，感受死亡的现实，告诫自己不要贪恋现实……”

寺庄村村民马哈比不：“人总有一死，你生前干过的恶，行过的善在死后都会得到偿还……”

(5) 信仰前定

穆斯林认为万物运转的“定然”与“不确定”是相辅相成的，一方面人的一生一切都是由真主前定安排好的，另一方面人有自由选择的权利。然而，这两者并不是矛盾的，因为在真主安排好的“定然”之中已预测到“不确定”的存在，“不确定”寓于“定然”之中，这进一步彰显了真主的全能全知与仁慈。当然，我们可将“定然”看作是唯物辩证主义中的“规律”，人类的一切行为都不可凌驾于规律之上，因此，伊斯兰教提倡“尽人事而顺天命”，也就是说，人的主观能动性是第一位的，顺天命是第二位的。信仰前定为穆斯林提供了精神上的寄托和心理上的安慰，换句话说，它可以减轻穆斯林在受到打击之后的不公平感和被剥夺感。试想凡是遇到不幸的事或不如意的事，基于个人的能力却无法化解，因此悲观失望，怨世自杀都是徒劳的，只好归给真主的定然，或等到后世接受主的还报。这样就会把悲观、失望化作愉快力量。在寺庄村，人们大都外出经商，靠自己的智慧和双手勤劳打造幸福的生活，这就体现了伊斯兰教所提倡“积极入世”的理念。另一方面大家感念真主，认为凡事皆要顺其自然，知足常乐，接受真主的定然。

寺庄村村民马哈比不：“人贵在知足常乐，一切都要顺其自然，不可妄强求。我不奢望自己的生意能做多大，只希望真主能庇佑家里和孩子平平安安……”

(6) 信仰圣人

伊斯兰教义指出，普通的人类是没有资格与途径接受真主的启示的，于是圣人便作为真主与人类间的媒介出现了。圣人的衣食住行、生活习惯同普通人类一样，只不过他们品位高尚，能上奉真主命令，下传达于人类。穆斯林信仰的圣人总计 12.4 万多人，而《古兰经》只提到了 25 位。最为著名的伊斯兰教创始人——穆罕默德也被划归为圣人的行列。伊斯兰中的圣人品位分为三级，依次为至圣、钦圣和列圣，其中至圣品位最高，列圣品位最低。圣人依其职责，可分为三种，即教化信众兼政权统治的、专心宣教的以及为人师表的。圣人信仰作为穆斯林重要的信条，他要求信众们对于圣人们的言语无条件的信任，对圣人们的行为无条件的尊崇，对圣人们的要求无条件的接受，因为所有的圣人都是奉了真主的启示。可以说圣人的存在将宗教的虚无化赋予了现实的特征，圣人的权力来源于真主的赋予，而真主启示通过圣人媒介来传达。这一方面奠定了圣人权力来源的合法性，另一方面也让穆斯林更加坚信真主的存在和全能。

在寺庄村，村民们对于圣人的存在以及奉主启示的媒介身份也是深信不疑的，并且这一信仰贯穿于他们的日常宗教仪式之中。磨牙清真寺在每年的伊斯兰教历三月十二日都要举行圣纪节，其目的便为了纪念伊斯兰教圣人穆罕默德的诞辰。寺庄村磨牙寺阿訇邓马五乃告诉我们，圣纪节是寺庄村最为隆重的节日之一。

“每年的伊历三月十二便是我们伟大穆圣的诞辰日和祭日。在这天，我们的清真寺装饰一新，邦克楼上也要插立圣旗。村民们一大早便聚集到清真寺出乜贴、沐浴、礼拜、聆听阿訇诵读《古兰经》，讲述默罕默德的生平事迹，赞扬穆圣创立伊斯兰教的丰功伟绩。之后，我们还会宰牛羊、炸油香、馓子，并将这些节日果品分发各家各户，以让每个人都沐浴到真主的恩泽……”

2. **五大功修**

(1) 念功

伊斯兰教中的“念功”包括两层含义：一是外在行为上的诵读。即穆斯林赞念真主时、祈求真主饶恕时以及履行其他宗教活动时，口中一定要念道：“俩一俩海，引兰拉胡，穆哈默德，热苏论拉西。”意为：万物非主，唯有真主，穆罕默德是真主的使者。二是心理上的认同契约。穆斯林要在心灵深处绝对信认真主是独一无二、全知全能的。即穆斯林对于真主内心深处的虔诚信仰通过口头的赞念来表达，而口头上对真主的赞念又可强化其内心的信仰。在寺庄村，村民们对于念功的履行也是毫不含糊的，调研组成员时常可以听见村民们高声诵念“安拉胡”。他们告诉我们，当逢凶化吉时，就应诵读清真言来表达对真主的感念；当干下有违教义之事时，就应诵读清真言来祈求真主的饶恕；当遭遇困境挫折时，应诵读清真言感谢真主的考验并祈求真主的怜悯；当受到诱惑动摇之时，就应诵读清真言来坚定意志。总之，清真言的虔诚诵读渗透于寺庄村村民生活的每个角落，因为他们坚信只有诵读了清真言，并将其传达的意念和价值观扎根于心灵深处，才会是一名真正受真主庇护的穆斯林。就正如磨牙清真寺学东马洒力海所说："只有诵读接受'清真言'的人才有'伊玛目'，死后才能入天堂……"

(2) 礼功

在寺庄村，无论是白发苍苍的老者还是稚气未脱的少年，无论是外出的经商者还是在家辛勤劳作的农民，无论是男人还是女人，每日的五番礼拜都是他们必须要履行的功课。磨牙寺阿訇邓马五乃告诉我们，礼拜是伊斯兰教最基本的宗教仪式，也是洗罪之泉，教门之柱。因此不管是刮风下雨还是战火连天，不管是年老体弱还是疾病垂危，每日的五时拜都是必不可少的。当然，正如马一奴所说，伊斯兰教是与人方便，以人为本的。其对于不同群体礼拜的地点、程序都有不尽相同的规定。如居住在村里的男性村民主要是参加村里清真寺的聚礼，女性穆斯林主要是在家里做礼拜，外出的、无法独立自由行动的穆斯林可根据教义的规定适当减拜。此外，因为教义中规定的无法抗拒的因素而耽误拜礼的也可在事后进行补拜和还拜。在寺庄村，每逢礼拜时间，清真寺铿锵嘹亮的邦克钟声便会响起，以提醒村民们按时做礼拜。寺庄村村民们每日五番拜礼的名称和时间大致如下表所列。

表 1－14　　**寺庄村穆斯林的五番拜礼**

名称	时间	内容
晨礼（邦达）	从东方发白至日出	两拜圣行拜和两拜主命拜
午礼（撇什尼）	从太阳正中至偏西	四拜圣行拜、四拜主命拜和两拜圣行拜
晡礼（底格）	从午礼结束至日落	四拜主命拜
昏礼（沙木）	从日落到红霞消止	三拜主命拜和两拜圣行拜
霄礼（虎夫滩）	从红霞消止至午夜	四拜主命拜、两拜圣行拜和三拜当然拜

资料来源：笔者根据对寺庄村磨牙寺阿訇邓马五乃的访谈录音整理而成。

情景一：村中外出经商者马如林：

"宗教是第一位的，我虽然一直在外地辗转奔波，但是每日的五番乃麻子是不可或缺的。在外条件有限，我一定要极力创造条件，履行好拜功。”

情景二：村中打工者马又不：

“我今年已经64岁了，为了维持生计，我每天还要在村里面做五六个小时的零工。虽然很累，但是每到了礼拜的时间，我还是会暂时放下手里的活，赶到清真寺做礼拜，无论刮风下雨都是这样。”

情景三：寺管会主任马洒力海：

“我患糖尿病已经十多年了，现在眼睛有点花，耳朵也有些背……冬天做晨礼的时候天还没有大亮，我摔过好几次。但是这是真主的考验，我不能因此就放弃去清真寺做礼拜。现在还好，村委会为方便村民们早上做礼拜专门为去往清真寺的路上装上了路灯。”

磨牙清真寺阿訇告诉我们，做礼拜请必须做好六件准备工作，即通常所说的“主命六件”。主命六件就包括水净、三净、遮盖羞体、按时礼拜、面向克尔伯（在沙特国麦加）以及举意。其中，水净是指大小净，即用清洁的水清洗身体。三净是指身体净、衣服净和拜处净。只有这“主命六件”完成之后，所做的拜功才能为真主接受。磨牙清真寺的洗漱池去年完成了改造和装修，现有200个独立的个人洗漱间，可同时容纳200人进行大小净。一方面，礼拜是崇拜安拉的一种表现，承认安拉的崇高伟大，表示个人的渺小无能，及时认清自身的罪恶，促使信众们随时反省自己。另一方面，礼拜中的站立、抄手、鞠躬、抬头、叩头、跪坐等动作是一种有规律的运动，可以起到强身健体的功效。此外，合众聚礼可以使信众有集合交流的机会，他们相互鼓励，相互监督，共同完成拜功，这样既可以强化穆民们的凝聚力和行为心理上的一致性，也体现了伊斯兰教一律平等的原则。总的来说，每日的五番礼拜已经融为寺庄村村民生活的一部分，他们用自我的行为表达着对真主的崇敬，召唤着穆斯林的团结。

（3）斋功

在调研组入驻寺庄村时，恰逢伊历的斋月。村里上至年过七旬的老人，下至八九岁的孩童都封上了斋。入乡随俗，为了表示对穆斯林的尊敬，拉近我们和村民的关系，调研组成员决定也要封斋。凌晨三点半，清真寺嘹亮的邦克钟声响了起来，调研组成员在睡眼惺忪之中硬爬了起来……这么早起来真有点不适应，胃口也不是很好，于是随便吃了点面包，喝了点酸奶便倒头再睡。八月初的寺庄村酷暑难当，调研组的成员还得挨家挨户的做访谈，不到中午十二点便饥渴难耐，嗓子里直冒烟，和村民交谈时也老走神……这时想起半夜封斋剩下的面包和酸奶，就只有往肚子里面咽唾沫。但是让我们惊讶的是寺庄村的村民依旧在烈烈炎日下割小麦、脱谷粒，丝毫没有封斋的疲惫和饥渴。中午，村委会主任邀请我们去他家吃饭稍作休息，我们一再推脱说今天一定要体验一下封斋的艰辛。主任笑着说："你们都没有封过斋，不太习惯，不要太较真了……"终于，我们的矜持和意志力抵不过主任的热情和随之端上来的饭菜的诱惑，于是调研组的封斋计划便偃旗息鼓了。

当然，寺庄村村民的"斋功"并不是我们想象中的白天不吃不喝即可。他要求凡是男满 12 岁，女满 9 岁以上的信众们必须每隔 11 个月就要封一个月的斋。封斋时，自东方发亮至太阳落定为止的这段时间内不吃、不饮、不性交。而在斋戒过程中诸如故意吃饮、咽下雨水或飞雪、吸进鼻涕、掏挖耳朵等行为也是坏斋的。此外，在斋月里一切其他事务照常进行，不能以封斋为借口而放弃劳动，变得好逸恶劳。伊斯兰教义对于特殊群体的斋功也科以了不同的要求，如孕妇、病人、外出者、年老者可以免封斋或者事后补还。

寺庄村磨牙清真寺阿訇告诉我们履行斋戒对穆民们是大有裨益的，这主要体现在以下几方面。其一，封斋可以强健身体。白天不吃不喝，可以让脾胃得到足够的休息，把胃里面聚集的毒素完全排泄掉。其二，封斋可以磨炼人的意志，感念真主的伟大。所谓"天降大任于斯人也，必先饿其体肤，苦其心志"，每年一个月的斋戒就是真主对信众们意志力的考验，也可培养人们吃苦耐劳的精神。其三，封斋可以显现伊斯兰的绝对公平，强化穆民们同灾共难的思想。封斋使富人和穷人有一个平等的机会去感受饥渴的煎熬，以此来激发富人对穷人的同情感。伊斯兰教义中还规定，若富人中年老衰弱无法完成斋功的，其每日当以一天足够的食物救济一个穷人，以作为赎罪。由此可见，斋功不仅是寺庄村村民对真主意志的绝对履行，它也坚强了人们的意志力，彰显了伊斯兰教的平等与博爱。

(4) 天课

"天课"可看作是伊斯兰教进行资源再分配，调节贫富差距，缓解社会矛盾的一种经济制度。只不过"天课"征收的合法性来自于超自然形态的真主的绝对权威，且"天课"的征收对象和分配对象是相重叠的。磨牙清真寺寺管会主任马洒力海告诉我们，天课是伊历二年指定的，其规定一个人的财产在没有负债的情况下，扣除全家一年基本生活需要后，应散出余额的2.5%，作为各种公益事业的费用。天课的对象包括财物课、农产品课、丁课、遗产课、牲畜课以及矿产课。天课的客体包括穆斯林信众、一无所有的人、穷人、断旅费的人、征收天课的人以及为主道而奋斗的人（如阿訇、满拉）。

寺庄村村民对“天课”也身体力行地履行着。在斋月来临的时候，村民们就会自发地排列好散天课的顺序。每到一天开斋的时候，就会有一家村民为清真寺的阿訇、满拉以及穷苦的村民提供丰盛的开斋晚宴。寺庄村的村民们并未把这种施散当成一种负担，而是把他视为一种义务与荣誉。而在开斋节、宰牲节时，村里面经济情况好的家庭也会宰牛宰羊，并将其分为三份，通常为自用、散食穷人、送亲友各一份。此外，修建清真寺、村中硬化道路亟需资金时，也会有一部分村民以“天课”的名义捐献资金。“天课”的认真履行构建了寺庄村一道自发性的社会保障网，虽然寺庄村富人较多，穷人也不少，但是大家都和谐相处，团结友爱，村风和谐融洽。下表即为2007年寺庄村翻修磨牙清真寺礼拜大殿时部分村民以“天课”的名义捐献的资金。

表1－15　**寺庄村修建清真寺部分村民施散“天课”金额**

姓名	天课施散金额（元）	2010年家庭年收入（元）
马一奴	15000	306000
马如林	15000	300000
马木地	10000	206640
马哈比不	1000	114400
马又不	50	50452

（5）朝觐

在寺庄村已有不少人朝觐过，成为受人尊敬的“哈赤”，没有朝觐过的人也视朝觐为最大的愿望。的确，朝觐是“五大功修”中最难执行的一件，也是真主对穆斯林最大的考验之一。因为朝觐者不但要具备一定的经济条件，还要一心一意地为真主离开父母、妻子儿女、亲友，奋不顾身地离乡背井远游到人地两生的麦加城。磨牙清真寺阿訇邓马五乃告诉我们：

“在交通不便的旧社会，中国的朝觐者一路上颠沛流离，跋山涉水，要一两年才能返回，还有很多人就此杳无音信。新中国成立后，党的宗教信仰自由政策得到了落实，每年赴麦加朝觐的人不下千人。到现在，国家还专门组织了中国朝觐团，并派领导专门负责朝觐团的相关事宜。另外还配备了往返专机，这大大缩短了朝觐的时间，减少了朝觐的阻碍。”

在调研小分队访谈过的9个村民中，马一奴、马如林、邓马五乃、马洒力海都已远赴麦加，完成了神圣的“朝功”。他们说，一路上渡重洋、翻高山、受戒礼、住阿拉法特大平原、绕游克尔白，他们真切地感受到了真主的全能全知，伊斯兰大道的神圣伟大以及穆斯林的团结一致。当然，只怀着对真主的崇敬和狂热，却没有具备外在的条件也是不能去朝觐的。磨牙清真寺的阿訇告诉我们朝觐者只有满足以下三项资质后，所做的朝功才会被真主所接受：一是除了全家人一年的生活费用外，朝觐者有足够的往返旅费。二是身体健康，可以吃得消旅途的颠簸。三是交通不受阻碍，路途平安无盗贼。具备以上三项条件的人无论男女一生都要朝觐一次，而妇女必须有自己的亲近陪同才能去朝觐。不满足以上条件者不朝无罪。在寺庄村，朝觐归来的哈赤还要宰牛宰羊，宴请亲朋好友，施散穷人。而寺庄村的全部村民们都要到哈赤家里敬匾致贺，道一声“色兰”，希望能借着哈赤们的虔诚得到真主的赐福。当然，在今后的生活中，哈赤们在思想上就要更坚信真主的全能全知，在行为上也要更加小心翼翼地遵从教义教规。

3. 伊斯兰宗教信仰对寺庄村社会生活的影响

伊斯兰的宗教文化是寺庄村回族文化的核心部分，其他诸如饮食文化、节日文化皆来自宗教的衍生或伊斯兰文化与中国本土文化的相互派生。因此，无论是微观层面的个体价值观、行为模式，还是宏观层面上的村庄文化氛围和社会运转都颇受伊斯兰宗教文化的影响。

（1）作为集体行为准则发挥社会秩序整合作用

大到治国经略，小到衣食住行，伊斯兰教义都对其做出了说明与规制。伊斯兰教要求信众树立“顺主、仁爱、和谐、积极”的价值观，并把其贯穿于日常的行为处事之中。寺庄村村民早已形成了根深蒂固的伊斯兰意识形态，这种意识形态作用于个体的外在行为上便发挥出整合村庄社会秩序的功效：其一，思想价值观念的统一。寺庄村村民从思想上坚信真主的独一无二和全知全能，他们认为只有严格履行真主的意志才能得到两世吉庆。因而伊斯兰的教义教规为寺庄村村民们树立了一个价值标杆，使其在做出具体行为时进行预先价值判断，以决定是否做出此行为。总的来说，思想价值观念上的统一使得寺庄村有了一套特殊的是非丑恶价值判断体系。其二，行为模式的趋同。价值观念对于外在的行为模式具有一定的规制和指导作用，在基于统一的思想价值观念的指导下，寺庄村村民的行为模式也具有较低异质性。虔诚教门、宽厚仁爱、尊老爱幼、诚实守信是大多数寺庄村村民行为中所体现出的美德。行为上的趋同性使得寺庄村村风和谐融洽，村民团结友爱，一些违法乱纪行为也无立足之地。此外，伊斯兰教的价值观念与当下我国诸多公共政策的政策理念是相契合的，这就让一些政策在寺庄村的执行调试度低，认同度高。其三，超自然形态的强制执行手段。在一般情况下，如社会个体做出损害公共利益、破坏社会秩序的行为就会得到法律的制裁和舆论的谴责。而在寺庄村，当村民的行为有违教义教规，不仅会受到强烈的舆论谴责和情感孤立，而且还会在后世遭受审判，获得真主的严厉惩罚。这种超自然形态的强制执行手段增加了寺庄村村民做出违教行为意识上的机会成本，从而作为一种震慑机制保证了村民行为的合理性与合法性。

（2）作为内生驱动力激励村民外出经商

虫草贩卖、牛羊贩运、皮毛收购可算作是寺庄村村民的三大经济来源。在寺庄村，十五六岁的小伙便离开父母，远赴他乡异地，经商闯荡。寺庄村村民的经商地多为西藏、青海一带，还有一部分商人分布在东南沿海一带。如今的寺庄村大多数村民生活富足，家里盖起了别致的小洋楼，这与村民们精明的经商头脑、吃苦耐劳的开拓精神是分不开的。在调研组调查的9户家庭中6户外出经商，他们或从事虫草收购生意，或从事牛羊贩运生意，或从事餐饮服务生意，或几项生意并驾齐驱。

表1-16　　2010年寺庄村部分村民经商情况

姓名	经营范围	经商年收入（元）
马哈比不	虫草收购	100000
马一奴	牛羊养殖场	300000
马木地	虫草收购、建材用品出租等	130400
马哈克	牛肉拉面餐馆经营	120000
马如林	木材、虫草收购	300000

然而，究其善于经商的原因，笔者认为这与伊斯兰教中推崇商业，重视商人的文化情结有很大的关联。伊斯兰教鼓励人们通过诚实劳动、勤奋工作以及一切合理的方式获取财富，坚决反对巧取豪夺、坐享其成。《古兰经》明确指出："真主准许买卖，而禁止重利。"[①] 这一简短经文既确定了商业的重要地位，又规定了穆斯林在经济交往过程中的基本准则。作为虔诚的穆斯林，寺庄村村民一方面秉承教义外出奋斗，寻找财富，另一方面也诚信买卖，让每一分钱都取之有道。由此可见，伊斯兰宗教教义中的崇商文化作为一种内生的驱动力激励广大信众外出经商，开拓财富，且这种内生驱动力通过代际间的传承已衍化为一种传统和民族文化。此外，寺庄村村民善于经商与其所处的地理环境也有很大的关系。寺庄村地处半干旱地区，土地资源稀缺，村民们只靠种地是无法满足日常的生活需要的，迫于生计，村民们只好外出经商，辛勤打拼生活。另外，寺庄村居于甘青交界处，北与西藏临近。由于生产方式、自然环境等方面的差异，居住在边疆地区的少数民族与中原地区在经济、文化等方面的依赖性非常明显，需要交换劳动成果。而要实现这种互通有无就需要有人往返于边疆和内地之间，通过商业贸易的形式把少数民族和汉族相互需要的产品进行交换。而寺庄村的村民恰好充当了这一交换媒介奔波于少数民族地区和内地之间。

(3) 作为村庄"安全阀"缓解社会矛盾

笔者发现在寺庄村，不乏年收入过百万的富裕户，也有家庭年收入不足几千元的贫困户，如此大的贫富差距足可以使一个社会产生阶级分化，暴发矛盾冲突。但是寺庄村仍然呈现出一派和谐、融洽的景象，这当然与伊斯兰教意识形态上的"博爱"价值观和宗教仪式上的"天课"施散是分不开的。前文已提到满足一定经济条件的穆斯林，每年要将除去供养自己家庭花费收入余额的百分之五以"天课"的名义捐献出来，救济穷人。在寺庄村，无论是开斋节还是宰牲节，都可以看见村里面的一些富裕户以财物和食物的形式来救济穷人。我们可以把"天课"的执行看作是寺庄村的一种朴素的互济机制，它完成了资源从富人到穷人的再分配，缩减了贫富差距，提升了村民们心理上的公平感，从而作为一种社会"安全阀"机制

① 马坚，译．古兰经［M］．北京：中国社会科学出版社，1991.

减少了异质群体间的摩擦和对立。当然，这种社会“安全阀”机制并非来源于权威机构的强制性构建，而是基于村民们对于宗教的虔诚信仰而自发形成的。

（二）节日文化

回族的主要节日派生于其宗教文化，而寺庄村的节日不仅具有宗教性，而且具有纪念性和调节性。总而言之，节日文化之于寺庄村村民既是意识形态上宗教信仰的世俗化和仪式化，也发挥着调节民众生活的娱乐功能。正如村主任马一奴所说，寺庄村穆斯林的节日可概括为“一棵大树两个叉，四十八个牡丹花”。

1. 开斋节

开斋节是寺庄村回族最为隆重的节日之一。按照伊斯兰的教义来说，开斋节是真主为了回赐虔诚履行“斋功”的穆民们而设立的吉庆之日。开斋节的前一天，寺庄村家家户户都要把屋子打扫得亮亮堂堂，妇女们制作馓子、油香、花花、麻叶等节日食品，忙得不亦乐乎，孩子们都换上新衣服，个个笑逐颜开。节日当天，寺庄村的穆斯林们沐浴更衣，男子带着小白帽去清真寺参加聚礼。这天的磨牙清真寺热闹非凡，全村近1000人，无论老少，无论贫富都齐聚一堂，他们在邓马五乃阿訇的带领下，一起感念真主的伟大，一同感受伊斯兰的神圣，在庄严神圣的寂静拜礼当中把整个节日活动推向高潮。聚礼过后，寺庄村的男性穆斯林还要到村子的南山墓地上祭奠亡人，缅怀祖先。之后，每家每户便会宰牛宰羊，准备丰盛的节日宴席，全家老少聚在一起，说话谈笑，享受美味的食物和节日的祥和。当然，有经济条件的家庭也不忘趁着这一尊贵的节日履行“天课”，向穷人施散财物，发放节日食品。在接下来的近一周时间内，寺庄村的村民们会走亲访友，互道“色兰”（系阿拉伯语，意为和平安宁），互赠礼物。

与一般回族地区不同的是寺庄村村民相互“开斋”会持续四十天之久。早在斋月里，村民们于每天傍晚开斋时候，都会相互赠送开斋食品，视作为给对方斋月的问候。清真糕点、蜂蜜、鸡蛋、牛羊肉都是寺庄村常见的开斋赠送食品。寺庄村这种制度化的礼尚往来增强了村民们的凝聚力，让整个村庄呈现出一幅祥和、融洽的景象。

2. **古尔邦节**

古尔邦节是寺庄村穆斯林又一重大的节日。寺庄村村民一般将古尔邦节称作为“宰牲节”或“忠孝节”，据磨牙清真寺阿訇邓马五乃讲，古尔邦节的来历是有很深的历史渊源的：

“大约在三千多年以前，易卜拉欣大圣为了感念真主的特恩，决定牺牲他最心爱的独子伊斯玛尔来做‘古尔邦’，以报答主恩，其曾动刀两次未遂意时，由于他的全心全意，真主命天使送羊代替之，因此就把‘古尔邦节’称作为‘宰牲节’或‘忠孝节’。”

可见，宰牲节不只是感念真主的伟大，它还渗透着伊斯兰教中对于忠孝文化的崇尚。在每年的教历十二月十日，凡具备宰牲条件的村民都要宰牛或宰羊以表达对真主的感激之情。邓马五乃阿訇告诉我们，在寺庄村，宰牲节一般持续三天，牛羊在第一天宰最为尊贵。一般情况下可以几个人合宰一头牛（最多不超过七人），也可一人独宰一只羊。宰牲的肉应分成三份：一份施散给村里的穷人，一份送给亲朋好友，一份留给自家享用，家庭贫困者少散为佳。这种节日仪式也充分体现出了伊斯兰教的仁爱和公平。在古尔邦节的第一天，寺庄村还要举行盛大的聚礼，这次聚礼应该算是寺庄村规模最大、最隆重的宗教集体仪式。村里的近一千男性一律带着白帽，在礼拜大殿上，在大殿外的地板上，甚至在田埂上面西而跪，在阿訇的带领下小心翼翼地做出站立、抄手、鞠躬、抬头、叩头、跪坐等动作。这种宏大的场面对于寺庄村的穆斯林来说不仅是礼拜本身的功课履行意义，而已上升为心灵的净化、团结的召唤。

3. **圣纪节**

圣纪节为每年伊历的三月十二日，据寺庄村磨牙清真寺阿訇讲，圣纪节是为了纪念伊斯兰教的创始人穆罕默德：

“穆罕默德生于公元570年三月十二日，其早年丧父，自幼替牧人放羊，后来跟随其叔父经商，奔走各地，以诚实著称。对当时阿拉伯半岛的情况非常了解。40岁时受到安拉的启示开始传教，公元622年，他率领教徒迁往麦地那。在当地群众的支持下，继续宣传伊斯兰教，并建立政权，632年伊斯兰教历三月十二日穆罕默德逝世，葬于麦地那。据说，这一天也是他的诞辰日，俗称‘圣会’。”

圣纪节当天，寺庄村磨牙清真寺装饰一新，写满赞圣经词的圣旗在邦克楼上迎风飘扬。男性村民一大早就沐浴更衣，到清真寺施散乜贴、做礼拜，聆听阿訇吟诵《古兰经》，讲述穆罕默德的生平，赞扬穆圣创立伊斯兰教的丰功伟绩。聚礼之后，清真寺还会宰牛，炸油香、馓子等特色节日食品，并将其发放给村民。村民们坚信圣纪节的食物是无比尊贵的，因为它承载着真主对虔诚穆民们的赐福。

4. 盖德尔夜

在寺庄村，人们把封斋月的第二十八夜称作“盖德尔夜”。邓马五乃阿訇告诉我们，在这天夜里会有天使降临，赐予虔诚信主的穆斯林以平安。在盖德尔夜，村民们开斋过后，或聚到清真寺，或在各自的家中举行礼拜、诵经、赞主念圣、施舍穷人、为亡人祈祷等各种宗教活动。村民为了得到真主的回赐，往往彻夜不眠，直至第二天的日初。

5. 阿舒拉节

阿舒拉节也是寺庄村穆斯林为了感念真主的全能全知而举行的节日，它被定于伊斯兰教历一月十日。据说阿舒拉节是一个神圣的日子，真主于该日创造天园、火狱和人类。阿舒拉节当天，寺庄村的每家每户都要凑集一些粮食，包括面粉、各种豆子、红枣和核桃仁等，这些粮食由清真寺聚集起来，做成可口的“豆豆饭”，同时请阿訇诵经赞圣，并将“豆豆饭”分给村里的各家各户享用。此外，有条件的家庭还会自己烹制“豆豆饭”，或自己食用、或分给全村的人吃。寺庄村村民认为阿舒拉节的“豆豆饭”是异常尊贵的，它里面融聚了真主对虔诚穆民的赐福。

6. 花儿会

与上述节日不同的是寺庄村的花儿会并没有宗教色彩，而只是单纯地为了娱乐群众，调节村民们的生活。当在田地里干活累了，唱上一曲花儿便会铆足干劲；生活不如意了喊上一曲花儿便会排解烦闷；看上俊俏姑娘了献上一首花儿，爱情便在悠扬、高亢的曲子中开出了花朵。村委会主任马一奴告诉我们，不同的花儿，有不同的句、令、调。“令”是花儿的曲名，“调”是花儿的歌谱。不同的令有不同的调，就有不同的唱法。花儿会成为寺庄村村民相互交流、团结的盛会。

我想你着头发根子疼，
黄杨木梳梳不成，

一梳就像扎了针。

……

泉里担水缸里清，

你和你的庄里人，

给我背得空名声。

背着我的脊梁疼，

伤心着给人说不成。

我把名声越背越大了，

把羞把赖的不怕了。①

不过村主任马一奴告诉我们，高亢、悠扬的花儿只传唱于一些上了年纪的村民中，村中的年轻人见识广了，条件优越了，他们也紧跟着时代的潮流，偏好流行歌曲。他们觉得祖辈流传下来的“花儿”太土气，没有欣赏的价值，也更不会大方地唱上一曲“花儿”。由此可见，寺庄村的“花儿”文化正面临着新兴文化的冲击，它给年轻一辈带来的审美疲劳已严重弱化了其自发传承“花儿”文化的驱动力。

寺庄村的文化节日一方面承载着村民们对教门的虔诚和对真主的感念，另一方面也表达着村民们对美好生活的热爱和憧憬。在汉族文化占主流意识形态的社会环境下，春节、中秋节、元宵节等节日早已纳入众多少数民族的节日文化体系中，但是这些节日却没有在寺庄村留下一点痕迹。

（三）饮食文化

饮食习惯是回族最为明显的外在民族特征。回族的饮食文化大多来源于伊斯兰教教义的规范，但它同时也吸收了其他民族的饮食特点。寺庄村的穆斯林在严格恪守伊斯兰教饮食规范的基础上，也形成了一套独特的饮食文化体系。

1. 饮食禁忌

“非清真物不能为穆斯林所食”。根据伊斯兰教法规定，“穆斯林禁食血

① 流传在寺庄村的“尕马儿令”花儿。笔者根据寺庄村村主任马一奴的口述整理而成。

液、猪肉、骡马等不反刍动物的肉；禁食非以真主之名而屠宰的牛、羊、鸡、鸭等；不吃自死物，清真食品忌同禁物混合。”① 寺庄村村民对这些教法规定严格执行，他们甚至对“非清真”物的厌恶上升到了意识形态层面，并发生了一系列连锁效应：不用猪皮制的皮鞋、皮衣、皮带，不用猪鬃制的毛刷、牙刷，尽量不用含有猪油成分的香皂、香脂等生活用品。可见，寺庄村穆斯林的饮食禁忌已经完全内化，它不仅表现为一种外在的民族符号，更内化为一种共同的心理特质。除此之外，寺庄村穆斯林对饮酒也是令行禁止的，日常的或是节日的宴席上绝对没有酒的影子，而且寺庄村村民的饮食中也没有料酒这种含酒精的调味料。正如寺庄村村主任马一奴所言：

“饮酒是教规教法绝对不允许的……因为酒会麻痹人们的神经，丧失人们的意志，让人们干下奸淫偷盗之事。”

当然，以寺庄村的穆斯林看来，“清真”绝非只是简单地遵循教规中的食物禁忌，“清真”更是一种处事态度和行为准则。就像寺庄村磨牙清真寺阿訇邓马五乃所讲：

“‘清真’不仅仅包括伊斯兰教法中规定的禁食物，而且它还指一切对人对社会有害的东西……黄、赌、毒，偷、抢、盗，这些都是非清真的。”

2. 寺庄村特色饮食

（1）手抓羊肉

寺庄村地处黄土高原与青藏高原的交界处，地域湿寒，四季清凉。而羊肉作为一种御寒滋补的食品深受寺庄村穆斯林的喜爱。寺庄村的手抓羊肉从取材到烹制再到吃法都十分考究，调研组成员有幸得与村主任马一奴的热情款待，也亲口品尝了这一美味佳肴。未见其形，先闻其香。当手抓羊肉还在从厨房端往食客的途中，我们就闻到了扑鼻而来的鲜香味。手抓羊肉放到面前，我们发现它色泽红白而腴，肥瘦相间，骨肉相连，呈不规则的长块状，其上面点缀的香菜更勾起了我们的食欲。二话不说，我们便拿起筷子，试图一饱口福。马一奴笑着对我们说：“之所以叫作‘手抓’，就是要用手抓起羊肉来大口大口地吃下去，不能用筷子的……另外吃手抓羊肉还要蘸上椒盐，配上蒜瓣，这样吃起来才更有滋味。”起初，我们还拘束于自己“古朴原始”的吃法，但一会儿味蕾就被鲜嫩清香，不膻不腻的手抓羊肉所俘获，哪能顾

① 海学旺．临夏县民族宗教专辑［M］．兰州：甘肃民族出版社，1998：53－55.

及吃相高不高雅，只管手抓羊肉，大快朵颐。

马一奴告诉我们，正宗的手抓羊肉一定要选用绵羯羊的肋条、胸叉、脖子作为食材，将其剁成四五寸长，五六分宽的长条，在清水中刮洗干净后置于开水锅中炖煮，待捞出浮沫后，将大葱、花椒、青盐、干姜放入锅中，煮至八成熟时捞出装盘上席，并蘸椒盐，配大蒜享用。“说起手抓、想起临夏，客人来了，不吃手抓枉来临夏”，手抓羊肉在寺庄村饮食文化中的重要地位可见一斑。而手抓羊肉独具的强体提神、补脾健胃、美容养颜、延年益寿的功效也让其备受人们的青睐。寺庄村村民对于手抓羊肉的喜爱已经上升为一种传统风俗，婚庆节日宴席上，手抓羊肉的身影必不可少；款待客人，手抓羊肉成了一道必备的佳肴；馈赠亲朋好友，手抓羊肉成为上好的礼品。手抓羊肉文化不仅是外在环境和传统积淀作用于寺庄村村民饮食体系的产物，也凸显着寺庄村村民的古朴与热情。

(2) 盖碗茶

当我们调研组还回味于手抓羊肉的绵香鲜嫩时，马一奴主任又给我们每人端上了寺庄村的另一道特色饮品——盖碗茶。在寺庄村，人们又把“盖碗茶”称为“三泡台”，之所以将其叫作“三泡台”，是因为寺庄村的盖碗茶汲取了汉族茶道文化的特点，无论是茶具还是喝法都颇为考究。另外，盖碗茶还吸收了阿拉伯人、波斯人喜爱甜食的习惯，在茶中加入了桂圆、枸杞、冰糖三种配料。盛茶的器皿为瓷质陶器，全身涂满彩釉，光亮、精致。茶具分为三部分：最低端为呈圆形碟状茶杯垫座，垫座的里边缘刚好嵌住茶杯的底端；中间是茶盅，呈上大下小的不规则圆柱形，这种茶盅比我们平常见到的茶盅要大很多；最顶端是盖子，盖子比茶盅的顶端直径要小，这种设计当然有它的奥妙所在。马一奴告诉我们，羊肉性热，容易上火，吃完手抓喝上一碗“三泡台”就会解油去火，让人神清气爽。他说盖碗茶必须选用上好的茶叶，并将桂圆、枸杞和冰糖加入其中，用“牡丹花”水（沸水）冲泡而成。与其将喝盖碗茶称作“喝茶”，还不如叫作“刮茶”。马一奴说喝盖碗茶时，要左手端起茶座，右手掀开盖子，用其一遍遍小心翼翼地刮茶水的表层，还要往茶盅里吹吹气，以让茶水的清香弥漫在你的脾胃之中。之后，呷上一小口，慢慢品尝，让茶的清、干果的香、冰糖的甜浸润着你的丝丝神经。每当茶水喝至顶端三分之一处时，就要注水加满，如此往复，直到茶败，捞出桂圆、枸杞吃掉为止。

调研组成员学着马一奴主任的样子左手端起了茶座，也许是茶水太烫，也许是太过紧张，颤抖的左手让茶盅和茶座碰撞发出了“当当”的响声……镇定片刻之后，掀开茶盖，嫩绿的茶叶如雪花般徐徐散落，褐色的桂圆如春蕾初绽般漂浮在水面，零零落落的小个头枸杞忽上忽下。绿的，红的，黄的，白的，一片怡然生机，相映成趣。迎着缕缕烟丝般升腾的热气，携着清芬幽香，拨开水皮，呷上一小口，果真是沁人心脾，神清气爽。

马一奴说现在正值斋月，早上封斋村民们会“刮”上几盅盖碗茶，这一天的斋戒下来就不会觉得干渴难耐了，傍晚开斋也会“刮”上几盅盖碗茶，茶的幽香就会赶走一日斋戒的疲惫。一盅盖碗茶，品出的不只是茶的幽香淡雅，更有寺庄村的悠然、古朴和豪迈情怀。

此外，在节日来临时，金黄的馓子，酥脆的油香，别致的花花，还有可口的筏子面肠都是寺庄村回族必备的节日佳品，这些特色食品也为节日注入了不少喜庆。由于寺庄村地处甘青交界处，且有很多村民经商往返于青海、西藏等地，因此寺庄村的饮食习惯有着藏族饮食的痕迹——吃糌粑，喝油茶也为不少寺庄村村民所喜爱。总体来说，寺庄村村民的饮食既吸收了阿拉伯、波斯人的饮食习惯，也在长期的生活交往中，汲取了其他民族的饮食特色。这在一方面体现了寺庄村文化的矜持古朴，另一方面也彰显了他的宽容开放。

（四）婚俗丧葬文化

回族的婚俗丧葬文化渊源一方面为伊斯兰教的教法教规，一方面为中国传统婚俗丧葬文化。可以说伊斯兰教对回族的婚俗丧葬文化的影响主要集中在隐形的意识形态上，而其外在的仪式程序则主要受中国传统婚俗丧葬文化的影响。寺庄村婚俗丧葬文化的主体价值观念和程序规则与其他回族相一致，只不过不同群落所处的社会背景不同，因而其在长期的生活交往中形成了特殊的文化细节。

1. 婚俗文化

寺庄村穆斯林将婚姻视作为一种“圣行”和“义务”，“男大当婚，女大当嫁”，不履行该义务就会受到真主的谴责，也不是一名合格的穆斯林。有《古兰经》为证：

“你们应当给你们的孤身者结婚，也给廉洁的男仆、女仆结婚。如果他们是穷困的，安拉就依自己的特慈使他们富有。无力结婚的人应当操守，待之安拉以自己的特恩使他们富有。”

据寺庄村清真寺阿訇邓马五乃讲，穆斯林的婚姻必须满足以下几项条件才算合法。一是自愿原则和佐证原则。即婚姻关系的成立必须建立在男女双方一致同意的前提下，且要有父母的许可和两个证婚人的佐证。寺庄村村民的婚姻不以门第和贫富为条件，而是注重男女双方的品质、教门和意愿。此外，在寺庄村的男女未正式结婚前是不能相约见面的，但可以通过电话，网络等媒介来相互了解，增进感情。这点在我们调研小组的个案访谈中也体现得很明显。

村民马哈比不：“我的父母去世的早，在去世之前就已订好了这桩婚事，我非常相信父母的眼光，甚至在结婚之前我们都没见过面。但是这么多年下来我的幸福指数不比自由恋爱的人差啊。”

村民马法图麦：“我的女儿今年十二月就要出嫁了。她的对象外貌俊朗，人品不错，是我们精心挑选的。但是他们至今也没见过面……年轻人就是耐不住寂寞，这不通过手机彩信发照片、网络聊天，两个人现在却也如胶似漆的……”

值得指出的是，我国现行的婚姻登记制度作为一种实体性的法律准则进一步强化了寺庄村回族的基于宗教意识形态的婚姻“自愿佐证”原则。正如阿訇邓马五乃所讲：

“现在好了，政府实行结婚登记，不但执行了政策，还替我教执行了结婚的教义，达到了双方真正的同意。”

二是仪式化原则。与其他回族地区不同的是，寺庄村的婚庆仪式更为隆重，其婚庆仪式要持续三天。第一天，也是最隆重的一天。由阿訇出席主持“尼卡哈（婚姻）”和写“伊扎布（证婚书）”。这实际上是把伊斯兰婚姻的成立要素——双方一致同意——通过宗教仪式的形式加以合法化。之后家里要摆宴席八九桌，分别宴请阿訇和满拉、与男方（女方）同辈的亲朋好友以及左邻右舍、同村乡亲等。第二天也要摆宴席八九桌，分别宴请男方（女方）的女性长辈（如奶奶、姑姑、姨母等）。第三天同样是设宴席七八桌，只不过当天宴请的对象为女方（男方）家的亲朋好友。如此大规模、隆重的婚庆仪式足以显现出了寺庄村村民对于婚姻的高度重视，当然这也要以雄厚的经济基础作为支撑，调查发现寺庄村村民每年用于红白喜事的开支占据了家庭年收入相当大的比重。

表 1－17　**部分寺庄村家庭2010年红白喜事开支情况**

姓名	红白喜事开支（元）	占家庭年总收入的比重（%）
马一奴家	23000	7.5
邓马五乃家	8000	14.3
马木地家	60000	29
马二里家	1000	2.9
马如林	40000	13.3

三是禁婚原则。其包括宗教限制和近亲限制。所谓宗教限制，是伊斯兰教教义绝对不允许穆斯林男子娶非穆斯林的女子，而穆斯林女子也不能嫁给非穆斯林的男子，除非这名非本教的男子或女子“入教”，即皈依伊斯兰教。这种宗教上的“内婚制”无疑为回族穆斯林在以汉族文化为主流文化的中国社会中的族群传承发挥了重要的作用。所谓近亲限制，是指伊斯兰教教法明确规定了血亲、姻亲之间的结婚范围，实质上禁止近亲结婚，这无疑具有很大的进步意义。在寺庄村，任何人如若违反了这一婚姻原则，将被视为叛教徒而受到群体的排斥和孤立。

寺庄村原有一村民马某，在其53岁时妻子离世。三年后，他与隔壁村庄寡妇李某结合，而李某却为汉族。马某的这一行为遭到了亲朋好友、同村乡亲的极力反对。无奈之下，马某独自一人搬去隔壁村庄与李某一同生活，成了“入赘女婿”。十年之后，李某因病去世，这时的马某已贴上了“叛教徒”的标签，且众叛亲离，成为寺庄村穆斯林遵行教门的反面教材，寺庄村里也根本没有他的立足之地，于是他便一个人孤零零地在隔壁村庄生活。孤苦伶仃的马某在四年之后也离开了人世，其在遗嘱中表明，落叶归根是每个穆斯林的愿望，但是他没有资格将遗体掩埋在寺庄村的土地上，于是要求将遗体火化。马某的遗体被送至火葬场之后，工作人员发现其身份证上的民族成分为回族，因而不敢贸然火化（回族实行土葬，坚决反对火葬），于是又将其尸体运回乡政府。乡政府与寺庄村村民再三协调，意图将马某的尸体掩埋在村庄南边的集体公墓中，然而寺庄村村民坚决反对这种做法。协调无果之下，乡政府向临夏县人民政府汇报情况，由临夏县人民政府向火葬场出具公函，做出担保，火葬场才把马某的遗体火化。

四是给予聘金原则。寺庄村村民认为婚姻中的男方向女方纳聘金是理所当然的义务，并借以表明男方有赡养妻子和供养家庭的能力。村主任马一奴说，寺庄村的聘金没有严格的数额，一般依据男方的经济条件而定，女方主动减免聘金是可嘉行为。但是就这几年的情况来看，聘金还是浮动在五六万左右。因此，在寺庄村，聘金并不是单纯意义上的“彩礼”，它也体现者村民们的宗教观念意识。

2. **丧葬文化**

丧葬文化在一定程度上融合了寺庄村穆斯林的人生观、价值观以及生命观。据寺庄村阿訇邓马五乃讲，与其他地区的回族一样，寺庄村穆斯林的丧葬也贯彻着土葬、速葬、俭葬的原则。

当一个人在弥留之际，陪在他周围的人要在他耳边念清真言，并请阿訇诵念“讨白”，其旨在让他清楚地记得真主的召唤，忏悔一生的罪恶。人亡故之后，家里人要向亲朋好友、左邻右舍以及全庄的人报丧，接到丧报的人要马上到亡人家里探望慰问。接着，亡人的直系晚辈要带上白色的六檐孝帽，停尸守丧。寺庄村穆斯林提倡速葬，早晨亡故的一般下午就入土，下午亡故的第二天就入土，尸体最长停放不得超过一个晚上。出殡前，家属还要为亡人着水、三尺白布裹身、抬到清真寺由阿訇引领送葬者站“者那孜”（站礼），祈求真主宽恕亡人，祝愿亡人安息。寺庄村村民认为在主麻日（周五）举行葬礼最为尊贵，因为这天天堂的门敞开着，亡人最容易得到真主的惠泽。站完“者那孜”之后，就会将尸体抬往村里的南山墓地土葬。下葬时，先由亡人的儿子（没有儿子时由其他男性直系亲属代替）下到坟坑里试验一下坟坑的大小与牢固程度，之后便把亡人头北脚南，面朝西，安放在洞内，用砖封好洞门，然后用土填满坟坑，露出地面的部分堆成鱼形长堆。在这一过程中，寺庄村的全部男性村民都会诵经祈祷，直至填埋完毕。此外，在整个葬礼的过程中，丧家还要视家庭经济状况或多或少地施舍财物给送葬的众人。

之后，在三天、一期（一周）、二期（两周）、三期（三周）、四期（四周）、四十、百天、每周年祭日还会请阿訇来家里诵经，招待前来探望的亲朋好友。在寺庄村，三天祭日最为隆重。即在亡人亡故第三天丧家要宰牛宰羊，替亡人回赐，同时请阿訇满拉来家诵经，为亡人送行祈祷，同时也招待前来送葬探望的人员。此外，在亡人的四十祭日之前，无论是艳阳酷暑还是隆冬腊月，家里的亲朋好友在每天的底格聚礼过后，都要攀上陡峭的南山坟墓，请阿訇为亡人走坟诵经。四十过后，每逢主麻日的（除斋月）撇什尼聚礼过后，家里人都要请阿訇为亡人上坟诵经。

生与死一直是人类亘古不变、无法回避的主题，面对死亡，寺庄村的穆斯林用一系列的民俗程序诠释生命的本质和意义。这不仅是消除亡人身前罪孽的一种仪式，体现了寺庄穆民们“两世吉庆”的宗教观念，而且也是对生者的一次心灵的震撼和重大的洗礼。寺庄村的阿訇邓马五乃告诉我们，当穆斯林遇见送葬的队伍需默念一句经文，其大概意思为：

“你先回归了，我也会随你而来。”

当活着的人看到此情此景，不禁触景伤怀，感受死亡的现实。也许死亡对于寺庄村的穆斯林来说并不是终结而是新一轮的升华，但是感受死亡，人们也会对生命轨迹中的是非善恶做一份价值判断，甚至联想到未来世界里是入天堂还是下火狱。于是虔诚的寺庄村穆民便会检点自己的行为，弃恶扬善，争取为自己的现实生命画上一个完美的句号，为灵魂的升华奠定基础。

（五）语言衣着风俗

1. 语言文化

语言既是对一个民族文化的凝练，又是一个民族文化最突出的外在表征。由于回族特殊的形成背景、分布特征以及经济生活，其没有形成本民族的语言体系，汉语仍是回族的通用语言。但是，在寺庄村村民的日常交往和宗教活动中，阿拉伯语词汇和波斯语词汇仍被广泛地使用着。而一些藏语词汇也零星地分散在寺庄村村民的日常用语中。

在寺庄村，村民们对“邦达时候”、“撇什尼前”、“沙目散”这些礼拜时间为参照时间的表达方式已经惯以为常。当两个陌生的穆斯林见面时，一声“色俩目”马上缩短了两人的距离；当两个熟识的穆斯林相见时，一声“色俩目”立刻道出了久违的思念。而以下外来词汇也被寺庄村村民广泛地使用着。

村民马一奴：“只有虔诚履行教门才会得到真主的‘索瓦不’（赏赐）。”

村民邓马五乃：“在我看来，不信仰真主全能全知的人是‘吾巴里’（可怜）的。”

村民邓马五乃:“一切对其他人，对社会有害的行为，对穆斯林来说都是‘害拉目’(非法的、禁止的)。”

村民马哈克:“对别人的‘海赛提’(嫉妒)是不讨真主欢喜的。”

村民马洒力海:“每个人生前的‘骨那亥’(罪孽)是要受到后世‘多灾海’(火狱)的惩罚的。”

此外，诸如感叹词“乎达(真主)”、“乃麻子(礼拜)”、“满拉(清真寺学员)”等波斯词汇也较常出现在村民们的日常用语中。而由于寺庄村所处的地理环境和其独特的经济结构，一些藏语词汇也被村民们广泛地使用着。如“阿那麻那”(十分恰当)、“银达门达”(一定、必定)等。伊斯兰教对寺庄村村民语言习惯的影响也充分体现在人名上。每一个寺庄村村民都拥有一个经名，它是婴儿出生的第三天由阿訇根据《古兰经》和《圣训》所起的名字。男性的经名一般是伊斯兰圣人或先贤的名字，如“伊努斯”、“洒力海”、“阿旦”、“尔萨”、“古拜”等；女性的经名一般为伊斯兰教圣母的名字，如“法图麦”、“阿西亚”、“买勒燕”等。由于经名比较拗口，不符合中国的命名习惯，因而在寺庄村读书的学生，一般有经名和学名两个名字，但他们还是乐意人们呼唤他们的经名。将先贤圣母的名字作为自己的名字，一方面表达了寺庄村穆斯林对伊斯兰先圣们的崇敬之情，另一方面也将其向先贤看齐，虔诚尊崇教门的愿景注入他们后代的身上。

从寺庄村村民的语言习惯中我们可以看出回族文化确为伊斯兰文化与中国文化的结合体。一方面，伊斯兰的源文化为回族建构了基本的文化骨架，而中国的本土文化却铸成了回族文化的血肉。在文化的新陈代谢中，回族文化不断汲取其他民族文化的精髓，与时俱进，时刻保持着自身文化的活力。这说明回族文化并不是闭塞静止的，而是宽容俱进的。

2. 衣着风俗

男性头顶小白帽，衣着宽松、素净；女性头戴盖头，长袖宽衣。这是我们对寺庄村村民穿着打扮的第一印象。慢慢地，我们发现寺庄村男性村民不仅戴白帽子，而且也戴黑色和棕色的无檐号帽。年轻小伙子头上戴的小白帽还用金色的丝线匝成各种经文图案，显得格外精致、花哨。寺庄村清真寺阿訇邓马五乃告诉我们，寺庄村男性之所以佩戴这种无檐号帽是与伊斯兰教哈乃斐教法学派的要求有关:

“我们在做礼拜时，习惯上头部不能暴露，必须遮严，而礼拜叩头时，前额和鼻尖要着地。这样，不戴帽子礼拜不符合规范，戴有沿帽子礼拜不方便，而无檐小白帽则能弥补二者的不足，因而也称为‘礼拜帽’。”

另外，清真寺的阿訇礼拜对还要穿戴“塔斯达尔”，即在头上缠绕的白布。这主要是凸显礼拜仪式的庄严肃穆，也是显示对穆圣的崇敬。八月初的寺庄村依然是艳阳高照，暑气未消，妇女们顶着火热的太阳在外辛勤劳作，但却没有一人身着短袖裙衫，她们仍然是头包盖头，身穿长袖和长裤。村民马法图麦告诉我们，寺庄村的妇女一般头戴丝、绸或纱制成的绿、青、白三色的盖头，但是待在家里不外出的妇女可以戴上简易的护士式白帽。寺庄村妇女穿衣之所以如此严格，当与伊斯兰教的教义有很大的关联。有《古兰经》为证：

“先知啊！你应当对你的妻子、你的女儿和信士们的妇女说：她们应当用外衣蒙住自己的身体，这样最容易使人认识她们，而不受侵犯。”

据此，伊斯兰教禁止妇女穿着单薄透明的衣服，更不允许暴露身体的羞体部分。在寺庄村，尤其是已婚的女性，都要戴盖头，而有些家庭也会要求未婚的女孩子戴上盖头，但不戴帽子。然而，随着时代的进步，村民交际视野的扩大以及生活水平的提高，村民们的穿着习惯也在悄然地发生着改变。一些在外求学的穆斯林学生、外出经商的商者的穿衣打扮也是紧跟时代的潮流，融入了诸多当下的流行元素。而一些年轻女性头上的盖头也演化为色彩鲜艳、质地轻薄的头巾。这为古朴的寺庄村也注入了不少新鲜元素。

（六）建筑风格和居住风俗

一个民族特定的居住方式和建筑风格是其文化内涵的重要体现。在回族的建筑群落中，清真寺当属最为典型。穆斯林通常围寺而居，清真寺成为他们的宗教中心，也成为回族文化的象征性的实物标志。同样的，磨牙清真寺也是寺庄村最雄伟的建筑。磨牙清真寺是在 1999 年村民们集资 90 万元共同修建完成的，后经过十几年的不断改观与翻修，现已发展为可供 200 人同时沐浴、聚礼诵经以及开展其他宗教仪式的综合性场所。

磨牙清真寺既融入了伊斯兰风情又彰显着中国传统建筑艺术的魅力。远远望去，高耸云霄的木质宝塔结构式的邦克楼似一名战士俯瞰着寺内的一草一木，银色的月牙形清真言在阳光的照射下熠熠夺目。磨牙清真寺的大门两侧的围墙用临夏的民间传统艺术品——砖雕装饰，青色砖雕上镂空的浮雕图案让清真寺多了几分灵动又不乏庄严肃穆。磨牙清真寺的主体建筑——礼拜大殿与其他地方的礼拜大殿颇有几分不同。它整体上呈现出中国传统的殿宇式建筑风格，大殿的顶部并没有采用穹隆圆拱形的伊斯兰装饰风格，而是重檐迭起，像鸟翼般伸展开来。而在大殿顶部高耸的银色的月牙形清真言却也将中国传统的建筑风格和伊斯兰元素行云流水地融合起来。此外，大殿南边的邦克楼、西边的浴池、东边的宿舍也排列得井然有序。整个磨牙清真寺布局紧凑充实，庄严中透着灵动，古朴中散着清新。

寺庄村村民对自家的居所装饰极为重视，凡是具备了一定经济条件的村民着手苦干的第一件事就是翻修自家的房子。诸如马一奴家、马如林家、马木地家、马洒力海家都已盖起了别致的小洋楼。村民们的小洋楼大都为钢筋混凝土和木质混合结构，房子的正面多由落地的铝合金窗封闭，楼顶仿照中国传统的殿宇式风格修建：木质结构的突出的屋脊、迭起的屋檐就像一只展翅欲飞的大鸟。这种建筑风格让村民的房子不乏时代气息又有几分古色古香。房子的外部大都由白色瓷砖贴壁装饰，显得洁净、素雅。村民们的院子都十分宽敞，收拾得干净整洁。院子中间的四方小花园里向日葵、牵牛花、月季花竞相争艳，也有村民将乌鸡、兔子等小动物散养在花园中，这为整个院子也注入了不少生机。

表 1－18　　寺庄村部分村民房屋修建情况

姓名	修建时间	所花成本（元）	占家庭当年总收入的比重（%）
马一奴	2006	320000	106
马木地	2010	300000	144
马哈比不	2010	100000	87
马如林	2007	510000	177

寺庄村村民的室内装饰也融入了不少宗教色彩，彰示着村民对教门的虔诚。如一走进村主任马一奴的正屋，首先映入眼帘的便是墙上悬挂的阿拉伯文中堂和对联。这幅阿拉伯中堂将美术和阿拉伯书法融为一体，远观似一鼎细烟缕缕升起的伊斯兰香炉，近看才知是由阿拉伯文字拼合而成。马一奴告诉我们，阿文书法的内容通常为《古兰经》中的箴言。除了各种精美的阿文

书法字画外，寺庄村家庭还喜好在正屋和居室内挂上各种伊斯兰风情的图画，如村民马洒力海家里挂的《克尔白清真图》，图画使用的材质有的是纸张、有的是布料，还有的是毛质的挂毯。马一奴告诉我们，伊斯兰教是认主独一的宗教，即除了真主外，其他万物不能受到崇拜，因此在寺庄村穆斯林的家居环境中也是找不到人物和动物的画像。此外，印制精良的伊斯兰历表也是寺庄村家庭家居张贴必不可少的内容，供节日、礼拜、封斋、开斋查阅使用。

寺庄村回族的建筑风格与居住风俗既是他们虔诚教门、认主独一的外在显现，同时也承载着其对于生活的热爱与憧憬。庄严的清真寺、别致的小洋楼、精美的阿文字画……肃穆的背后是寺庄村回族顺主信教的伟大信仰，繁荣的背后也凝结着寺庄村回族辛勤奋斗的汗水。

（七）关于寺庄村文化发展的几点思考

我们欣喜地看到寺庄村的回族文化将伊斯兰文化的内核和中国的本土文化如行云流水般融合得天衣无缝。另外，这种文化的内涵与外在也体现着寺庄村回族独特的生活方式和经济结构。然而，文化的传承危机、村庄内化的阶级矛盾、文化商品的低质性、族群文化的“自我意识”也给寺庄村文化的发展带来了巨大挑战。那么，如何让寺庄村的文化在多元的意识形态中永葆活力？这是一个值得我们深思的问题。

1. 文化自觉——文化传承危机下的曙光

文化的传承是文化主体、文化客体、传播渠道共同作用的结果。而在寺庄村，文化传承的危机就表现为文化客体与传播渠道的双重缺失。一方面，当今社会正处于一个多元价值的时代里，各种文化在相互碰撞中此消彼长，抑或是催生出新的文化。随着寺庄村村民交际视野的扩大，尤其是年轻一辈受外来文化的冲击越来越明显，他们土生的价值观念发生了动摇，对于宗教的真实存在性提出了怀疑，对于教义教规的行为规制的合理性产生了质疑。当两种价值观的冲突作用于同一个体的身上时，必然会伴随着价值观间的此消彼长，其作用于外在行为就表现为对于本民族文化的不认同与否定，更不用说通过自身的行为将自我文化中包含的价值观念现实化。如在寺庄村，一些年轻人讲究所谓的哥们义气，开始抽烟喝酒。也有一些年轻人觉得自己的经名很土气，不让长辈们提起。另一方面，寺庄村现存的“子父式”文化教育传承方式已不能抵御其他文化对村庄新生代价值观念的“再造”。由于长辈和孩子们在心理特质、行为模式、价值观的固化程度上存在着很大的差异，再加之长辈和孩子们互动时间的缩短，这种“子父式”的文化传承教育往往显得力不从心。

面对以上问题，寺庄村的当务之急就是培养村庄新生代的文化自觉和自信，努力做到以下几点。其一，加强文化教育，全面提升新生代文化素质水平。清真寺要定期举办经堂教育，向村里的年轻一代讲述自身文化的来源、发展过程、基本特征以及发展趋势，从而强化新生代文化的“本我”意识，视其文化为自己民族、自己国家，甚至是全人类的宝贵财富。此外，村民还要重视对新生代科学文化素质的培养，让其树立正确的价值观，以理性判断哪些文化属于精华，可以为我所用，哪些文化属于糟粕，应完全远离和摒弃。其二，提升女性的社会文化参与度，充实文化传承主体队伍。寺庄村村民一定要转变观念，重视对女童的科学文化教育和宗教文化教育，让她们积极参与到寺庄村的各项社会活动中，以壮大文化传承的主体队伍。其三，转变文化传承方式，创造文化濡染氛围。寺庄村要转变过去的单纯“子父式”文化接力教育为“课堂式”文化教育、“伙伴式”文化教育与“子父式”文化教育三位一体的教育方式。清真寺可定期举办青年文化学习班，向其开展系统的宗教文化教育，并在全村形成一种文化学习的氛围，在这种氛围潜移默化的影响下，年轻一代便会自然地认知、认同自己的文化。

2. 宗教互助——和谐村庄中的人文关怀

在寺庄村，不乏每年收入上百万的家庭，但也存在收入不足五千元的贫困户。富裕户与贫困户在生活方式、意识观念上的强烈反差就会使贫困的人们产生不公平感和被剥夺感，当这种观念上的异化积聚到一定程度就会产生价值观的对抗，甚至表现为外在行为上的摩擦。穷人觉得富人夺取了自己的资源，没有责任感，也不是一名合格的穆斯林；富人认为穷人不思上进，贪得无厌，不值得同情。虽然，寺庄村穆斯林的“天课”制度为寺庄村构建了一层社会保障网，但是“天课”的履行只是基于超自然形态的宗教教规的震慑，且存在信息不对称和道德风险，因而具有很大的自发性和随意性。

鉴于此，寺庄村应将“天课”的履行制度化，将现有的“天课”的富人—穷人直接转移模式改变为富人—清真寺—穷人的间接转移模式。在这一过程中，清真寺将作为中介方和监督方发挥着权威性的资源再分配的作用。首先，清真寺要明确“天课”的缴纳主体和缴纳额度。即伊斯兰教教义规定的在没有负债的情况下，除去一家人每年的开支余下收入的5%。其次，清真寺要确定“天课”施散主体的资质。即根据村庄整体经济收入情况，划定“贫困线”，只有低于这一“贫困线”的家庭才有资格享有“天课”的施散。再次，完善监督机制。清真寺作为“天课”资源再分配主体的合法性来自于超自然形态的宗教教义的赋予，因此从现实法律关系的层面来讲，其不具有强制征收“天课”的权力，也不具有惩罚拒不履行义务者的权力。因此清真寺对未按时履行“天课”义务的信众只能采取宗教信仰意识形态上的孤立与谴责，以让信众从宗教意识形态上认识到自身行为的错误，从而进行反思与改正。

3. 文化产业——发展中的文化资本

寺庄村村民在长期的生活交往中逐渐形成了较多独具特色的文化产品，如“花儿会”、“葫芦雕刻”、“砖雕”等。它们既是寺庄村回族文化的构成元素，又是其文化的外在表现形式。但是这些文化产品的作用仅仅停留在村民间娱乐欣赏、相互交流的层面，并没有成为寺庄村经济发展的外部驱动力。此外，虽然寺庄村村民善于经商，但是受伊斯兰文化的影响，其做生意大都是采用“游商”的方式，小商小贩意识严重，满足于“小富即安”，稍有成效便不再投入，使原有的经济优势形不成规模经济。另一方面，寺庄村村民的经营范围单一，大部分村民都从事虫草收购、牛羊贩卖、餐饮服务。这就使得寺庄村的经济结构抵御风险的能力低，经济的长效发展面临着严峻的挑战。

因此，寺庄村一方面要着力于提升文化产品的附加价值，变文化资产为文化资本，另一方面也要致力于拓宽商业门路，发展规模经济。首先，寺庄村要将传统的文化产品进行加工与修饰，让其成为更符合现代主流审美理念的文化工艺品。此外，寺庄村还要积极利用市场作用，强化文化产品的品牌效应，提升文化产品的附加值，走出一条“设计—加工—销售—回馈”的一站式的市场道路。其次，寺庄村要集中经济资源，变分散经商为集中办企业。随着经济全球化时代的来临，传统的小商小贩已不能使寺庄村的经济得到长远的发展。因此，寺庄村村民要树立市场意识和竞争意识，采用股份制的方式将分散的经济资源集中起来，拓宽经商门路，加大生产再投入。如建立村办企业或到外地投资办厂，从而将单纯地通过“倒卖”谋取利润转变为企业生产销售的复合利润。

4. **文化融合——“自我”文化的现代应变**

当今社会处于一个价值多元化的时代里，文化的变迁、借鉴、摩擦与融合时常发生。任何一个民族如若故步自封，民族极端主义情节严重，他所承载的文化必将是缺乏张力和活力的。然而，一方面在寺庄村的回族文化中存在着一些不利于村庄社会发展的元素，如在寺庄村，红白喜事以及其他一些宗教仪式的家庭开支竟占到了家庭平均收入的50%以上，讲排场、求攀比等一些不好的习俗已蔚然成风。另一方面，在寺庄村的穆斯林中也或多或少地存在着“我族中心主义”的痕迹。调查发现，寺庄村的回族将汉族称为“老得迷”（波斯语，一种贬称），而一提到汉族，他们就会想到：“这些非穆斯林只注重今世的生活，根本不顾及后世的打算，真是无药可救。”这种以本民族的价值观念去评价其他民族的方式也会让寺庄村的文化少了几分包容与活力。

基于以上问题，寺庄村村民要由本溯源，透彻地认知伊斯兰教教义的本质与要求，提倡勤俭节约，在不影响宗教仪式开展的前提下缩小仪式的规模，简化仪式的程序，以将更多的经济资源转移到实体的经济再投入中。当然，阿訇在日常的经堂教育中也要引经据典，鼓励村民在举办婚庆、丧葬仪式中做到从简节约，从而凭借着宗教对信众超自然形态的影响营造文明节俭的高尚氛围。另外，寺庄村村民要对自身所承载的文化进行反思，以分清精华与糟粕、优势与不足。寺庄村村民更要在多元文化的氛围内摆正自己文化的位置，从价值观念、内容构建、外部行为上把握自身文化的发展方向，做到既不停滞倒退，也不全盘他化。

第二部分　农户

九、富裕户

（一）马如林家

植根于回族的传统“游商”文化，寺庄村大多数村民都从事外出经商工作，加之精明、灵活的头脑，吃苦耐劳的性格，不少村民都发家致富，家里的房子修建得非常别致、漂亮。远远的，调研组成员就看见一幢白色的三层小洋楼，洁白的墙砖在阳关下显得格外耀眼，木质结构的鸟翼式复古屋顶既彰显了几分别致，又和旁边不远处的清真寺很自然、流畅地融合在一起。走近后，我们得知房子的主人便是我们今天要走访的马如林家。时值晌午，马如林和他的妻子铁苏德正在院子前的空地上扬麦子，看见我们走来，马如林放下手中的铁锹，热情地招呼我们到家里去。

走进马如林家的院子，随之而来的整洁精致却让我们业已忘记这是在一个小村庄里：院子的四周环绕着白色的小洋楼，楼房的正面都用落地式的铝合金门窗装饰，院心小花园蓬勃生长的各种植物为家里增添了不少灵动，阳光零碎地洒在院子的葡萄架上像跳动的音符，也如流淌的泉水，却也为这盛夏注入了不少惬意。看见我们这么仔细地打量他家的房子，马如林似乎有些不好意思，笑着说道：“其实在村里面比我家房子盖得好的大有人在。”谈罢几句，我们着实发现马如林的谈话中却也有几分圆润和稳重，这与他多年摸爬滚打在外经商，为人处事谨慎小心有很大的关系。马如林告诉我们，他家的房子是2007年修建的，大概有400平方米左右，当时花了不止100万元。马如林说他们家现在有7口人，自己刚满50岁，妻子铁苏德，今年48岁。而提起自己的两个儿子，马如林的脸上满是洋溢着自豪之情。马如林的长子名叫马虎，今年27岁，别看只有27岁，他在拉萨做虫草生意已经有8个年头了。马如林说当初儿子外出经商时，他只给了5000元的本钱，他从两三根虫草倒卖做起，一边跟别人学习如何识别虫草的质量，一边积累资本，扩大投入。一直到现在，马如林的儿子已经在拉萨有了自己的虫草经营店面，一年纯收入10万元左右。马虎现已结婚，妻子马素夫叶今年26岁，两个可爱的儿子马骑和马斌是马如林的“开心果”。马如林的小儿子名叫马成云，现在就读于甘肃政法学院财务管理专业，是村中为数不多的几个大学生之一。马如林说小儿子自小就喜欢读书，“马成云”这名字也是他自己起的。

表2-1　　**2010年马如林家收入来源情况**

职业	收入（元）	职业	收入（元）
从事种植业	0	从事乡镇就业工资	0
从事畜牧养殖业	0	外出打工	0
家庭手工业	0	政府补贴和社会救济金	105
从事渔业	0	出租草场、耕地等	0
从事旅游业	0	其他经营性收入	0
从事运输业	0	木材收购	200000
		虫草生意	100000

马如林说他们家现在的小康生活可谓来之不易，这是自己多年来辗转奔走，摸爬滚打，在外经商拼打而来的。他说这其中的辛酸和艰辛也只有自己清楚。马如林说自己小时候学习很好，那时最大的愿望就是可以迈入大学校园。可当马如林17岁初中毕业时，父亲就因病去世了。父亲的去世让家里的顶梁柱塌了下来，家里兄妹7人还有母亲的生活无依无靠。马如林在家中排行老五，在他之前有4个姐姐，之后有两个弟弟，而操持这个大家庭的重担就落在了马如林的身上，马如林只得辍学，外出打工。最初由于自己做生意没有本钱，马如林就奔波于张掖、武威、西宁等地，矿工、建筑工人、铺路工人马如林都尝试过。高强度的体力劳动和恶劣的工作环境对于一个稚气未脱的青少年来说何尝不是一种煎熬，但是想到家中的母亲和兄弟姐妹，马如林还是咬咬牙扛过去了。1985年左右，马如林带着同乡的二三十人去往敦煌、阿克塞等地开始从事淘金工作。淘金虽然利润高，但同时也具有高投入和高

风险。可以想象，花重金承包下了一口矿井，还要支付劳动力成本，但很有可能只挖出一堆堆的沙子，最后却落个血本无归。马如林说若是能挖到金子自然是欣喜若狂，挖不到连自杀的念头都有了。他说自己经不起这样大起大落的折腾，于是干了一年多便草草了事。

之后，马如林来到了玛曲做起了牦牛贩卖生意。他说牦牛贩卖可是有很深的学问的，首先你得掂量好这头牦牛可以产出多少斤肉，其次还要对牦牛肉的市场价格的走向做出较为准确的估量，然后权衡利弊，综合考量，决定要不要收购这头牦牛。马如林说经验可贵，熟能生巧，他现在大概摸一下这头牦牛就能知道其能产出多少斤肉，不敢说是丝毫无差，但是最大的误差也超不过三斤。马如林告诉我们从事牛羊贩卖生意让他累积了不少生意资本，也可以说是从牦牛贩卖生意开始他家的生活逐渐好了起来。然而，他觉得自己做这种生意就像一个刽子手荼害了不少生命，这与伊斯兰的教义是相违背的。正当马如林的牦牛贩卖生意大有起色的时候，他却索性放弃了这一生财渠道，转而寻找其他赚钱渠道。马如林凭着自己的多年经商经验，敏锐地察觉到木材贩卖在西藏将会有很大的市场前景。于是马如林对木材贩卖生意进行了初步规划，在资金到位之后又做起了木材贩卖生意。他最初是将陇西产地的木材贩运到拉萨，后来随着生意越做越红火，投入越来越大，他的木材贩售已逐渐形成了采购—原加工—运输—销售的一条龙式的服务模式。现如今，他在拉萨木材市场拥有一个 400 平方米的销售摊位，其主要负责木材销售、订单受理、销售联络以及市场监测。他在木材原产地陇西设有收购网点，主要负责木材的收购与原加工。马如林的这种产销对接的经营方式使得他的木材贩售生意越做越红火，一年收入 30 万元左右不成问题。

当调研组成员问起马如林家在经商致富时有没有什么经验或者窍门让大家借鉴的，马如林摆摆手笑着说，其实并没有什么诀窍，这远离家乡，出门打拼并不是自己情愿的，是生活所迫。临夏这个穷山沟没有什么资源，谷贱伤农，村民靠种地吃饭根本不现实。要说非得有什么经验，马如林认为经商做生意要处理好以下几件事情。首先要勤俭节约，时刻衡量自己的成本和产出，不要眼高手低，稍挣点钱就贪图享受。马如林说自己现在的生活也算可以，但是他从来没想过要买私家车，因为开车要花油钱，要保养费，还没有出去坐火车、公共汽车来得划算。其次要建立人际关系网。马如林说，无论做什么生意都要时刻记住自己是一个穆斯林，要做到坦诚待人、诚信经营，不要坑蒙拐骗。这样的话你收获的就不仅仅是钞票，而且还有大量的人脉资源，以后的生意门路也就广了。再次，还要有一定的文化积淀。马如林说，如果目不识丁，没有一点文化，看问题就太短视，生意也做不长远。他说自己现在经商还算成功就与当时坚持读书到初中毕业有很大的关系，至少自己还识字，基本的账目计算是难不倒的。他说做生意头脑一定要灵活，要善于总结经验，汲取教训，虚心求教，时刻观测市场的走向。虽然马如林的话不是什么生意场上的金玉良言，但是朴素的话语中所蕴含的诚信、质朴与圆润却是值得我们琢磨的。

对于现在的马如林来说，履行教门、虔诚奉主是第一位的。无论是在家还是外出，每天的五番礼拜都是马如林必须完成的“功课”。马如林说，去年带着老母亲和妻子去麦加朝觐，虽然这次朝觐花费了近30万元，但这却是每个有条件的穆斯林的任务和最大的愿望。马如林说，通过这次朝觐他更感受到了穆斯林的力量和团结，而对于伊斯兰教义中蕴涵的“博爱、顺主”也有了更为深刻的感悟。马如林说，作为一名“哈赤”，就更应该以身作则，严格要求自己，将履行教义的“义务”变为一种自然而然的“荣誉”。他说这几年来每年都要拿出三四万元来施舍穷人或捐给清真寺，每逢斋月一定会暂时放下手头的事务，从外地赶回家，认真完成一个月的“斋功”。

表2-2　**2010年马如林家支出情况**　单位：元

总支出	生产性	衣服	食品	看病	教育	娱乐	红白喜事	交通	通信	住房	朝觐
358800	0	6000	36000	0	29200	0	40000	6000	1600	0	240000

马如林说自家的幸福生活来之不易，这里面一半的功劳要归于自己的妻子铁苏德。他说要不是自己的妻子一直在家辛劳操持家务，自己在外面做生意也不会这么顺利。一年到头来，马如林在家最多待两个月，种庄稼、照顾老人孩子、做饭洗衣服……家里大大小小的事全部落在了妻子的肩上。所以马如林非常庆幸自己有这么一个贤惠、能干的妻子。当马如林说到这，我们似乎发现他妻子的眼眶有些湿润，也许一个认可的眼神，一句感谢的话对马如林的妻子来说都是一种莫大的鼓励和感动。在这里我们也要祝愿马如林一家其乐融融，幸福美满。

（二）马尕团家

马尕团，男，38 岁，回族，在青海做生意已有多年。除了他，家中还有 5 口人。妻子马发图妹，38 岁，回族。大女儿 16 岁，已经没有上学，小儿子 11 岁，正在寺庄小学读三年级。父亲马依寺哈今年已经 76 岁，如今正安享晚年。母亲马克李素虽然也有 60 多岁，但是身体十分硬朗，平时还会下地干活，但家中大部分的事情还是妻子马发图妹在做。

寺庄村一共有 400 多户人家，大多是种植养殖户，但是近年来，出去经商发家致富的人也慢慢多了起来。根据我们在这里调查了解到，村民们出去打工一般是到矿上挖煤、挖金子，或是到处做小工；经商的人多是做冬虫夏草生意或是开拉面馆。村主任说，他们家附近就有一户是做虫草生意发家的，如今也算是寺庄村数一数二的富裕人家，一天中午吃过午饭，主任便把我们领去他家。

这一户离主任家很近，沿着水泥小路走几步就到，从外面看是一栋两层小洋楼，外围全贴上了白色的瓷砖，十分精致。走进他家院子，首先映入眼帘的就是院子里的四棵小树，小树中间放着一套城市夜市中摆放的塑料桌椅，旁边支着一把大大的阳伞，在距离繁华都市的农村看见这一幕，心中别有一番滋味。这家的主人应该是一位非常热爱生活的人吧。院子中有一位中年妇女正在清洗家中的花瓶摆设，主任上去和她打招呼，并介绍了我们的来意，原来这位中年妇女就是这家的儿媳妇，丈夫是一家之主，目前不在家。我们大家在院中间坐下，因为语言不通，便在主任的帮助下开始了访问。

马尕团只上过一个月的学，14 岁便出去打工，就是跟着主任出去的。那时候，主任还没有回村，而是在外面当包工头修路，马尕团虽然年龄小，但是从不怕苦怕累，每天和大人们一起在太阳底下工作一整天。据主任说，他从小就特别聪明，也能干，平时还会自学识字。修了将近 4 年的马路之后，马尕团和村里的人一起到青海淘金，因为挖金子的人太多，淘了两年的时间也没有挣到什么钱，马尕团便开始学着做冬虫夏草生意。刚开始的时候，因为没有什么经验，他就跟着别人做，一边打工一边学习，慢慢的，几年之后，马尕团基本上熟悉了虫草市场，也攒了一些本钱，便开始自己开店了。但由于本钱少，请不起伙计，所有的业务都是他自己跑，各种艰辛是别人所无法想象的，第一年下来，便开始有一两万元的收入，虽然不多，但是终究是有了盈余。主任说，马尕团是个特别讲诚信的人，别人都非常信任他，所以生意伙伴也都十分愿意与他往来。人格的魅力加上灵活的生意头脑使马尕团的生意越做越好，在青海西宁的虫草交易市场，有全国各地到此经商的人。近几年，马尕团每年都能从牧民手中收到800斤左右的虫草，他把这些虫草交给青海的雪丽源公司，赚取其中额差价。虽然虫草的价格随着市场的波动不停地变化，但是基本上根据其质量在每斤一两万元到15万元之间徘徊，由于当地的许多牧民不太信任外地的一些老板，更愿意把虫草卖给当地的代收商，使得马尕团在做生意时有一定的优势。据他母亲说，如今每年家里的收入都在60万元左右，说到自己的儿子，母亲脸上一直洋溢着笑容，我们能理解一个母亲对自己儿子所取得的成就的那种自豪，那是比自己成功还要更高兴的事情。今年，马尕团在青海又开了一家古董铺，据主任说："他看见别人开这个店很赚钱，就自己也开了一个，去年开始准备，今年4月份的时候就开业了，你看他家里面，就摆了很多好看的石头和古董。"说着，便领着我们走进他们家客厅。里面的各种摆设比一般的城市家庭更讲究，漂亮的大沙发，透明的玻璃茶几，组合柜上摆着各种各样的石头，色泽均匀，十分好看。

十年的虫草生意，使马尕团家成了村中数一数二的富裕户。三年前，他家在西宁买了一套160平方米的房子，平时马尕团就住在那里。去年他又在临夏市里置了一套房，租给别人住，也是100多平方米。我问他母亲为什么不搬去城里住，她笑着摇摇头，说不喜欢住在城里，觉得城里没有乡下住着舒服。主任笑着说："老人家到城里住楼房，还要坐电梯，他们都不知道怎么摁钮，再说一辈子在这里也住习惯了，现在搬去城里住，也没什么熟人，还不如在我们村里住着舒服呢。"每年，马尕团都会接家里人一起到西宁住一个月，或是带着家人到处旅游。几乎每个月他也会回家一次，自己开车从西宁三个小时就到家了，回到家看看父母和孩子，给家里送些水果和肉，和家人一起去市里吃些好吃的。从主任的口中，我们能感觉到马尕团不仅很有经商头脑，并且是个很孝顺的儿子，对家里人都照顾的特别好。不仅如此，每年，他都会花10000元左右，回村把大家伙叫在一起，请大家吃饭。前几年，村里道路硬化，马尕团一家就给村里面捐了40000元。说到这里，我们才真的开始明白为什么他能白手起家，而且能把生意越做越大。一颗懂得回报的心和一个善良的人，无论走到哪里，总会容易取得大家的信任。做生意的人重在诚信，只要有了信誉，自然很多事情会水到渠成。

马尕团的车是村子里最好的，主任说是霸道牌的越野车，花了六七十万元。这家人的生活真是比很多城市里的人过得还要好。不过尽管很富有，马尕团的妻子马发图妹仍然把家中5亩地都打理得很好。地里种了两亩多的小麦，还有玉米、兰花豆、土豆、大豆，这段时间正是收小麦的季节，马发图妹每天都忙忙碌碌的，一刻也不得闲，我们聊了一会儿她就急着去做家务活了。母亲马克李素便坐下来接着和我们说说家里另外的一些情况。2010年马尕团家一共支出了近16万元。其中用在交通费的最多，差不多10万元；其次就是食品消费和红白喜事上，各用了近20000元，通信费近7500元；全年买衣服花了差不多5000元，出去玩，娱乐用了近2000元；教育费用2400元，几乎都是给小孙子的零花钱；而用在生产性支出上只有近1000元。（详细如下表）

表2－3　　2010年马尕团家支出情况表　　单位：元

总支出	生产性	衣服	食品	看病	教育	娱乐	红白喜事	交通	通信	住房
158100	1000	5000	20000	200	2400	2000	20000	100000	7500	0

在访谈的过程中，老太太的脸上一直洋溢着笑容，说起自己的儿子，更是觉得骄傲。我们问她对儿子还有什么期望时，她说："在外面自己注意身体就好，不要太忙了，有时间还是多回家来看看。"看着老人欣慰的神态，我们的心中也是一阵感动。儿行千里母担忧，虽然如今马尕团已是事业有成，但是在母亲的眼里，他还像小时候一样，需要别人的照顾和关心。虽说每个月都能见着面，但是母亲仍然时时担心儿子一人在外的生活，这是每一个父母共同的期盼吧。

访谈进行到最后已是下午两点钟，外面的阳光非常强烈。我们走在回去的小路上，心中有许多感触。马尕团从小出门，凭着自己的智慧和吃苦的精神打拼出如今的一番天地，不仅给自己的家庭带来富裕的生活，更是为村中其他人树立了一个很好的榜样。在后来的入户访谈中，很多人一提到马尕团家，就会说看见他们家做生意发财了，才想着也去做虫草生意。其实，我们相信每一个人都能依靠自己的双手创造更美好的生活，特别是身在农村的孩子，父母不能给予太多的物质支持，凡是有志向的人只能靠自己的努力去奋斗。马尕团成功了，他的成功并非是一个偶然，而是对其自身能力和磨难的回报。

在甘肃临夏的这个小村子里，我们看到了一个普通的家庭怎样一步步发家致富，怎样不忘乡情，回报亲人和养育自己的家乡。虽然这次没有见到马尕团本人，但是在我们的心中，他的形象已经十分立体，我们仿佛可以想象得出他大概的样子。一张成熟又饱经沧桑的脸带着商人特有的精明，眼睛炯炯有神，戴着回族人特有的小白帽。衷心地希望马尕团的生意会越做越好，也祝愿他们家幸福美满！我们也祝愿寺庄村会出现更多的富裕户，大家的生活条件也越来越好！

十、打工、种植户

（一）马海录家

马海录今年48岁，家里一共有5口人。儿子马小忠，现年25岁，在外地学经；儿媳组比德22岁；家里还有两个双胞胎孙子马哈三和马胡才，今年两岁。

我们是在村东的磨牙清真寺门口遇到马海录的，当时他正在打麦子，说明来意后马海录热情地招呼我们到他家里。

一进大门，首先映入眼帘的就是马海录家几近完工的新房，房子盖得漂亮又精致，木质窗框上绘满了彩色的祥云图案，屋檐下也用当地的特色砖雕加以装饰。我们不由得感叹道：这房子真漂亮，可谓巧夺天工！马海录嘿嘿笑了两下，说这房子都是他自己亲手所盖，花了他近半年的工夫，马上就要竣工了，言语之中充满了喜悦与自豪。院子正中是一个花坛，里面种了梨树和各种花草，一只大白猫趴在围栏上懒洋洋地晒着太阳，看到我们进来它只抬眼看了一下，之后就又回到梦乡了。

马海录1971年至1976年就读于本村的寺庄小学。小时候家里一共8口人，马海录有1个弟弟和4个妹妹，为了照顾弟弟妹妹，小学毕业后便辍学在家务农。据他讲，小时候在寺庄小学学习很好，一至五年级在班上一直名列前茅。

1983 年马海录到临夏县科委的复印室当临时工，主要负责文件的印刷、分发等工作。当时还没有现在的静电复印技术，科委专门从北京买了台油印机，还专门设立了复印室，这也是当时县里唯一的油印地点，县机关的各类文件基本上都出自那里。

1992 年开始，马海录跟随他的舅舅到西藏做冬虫夏草生意，一共做了 1 年零 8 个月，除了虫草外，他们还顺带着贩卖些牛皮羊皮。这期间挣了不少钱，家里的堂屋也是用那个时候挣的钱盖起来的。最好的一次他跟舅舅一起从日喀则收了 2.6 斤虫草，进货价 2.6 万元，贩卖到西藏，一共卖了 5.6 万元，单这一笔生意就赚了 3 万元。

1994 年，由于家里孩子小，无人照料，加之妻子患肺气肿，便不再外出做生意，回到寺庄村在家务农至今。这期间断断续续地在临近的村子做些瓦工活，打工的同时也好照看家里。2003 年的时候，帮别人盖房子一天能拿到 60 至 70 元，现在基本上一天都在 120 元左右，虽然不是每天都有活干，但平均下来一个月也能有 2000 多元的收入。

马海录利用自己的技艺也为村里作了不少贡献。1999 年村里修建磨牙清真大寺，自然少不了马海录。当时清真寺的寺管一天给 25 元工钱，不包吃住，远低于当时这个行业的平均工资，但马海录还有同他一道的许多工人还是自愿地加入到了工程队当中，在他们看来，修清真寺本身就是一种积善行为，何况磨牙寺就修在自己家门口，以后家人和乡亲们做礼拜也会方便许多。

去年村里硬化道路，虽然没有修到马海录家门前，但他还是捐出了 400 元，他说修路本身就是大家的事情，路修好了村里人都方便，这些钱也算是自己对村子的一点贡献吧。

马海录唯一的儿子小学三年级辍学，之后便一直在青海省湟中县达彩乡清真寺学经，一般一年回来两次。提起他的儿子，马海录迫不及待地打开了屋里的两个约一米高的柜子，里面存放的是儿子学习用过的经书。据马海录介绍，这只是他儿子所用经书的一部分，还有很多经书在儿子所在的清真寺里。儿子学经已经有十多年了，再过两三年就能成为阿訇。马海录还自豪地跟我们讲，寺庄村有两百多人在外地学经，但目前有希望成为阿訇的只有他儿子一个人。

马海录家一共有2.5亩地，有2亩是分得的，剩下五分是妹妹出嫁转给他的，其中1亩是水浇地，收成要好一些。一共种了1.8亩麦子，0.2亩土豆，0.5亩油菜。每年收获的粮食还不够家人吃，还要拿钱再买些。收入基本上来源于他在外打工挣钱。家里有一头两岁的小牛犊，没有养羊。

表2-4　　2010年马海录家收入来源情况　　单位：元

职业	收入	职业	收入
从事种植业	0	从事乡镇就业工资	0
从事畜牧养殖业	3000	外出打工	25000
家庭手工业	0	政府补贴和社会救济金	120
从事渔业	0	出租、草场、耕地、房屋等	0
从事旅游业	0	其他经营性收入	0
从事运输业	0		

马海录说家里的支出很大，收入来源又不多，只能靠平时自己多多打工挣钱。家里的主要开销是儿子上学和两个小孙子的抚养。儿子学经虽然没有学费，但是每个月都要给阿訇一些钱，算下来一年也有几千元。两个小孙子由于年龄小，每个月买奶粉、零食等花销也要两三百元。其次参加村里的红白喜事一年要1000多元，买衣服和通信费一年也要1000多元。每年种地种子、化肥、地膜加上租用农机，生产性支出大概要700元。

表2-5　　2010年马海录家支出情况　　单位：元

总支出	生产性	衣服	食品	看病	教育	娱乐	红白喜事	交通	通信	住房
8400	700	1000	3000	0	2000	0	1000	100	600	0

马海录由于早年在外地做生意，后来一直在本村附近打零工，家里条件在村里还算可以。东南西北9间房子大概有三四百平方米，加上东北侧新修的新房，家里住房相当宽裕。屋里冰箱、电视、洗衣机一应俱全。马海录说这些电器大都是儿子结婚时候置办的。

表 2-6　　2010 年马海录家家庭耐用消费品情况

项目	个数	项目	个数
电视	1	农用车（拖拉机）	0
电冰箱	1	卡车	0
洗衣机	1	小轿车	0
照相机	0	电话	0
影碟机	0	组合音响	0
电动车	0	手机	1
摩托车	0	自行车	0

谈到对未来的展望，马海录感慨颇多。他说自己年龄大了，瓦工活干着多少有些吃力，再过几年也许就干不动了。今后想着能让政府帮忙贷款买些牛犊羊羔，在家里养牛养羊。近年来，牛羊肉价格一再攀升，加上当地的牛羊品种好，养殖周期短，村里和华东、华南的牛肉拉面馆又有长期合作，牛羊肉不愁销路，所以养殖业有很好的发展前景。其次，希望自己的儿子能早日成为阿訇。在伊斯兰教世界里，阿訇是很受人尊敬的，不但社会地位高，而且收入也不错。最后，他还对自己的两个双胞胎孙子寄予厚望。自己小时候由于家里条件不好没能接受良好的教育，他不希望这种事再发生在他孙子的身上。马海录说两个孙子自幼聪颖，是块学习的料子，将来会好好供养两个孙子上学，希望他们能够学有所成，长大了能有份好工作。

马海录是一个勤奋、朴实的人，自己虽然文化水平不高，但是却不断地凭借自己的双手努力使这个普通的农户朝着好的方向发展。一家人现在的生活简单而又幸福，衷心祝愿马海录的愿望都能够顺利实现。

（二）马二力家

马二力，男，40 岁，回族，寺庄村人。家中一共 7 口人，马二力及其妻子、两个儿子、一个女儿，还有马二力的父母。

他的家位于寺庄村东部，两层新房富丽堂皇，气派而又醒目。没到他家之前，我们都以为这家人肯定是做生意发了大财的。但是，从村主任那里我们得知马二力家是村中的低保户。这让我们大吃一惊，有能力建这样漂亮的房子怎么看也不像是低保户家庭。通过深入的采访，我们才找到了原因。

马二力家里弟兄4个，都没上过学，其本人16岁开始跟随哥哥去外地打工，先后到过青海、内蒙古等省区，主要从事建筑行业，在建筑工地当建筑工人。

一开始跟随哥哥一起在内蒙古打工。从1995年开始，跟随一个四川老板在青海省玉树藏族自治州打工，一干就是12年。这期间，马二力从搬运工做起，勤勤恳恳，任劳任怨，以对工作认真负责的态度赢得了老板的赏识，最后做到了他们工程队的领班。

从2007年起，他不再外出打工，回乡务农。一是因为自己年龄渐长，体力活干起来心有余而力不足；二是因为家里孩子、老人都需要人照顾。兄弟4个通过商议最后决定由他回家照看老人，3个哥哥继续在外打工。

这4年间，他除了忙于农活之外，陆陆续续在临近村庄做些散活，还是从事自己的老本行建筑行业，帮别人盖房子。据他讲，目前的工钱大约每天80至90元，平均一个月下来能拿到2500元。

马二力的妻子名叫马乃白，今年38岁。结婚之后便一直在家务农。妻子患有肾炎，不能干重体力活，平时无大碍，发病的时候却非常痛苦。平时主要以药物控制为主，一旦发病就要住院治疗。据他估算，妻子每年的医疗费大概在2000元左右。

马二力有两个儿子，大儿子马乃比有读初中二年级，小儿子马吾麦尔读初中一年级。两人都在韩集镇中学上学，平时住校学习，每周末回家一次。两人花销大概每月要1200元。

他的女儿名叫马丽萍，今年5岁，目前还没有上学。采访之时她正在和邻居家的小朋友玩耍，院子里不时传来他们爽朗的笑声。显然，幼小的她也许知道自己家的条件不如别人，但还没有清楚地认识到这个家庭的困难所在。

他的父亲名叫马合克木，今年86岁。老人患有严重的帕金森综合征，平时瘫痪在床，生活不能自理，需要有人24小时在身边照顾。由于经济原因，平时只是吃点药控制病情。

他的母亲名叫马则乃白，今年76岁。患有气管炎及慢性胃病。气管炎夏天并无大碍，老人只需要注意饮食防止胃病发作即可。每到冬天气管炎极易发作，一旦发病便呼吸困难，加之慢性胃病好多药不能口服，老人非常痛苦，几乎每年发病都要住院治疗。由于得病多年，老人的心肺功能及肾功能衰退，整体健康状况不佳，所以每年冬天对于老人来讲都是一个难关。

两个老人都有低保，每月两个老人加起来有约 200 元的低保补助。并且全家人都参加了新农合，在韩集镇卫生院看病能享受 70% 的报销额度。这两项政策对于这个低保户家庭来说，无疑有很大的帮助作用。

马二力家的新房系 2008 年建造，楼上楼下一共 7 间，建筑面积约为 300 平方米。整栋楼房为钢筋混凝土结构，外墙白瓷砖装饰，门窗铝合金构成。房檐窗台等处更是以砖雕、木雕加以修饰。整栋建筑气势恢宏，细节之处却又巧夺天工。这样的民宅在寺庄村就算不是数一数二，起码也是名列前茅。

当时建造新房一共花去约 7 万元，其中申请国家农村危房改造资金 5000 元，又向亲朋好友借款 5 万元，其余为马二力近几年打工所存。三个哥哥虽然没有给予资金上的支持，但新房修建之时兄弟 4 人亲力亲为，把打工所学到的建筑工艺及技巧运用于新宅之中，最终成就了这般宏伟而又精致的房屋。他说这所房子是兄弟 4 人齐心协力的结果，也是他们几十年建筑经验的结晶。

既然家里条件不好，为什么要花费这么大的财力物力去修建房屋呢？马二力说，一是因为家里的老宅子年久失修，多处裂缝，住人实在危险。另外当地也有这么个习俗，有钱了就要先盖房子。这两方面原因固然存在，但眼看村里其他人家都修了新房，他又在外打工多年，应该有所积蓄，或许虚荣心和攀比心理也在一定程度上起了作用吧。

马二力家一共种了 6 亩地，其中 3 亩小麦，1 亩土豆，1 亩蚕豆，1 亩菜籽。但由于家里人口众多，6 亩地所产粮食不够家里人的口粮，每年还要再买粮食。花在土地上的生产性支出大概每年 400 元，国家种地补贴每年一共有 200 余元。

由于他家在邻近村落亲戚众多，每年花在红白喜事上的支出不容忽视，据他自己估算一年起码要 5000 元。

表 2-7　　2010 年马二力家收入来源情况　　单位：元

职业	收入	职业	收入
从事种植业	0	从事乡镇就业工资	0
从事畜牧养殖业	5000	外出打工	30000
家庭手工业	0	政府补贴和社会救济金	2800
从事渔业	0	出租、草场、耕地、房屋等	0
从事旅游业	0	其他经营性收入	0
从事运输业	0		

表 2-8　　2010 年马二力家支出情况　　单位：元

总支出	生产性	衣服	食品	看病	教育	娱乐	红白喜事	交通	通信	住房
26600	400	200	1000	5000	15000	0	5000	0	0	0

马二力家里的电器只有电视、洗衣机。他说孩子的舅舅家条件不错，这些电器都是他送的。去年孩子舅舅还帮忙花 3000 元买了一头牛犊，养了一年零四个月，卖了 8000 元，还了孩子舅舅本钱之后赚了 5000 元。他说孩子舅舅心地善良，对家里一直都很照顾。

谈到对未来的打算，马二力显得有些无奈。他说自己一直都想做点生意，但苦于没有本钱，一直也没能有机会。国家虽然有各种各样的小额扶贫贷款，但是条件众多，手续繁杂，自己尝试过申请，但没有成功。希望国家能够为农民的切身利益着想，把政策落到实处，放宽贷款要求，简化贷款程序，使真正需要发展资金的农民能够拿到钱。

对于自己的儿女，马二力给予厚望。他说现在整个家庭的希望都寄托在两个儿子身上，等儿子初中毕业就打算让他们出去闯荡，有能力的话就自己做生意赚大钱，不然就让他们出去打工。

至此，我们可以清楚地认识到，马二力家的基本情况是人口众多，缺少劳动力，并且家中数人患有严重疾病。家中教育、医疗、养老负担过重，经济来源又少。同时，他又把近几年的积蓄全部用于新房建设，并且欠下了巨额债务。这才是马二力家贫困的真正原因。

(三) 马义华家

马义华，男，36岁，回族。家中共有4口人。妻子马里麦，30岁，回族，平时在家务农。女儿今年11岁，在寺庄小学读三年级。父亲马地力，87岁，身体不是很好，经常住院。

寺庄村坐落在青山之间，正值盛夏，一片片的玉米地绿油油的在阳光下自由地呼吸，小麦已是成熟，一路上不少村民正在热火朝天地收割自家的劳动果实。在村头，有一片空旷的场地，虽不是水泥铺成的，但也平整。我们调研期间，每天都有不少的村民来这里晒麦子。一天上午，我们又一次路过这里，看见几个村民闲了下来，便走上去和他们攀谈起来。

这几个村民的家都在这附近，所以每到夏天，都是来这里打小麦。村民中有一位中年人，看起来40岁左右，普通话说得比较流利，热情地向我们介绍家里的情况，原来他全名叫马义华，之前都是在外打工，是最近才回到村里的，家中除了妻子和女儿之外，还有一位87岁的老父亲，哥哥早早地就离开家乡了，在新疆做生意多年，已经在当地成家，十几年没有回来过，只是每年会寄点钱，打几个电话给家里。

马义华是1975年出生，但是脸上却带着超越他这个年龄的沧桑，个头较高，皮肤黝黑，笑起来有很多皱纹。说起他的打工经历，马义华显得十分健谈。18岁的时候，他最早是随着哥哥去到青海的一个地方挖金子，在那儿待了一年多，吃了很多的苦，却没有什么收获。我们问他还记得那时候每天是怎么生活的吗？他说："那时候还很小，根本就不知道该干什么，所以跟着哥哥出去，看着别人做什么就跟着做，也不觉得有什么辛苦了，因为大家都是一样这样过的。"因为在青海没有什么收获，他便和村民一起转移到其他地方继续挖，在祁连山附近，他和村民们一同住在山里，每天天刚刚亮就进山开始工作，天黑的时候才回到住处，一天的强劳动下来，人累得筋疲力尽，那时候伙食也不是很好，每天吃的只有馒头和青菜。我们问他这次有赚到钱了没？他回答说，比起刚出去那会儿好很多，但是也只挖到一点点，赚一点生活费。听着马义华质朴的语言，我无法想象一个十几岁的男孩子是怎样跟着大人们穿梭于各个金矿中，为了生活所迫而挥洒年轻的汗水。这样的生活似乎离我们很遥远，但是却真实地呈现在我面前，我们一时心中不知是什么滋味，只是有些许的难过。

因为挖金子的人越来越多，所以能挖到的越来越少，马义华便回到家里又重新开始种地。但是对美好生活的向往使他不甘心待在家里守着几亩薄田过一辈子。过了两年，村里陆续有人去新疆的农田打工，马义华便也随着几个村民到了新疆，这一来，就在新疆待了整整 7 年。我们问他 7 年的时间里他是做什么工作，他说："我们在农场里给人家采棉花、挖甜菜，干一个月的活也就八九百元。" 7 年做同一件事情，我们问他会不会觉得厌烦，他微微笑了笑说："没办法，我们要过日子啊，不做就没有钱。"因为在农场里面，吃住全包，所以每个月挣的钱都能攒下一大部分。新疆昼长夜短，夏天 4 点多天就亮，晚上 10 点之后黑夜才慢慢降临，所以每天马义华在地里待的时间几乎都会超过 10 个小时，常年的劳累使他的脸上布满了皱纹。从新疆回来后，没在家待多久，马义华又跟村里几个人一起到西藏挖虫草，挖虫草这活又难又累，需要爬到雪山上，经常上山了却找不到草。如果吃的带得不够，还会挨饿，马义华说有一次他饿了两天，每天只喝一点水，后来实在是挨不住了，这才赶紧下山。因为当地的牧民非常排斥外地人到当地挖虫草，所以他们上山还不能被当地人发现，不然就会被赶出来。我们问他今年是否有挣到钱，他摇摇头说："没有，不仅没有赚到，还亏了 6000 多元。我们这次进山的时候被人发现了，结果被赶了出来，3000 多元的生活用品被扣了，给带路人的 3000 元也白给，没有办法，只能回家了。"

和马义华的交谈中，我们了解到他家中的生活条件十分艰苦，是村里的低保户，属于因病致贫。马义华的父亲从前给地主打工，家里很穷，新中国成立后，分到了土地，但收成不是很好，年迈的老父亲过了一辈子的穷日子，如今由马义华独自赡养，哥哥在新疆除了每年寄 1000 元，从没有回来过。母亲生病多年，每年都会住院一到两个月，得的是肺气肿，常年卧病在床，马义华说他这些年外出打工攒的钱全都给母亲治病了，去年母亲去世后，马义华办完母亲的丧事就去西藏挖虫草，但是运气不好，没有挣到钱便回来了。

马义华家住的是砖瓦房，45 平方米，总共只有三间房。冬天取暖用的是火炕，做饭用的主要燃料是木柴。家中一共有 10 亩地，4 亩用来种小麦，3 亩种大豆，土豆、青稞、红薯各种 1 亩。去年马义华家全年的收入为 17000 元，包括外出打工挣的 15000 元和政府发的低保 2000 元。支出为 10400 元，其中花费最多的就是看病，用了近 3000 元，其次是买衣服花费近 2000 元，

通信费1500元。（详见表2－9）

表2－9　　2010年马义华家支出情况　　单位：元

总支出	生产性	衣服	食品	看病	教育	娱乐	红白喜事	交通	通信	住房
10400	1500	200	800	3000	200	0	1000	400	1500	0

马义华的父亲身体也不是很好，去年9月份的时候还住过医院。我们问他有参加新型农村合作医疗没有，他说参加了，但是只能报销一半的费用。不过还是非常感谢国家的这个政策，报销的手续和流程比较简单，很快就拿到了钱。本来去年马义华是计划修新房的，但是因为母亲去世，这件事情就暂时放下了，马义华说到未来的打算时，第一件事情就是想在未来两到三年内盖新房子。如今他们一家4口住在不到50平方米的老房子里，这个房子还是父亲很多年前修的，很多地方都破了，家中家用电器很少，只有一台电视机和一部影碟机，除了这些之外，还有两部手机、一辆摩托车和一辆自行车，日子过得十分清寒。马义华的妻子平时在家照顾老人和小孩，女儿今年11岁了，就在寺庄小学上三年级。

在谈起村子和外面的差距时，马义华说村里比较穷，挣钱也难，外面挣钱就容易多了。收完麦子之后，马义华打算和几个村民一起去新疆给别人挖矿，未来多攒些钱送女儿上学。说起自己的妻子，马义华脸上满是感激，他扯起自己身上的那件毛衣说，这件衣服就是妻子给他织的。平时不在家，家中的老人和小孩都全靠妻子一个人照顾，他说以后希望能让妻子过上更好的生活。马义华家算是村里的因病致贫的人家，新型农村医疗政策给他家带来了很大的帮助，但是仍抵不住两位老人常年的药费。在交谈过程中，我们发现他其实是一位很有自己的想法的人，因为不愿意一辈子老老实实待在家乡种地为生，他想凭着自己的力气外出打拼，改变现在的贫穷状态。挖金子、帮别人采棉花、挖虫草、挖矿，凡是自己能做的挣钱方式，他都愿意做，不怕苦，不怕累，18年外出打工的经历使得他比同龄人更显苍老，但是我们聊天时，他没有任何抱怨和怨言，有的只是对未来生活的美好向往。

访谈结束后，马义华接着去地里收麦子，看着他远去的背影，我们在心中默默地祝福着他，希望他早点挣到钱修新房，和家人过上更好的生活。

（四）马散里海家

马散里海，男，36岁，普通话基本流利，小学没有毕业就辍学了。妻子叫马阿以莎，30岁，没有读过书。夫妻俩有3个孩子，大女儿马雪兰，14岁；大儿子马海波，7岁；小儿子马海龙，2岁。

马阿以莎是个挺健谈的人。她热情、淳朴，和我们说话时，脸上总是挂着笑意，给人温暖的感觉。客厅收拾得一尘不染，各种家具摆放得井井有条。几个透明的玻璃杯整齐地摆放在桌子上，还有一盘瓜子和一盘点心。把家布置得这么温馨，说明这个家的女主人是个挺会过日子的人。家里的摆设给人温馨的家的感觉。屋子的一侧是个大大的衣柜，正前方是大大的透明的玻璃窗，透过窗户，院子里的景色一览无余。枝繁叶茂的花椒树，几盆开得热闹的花，还有院子中央那棵果实累累的果树，它们争先恐后地点缀着这个家。

她热情地招呼我们吃瓜子，还忙着给我们倒水。通过交谈，我们知道她嫁过来19年了，她和丈夫是通过家人介绍认识的。结婚前两人没有见过面，就只有对方的一张照片。夫妻俩关系融洽，感情挺好。偶尔也会有争执，会吵架。不过夫妻之间哪有没有矛盾的呢，大家坐下来谈谈，把问题和矛盾解决了就没事了，看得出他们夫妻俩都是通情达理的人。丈夫前几年在外地打工的时候，她一个人在家挺辛苦的。地里的农活她要负责，孩子也需要她照顾。那时家里的条件不是很好，回想起那会她觉得现在的生活好多了，现在遇到什么困难都不怕了，艰难的那几年自己都挺过来了，现在的生活相对前几年真的有了很大程度的改善。

家里本来有16亩地，但是因为家里劳动力少，资金又缺乏，夫妻俩就把其中6亩地租给了别人10年，每亩地一年30元。现在家里一共有10亩地。他们家的土地面积与村里其他人相比，算是比较多的一户了，现在夫妻俩都比较年轻，都很能干，是家里的两个主要劳动力，农忙时的活都是夫妻俩来干。为了维持这个家，马阿以莎还是需要努力干活的，而且真的很辛苦，因为丈夫在外，孩子还小，家里没有人帮忙，就只能自己一个人干活。马阿以莎非常勤快，正是在她的辛勤劳作下，去年家里的收入还可以。去年家里的10亩玉米地和半亩水稻田都获得了丰收，3分菜地种的菜也足够家里自给了。马阿以莎说想就凭夫妻俩自己的能力，一步一步慢慢走，相信生活会逐渐好转的。

他家住的是一个约90平方米的房子，一共6间。房前有一个小院子，收拾得干干净净，院子里种的花椒，还有几簇开得热闹的花朵，把原本干净的家点缀得分外漂亮了。家里的生活条件一般，有一台电视，一辆摩托车，一个电话，一部手机。平时家里做饭主要是用木材，有时也会用电来烧饭。

2010年马散里海家支出情况见下表：

表2-10　　2010年马散里海家支出情况　　单位：元

总支出	生产性	衣服	食品	看病	教育	娱乐	红白喜事	交通	通信	住房
11450	1500	3000	4200	300	0	0	1500	400	550	0

在寺庄村，遇到有红白喜事的时候，大家都会随个份子，一年下来得花费1万~2万元。

马阿以莎平时在家喜欢做一些手工活，像刺绣、做鞋子。回族由于受伊斯兰文化艺术的影响，民间刺绣以其独特的风格广泛流传，受到人们的青睐。刺绣是临夏的回族等少数民族十分擅长的一种手工艺术，刺绣作品是在缎、绸、棉等布料上配以独特设计的图案，用多种丝线刺绣而成，其针脚细致匀称、色彩艳丽、图案形象生动。

回族是最擅长刺绣的民族之一，回族妇女的刺绣都有自己的巧妙构思。刺绣以花草图案和几何图案见长，多见于枕头、门帘、围裙、鞋袜等日常用品之中。农闲时，便互相串门，三个一伙，五个一群地坐在一起，拿出绣花绷，忙起刺绣活计。

回族的刺绣富有想象力和艺术魅力。虽然伊斯兰教义禁止崇拜偶像，禁止在造型艺术中表现有生命的物体（人和动物），但她们创作日常生活用品和鸟类动物时，往往绣成一种错综复杂的图形，使鸟类等形体交织在花草图案中，以求最小限度地形似。

刺绣花草图案和几何图形是回族妇女的绝技。在回民家里，我们看到她们的枕头、坎肩、挂图、围裙等处绣的花卉，形象非常逼真，形似蝴蝶的花朵，淡雅、恬静的花瓣，仿佛能感到散发着的暗香。有些刺绣作品，很注意变化装饰，给人以整体美。她们往往撷取大自然中各种不同的植物叶，构成自己想象中的花草树木，枝与叶、花与蔓和谐统一。回族妇女的刺绣，不仅表现自然美、生活美，而且还艺术地表现其宗教信仰。当买回一块干净的布料后，洗完大小净就请阿訇书写上阿拉伯文中堂，然后便不分昼夜，千针万线地刺绣。绣完字一般还用传统的阿拉伯几何图形或云纹样绣上花边，挂在墙上，颇受人们的喜爱与好评，充分体现了回族妇女的审美情趣。

农忙时夫妻俩一起到田间劳作，农闲时，马散里海在本村或者邻村帮别人干点活，打点小工。马散里海还打过零工，例如搬运工、建筑工。去年收入 6000 元左右，今年收入大概是 150000 元。

前几年，农闲时，家里没什么农活。马散里海就考虑着出去找份工作。经朋友介绍，他在邻县的一个建筑工地上工作。工作强度不大，不是很累，只是劳动时间比较长，几乎一整天都待在工地上。那会儿很少回家，几乎四五个月回家一次。

这几年马散里海在临夏县的一家屠宰厂工作，他已当了 2 年屠宰工，每只羊剥皮给 3 元的工资，一个月有 3000 多元的工资，所食用的牛、羊、鸡、鸭、兔等，一定要经伊斯兰教念经人屠宰。临夏市穆斯林生活方式独特，在饮食方面特别注重清真，从食品生产原料和加工的各个环节都严格按伊斯兰教的规则要求操作。由阿訇和符合条件的穆斯林专业人员屠宰加工，严格遵循伊斯兰教义规范，是所有穆斯林的放心食品。

在具体的屠宰程序上，贩运户拉来的牛、羊先由检疫站派出的工作人员进行检查，确保牛、羊的健康之后，将这些牛、羊圈养在屠宰场设的圈里，购买者从圈里挑选好牛、羊，再由屠宰人员进行屠宰。宰好后，检疫部门进行检疫，鉴别有无疫病，最后检疫合格，填写动物产品检疫合格证明，才允许上市销售。牛羊肉在东乡是老百姓“菜篮子”和餐桌上的重要品种，为了防止疫病传播，让群众吃上放心肉，全乡在清真牛羊肉定点屠宰方面已形成了一套行之有效的管理办法。

以前屠宰场建在群众居住密集的地方，给当地群众的生活带来了不便，因此，后来屠宰场搬到了靠近牛羊活畜交易市场的位置。他所在的屠宰场有员工 21 名，多年来，该场在对牛羊的屠宰检疫工作很重视，采取了一系列有效措施保证羊牛肉的品质。

牛羊肉屠宰产业带动了皮毛生意的发展，在该屠宰市场内有两名专门收购皮张的客商，他们每天除在市场内收购外，还从许多走乡串村的小商贩手中大量收购，之后用来销售。这些小商贩均来自临夏地区，淡季时有 50 ~ 60

人，而在秋季皮毛生意的旺季有上百人。他们通过辛勤劳动过上了还算圆满的生活。

临夏广大群众特别是穆斯林群众有擅于育肥牛羊的传统和经验，他们把从外地拉来的架子牛、羊经过饲舍育肥，通过附近的牛羊交易市场卖出去，赚取利润，这成为临夏畜牧产业的一大优势。而临夏人在畜牧业上的先进经验也在改变着畜牧业发展进程。

为了让人民吃上放心肉，临夏县对牛羊进行定点屠宰管理，由宗教局一名副局长负责，规定所有销售的牛羊肉在屠宰场定点屠宰，屠宰场由宗教局牵头，企业投资兴建，每只羊屠宰包括剥皮收费 8 元。并规定，如果私自乱宰罚款 500 元，从而杜绝了私宰滥宰现象的发生，既保证了让群众吃上放心肉，又不大面积污染环境。为了照顾穆斯林的宰牲节，规定在宰牲节时穆斯林群众可享受免费屠宰。临夏提出大力发展清真食品加工业、促进民族特需用品和地方特色产品的产业化。

屠宰场平均每天屠宰 70 只羊。在谈话中，马散里海还告诉我们，县上进行定点屠宰、集中检疫，不仅可以减少对环境的污染，而且集中管理卫生、干净，有效地防止了重大传染病的发生，这样的牛羊肉老百姓吃着也放心。

全县设立 4 个定点屠宰场，不仅方便了群众，也使生产、加工等逐步走向正规化、标准化、规范化，可保障广大消费者吃上放心肉。马散里海还告诉我们，为了进一步规范牛羊肉的生产、加工、销售，牛羊肉定点屠宰场将计划扩建，届时，屠宰场将集检疫、定点屠宰、运送、储存、加工为一体。

临夏县穆斯林生活方式独特，在饮食方面特别注重清真，从食品生产原料和加工的各个环节都严格按伊斯兰的规则要求操作。清真肉制品原料主要来源于青海、甘南牧区和州内山区天然牧草喂养的牛羊，没有或极少使用人工饲料，不受各类饲料添加剂的影响，是真正意义上的绿色食品。由阿訇和符合条件的穆斯林专业人员屠宰加工，严格遵循伊斯兰教义规范，是所有穆斯林的放心食品，清真品牌在西北地区乃至全国各地都享有极高的声誉。

马散里海的女儿 9 月份要出嫁了，办女儿的婚事大概要花费 4 万元左右。回族婚姻受伊斯兰教影响较大，《古兰经》规定，女孩 9 岁，男孩 12 岁为“出幼”，即少年时期结束，可以结婚。因此，伊斯兰教流行地区早婚现象较严重。男方的家长在德高望重的长者与亲朋好友的陪同下，携带聘金和礼品前往姑娘家，并由姑娘亲自接待和接受礼品。

这些年，马散里海从事挖虫草的生意，多的话一天能挖 30 ~ 40 棵，少的话一天能挖五六棵。考虑到女儿要结婚了，今年就不打算出去了，等把女儿的婚事操办完了，他就可以放心地出去工作了。

谈起将来，他说，的确考虑过未来，以后孩子大了，用钱的地方多了，真不知道到时候会怎样，面对现实，边走边看。夫妻俩靠着勤劳的双手在家乡这块土地上快乐而平静地生活，谱写着一幅劳动生活的美好画卷。

（五）马国华家

马国华，今年 27 岁，母亲和他的妻子在家务农，哥哥和嫂子在外打工。初次见到马国华时，他正在帮邻居一起割麦子，并将麦子垒成麦垛堆放在家门前的空地上。在这个村里，村民都很善良、淳朴，哪家需要帮忙了，邻居们都会很热情地帮把手，我想这个在城市里是很缺少的，是值得我们去学习的。马国华今年才 27 岁，有着农民那种特有的羞涩与不善言辞，在我们与另一名村名的访谈时很安静地坐在一边，一句话也不说。在我们表达了想与他聊聊时，他很不好意思地笑着说自己不知道该说什么，但也是很配合的与我们聊了起来。听着他流利的普通话还有准确的用词，我们都以为他应该读了些书的，令人惊讶的是，马国华说自己一天书也不曾读过，即使在这样一个并不是很重视教育的村子里，像他这个年纪的男孩没上过一天学的真的很少。一般这个村子里的男孩，家长们都会让他们读书至少读到小学毕业，而且很多家长都说，如果孩子想读书并且读的不错的话，他们会一直供孩子读下去的，村里那仅有的四五个上大学的男孩都跟马国华的年龄差不多。后来询问了之后我们得知，又是因为同样的一个原因，与村里那些没读过书人一样，马国华小时候家里非常穷，唯一的一点钱都用来供他的哥哥读书了，到他要上学的时候，家里真的实在是没钱供他读书了。马国华对自己的父母很理解，并没有显示出因没有读书而存在的遗憾和对父母的责怪。马国华说自己的普通话之所以说的还可以，是因为出去打工后发现不会说普通话很难找到工作，或者就是那些挣钱特别少的工作，所以他每天都会坚持讲普通话，还经常找自己的同伴相互练习，为此还买了好几本关于普通话的课本，就这样普通话才慢慢地说的流利起来。

马国华家是一个对伊斯兰教十分敬仰与崇敬的家庭，父亲、母亲都是很纯粹的伊斯兰教徒，年复一年日复一日地遵守着《古兰经》中对教徒的要求与规定，所以年幼的马国华，在其8岁时就被父母送去当地的磨牙清真寺学习念经，这一念就是六年。在念经的那六年里，除了农忙时间放一个月的假外，马国华一个月只有四五天的假期可以待在家中。在清真寺里，每天都要很早起床念经，如果是在斋月的话，每天早晨三点半就得起床吃饭念经了，在清真寺的日子很清苦，但是马国华说自己对此也没什么特别的感觉，因为家里一直都很贫困，过的都是苦日子，时间长了也就习惯了，只是当时自己很小很想家。马国华说父母之所以把自己送到清真寺去念经的目的其实很简单，主要还是觉得在寺里学习过经文更方便平时在家做礼拜，能读懂《古兰经》的意思而已，并没有什么远大的理想，比如成为一名伟大的阿訇。六年的时光很快就过去了，在清真寺里念经虽然生活很辛苦，但是没有什么让马国华操心的事情，一切事情都有父母和哥哥操办，但是这样的在别人眼中并没有多好但是在马国华心中觉得过的还不错的日子，随着父亲的去世结束了。在马国华14岁那年，一直很疼爱他的父亲离去了。由于常年的积劳成疾，父亲离去时也不过50岁出头。

家中顶梁柱的离去，让这个本就贫困的家庭瞬间倒塌了，马国华也不得不结束自己无忧的生活，为了生计开始了在外打工的生涯。年仅14岁，又没有读过书的他，在外打工可以算是到处碰壁，没有店家肯收留这个不会说普通话且个子小小的男孩。后来还是老乡帮忙，马国华这才到了一个拉面馆里做一名打杂的伙计，当然工资也少得可怜，当时大概是20世纪90年代，一个月的工资只有80元。虽然很少，但是对于马国华来说证明自己可以赚钱了，他每天省吃俭用为了给家里多寄一些钱，让自己已经贫困不堪的家庭过的稍微好那么一点点。后来经过自己的勤奋和努力，马国华在拉面馆师傅的带领下学习拉面的技艺，最终成为一名面匠，工资也不再只有那么几十元，而是一个月一千多元。在刚成为面匠的头几年里，马国华还是很开心的，每个月挣的钱也觉得挺多了，家里的情况也比几年前要好很多，但是渐渐的马国华觉得他不能一直做一名面匠，他希望家里人能过的再好一些，希望自己的母亲能不再那么受累，所以在2007年的时候，在朋友的介绍下，他独身一人来到新疆的锰矿，成为一名矿山工人。马国华说在矿上的工作很辛苦，每天都要工作至少12个小时，经常黑白颠倒，虽然每个月能挣3000多元，但那都是血汗钱、辛苦钱。每天从矿山回到住的地方连娱乐的心情都没有，电视、游戏他已经很久都没有接触了，一回到宿舍就是睡觉，只有这样才能勉强支撑第二天的工作。虽然长期在外工作，但是马国华非常孝顺，经常给家里的母亲和妻子打电话询问家里的近况。我们询问马国华在锰矿工作对身体有什么危害，他说自己也不是很清楚，只是每次拉锰矿石的小车尾气特别大，可能对自己的身体有些伤害。后来在网上进行相关的搜索后，我们了解，长期在锰矿工作的工人会导致慢性锰中毒，这主要是一种影响神经系统的病症，又称锰症，常伴有肌肉痉挛，体力不支，神经衰弱，更有甚者会出现知觉障碍，也就是幻觉。这样看来，马国华所在的那个矿山并没有做好相关的安全教育和提供一定的保障措施。据马国华说，他的哥哥和嫂子在他的带领下，今年 4 月份也去了新疆的锰矿打工，哥哥和他一样做矿山工人，嫂子负责给工人做饭，这样他们一年能赚八万多元，家里的生活条件大大改善了。随着家里的生活不断富足，支出也在不断增加，2010 年马国华家的主要支出情况见下表：

表 2 - 11　　**2010 年马国华家支收情况**　　单位：元

总支出	生产性	衣服	食品	看病	教育	娱乐	红白喜事	交通	通信	住房
16200	1500	5500	1500	1000	200	0	4500	1500	500	0

从这个表可以看出，马国华家的生活确实比以前好了很多。提到家庭生活的富裕，马国华说最让他开心的是家里的房子重新修整了一遍，现在宽敞了很多。他特别感谢政府的危房改造工程，在家里修房子的时候给了他们 6000 元，虽然不是很多，但是已经帮了很大的忙了，自己家又出了 20000 多元。现在住在这样明亮的新房子里是他之前怎样都没有想过的。虽然家里人大部分都外出打工了，但是马国华家还种了几亩地，这些地平时就靠自己的妻子马祖力哈和母亲在打理着，这次马国华回来就是因为家里农忙，母亲和妻子忙不过来。马国华家里种了 4.5 亩地，其中有 3 亩种了小麦，其他的都种了土豆，每年产的食物用来自家吃正好，也就不外卖了。

马国华说未来几年或是十几年，他还想在新疆那边和哥哥、嫂子一起继续做矿山工人，虽然辛苦些，但是趁着自己还年轻，还有力气，应该多挣些钱让家里更富裕点。等到钱挣了一些了，就回来种地，或者在临夏县开个拉面馆，让自己的一技之长有发挥的余地，并没有什么特别长远的打算。同时他还希望如果有了自己的孩子，一定不会让他因为家里缺钱而辍学，要一直供自己的孩子上学读书，将来好找份好工作，不用像他这样过的这么辛苦。

（六）马中华家

马中华，60岁，家中有6口人，82岁的老母亲以及儿媳马美艳在家务农，儿子在外打工，孙子哈三今年才两岁。见到马中华时，他正和村里的邻居们一起在家门前卸下刚刚收割回来的麦子，不大的一片空地，已放了满满五六个麦垛。马中华听说我们要采访他，很是热情地邀请我们坐在麦垛上和他们慢慢聊。不停地忙碌，健硕的马中华，一点儿也看不出他已年届60了，皮肤虽然黝黑但是面色很是红润。虽然不曾读过一天书，在别人眼中的文盲或是半文盲的他，由于长时间外出打工的经历，与我们交流时普通话非常流利。

说起马中华，就不得不提起他的外出打工经历。马中华在1970年的时候，也就是他才16岁的时候就独自一人跑到兰州的阿干镇做一名煤矿工人。马中华说，在当时那个年代，他一个月就能挣70元，这对于像他们这样没有文化的农村人来说真的很多了。由于家里很贫困，而需要用钱的地方又太多，马中华虽然并不想做一名煤矿工人，但是没有上过学的他找工作处处碰壁，最终才无奈地选择做矿工。从他断断续续的描述中，我们了解了一名煤矿工人一天的生活是如此的辛苦。

首先马中华所在的那个矿矿工是采取轮流值班制，也就是每天24个小时安排3班人员，每班工作8个小时。可能大家听起来觉得每天工作8个小时对我们来说是很正常的，没有什么辛苦的，但是事实却不止如此。8个小时只是表面上的工作时间，如果早晨8点就要开始工作的话，马中华凌晨五六点就得起床去食堂吃早饭，吃完以后要骑大概半个小时的车程去澡堂换工作服。马中华说，平时大家在电视上看到的工作服都是灰色的或者是制服，而真正煤矿工人穿的都是厚厚的棉袄，这些棉袄由于在井下工作出汗的缘故，经常是发臭的，可是因为没有可以换洗的衣服，而且煤矿下面很脏，即使要洗也得天天洗，他们实在是没时间，所以也只能穿着发臭的衣服继续工作。换上衣服后，还需要戴上安全帽和防尘口罩，穿上有膝盖那么高的防水胶鞋，同时鞋尖前面还附着厚厚的铁块。这块铁和安全帽的作用是一样的，帮忙抵挡一下突然掉下的石头或者是煤。换好这些装备也要半个小时的时间，再抽根烟差不多就得下井了。说到在井下工作时，马中华说每天真的是又累又饿，经常体力不支。中午开饭时大家找个稍微开阔点的地方，脏着手就开始吃了，由于长时间的吃饭不卫生、不准时，马中华的胃病很严重。吃饭的时间也就半个小时，然而继续工作直到下一班工人来交接，洗干净回到住的地方后吃完饭马上就睡觉，什么电视、游戏、新闻根本就顾不上，一躺到床上就立刻睡着了，接着就是明天继续上班。在如此高强度的工作下，马中华现在身体也很不好，有着严重的胃炎，长时间地弯腰挖煤，做重体力活导致那时候就腰肌劳损，现在稍微干点活腰就疼痛不止。在干了10年的煤矿工人后，因为家里没人种地，马中华又回到了寺庄村开始了自己的务农生活，他说，虽然现在种地是看天吃饭，钱挣得很少，但是总比在煤矿里每天那么辛苦还要担心着生命安危要好得多。

说起来，马中华家还算是村里的种植大户，一般农户大概也就种个四五亩地，而马中华家种了10亩地，光麦子就种了4.5亩，蚕豆2亩，土豆1亩，菜籽1.5亩，还种了半亩地的鲍菇，种植品种的多样性这在别家是不多见的，为了更方便种地，家里还买了一辆兰驼（农用机动三轮车），政府每年还给家里的地350元的补贴。每年依靠种地，吃一点卖一点，马中华家大约能进账5000元，虽然不多，但是足够他们生活了。马中华说每年家里的开销都很大，2010年家里的支出将近20000元，见表2－12：

表2－12　**2010年马中华家支出情况**　单位：元

总支出	生产性	衣服	食品	看病	教育	娱乐	红白喜事	交通	通信	住房
17200	1500	1000	0	3000	0	0	10000	200	1500	0

马中华家里人口多，儿子小学毕业，还拿到了驾驶执照，结婚后在杭州给一家私人公司的老板做司机已经有4年了，每年很少回来，一年大概就回一次家，儿子的工资在寺庄村外出打工的人当中算是比较多的了，每个月都能挣2000元。马中华说，他和儿子的关系非常好，平时没事儿了就会跟儿子互通电话，两人聊聊各自的近况，谈谈生活中出现了什么问题，或是工作中有什么有趣的事情。儿子每次工作中遇到问题了，总是第一时间想到马中华，

与马中华交流想法寻找解决的措施。儿子对马中华也很孝顺，对家庭也很照顾，虽然每个月的工资不多，尤其在杭州这样的大城市花销大，但是他每个月都坚持给家里寄钱，提到这，马中华很是自豪，觉得有个这么孝顺的儿子很值得骄傲。儿媳妇没有跟着儿子去杭州，而是留在家里帮忙干些农活，马中华说因为家里种了不少地，他自己一人忙不过来，所以让儿媳妇留在家里。儿媳妇在马中华眼里也是极为孝顺的，马中华说，儿媳妇平日里天还没亮就早早起床忙着给家人做饭，虽不是大鱼大肉，但是爽口小菜也让人吃得很舒服，还要忙里抽闲照顾家里年迈的老奶奶，又是捶腿捶背，又是端茶倒水，从来没抱怨过一句辛苦。马中华的母亲，也就是家中的老奶奶，今年已高龄82岁了，因为从前的劳劳碌碌，身体已大不如以前，前一段时间还一直在县里的医院看病，医药费花了4500多元。马中华说，政府对于老人的医疗保险还是很好的，像他母亲这样超过80岁的，政府帮忙报销80%以上的医疗费，这为他们的生活减轻了很大的负担，为此他们一家都很感谢政府的帮助。马中华还有一个两岁的孙子，很是可爱，家里人都围着这个可爱的孩子团团转，倾尽家中所有为了让小孙子茁壮成长。马中华还有一个已出嫁的女儿，一直在临下县城居住，开了一个专卖五金的店铺，由于平时一直很勤劳、能干，所以家里的生活还算挺富裕的，每年能挣个10万元左右。马中华说女儿到现在还经常回到寺庄村来看望他，出一些钱补贴家用或是帮忙干干家里的农活以减轻他的负担。马中华对于自己的一双儿女很是骄傲，在访谈中能不断地听到他对孩子们的夸奖。

1980年从矿上回村后，马中华说寺庄村每年的变化都很大，很多人家都做起了小生意，家境富裕了很多，连像小轿车这样的奢侈品也多了起来，村里以前泥泞的土路变成了宽阔的水泥路，下雨天再也不用担心衣服、鞋子被泥水弄脏。马中华说自己就是吃了没文化的亏，小时候没去学校好好念书，长大了连份手艺活都找不到，想做点生意却连本钱也没挣够。他希望儿子和女儿在外面能多挣点钱，好把家里的房子重新修整一下，有朝一日能住上崭新的二层小楼房。他还希望孙子能够健康的成长，自己虽然吃了没文化的亏，但是他不想给孙子太大的压力，能走多远走多远，觉得未来的路谁都说不准，但是他会代儿子好好照顾、教育孙子，也许有朝一日孙子也能成为大学生。最后他说希望家里有一天能够五世同堂，共聚天伦之乐。

（七）马剑军家

马剑军，男，40岁，回族，未曾读过书，家中有4口人。铁君芳，女，36岁，回族，未曾读过书，普通话基本流利。女儿，15岁，小学毕业。儿子，16岁，在临夏县韩集中学读书。铁君芳，眼前这个普通的母亲，通过后面的交谈，我们感受到她朴实又坚强的内心，仿佛那身体里蕴藏着强大的张力，也正是那伟大的母爱支撑着她在繁重的工作面前毫无怨言，勤勤恳恳地工作着，怀着简单的愿望，多挣点钱，供孩子读书，让他有机会到外面的世界看看。

走进铁君芳的家，大概有六七间房子，形成一个有弧度的圆形。院子里生长着一棵梨树，繁茂的树枝里，一个个梨子探着脑袋，观望着这个熟悉的院子。她伸手摘了几个梨子递给我们，略带抱歉地说梨子现在还没长熟，可能不好吃。看到我们调研组成员接过梨，她露出了一个灿烂的笑容。家里没什么可以招待客人的，就将就着吃个梨吧，铁君芳说着就走进了屋子里。不一会儿，她提着几个小板凳出来了。招呼我们坐下。我们就坐在了梨树下，繁茂的梨树枝叶成了我们的遮阳伞，我们就并排坐下。就这样大家坐在一起聊天，谈谈他们的生活与工作。

铁君芳夫妻俩前几年在家以种地为生，但夫妻俩都明白仅靠着庄稼地那点收入，想供孩子上学是不可能的。他们所在的村子大部分还是山地，每年收入不了几个钱。外出打工成为村中很多家庭的重要致富途径。经过考虑，他俩决定去新疆阿克苏那儿采棉花。就是想让孩子接着读书，夫妻俩就离开了待了几十年的家，到新疆那寻找工作的机会。

新疆，一个充满神奇和魅力的地方。充足的光照和充沛的热量使这里成为中国最大的优质棉生产基地，年产量占全国的1/3。由于棉花是机械化种植，成熟时依旧靠手工采摘，因此收获季节是劳动力最缺乏的时候。近几年，新疆每年需要采棉工100多万人。临夏县有好多人在这个季节，纷纷踏上去新疆的路。去新疆采棉是临夏县劳务部门将临夏县发展成为甘肃省“劳务大县和劳务强县”的有效尝试，是切实转变工作作风，增加农民收入的具体行动，更是将劳务产业发展成为壮大县域经济的六大支柱产业之一的强力举措。

尽管机械化采棉每天可采150亩棉花，而一个棉农手工采棉每天最快也采不完一亩，但因机采的棉花含杂质较多，收购等级和价格较低，且不受棉纺厂欢迎，新疆至今仍需大量棉农进行手工采棉。随着新疆棉花种植面积的不断扩大，每年有上百万内地农民乘火车、汽车去新疆采摘棉花。从每年9月到10月底，这些勤劳的摘棉工们在棉田里辛苦劳作，用自己的双手收获着希望。她告诉我们，在新疆采棉的人中，四川省和河南省的人比较多，他们很能吃苦耐劳，好像有用不完的精力。

几十万人的采棉大军在这片丰收的土地上辛勤地劳动着，从不适应当地炎热的气候到习以为常，从刚采棉花扎破双手，到每天采摘上百公斤的采棉能手，他们用自己的汗水换回丰厚的报酬。于是，季节性采棉工成为又一股人口移动潮流。每年的8月底，他们像候鸟一样，别离乡土、满怀希冀地来到天山两麓，在这里度过将近两个月的时光；立冬之前，他们又带着满身疲惫和收获的喜悦返回故里。

铁君芳出生于1974年，如今已是两个孩子的母亲。女儿16岁，儿子上初一，学习成绩很好，这让她很自豪。家里没多少积蓄，为了能给孩子提供一个良好的学习生活条件，铁君芳决定去新疆采棉花。“孩子要想不种地，也就剩好好上学这条路了。”我问她读过书没有，她说一个字也不认识，当时家里穷，上不起学，现在怎么也得好好让孩子念书。铁君芳虽然连小学都没上过，文化水平不高，但是对于子女的教育问题，她是十分重视的。现在家里的情况虽然困难，但是无论如何，他们夫妻俩都不会让这些事情影响到孩子的教育问题。“再苦再累我都不怕，只要能让孩子上学，什么活我都能干。”这是一个再普通不过的母亲深沉的母爱的体现。孩子们没什么要操心的，只要他们把书读好就行了。孩子们生在农村，基础不好，他们夫妻俩都是农民，如果不能供孩子们好好读书的话，他们就只能一辈子留在这个落后的村子里了。她觉得只有有了文化才能摆脱贫困，她不希望自己的孩子长大后还像以前的自己一样在家里种地，她渴望孩子们认真读书，将来走出村庄，去看看外面的世界。

没到新疆之前，夫妻俩在家里以务农为生。家里没有多少收入，两个孩子都在上学，感觉家里的负担很重。在生活上一直很节俭，因为家里要花钱的地方挺多的。渐渐地，他们意识到要改变生活的状况就要走出村庄，只有这样，家里的收入才可能有所增加。

2010年马剑军家支出情况见下表：

表 2－13　　2010 年马剑军家支出情况　　单位：元

总支出	生产性	衣服	食品	看病	教育	娱乐	红白喜事	交通	通信	住房
10150	300	2000	5000	600	0	0	1500	400	350	0

到新疆采棉花的大都是一些文化程度较低、劳动技能比较单一的农民。铁君芳高兴地告诉我们，去新疆的采棉工待遇越来越好，生活环境有了很大改善，采棉收入也有了较大的增长。铁君芳还告诉我们，根据采摘棉花的质量，可以分为一等奖、二等奖和三等奖。一等奖是每公斤 12 元，二等奖是每公斤 10 元，三等奖是每公斤 7 元。今年采棉工的保底价是每公斤 1.2 元。得知了 2011 年采棉花的上涨行情，我们暗自为那些采棉工将会有不错的收成感到欣慰。

新疆的阳光与内地不同，太阳升到一竿子高后就变得特别晃眼。棉花叶子反射着太阳光，让人有些眼花缭乱。采棉女工的皮肤被晒成了古铜色。刚开始去的时候，大家的肤色还比较正常，后来大家的脸色都慢慢改变。中午时分光线最强，照得衣服直发烫，汗水顺着前胸、后背往下流。

新疆的棉花植株似乎特别矮，也就 60 厘米左右。新疆的棉花朵子比较大，植株比较低，所以采摘的时候要一直弯着身子，个子低的人还好点，个子高的人要一直弯着腰，前几个小时还能坚持下来，后来坚持着就很累。弯着腰、低着头一步一步向前挪，长时间下来，有时会感到腰酸背痛。蚊虫不时赶来袭击，胳膊上很快起了几个红疙瘩。后来他们都包裹得严严实实，只露出两只手和一张脸。

每天早上 9 点开始采棉，晚上 9 点钟结束。中午有半个小时的吃饭时间。大家聚在一起，一般是三五个人在一块吃饭，你带的馒头，我带的蒸土豆，他带的米饭。在整个采摘季节，面条、馒头、马铃薯和西红柿将成为采棉工们的主要食物。有些采棉工则找个阴凉的地方躲避强烈的阳光。半小时后，大家又回到棉田里，装棉花的口袋逐渐鼓了起来。

晚上 8 点半，到了过秤的时间。人们纷纷将装满棉花的大口袋封口，然后抬到路边。对于他们来说，今天的收获还算满意。铁君芳拾了 92 公斤，马剑军拾了 96 公斤。照此计算，她今天挣了大概 100 元。回到住处，铁君芳默默地将当天的收获记在一张纸上。

吃完晚饭已是夜里 10 点多钟，凌晨以后，人们才带着牵挂入睡。地里的秋收秋种、孩子在家里是否听话、老人的健康情况，等等，这些都系着他们的心。这些朴实的劳动人民，依靠自己辛勤的劳动改善着家里的生活水平。自己再苦再累，没有丝毫怨言，怀着简单的梦想，脚踏实地的在自己的工作岗位上耕耘着，他们会牵挂家里的孩子，会担心年迈的父母身体的状况，凭着吃苦耐劳的精神，在高强度的工作面前，他们没有丝毫退缩。

这些远离家乡，在异乡生活的采棉工们用辛劳和汗水采摘着生活的希望，采棉工们用自己的勤劳、善良和坚强改变着生活的同时，也用双手把来自中国的温暖传递到世界各地。

十一、经商、种植户

（一）马海龙家

马海龙，24岁，家中有4口人，父亲、母亲以及他刚过门的妻子马法土麦。初次见到马海龙是因为我们正准备采访村里的一名在校大学生，而马海龙正和这名大学生相约出去办事，在了解后知道原来马海龙和这名大学生是初中同学兼好友，随后采访了他。

马海龙才24岁，个子中等，微胖，头上戴了顶穆斯林特有的白色小帽子，给人憨厚的感觉。马海龙毕业于韩集中学，他的学历在整个寺庄村还算是不错的，不过他说小时候他真的很不爱学习，每天就喜欢和同学们还有村里的孩子们到处捉鱼、爬树、嬉笑打闹，可能是因为小学的课程比较简单成绩还算过得去以及在父母的强烈要求下，所以能够顺利地升入镇里的初中。但是自从上了初中后，由于自己本身就十分不喜爱学习，加上小学的基础没打好，成绩每况愈下，家里也就没逼着上高中了。初中毕业后，15岁的马海龙就辍学在家了。辍学在家的马海龙，整日也没什么事情做，学习好的同学已经顺利升入高中开始了他们向美好大学冲刺的路程，而那些早就辍学的同伴可能已经结婚生子忙着家里生计去了，马海龙突然觉得自己的生活太乏味、太不上进，不能再这么三天打鱼两天晒网地混日子了，所以在父母的鼓励下，在自己的要求下，同父亲一起开始了他们经营虫草的生活。

虫草相信大家都很熟悉，冬虫夏草（英文名：Cordycepssinensis），又名中华虫草，又称为夏草冬虫，在此我们简称虫草。它是中国传统的名贵中药材，是由冬虫夏草菌寄生于高山草甸土中的蝠蛾幼虫，使幼虫僵化，在适宜条件下，夏季由僵虫头端抽生出长棒状的子座而形成［即冬虫夏草菌的子实体与僵虫菌核（幼虫尸体）构成的复合体］。它主要产于中国青海、西藏、新疆、四川、云南、甘肃、贵州等省及自治区的高寒地带和雪山草原。“冬天是虫，夏天是草，冬虫夏草是个宝”。作为一味名贵的中药材，有着“软黄金”之称的冬虫夏草，价格从20世纪80年代的一公斤200～300元，迅速上涨到现在的8万～19万元。生于雪原、亦虫亦草、数量稀少、难于采摘——这一切都使得冬虫夏草被冠上了“珍稀药材”的名号。马海龙说，由于家里并不富裕，刚开始很辛苦，需要和父亲一起到海拔4000米以上的雪山上去挖虫草，每次在3月份天还很冷的时候就要爬到山上去，那时候整座山都附着冰雪。他们就带着一顶小帐篷驻扎在冰山上，一套薄被子，一些压缩饼干度过二三十天。马海龙说，虫草长的很小，很难发现，所以每次在挖虫草的时候脸几乎要贴着地皮，一点点地扒着地上的草寻找虫草那细小的棕色的芽。虫草的芽只有几毫米露出地面，只是颜色和旁边的草有一点点的区别，必须非常仔细才能找得到。马海龙说他每次都很小心很认真地去寻找，连上学时也不曾这么认真过，因为如果不细心地去寻找加上年景不好，很有可能一只虫草也找不到，最后只能无功而返。马海龙回忆说，自己第一次挖到虫草时特别兴奋地大叫着，看着手里躺着的一个粘着泥土的虫子样的小东西，很难想象这就是人们趋之若鹜，价比天高的虫草。马海龙说，村民们平时种植麦子、蚕豆，也养着鸡、鸭、牛、羊，有一些发展还不错的村庄还能种一些果树，像苹果、桃子和核桃，增加一些收入，但是生活还是很艰难，因为可以耕种的土地真的很少，也不是那么肥沃，而且种这些东西也赚不了多少钱。在这个村子中，许多村民都是依靠挖虫草来增加收入的。他们用这些换来的钱给孩子念书用，或者用来添置一些家用电器，比如电视机什么的。马海龙还教我们怎么辨认质量好的虫草，他说好的虫草的收购价格是每条35～45元，价钱是由它的个头和质量决定的，虫草越直，越少污点的就越好。如果年景不好，城市里虫草的收购价格下跌的话，那即使最大的虫草卖出去也是亏本的。马海龙说，虫草刚挖出来的时候是湿的，如果不经加工的话，在市场上卖要便宜很多。如果经过刷净、晒干（一般干度在95%以上，纯干也不行，用手轻轻一抓就有可能折断），这样所谓的干虫草就会值钱些。凭着坚持不懈、勤奋扎实，经过几年的辛苦生活后，马海龙和他父亲积累一些资金做起了虫草中间商。每年3月到6月间，他和父亲会到西藏山南地区从农民那收购虫草再转手卖出去。他们在当地镇上一个月花450元的租金租了一个店面，专门用来卖虫草。虫草买卖需要的是人际关系网，如果有认识的熟人来收购，价钱又高，卖的又多，很容易就赚钱了。可是马海龙和父亲没任何关系网，小店的客户都是个人，只能零零散散的卖着。有时候虫草的价格走低，他们会等上一段时间，看看价格还会不会涨。如果价格最终上涨的话，那么所有的等待都是值得的。马海龙说，他和父亲做虫草生意并不是一帆风顺的，因为虫草生意本来就需要冒很大的风险。记得有一年，他们认为市场还不错就高价收购了农民的虫草，没想到最后虫草的价格一跌再跌，最终他们只能以亏本的价格卖出。那一次就亏损了好几万元，相当于一年没赚到钱。马海龙说他和父亲买卖虫草好的话，一年能赚个七八万元，买卖不好的话一年也就挣个三四万元，这样平均下来每年大概能挣五万元，不像村里的虫草大户，一年能赚几十万元甚至是上百万元。那些人都是家里有一定积蓄，足够他们大批的向广州、上海、杭州那样的城市买卖虫草，他说在那些大城市虫草的价格着实让人吃惊，听说在韩国首都首尔，一克虫草的售价大概是33美元，当然那些虫草商就赚得更多了。听着马海龙说着虫草经营的经历觉得做生意也很是不容易。

当然，马海龙家除了买卖虫草外，也种了一些地的。家里种了2.5亩的小麦、1.5亩的蚕豆和1亩土豆，这些地就由赋闲在家做农活的母亲马苏女和妻子马法土麦来打理。由于家里条件还可以，马海龙不想自己的母亲和妻子太过辛劳，平时还雇用了几名农民帮家里种地、收麦子等。他说每个人大概就给七八十元，但是能帮母亲和妻子省不少力气觉得很值得。马海龙家里的日子越过越好，在花钱上也越来越大方，支出也就随之增加了，马海龙每次从西藏回来后，都会和家里的一些朋友出去娱乐一下，唱唱歌买买东西，以下是2010年马海龙家的支出情况：

表2-14　**2010年马海龙家支出情况**　单位：元

总支出	生产性	衣服	食品	看病	教育	娱乐	红白喜事	交通	通信	住房
18100	5000	1000	1200	500	0	1000	5500	1500	2400	0

随着家里条件的不断改善，马海龙对未来也充满了希望。他希望随着他

和父亲在西藏做虫草生意时间的不断增加，生意能够越做越大，像村里的虫草大户一样将虫草卖到更加发达的城市，赚更多的钱。或者，积攒了一定的资金就不做虫草生意了，在上海或是杭州开个拉面馆，带着妻子、孩子定居下来。等到赚到足够的钱就在城里面买房子、买车子，将母亲和妻子都带到城市里过条件更好的生活，给孩子更好的教育。他说很遗憾自己在年轻的时候没有好好学习，如果能好好学习就可以像他的朋友一样读大学，将来找一份稳定又舒服的工作。马海龙说他认识到只有稳定的工作才是真正的小康生活，像他现在这样东奔西跑的做生意是很不安稳的，可是他现在已无法改变自己的生活了，所以希望自己的孩子一定要好好读书。

（二）马海麦家

马海麦，男，39岁，回族，信仰伊斯兰教。家中一共5口人，妻子马麦言，儿子马白克莱，女儿马哈飞索，还有马海麦的老父亲马色有布。

马海麦个头不高，身形消瘦，皮肤黝黑，眼睛不大却透露着商人的精明。由于常年在外经商，普通话说得非常流利。我们采访之时恰逢伊斯兰教的斋月，每年的斋月马海麦都要放下手中的生意回家陪家人度过。今年斋月是在八月份，正值农忙时节，马海麦说正好自己在家也能帮家里做些农活，给家里人减轻些负担。

马海麦家院子里干净整洁，北面新房青瓦白瓷砖，房檐下的木雕装饰巧夺天工，窗台下的瓷砖图案栩栩如生。堂屋前的水泥地上晒满了刚刚收割的麦子，院子里一派丰收景象。

马海麦小学文化水平。小学毕业后，在本村的磨牙寺学经，这一学就是15个年头。马海麦告诉我们，在伊斯兰教信仰里，学经几乎是必需的，通过学经可以加深对宗教的理解与感悟，做礼拜也会更有心得。

2000年，马海麦开始外出经商，经营羊皮、牛皮和奶渣生意，主要在西藏地区，先后到过拉萨、林芝、昌都、那曲。刚开始做时没有本钱，老父亲把家里唯一值钱的牛卖了。马海麦说自己的生意能做到现在，和父亲及家人的支持是分不开的。这个生意非常辛苦，马海麦只是中间商，赚取的仅仅是地区间的一点差价。每年进藏之后，他就到村落里走街串巷从农户手里收购牛皮、羊皮，再拿到临近城市里卖掉，每张羊皮只能赚到几元，牛皮能赚到十几元。由于冬天大雪封山，进藏困难，每年只能做七八个月。一年到头除去各种花销大概能挣到三四万元。

近些年来，由于养殖业朝现代化、规模化方向发展，西藏地区出现了很多专业化的养殖场，他们的牛羊品种好、出栏快、皮质规格相对统一，同时又有较为固定的销路，对像马海麦这样的小皮革商产生了较大冲击。不仅农户手里的牛羊越来越少，而且每张皮子的利润也在逐年降低。于是，从前年开始，马海麦在做皮革生意的同时也开始做些奶渣生意，同样是从农户手里收购，然后贩卖到城市的回收商。相比之下奶渣生意的季节更短，基本上只在每年的7、8月份。奶渣容易变质，不易运输，所以做起来难度更大，利润大概在每斤一元左右。

通过这些年生意上的打拼，马海麦赚钱给家里修了新房。马海麦家里一共有10间房子，其中东西两侧和南面的门厅都是父母留下的，北面的3间正房系2007年修建，当时花了近3万元，都是马海麦生意所得。新房有一明显的特点：宽大的铝合金门窗几乎占尽了房子正面的墙壁，只留下东西两侧约一米高的窗台。马海麦说当地的建筑风格大都如此，伊斯兰教信徒们都喜欢大面积的门窗，象征着人们光明正大，心胸敞亮。

马海麦的儿子马白克莱今年16岁，在邻近的和政县学经。女儿马哈飞索今年8岁，在本村的寺庄小学读一年级。平时自己常年在外做生意，妻子除了忙于地里的农活之外，还要照顾家里的老人、孩子，非常辛苦。

马海麦的老父亲今年84岁，患有严重的风湿病，每到阴雨天气就腿疼不能行走。虽然四处求医，但病情始终没有好转。妻子马麦言患有罕见的甲扁平苔藓，也就是没有指甲。当地的医院都无能为力，医生说这种病只有北京、上海的某些大医院才能医治，马麦言便索性放弃了治疗，只是平时服用药物控制病情。据马海麦估算，家里每年在看病方面的支出大概要六七千元。

家里除了医疗方面的开支外，另一开支大项就是教育，儿子在外学经一年花费大概在2000元左右。村中的红白喜事也是家庭开支的一大项，一年大概要3000元。

马海麦家一共有2.4亩地，其中有一亩半是水浇地。种了1.7亩小麦，4分土豆，3分油菜。每年的收成也就够家里人的口粮，基本上不会卖粮食。由于家里缺少劳动力，犁地、收割等大都需要租用农机，加上种子、化肥等，每年的生产性支出大概有四五百元。另外，国家给的种粮补贴每年有一百多元。

表 2－15　　2010 年马海麦家收入来源情况　　单位：元

职业	收入	职业	收入
从事种植业	0	从事乡镇就业工资	0
从事畜牧养殖业	0	外出打工	40000
家庭手工业	0	政府补贴和社会救济金	100
从事渔业	0	出租、草场、耕地、房屋等	0
从事旅游业	0	其他经营性收入	0
从事运输业	0		

表 2－16　　2010 年马海麦家支出情况　　单位：元

总支出	生产性	衣服	食品	看病	教育	娱乐	红白喜事	交通	通信	住房
15000	500	500	1000	6000	2000	0	3000	1000	1000	0

谈到对将来的打算，马海麦说自己常年在外做生意跑习惯了，突然让他回来在家务农他会觉得很不舒服，而且家里现在各项花销都很大，毕竟在外做生意还是比在家种地挣钱要多。近几年还是会到西藏继续做自己的皮革、奶渣生意，过几年看看有没有好的商机，转行做其他行业。我问他村里好多人在西藏做虫草生意，为什么他没有参与这个行业。马海麦说虫草生意风险太大，里面猫腻太多，不懂的人容易上当受骗。另外，虫草生意也需要很大的本钱，自己现在还没有那个能力。现在虫草被炒得这么热，虫草资源越来越稀少，现在山上找虫草都已经非常困难，再过几年时间也许虫草就成濒危物种了。一旦国家出台保护政策，虫草的市场也将马上消失。

马海麦说常年在外跑生意也不是个长久之计，年轻时候为了养家糊口才出去闯荡。自己出去后一家老小留在家里无人照料。等到年龄大了，还是要回家务农，回归农民的老本行。近些年，村里人搞养殖业风生水起，有的也挣了大钱，自己是看在眼里，羡慕在心。希望通过这几年的打拼，能够积累些资本，将来也回村里搞养殖业。

对于自己的儿女，马海麦也有他的计划。儿子学经之后他希望跟着自己跑生意，一是出门在外父子二人好有个照应；二是自己在这个行业毕竟做了这么多年，虽然赚的钱不多，但轻车熟路做起来比较轻松；三是让儿子锻炼一下，长长见识。女儿小学毕业后也让她去学经，将来能嫁个好人家就可以了。

十二、经商户

（一）马哈比不家

八月，是寺庄村收获的季节。似火的骄阳却比不上人们劳作的热情，闪耀的汗滴却掩不住人们收获的喜悦。割小麦、脱谷粒、扬秸秆……好一派热火朝天的劳作景象。时值正午，调研组成员漫步在村里的林荫小道上。到达村口的转角处，我们发现一家三口人正在翻晒小麦。他们一边搅动晾在地上的小麦，一边谈笑说话，好是温馨。走进这家人，说明来意之后，他们热情地招待我们到家里坐坐。这家的院子很是宽敞，院子正北边的一排房子正在修建中，虽然内墙还没有粉刷，但总体看来却也是一座别致的小二层，外墙壁的瓷砖在正午的阳光下熠熠发亮。家里女主人看见这么一大帮人来到家稍有些羞涩，她连忙说："我什么都不懂，你们问我丈夫吧。"于是乎，把她丈夫一把推上前。

交谈几句后，我们得知这家的男主人名叫马哈比不，今年刚年满 40 岁，妻子马秀梅今年 35 岁。马哈比不有一儿一女，女儿马阿西亚，1992 年出生，现已出嫁，生有一个男孩；儿子马夜哈牙，今年 11 岁，正在读小学三年级。马哈比不告诉我们，一年中有五六个月他会在拉萨做虫草生意，只留妻子和儿子在家，过完斋月后他又要返回拉萨。马哈比不家种有 6 亩地，虽然总量不多，但品种齐全，小麦、大豆、玉米、土豆、青稞都有种。他说，平常自己不在家，翻土、施肥等干农活都是妻子一个人负责的，说来也是非常的辛苦操劳，所以要非常感谢妻子为他创造了一个这么好的家庭环境，好让他能安心在外做生意。这时马哈比不的妻子凑过来说："不辛苦，应该的……"马哈比不告诉我们他和妻子的婚姻完全是父母之命，媒妁之言。他父母去世的早，在去世之前就已订好了这桩婚事，他非常相信父母的眼光，甚至在结婚之前他们俩都没有见过面。马哈比不笑着说："这么多年下来我的幸福指数不比自由恋爱的人差啊。”

马哈比不可是一位生意老行家，他 17 岁时就投靠拉萨的亲戚，开始做生意。其先后从事过皮毛贩卖生意和虫草收购生意。他说做虫草生意就是挣个套利，虽然利润高，但也投资大，赔钱的风险也大。马哈比不最初从事动物皮毛贩卖生意，他说 1997 年、1998 年的时候，皮毛生意很是红火，皮毛价格一路往上蹿，催生出了不少富裕户。他做皮毛贩卖商近十年，在这十年间他往返于牧场和交易市场两点一线之间，也积攒了一些资金，也交了不少生意上的伙伴，这为他以后从事虫草收购生意积淀了一定的资本。马哈比不自 1997 年起就从事虫草收购生意，从学习辨别虫草成色到联系货源，从招徕顾客到宣传服务，马哈比不也从中吃了不少苦头。马哈比不说自己也有过上当受骗的经历：2001 年虫草价格大幅上涨，有一本地人打着拉萨市畜牧局的名号在他跟前购买了12 斤虫草，但只打了欠条，没有付款。他觉得既然是政府机关购买，还有中介人担保，应该是值得信赖的。于是他便留下了欠条和那位顾客的联系地址，让对方提走了货物。可谁知半年过去了，那位顾客却杳无音信，马哈比不去拉萨市畜牧局索账，畜牧局的人说本单位根本没有这人。马哈比不当时心里有些慌张，觉得可能被骗了，于是他赶紧联系到交易时的中介人，费了九牛二虎之力才找到那位顾客的家里，让人傻眼的是他们家里人告诉马哈比不，当事人一个月前因患肝硬化已经去世了，并且他们家里人一再指明说，即便是砸锅卖铁也赔不了马哈比不那么多钱。马哈比不顿时觉得天旋地转，15 万元就这样血本无归，这可是自己辛苦打拼两三年的血汗钱啊。而在这以后马哈比不做生意也变得更为谨慎、小心了，他说害人之心不可有，防人之心不可无，小心渡得万年船。马哈比不告诉我们收购虫草最关键的就是要把握好它的重量，上乘质量的虫草一般每斤的根数都是确定的。他说现在虫草市场秩序混乱，投机倒把，鱼目混珠，偷梁换柱的事时有发生，没有经验的人很容易上当受骗。幸运的是马哈比不从来没有收购过假的虫草，因而这几年生意还算平稳顺利，一年保守计算也能收入近 10 万元。但是，马哈比不说虫草市场泡沫太大，炒作的含量要比虫草本身具有的营养价值大得多，因而虫草收购也不是一个能长久下去的生意。他说等他再多积攒点本钱，就会放弃这项生意，然后在苏杭一带租间门面，开间牛肉拉面馆。

马哈比不说人贵在知足常乐，一切都要顺其自然，不可妄想强求。他说不奢望自己的生意能做多大多强，只是希望家庭能和和睦睦，孩子能平平安安地成长。马哈比不说他们寺庄村人有个传统，有条件了首先要把房子盖得体面一些。这不，他家的房子也是去年刚动工修建，大概总造价为15万元左右，现在还未完工。马哈比不说他一年之中会有半年时间待在家里，家里还饲养了1头牛，13只羊，他在家的时候也会帮妻子喂喂牲畜。去年卖掉了8只羊羔收入了4000元，倒可以补贴一下家用。他说虽然自己远离家乡，出外经商比较辛苦，但妻子和儿子是他的动力也是他的压力，为了他们的幸福生活自己再苦再累也值得。他说现在家里的第一件大事就是让孩子好好读书，知识可以改变命运，希望孩子将来不要像他的父辈一样。

表2-17　**2010年马哈比不家支出情况**　单位：元

总支出	生产性	衣服	食品	教育	娱乐	红白喜事	交通	看病	通信	住房
159300	4100	2000	20000	0	0	30000	2000	0	1200	100000

马哈比不认为宗教信仰是一个人的精神支柱，它可以提升人的修养，规范人的行为，因而宗教信仰对于每个人来说都是不可或缺的。他告诉我们，在外地的时候，自己尽量为自己创造履行教门的条件。没有清真的饮食就吃泡面，没有清真寺则就地做礼拜。而在家里他更是一天斋功不落，一番礼拜不缺。马哈比不说自己的儿子每逢寒暑假都要去清真寺学习阿拉伯语、宗教教义以及宗教仪式，毕竟只有在耳濡目染和身体力行中宗教的信念才会扎根于一个人的心中。跋山涉水，经商他乡，再苦不言苦，却只因有家的希望和温存。尔后背着重重的行囊，带着仆仆风尘又回到家的港湾，却又是如此的感动和欣慰。然而家是终点，又何尝不是新一轮的起点呢？

（二）马哈克家

寺庄村资源匮乏，人多地少，大家都说种地只能勉强填饱肚子，不能谋得长远发展。于是大多数村民都外出经商，为家庭和后代的幸福生活辛勤打拼。而在寺庄村，像马哈克一样举家外出经商的也不在少数。也许，家乡的怀抱对于漂泊在外的他们来说显得如此的温存，但可想不可及的无奈却是他们对富足生活的憧憬。见过马哈克，先是欣喜于他一口流利的普通话扫清了我们交流的障碍，而举手投足之间所流露出来的一种大方与圆润却也是多年的外出经商经历送给他的一笔财富。走进马哈克的家，我们发现彩电、电冰箱、全自动式洗衣机等家用电器也是一应俱全，但是300多平方米的房子只有马哈克和他三岁的小孙子两人倒也显得有些凄清和孤寂。马哈克告诉我们自己的妻子、儿子、小女儿还有女婿都在福州经营餐厅，他趁着斋月回来封斋，等开斋了也马上返回去。

谈过几句后，我们得知马哈克今年59岁，妻子马尕香今年已满60岁。其生有4个女儿和1个儿子，4个女儿都已出嫁。大女儿马素夫叶，今年36岁，已有一个16岁的儿子；二女儿马一沙，今年34岁，生有两个儿子；三女儿马拉哈买提，今年29岁，她的儿子也已年满11周岁了；小女儿马法都买，今年28岁，生有两个儿子。马哈克的小儿子名叫马正科，今年20岁，刚为马哈克添得一个小孙子。马哈克和妻子平时都在福州帮他儿子料理餐厅的生意，家里的6亩农地也全都租给了别人耕种。马哈克告诉我们自己做生意没有本钱，幸好县里信用社的主任马忠祥和自己的妻子是同队老乡，马忠祥也很热心帮助他们。二十多年来，马哈克都是向信用社贷款做生意，然后还款，再借出贷款，其先后向信用社借贷了20多万元。马哈克告诉我们，有借有还，再借不难，自己一向都会按时还上本息，信誉度还算高，他自己作为担保人还为同村的乡亲先后总计借得了100多万元的资金。

马哈克叹叹气说，自己是文盲，一天学也没上过。本该到读书的年龄时，老父亲重病在身，干不了活，家里还有7个兄弟姐妹，这养家糊口的重担自然就落在了他的肩上。而对于自己的后代，他最大的愿望就是尽量让儿子多读点书，可是自己的儿子不太争气，念书一点也不开窍，再加之家里的经济情况也不是很好，于是老两口便用多年的积蓄，再加上向银行的贷款，为儿子在福州开了一家兰州牛肉拉面馆。其实在改革开放后，马哈克夫妻俩就在韩集镇开了家专门经营穆斯林穿戴服装的小店，小店从苏杭、福州一带订货，专营盖头、拜毡、汤壶等穆斯林用品。他说小店当时的生意还凑合，家里的花费也基本上靠小店的收入来补贴。但是开这样一个小店只是小打小闹，来店的顾客有时为了几毛钱讨价还价，磨得口干舌燥，这操心累人不说，还挣不了几个钱。于是马哈克在一边经营服装店的同时，一边寻觅其他生意门路。慢慢地，马哈克发现餐饮服务业投资少，技术含量要求低，而且收益还不错，他开始物色自己的牛肉拉面馆。但是想到临夏县的牛肉拉面馆已非常之多，餐馆之间竞争异常激烈，自己拉面的口味不一定能比得上其他家。这样还倒不如躲开激烈的竞争，到外地开一个牛肉拉面馆，一来可以多赚些钱，二来可让更多的人享用到美味的兰州牛肉拉面。说干就干，马哈克四处筹钱，并得益于做服装生意时有业务关系的福州朋友帮忙，在福州租下了一间60平方米的小店。

马哈克的餐馆名叫“兰州正宗牛肉拉面馆”，餐馆地处福州军分区旁，附近有几家大公司，还有几所大学。平时这里人来人往，繁华热闹，因而马哈克的餐馆生意还算红火。马哈克说平时来店里吃饭的人也都是一些固定的群体：上班的白领、大学生还有军人。他说这些人素质比较高，不抽烟不喝酒，也不斤斤计较，自己的餐馆经营得倒还顺利。为了节省经营成本，马哈克没有雇用其他帮手，而是全家老少齐上阵，协力经营小餐馆。在马哈克的餐馆里，儿子既当老板又是拉面师，女婿则是配菜师，妻子和儿媳打扫卫生，做好帮厨工作，而自己负责收账、下单和采购。这样的分工让家里的每个人都忙碌不迭，一年到头可能连一次家都回不去。不过虽然忙，欣慰的是马哈克的餐馆一个月的平均净收入也会达到1万元左右。他说，等将来多积攒点本钱，一定要将餐馆的规模扩大，再雇几个帮工，自己要回到家乡种种地，养养牲畜，也享受清福。马哈克说，自己虽在外做生意却也享受到了政府给予少数民族的特殊关怀。他说在福州，像他这样的少数民族开餐馆，可以先营业，而诸如卫生许可证、营业许可证等执照可以延时补办。此外，他们还享有一些税收优惠，到相关部门办理手续时，干部的态度也非常耐心和蔼。

表2-18　**2010年马哈克家收入来源情况**

职业	收入（元）	职业	收入（元）
从事种植业	0	从事乡镇就业工资	0
从事畜牧养殖业	0	外出打工	0
家庭手工业	0	政府补贴和社会救济金	280
从事渔业	0	出租草场耕地等	600
从事旅游业	0	其他经营性收入	0
从事运输业	0	餐馆经营	120000

马哈克说虽然家里一年可以收入10万元左右，但家里的经济情况还是比较拮据。他说这穷人最怕得个富贵病，自己的妻子患有胃溃疡多年，每年吃药打针就要花费1万多元。2010年7月，马哈克的妻子突然胃出血，先后转诊兰大医院、西京医院、福州第一人民医院，动了两次手术，总计花费了8万多元。他说自己没文化，虽然参加了“新农合”，但是不知道报销的规定和程序，到最后一分补偿也没拿到。如果在平时的话，老伴的胃溃疡属于慢性病，不在报销的范围内，因此所有的医药费也要自己来承担。

表2-19　　**2010年马哈克家支出情况**　　单位：元

总支出	生产性	衣服	食品	教育	娱乐	红白喜事	交通	看病	通信	住房
126000	0	2000	24000	6000	0	4000	5000	85000	0	0

说到自己最大的愿望，马哈克语重心长地说：“自己这辈子没什么文化，四处奔波忙碌谋生活，可我们再苦再累一定要让自己的孙子多读点书。希望他们将来能做国家干部……”马哈克告诉我们自己的小孙子现在就读于福州希望幼儿园，将来还要让他受最好的教育，继续在福州上小学、读初中和高中。在此，谨希望知识的力量让马哈克受过的苦、经历的不幸不要发生在他下一辈的身上。

（三）马玉华家

马玉华，男，35岁，小学文化程度，回族。妻子尔洒，33岁，回族，未曾上过学，回族。父亲马麻乃，60岁，未曾上过学。母亲尔洒，57岁，回族。女儿马玉秀，14岁，小学四年级辍学。儿子马平，8岁，跟随父母在上海读书。

走进马玉华家是一个偶然的机会。依然是一个阳光明媚的早晨，看着远处葱葱郁郁的大山，我们情不自禁地走到跟前，想感受一下那清爽的气息。一条蜿蜒曲折的小径，静静地延伸到山上。四周一片静谧，我们凝望着这条小道，好奇如果沿着这条小道上去，会经历怎样的风景。这时，一个背着树枝的女孩子映入我们的视线：她穿着一件蓝色的衬衣，梳着一条利索的马尾辫，熟练地沿着小路往下走着。等她从山上下来，快走到我们的跟前时，我们走上前去，微笑地对她说声："你好。"她抬头看到我们，露出一个腼腆的笑容，礼貌地回答我一声："你好"。简短地交谈之后，她明白了我们的来意。可能年纪相仿，或者经过几天的走访，她可能见到过我们，没有丝毫的排斥，她从刚见面时的腼腆转变成了健谈。

问及她为何背一捆树枝回家，她告诉我们说院子里需要几枝篱笆，这是爷爷昨天砍下来的树枝，昨天没拿下来，今天上山把它运下来。瞧，前面就是她家。她示意我们前面那个红色大门的院子。她家的房子就在山脚下，房屋前面是一片马铃薯地，它们争先恐后地开着淡白色的小花。走近跟前，我们还发现几棵已经破土而出的萝卜，它们高高地生长出地面好高，淡紫色的萝卜整整齐齐地挨个站着。这大概就是她家的菜园吧。

女孩引领我们踏进她们家的小院。女孩放下身上的树枝，喊了声："爷爷。"一位老人从屋里走出来。老人家有点诧异地看着我们。女孩读懂了爷爷的疑惑，就介绍了我们的来意。随即爷爷热情地招呼我们进屋坐会。看着眼前一个类似于太阳灶的东西，女孩说这是用来烧水做饭的东西，利用太阳能来烧水。简单的设备上端放着一个水壶。院子中央挺立着一棵果树，凭我们的观察，觉得它是一棵啤特果树。我们向爷爷询问这是什么果树，爷爷回答说是啤特果树。它繁茂的枝丫占据了院子不小的空间，是个乘凉的好地方。院子的一个角落里种植着好几棵花椒树，凑近跟前，闻到它那浓浓的独特味道。"都是自家种着吃的，家里种的菜足够我们三个人吃了。"爷爷告诉我们。

走进屋子里，整洁的屋子里没有过多的修饰，只有简单的几件家具，一套桌椅，一张大床，一个取暖用的铝管和炉子连着，另一头伸出屋外。

谈起家里的情况，爷爷马麻乃告诉我们，他的儿子、儿媳在上海开饭馆。在那经营饭馆已经有三年多的时间了。去年六月份回来过一次，在家待了十天左右就又返回了上海。爷爷的孙子跟着也在上海，在那边读小学一年级。他们在那边开饭馆，刚开始两个人还忙得过来，起初也遇到过很多困难，资金的问题，人手的问题，不过两个人也都挺了过来。饭馆开业的第一年，爷爷也过去帮忙过一阵子，不过家里还有农活和一个孙女，他没在那待太长时间就回来了。在饭馆里，他就帮着整理垃圾，每天要清理好几次垃圾，做好卫生工作。"我的主要任务就是确保垃圾堆积到一定程度，就随即把它们运到一个固定的垃圾回收点，没有固定的时间说要倒垃圾了，根据当天顾客的多少随机处理垃圾。儿子、儿媳在上海开饭馆每月能收入约5000元。”

孙女马玉秀在临夏市胡艳新村学经文。读到小学四年级后，觉得女孩子不需要读那么多的书，就打算让她学经文。孙子在上海读小学一年级，儿媳负责接送孙子上下学。学校离自家的饭馆不是很远。儿媳每天骑车接送孙子。他们打算好好供孙子读书，上初中，上高中，然后读大学。问及既然有这个条件，为什么不让孙女也在上海接着读书。马麻乃说：“按照村子里的传统，女孩子年龄大了就要找个婆家，村子里不重视女孩子的教育问题。”他们家就想让孙子好好念书，至于孙女，打算让她念念经文后就考虑婚姻的事情。听到这里，我们想起回来的路上我和这个女孩的谈话。她告诉我们，她本人想继续读书，但是村子里的传统和家里人的意见与她的想法不一样，所以她就离开了她喜欢的校园去读经文。听得出来她还是挺想读书的，出于种种原因她还是接受了家里人的安排。我告诉她，要和家里人沟通一下，表达一下自己的意思，告诉家人自己内心的想法。若是自己真的想读书，相信通过和家人的沟通，她还是可以继续读书的。或许现在再做出选择还不迟，毕竟读书的重要性她自己还是明白的。几天的走访，见到几个这样处境的女孩，按照她们民族的习俗，女孩是不能抛头露面的，女孩的教育问题也不被重视。令人惋惜的是，这其中也不乏喜欢读书的女孩，她们出于种种原因不得不放弃学业。其实经过她们认真的学习，她们一样可以创造截然不同的人生，和男孩一样，走出这个熟悉的村庄，好好读书，到外面的世界看一看，感受与现在完全不同的生活，绘画自己精彩的人生。

马麻乃的身体看起来很健康。他说他的体质确实很好，这几年都没生过什么大病，就连普通的感冒都没患过。这可能和他经常干农活、运动有关系。现在身体还不错，他是家里农活的主要劳动力。干农活是辛苦，但也正是这些农活让他的生活充实了好多。农忙时，有时农活太多，忙不过来，亲戚邻居大家就相互帮忙。大家集中力量先干某一家的，然后再转移到其他家。

马麻乃家家庭条件还不错，家里的耐用消费品主要包括一台电视机、一部电话、一辆摩托车和一部手机。手机一个月大概需要花费50~60元。家里平时做饭主要是用煤炭和木柴，住房取暖设施主要是炉子。

表 2－20　　2010 年马玉华家家庭耐用品消费情况　　单位：个

项目	个数	项目	个数
电视	1	农用车（拖拉机）	0
电冰箱	1	卡车	0
洗衣机	1	小轿车	0
照相机	0	电话	1
影碟机	0	组合音响	0
电动车	0	手机	1
摩托车	1	自行车	0

2010 年马玉华家支出情况见下表：

表 2－21　　2010 年马玉华家支出情况　　单位：元

总支出	生产性	衣服	食品	看病	教育	娱乐	红白喜事	交通	通信	住房
26920	1200	2000	2000	1000	0	0	20000	0	720	0

马麻乃算是村里的老人了，在这个地方生活了大半辈子了。他说在外面帮着儿子、儿媳工作挺好的，不过在外面的日子，他也想回家，回到这个他熟悉的村子。马麻乃在村子里生活了五十几年，切实地感受到了政府的惠农政策。政府给村子里每户提供约 7000 元的危房补助。村子里以前是土路，遇到下雨天，路面都是积水，泥泞不堪。政府就动员大家修建柏油路，村民们都积极响应，自觉捐款修路。政府也提供了数量可观的修路费，帮助村民修建了一条条整洁的柏油马路，这些柏油马路为村民们的生活提供了很大的方便。

在与他交谈的过程中，我们能感受到他对目前的生活比较满意。村民们彼此之间的关系和睦，谁家有个红白喜事了，村民们都积极地凑份子。谁家有困难了，村民们也自觉地提供力所能及的帮助。去年他们家利用政府提供的危房改造资金，自家又添上了点钱，修建了现在这所房子。由于儿子不在身边，家里缺少劳动力，村子里一些年轻人就过来帮忙，忙活了好几天，帮忙盖房子。村里的民风很好，大家互帮互助，团结友爱。这几年村子发展越来越好了，村民们都切实地享受到了国家的各项惠民政策。

根据当地经济社会发展总体规划、乡村规划、公共服务和基础设施建设规划、新农村建设规划，把农村困难群众危房改造工程与新农村建设、扶贫开发、农村奖励性住房工程、村容整治等项目结合起来，重点解决农村散居五保户、低保户、重点优抚对象、残疾人家庭等困难群体的住房问题，逐步解决和改善我区农村贫困群众的住房安全问题，实施农村困难群众危房改造工程。

我们亲眼看见了危房改造政策贯彻落实的良好效果，但也觉得危房补助政策在以下方面有待进一步完善：第一，政府补助资金标准偏低。农村困难群众危房改造政府补助资金标准较低，部分特困群众建房仍比较困难。随着建材和人工工资上涨，增加了建房自筹资金量，贫困群众难以承担。第二，群众投入能力不足，建设资金紧缺。农民群众的收入较低，在实施农村危房改造中农村住房困难群众的热情很高，但由于农村群众经济条件参差不齐，自筹资金较为困难，建设资金紧缺成了制约农村危房改造工程建设快速推进的重要瓶颈。第三，困难群众危房改造较多。农村大部分住房是 20 世纪六七十年代的土木结构房，加之部分房屋因年久失修成为危房。在近几年实施的房屋重建和去年实施的农村困难群众危房改造工程，虽然一部分贫困群众居住环境得到改善，但仍有大多数贫困群众一直居住在危房中，急需解决住房困难问题。第四，工作经费安排相对较少。在项目实施过程中，做规划、搞设计、质量监督、建账立档以及工程验收等需大量工作经费作保证，而农村困难群众危房改造工程没有安排工作经费，影响了工作的正常开展。

（四）马文才家

马文才，男，25 岁，回族，小学文化水平，普通话流利。马文才家共 9 口人。父亲马麻乃，今年 45 岁，回族，是家里的一家之主。母亲马陆几亚，42 岁，常年在家务农。妻子铁莱合麦，23 岁，两人已育有一儿一女。弟弟马文华和弟媳也育有一子，刚 8 个月大。

临夏县位于甘肃省中部，临夏回族自治州西南部，是国列、省列的贫困县。寺庄村虽然是全乡比较富裕的村庄，但是跟国家平均水平比起来仍有一定差距。从 20 世纪 90 年代开始，随着社会经济的快速发展，打工热潮在各地涌现，坐落在黄河南部这个小村庄的人们也按捺不住了，村民们纷纷走出家园，到各地打工或是经商，马文才一家就是在这个时候开始了外出打工和经商之路。

刚到寺庄村时，我们就发现村头有几户人家的楼房盖的十分漂亮。一天上午，便打算去其中一家拜访。随意走到一家门口时，一个大约二十几岁的小伙子走了出来，用挺流利的普通话询问我们的来意。在我们向他解释清楚后，便热情地邀请我们进去坐坐。走进他家门才发现，原来楼房旁边还连着一个院子，是以前的老房子，修了楼房之后并没有拆掉。我们便在院子里搬了小板凳坐了下来。一位年轻的女孩过来给我们倒上果汁，小伙子告诉我们说他叫马文才，是这家的大儿子，刚才倒茶的女孩是他妻子。我们很好奇他的普通话为什么会这么流利，聊了一会儿后才发现原来他和父亲常年在外做生意，在外面跑多了，普通话渐渐地便流利了许多。

马文才只有四五岁的时候，他的父亲就开始出去打工，一开始是在本省的一个煤矿上挖煤，大概在同一家煤矿做了 7 年的时间，后来有一次在下井挖煤时，不小心差点摔断了腿，于是便决定另外换一个事情做。那个时候，村里有很多人在做虫草的生意，并且不少人做虫草生意都赚到大钱，父亲在家休息一段时间之后，思考之下便再一次出门做起了虫草生意。马文才的母亲叫马陆儿亚，是一位地道的农村妇女，家里的农活基本上都是母亲和弟弟在做。弟弟马文华读到初中二年级便回家去寺里念经了，已经念了 3 年，偶尔也会回来帮母亲做点农活。现在弟弟已经结婚有一年多的时间，还生了一个 8 个月大的儿子。说到自己，马文才不好意思地笑笑说："我大儿子今年 4 岁了，女儿刚出生 3 个月。"马文才在学校读书到 14 岁时便回家了，之后在清真寺里念经，马文才说当时寺庄村的清真寺里有 30 几个小孩一起念经，现在好像已经增加到 80 多人。念经的那三年里，马文才就住在清真寺里，每天学习，除了吃饭睡觉就念《古兰经》，我问他："《古兰经》有多少字，你念 3 年能念完吗?"他神色十分庄重地告诉我："我们的经是念不完的，很多很多。"

从 2009 年开始，父亲便开始带着马文才去西藏拉萨做虫草生意。每次出去做生意，父子俩从兰州坐火车到拉萨，然后在拉萨买一辆摩托车，骑着摩托车去藏族牧区找藏民收购虫草。然后再去卖给更大的收购商，有时候是在拉萨卖，有时候去重庆卖。马文才说："我父亲去过重庆五六次，因为朋友说在那里虫草的价格要高一点，利润会好一点。”虫草一般是每年的三四月份长出来，到六七月的时候长好。因为收购干的虫草成本比较高，所以父子两人几乎都是收购湿的虫草。马文才说，虫草的价格从每斤 1 万元到 15 万元不等，每次出门他们都会带上十几万元的现金，到藏民的家里或是藏族牧区的交易场所收购。

我们问他：“收一斤虫草能赚多少钱？”

他回答说：“我们大约是两三千元左右。”

我们又问他：“你们身上带着那么多的现金到处跑，会安全吗？”

他笑了笑说：“我们去过很多次了，都很小心，还是比较安全的。”

马文才告诉我说，他和父亲是最近才回家的，因为要过斋月，并且上半年刚跑完一趟生意，所以想回家休息一段时间，等到明年春天的时候再去藏区。现在做虫草生意的人越来越多，但是因为环境破坏比较严重，长出来的虫草越来越少，所以生意比较难做。其实在跟着父亲做生意之前，马文才自己去上海打过工，说到那段打工经历时，马文才的脸上焕发着生动的光彩，眼睛里也透着一种向往。马文才很喜欢南方城市，他说南方的城市都特别干净、漂亮。去年冬天他在上海给兰州拉面馆送牛肉，每个月只有1000元的工资，但是在这两个月短短的时间里，他深深地喜欢上了上海这座城市，也十分向往城里人的生活。他说：“城市里环境好，人的生活也很丰富，不像我们农村，每天就是在地里干活。”所以他希望自己将来能和父亲一起做生意挣更多的钱，然后在城里买房子，让父亲母亲都搬去城里住。

马文才家里只有 4 亩地，是分给父亲的，家里其他人都没有田地。这 4 亩地母亲用 1 亩地来种土豆，其他的都种上了麦子。马文才说他很不喜欢种地，我们问他为什么，他想了想回答说：“种地很辛苦的，我们这里基本上也就是看天吃饭，要是气候好了，便有点收成，气候不好，收成也就跟不上。每天在地里干活，又累又挣不到钱，我们家里的收入基本上都是来自我父亲做生意挣来的，虽然做生意有时候也很辛苦，但是和种地比起来就好多了，并且还可以到处跑，我很喜欢到不同的城市里看看，感觉比我们这里富裕多了。”从马文才的话语中，我们能感受到他对一种更美好生活的向往和期盼，可能是因为走出过这个小村庄，马文才的身上透着一种我说不太清楚的感觉，他和村里其他的年轻人不太一样，少了一份安定，多了一份躁动。我们想也许是上海或是其他城市的绚丽多彩触动过他的心灵，使得他不安于一辈子待在农村里，而是想通过自己的努力，过上他心目中所认为的更好的城里人的生活。在我们俩聊天的过程中，我们可以感觉得出他是一个十分聪明和有自己想法的年轻人，上一辈人的生活习惯没有给他带来行动上的枷锁，而是跟着父亲慢慢打开了自己的眼界，有了自己的人生理想。

正在我们聊着家里情况的时候，一位中年男人从楼上走下来，马文才跟我介绍说这是他父亲。我们赶紧站起来向他父亲问好，马文才的父亲今年45岁，看起来十分年轻，头上戴着回族特色的白色小帽，我们向他解释了一下我们的来意，他连忙请我们坐下，说："你们接着聊，我出去做点事情。"马文才的父亲从20出头开始，就一直在外打工、做生意。多年在外打拼的经历使得他的脸上透着一种商人特有的精明神色。马文才说："我们家的事情都是我父亲做主的。"看得出来，父亲在家里是一位很受尊敬的家长。说到家里的开支情况时，马文才说这个自己不是很清楚，便把他母亲从屋里叫了出来。母亲看上去性格比较外向，很快就和我们聊开了：去年一整年，马文才家的收入大约在4万左右，总支出是16000元，其中用于生产性支出为1000元，一家人一年添置衣服总共花费大约3000元，食品花费5000元，去年家里没有人患过大病，所以一些小病买药花了大约400元，红白喜事1000元，交通费用大约2000元，主要就是父子两人开摩托车耗的油费，因为家里有4部手机，所以一年的通信花费较多，大约3600元，除了以上这些之外，其他大的开销基本上就没有了。（见表2－22）

表2－22　**2010年马文才家支出情况**　单位：元

总支出	生产性	衣服	食品	看病	教育	娱乐	红白喜事	交通	通信	住房
16000	1000	3000	5000	400	0	0	1000	2000	3600	0

马文才家的住房面积大约200平方米，冬天取暖用的是火炕，饮用水是井水。可以看见，院子中间就有一口抽水井，水井边上有一棵梨树，绿油油的煞是好看。马文才说，今年下半年他打算去苏州，边打工边玩，等到明年开春再和父亲一起做虫草生意。我们问他："有想过就在苏州定下来吗？"他说没有这个打算，只是因为几个朋友在那边的拉面馆做事，所以自己也想去待几个月。谈到未来的期望，他认真地告诉我们："除了想去城里买房子之外，我还想好好养大两个小孩，送儿子读大学，以后才会找个好工作。"

听着眼前这个不足30岁年轻小伙子的种种梦想，我们的内心忽然有些感动起来。他对生活的期待，他对人生的种种梦想，都是对命运的一种向上奋斗的拼搏。他和父亲外出经商，是一家人的生活所托。他们改变了古老的农民的生存模式，减少了对土地的热爱，走出了农村，体会着外面大千世界的种种魅力。但是生活并没有被打乱，他们有了更多的计划和希望，衷心地祝愿马文才父子俩的生意越来越红火，一家人未来的生活会更加美满和幸福！

（五）马学仁家

今天我们选择了一条前几天没走过的路。路的一侧是村民家的房屋，另一侧是庄稼地。高高的玉米秆整齐地站立着。在马路和庄稼地衔接的地带，一条小河静静地流淌着。小河没有多宽，河面上偶尔出现一两片落叶。可别小看这条窄窄的小河，它为村民们的生活提供了很大的便利呢。村民们可以在这洗刷东西，有的人还在这洗衣服，更为重要的是，这些水都是动态的水，水质不错，它们无声地滋润着附近的农作物，看看旁边玉米地里那沉甸甸的玉米棒就明白了。

走在这条乡土气息浓郁的小路上，我们看到远处一些人在一块空地上干农活。走近了，是村民们在堆麦子。一位大概60岁左右的爷爷，他年迈的身体扛着大大的袋子，我们的心里真不是滋味。我们走上前去，爷爷露出一丝温暖的笑容。简单交谈之后，爷爷请我先进家坐坐，等他把这几堆麦子都堆到车上，他就可以休息一会了。旁边的奶奶也在辛苦地劳作着，把一片片分散的麦子归拢到一起，以便爷爷把麦子运到车上。大概孩子都没在家，这两位老人家要自己干这些繁重的体力活。这些体力活与他们的年纪看起来是那么的不协调。

奶奶放下手里的工具，示意我们去家里，然后告诉我们说家里有人，让我们和家里的人谈谈。我们转身朝奶奶指引的方向走去。褐色的木质大门敞开着。“我先去把手里的活干完，过会儿我就过来了”，奶奶站在那对我们说。

张一奴四，男，65岁，回族。妻子张发土麦，60岁，回族。儿子马学仁，39岁，回族，小学文化水平。儿媳张阿西牙，36岁，回族，未曾上过学。孙子马晓伟，16岁，初中文化水平。孙女马晓可，9岁，小学在读。

走进屋里，看到一个高高个子的孩子，他热情地招呼我们坐下，他叫马晓伟。经过交谈，我们知道了他是一个上到初二的孩子。马晓伟说他挺想上学的，由于某种原因他不能继续他的学业了。

房屋是土坯结构，总共有5间房，家里除了一张床和一张桌子外，没有其他多余的家具。

2010年马学仁家家庭支出情况见表2－23：

表2－23　**2010年马学仁家家庭支出情况**　单位：元

总支出	生产性	衣服	食品	看病	教育	娱乐	红白喜事	交通	通信	住房
34300	1000	7000	20000	400	0	0	1500	400	4000	0

马晓伟是挺开朗的一个孩子，一直都是微笑着看着我们。马晓伟一家4口都在拉萨，父亲在做虫草生意，一个叔叔在西宁，父亲这边把买到的虫草交给在西宁的叔叔，叔叔在西宁再把虫草卖掉。母亲是个闲不住的人，在拉萨找了份做饼的工作。妹妹现在读小学。

马晓伟今年16岁了，谈起他的生活，他露出了灿烂的笑容。看得出来，对于自己未来的生活，他挺有自信的。本应该是认真读书的年纪，由于某种原因不能继续上学了。马晓伟告诉我们，他还是挺喜欢上学的。上学期间，最喜欢的科目是数学，成绩还蛮不错的。由于父亲想让他过去帮忙家里的生意，他不得不辍学了。说起在学校读书的情况，这个孩子一脸的笑容。小学时和小伙伴们一块背着书包去上学。初中是在临夏县的韩集中学读的，离家比较远，就坐车去学校，中午不回家，晚上放学了就自己一个人回家。

2008年，正在读初一的他决定不上学了，接着学了一年的阿拉伯语，然后又返回学校，接着读了半年的初中，这时父亲打算不让他读书了。2010年他来到拉萨，彻底结束了他的学习生涯。

在拉萨的这两年，马晓伟从事过几份不同的工作。父亲觉得他年纪还有点小，想让他在社会上闯荡几年，然后加入他们家里的虫草生意。刚去拉萨时，马晓伟帮着母亲卖饼。母亲在拉萨开了一个小店铺，卖一些小吃，主要是做饼。母亲的手艺很棒，店铺的生意还不错。他的主要任务就是帮母亲收钱、记账。母亲勤劳能干，一天到晚忙个不停。在母亲的指导下，也大概了解了白饼的做法。关键是和面，面粉和面发酵成起面。起面还要再和，用熟芝麻油、牛奶（或者奶粉）、鸡蛋和水成一定比例和面，回族会把煮了的南瓜加进去，这些共同再和成面。中间要加碱，碱的用量要凭经验，否则会酸或者涩。喜欢甜的还可以加白糖或蜂蜜，然后就是起油锅。油温也有讲究，等油热的时候，就在大案板上开始把面分成一个一个的小面团，再把面团擀成厚薄均匀的饼（不能太厚，会外焦内生；也不能太薄，会太干硬），然后开始一张一张下锅炸（这个操作家里一直是母亲掌勺的），炸到外皮焦黄即可，一般一锅可以炸 5 ~ 6 个。往出捞的时候也很讲究，要控油适度。不过虽然清楚了做饼的程序，但是不是掌握了程序就能做出味道正宗的饼的，因为这里面要注意的地方很多，没有深厚的功底是做不出母亲那个饼的味道的。马晓伟说他从没有做过用于出售的饼，店铺里出售的每一块饼都是母亲亲自做出来的。

在店铺里工作了一段时间后，经过一个亲戚的介绍，他到了一家服装店工作，是做一名收银员。那份工作是他的第一份工作，通过这份工作，马晓伟慢慢地接触、了解着社会，一个与学校截然不同的世界。回想这份工作带给他的感受，他觉得他逐渐学着与不同的人打交道，他自豪地说他开朗的性还蛮适合这份工作的。偶尔他会到父亲那里，帮父亲记账。数学是他最喜欢的科目，所以他选择的工作一般都与数学密切相关。这段工作的经历让他长大了好多。有次他和往常一样，站在收银台那等待着顾客来结账。那位顾客需要付 150 元左右。他检查过钱就收下了。晚上汇总账的时候发现其中一张 100 元是假钞，他很诧异，白天工作时已经检查过了，应该不存在假钞的情况。不过通过核定，确实是张假钞。由于自己的疏忽大意给服装店带来了损失，这是谁都不想看到的结果。店长并没有责怪他，只是告诉他这样的情况绝不能再次发生，他认真地点点头。当天回家后，他把发生的这次事情告诉了父亲，父亲思索片刻后说，既然是因为自己的工作疏忽，就应该承担起这个责任，不能给自己所在的服装店带来损失，应该垫付这 100 元。虽然钱不多，店长也没有再追究你的责任，但是你应该承担起责任，这是你长大的一种体现。敢于承担，这是马晓伟学到的人生重要一课。从那时起，他就知道其实自己已经不再是个孩子了，不能像以前那样遇到事情就由别人来承担。长大了，自己也要像一棵郁郁葱葱的大树，能给别人带来丝丝阴凉。

他跟我们说，自己在外面打工期间，遇到很多自己不理解的事情，也遇到很多自己不喜欢的人，但还是遇到的好人多一些。现在自己长大了，要多经历些事情，这样才能更好地了解并适应这个社会。

（六）马胡塞家

马胡塞，男，38 岁，小学文化程度，回民。妻子马哈飞索，36 岁，未曾上过学。父亲马散里海，68 岁。母亲，65 岁。儿子马青，17 岁，在临夏县韩集中学读书。女儿马静，18 岁，在邻乡读经文。

与其他村民相比，马胡塞家里的地算是比较多的了，共 10 亩地。4 亩麦子，2 亩菜籽，3 亩马铃薯，4 分玉米。家里父亲身体挺好的，妻子和他，再加上父亲是家里农活的主要劳动力。现在夫妻俩年轻能干，这几年打算还种这 10 亩地，等将来身体不太好了，就想着把地租出去。平时马胡塞就在外面找份生意做，农忙时就回来，毕竟家里的地比较多，父亲和妻子两个人忙不过来。他就这样两地跑，生活挺充实的。父亲年纪毕竟大了，也不想让他干农活。只要他回来了，家里的农活主要由妻子和他承担。

2010 年马胡塞家支出情况见表 2－24：

表 2－24　**2010 年马胡塞家家庭支出情况**　单位：元

总支出	生产性	衣服	食品	看病	教育	娱乐	红白喜事	交通	通信	住房
26920	1200	2000	2000	1000	0	0	20000	0	720	0

2010 年家里的总支出是 26920 元。家里除了买种子等生产资料外，村里的亲戚朋友谁家有红白喜事了，就凑个份子。

尽管只有小学文化，但在外面打工的经历拓宽了他的见识，开阔了视野。讲起事情来思路清晰，娓娓道来。1990 年，马胡塞在青海一家矿石厂工作，开采矿石。他在这个矿上已经工作三年多了。矿上有 45 个矿工，80% 都是未曾上过学的农民，除了几个技术员是煤炭学校毕业的，剩下的也仅是小学毕业。

煤炭，可以让这个世界充满光明，但是如果没有一群人它们也只能埋于地下，这些人，他们没有多高的文化水平，没有多广的社会阅历，他们有的只是一双勤劳的双手和踏实的精神。他们就是矿工。现代的社会虽然机械化程度已经比较高，但就煤矿行业来说，还是需要人的操作。这些人大多是有年迈的父母，有妻子儿女，他们是家中的顶梁柱。由于在家务农经济收入不高，为了家人的生活，为了子女的教育，他们在知道这项工作存在危险性的同时，依然选择了这个行业。大部分的矿工家庭没有其他经济来源，除了家里务农的收入以外，就靠着在矿厂发的那点工资来维持生活了。出于生活的压力，工作环境是否对身体健康无益，工作是否安全，这些因素已经不是他们优先考虑的问题了。但是，想起为了家庭，为了孩子，再苦再累也是值得的。

矿工，是在危险线上讨生活的一群人。他们在恶劣环境下工作。可能会遇到意外事故，如天然气矿的井喷事故，煤矿的透水，瓦斯爆炸事故等。马胡塞说每个井下人员仅仅知道怎样防止和排除事故是不够的，还必须知道，并且要熟练地掌握，怎样正确而又迅速地进行自救和互救，使自己和其他人员能安然脱险得救。

这些煤炭，承载着矿工们的辛勤劳动。他们的收入也高于周围乡镇的一般人，这正是他们甘于冒险的动力所在。除了恶劣的环境外，频繁发生的事故也威胁着矿工们的生命。安全走出矿井时，同伴们脸上会挂着笑意。一天辛苦的工作终于结束了，伴随着快乐而来的，还有一身的疲惫。

马胡塞辛勤地工作着，满怀着多挣点钱的希望，再苦再累的活他也毫无怨言。然而，在工地上工作的这三年，马胡塞和他的同伴们却没有得到应有的工资待遇。厂子里一直没有给他们发工资。一年过去了，没有发工资的迹象。一年半过去了，还是没有发工资的动静。他们去和相关负责人员沟通，询问工资的情况。负责人的回答是厂子里的一笔资金还没有到位，年底这笔资金一到位就给他们发工资。这些朴实的矿工们得到这个答复后挺开心的，至少清楚了不发工资的原因，掌握了什么时候可以领工资。每天依然是高强度的工作，简单的一日三餐。

马胡塞有两个孩子，一个18岁，一个16岁，都在上学。谈起孩子，他很欣慰，“我挣钱不为别的，就为他们将来不像我一样，不要靠身体吃饭，要靠知识吃饭。还好，他们都挺用功，书读得都还不错。”干矿工凭体力吃饭，是挺辛苦的。努力挣钱，供两个孩子上学，贴补家用，他自己花销不大，除了抽点烟外，没有什么爱好，一个月有50多元就够了。剩下的钱全都带回家。

对于明天，他们仍满怀美好的期待与憧憬。年底发过工资后，他们就可以开开心心地回家了，去看看那久违的亲人：父母亲的身体还好吗？妻子每天既要操持家务，又要照顾老人、孩子，挺辛苦的吧？孩子们是不是又长高了？带着这些疑问，他们认真地埋头于自己的工作，耐心地重复着繁重的体力劳动。然而他们却不知道，他们遇到的是一个黑包工头，两年下来，一分钱都拿不到。年底的时候，负责人又以各种理由搪塞，再一次说服了矿工们工资会发的。为什么两年了一分工资都没发过，他们却从来得不到解释。

对于在工地上的工作，马胡塞认为工作强度比较大，身体一定要健康，否则体力会跟不上，那样的话是很危险的。工作的时候，他们都是一组人一起工作，遇到什么情况发生了，大家可以共同解决，彼此之间也都互帮互助，毕竟有好多老乡嘛。在矿上工作的时候，自己是没觉得有多危险。电话里，父母和妻子就会反复叮嘱我要注意安全。其实我们在矿上工作的时候也都时刻警惕着。家人总是担心，害怕有什么危险情况发生。在家人看来，挣钱多少没关系，生命安全最重要。

在外面工作的经历让马胡塞明白了知识的重要性，他对孩子的期望是想让他们不要像他一样，干农活或从事这些体力活，期望孩子能通过读书丰富自己，将来有机会了就可以走出去，到外面的世界去看看，去闯闯。他希望两个孩子将来能有出息，多读些书，别再像他一样，靠身体吃饭，希望他们做个有技术的人，这样，对国家，对社会的贡献不是更大吗？当年没有继续读书现在还是有些后悔，但是，当时也是没有办法的事情，现在已经这样了，自己就想好好地敬养父母，和妻子一起勤俭持家，自己一定尽最大的努力把孩子供到大学毕业，希望孩子能够到外面的世界里去看看，走和自己不一样的道路。

在绝大多数小型煤矿，下井干活的都是农民矿工。他们在从土地上走出来的那一刻起，就选择了闷头劳作，他们希望通过自己的劳动改变命运。他们任劳任怨，有时，他们会选择冒险，在无任何安全而言的小煤窑上开始他们的“淘金”之路。家人的幸福，父母的健康，子女的未来是他们最关心的事情。这也是他们辛苦工作的动力源泉。

谈到未来，马胡塞说以后孩子大了，用钱的地方多了，这几年就踏踏实实地干几年。从他的笑容里，我们找到了属于他自己的幸福。

每个人都怀揣梦想，无论他身为何职，身居何位。矿工也一样，他们每个人的心里，都或多或少地藏着这样那样的梦想，尽管这梦想有些终归还是梦想，但我们还是期待，他们能梦想成真。

矿工是一个对国家的经济建设做出过特殊贡献的群体，现在，他们依旧在默默无闻地奉献着。我们要关爱他们的生命安全，关心他们的生活，关注他们的未来。希望普天下的矿工平安，希望矿工们的家属幸福。

（七）马学民家

马学民，男，53 岁，回族，村中一家小卖部的主人。妻子叫拜香梅，今年 49 岁，是之前村支书的女儿。儿子马玉泉在福州打工，儿媳叫马继芳，是寺庄小学教师。家中还有一个小孙女，今年刚满一岁。

寺庄村有四百多户，共 2000 多人分布在各个社。有些社隔的很近，有的离得比较远，从村头走到村委办公室所在的社需要半个多小时。一些零零散散的小卖部就分布在各个社区内，位于村委院外的那家是我们见过的比较大的一个，听村民说，这家店是最近几年才开的。一天下午从学校出来，我们便走进小店里，希望能和这家人聊一聊。

小店的门很窄，就如同平常人家的房门，走进一看，各种各样的小商品琳琅满目，十多平方米的房间里放了整整一个墙面的货架，前面是 4 米多长的玻璃货柜。摆放的商品大致可以分为三类，最多的一类是食品，各种小零食，像小孩儿爱吃的熟食、小饼干、糖果、娃哈哈等堆满了货架；第二类是日常的生活用品，洗衣粉、肥皂、牙膏、牙刷等，都放在玻璃货柜里面；第三类是农用生产货物，这类东西不是很多，只是零零散散地摆了一点。房间靠窗户的地儿还放了一个小床，应该是店主晚上住在这里看店。我们进来一会儿，就从外面走进一个抱着小孩儿的中年男人用流利的普通话问我们需不需要买什么东西。我们向他解释了自己的来意，说想了解一下他家店的情况，他便热情地给我们搬来小凳子，请我们坐下。

原来这个中年人叫马学民，是这家小卖部的主人，今年 53 岁。除了他之外，家中还有 4 口人，妻子叫拜香梅。儿子马玉泉，现在正在福州打工，在当地的一所学校包下一个食堂。马学民说，每年放假的时候，儿子都会回家待上一两个月，给家里送一万多元。开学之后，又回福州做生意。马学民的儿媳叫马继芳，是村里小学的老师，之前在采访寺庄小学韩校长时就有听说过。马继芳是村里的老师，听韩校长说，马继芳是一位很优秀的教师，对工作负责，喜欢小孩，因为家离学校很近，所以待在学校的时间很多。马学民怀里抱的小女孩就是他的孙女，今年刚满 1 岁，在我们聊天的过程中，小女孩不停地在他怀里打闹，马学民只有站起来，不停地摇摇晃晃，哄她安静下来。

这家小卖铺是马学民 2007 年开的，在开这家店之前，他一直在临夏县供销社当营业员。马学民说，他是 1976 年开始参加工作的，当时县里面供销社招人，他就自己去报名了。因为认识字，懂得记账，马学民便被供销社聘为营业员，负责进货，卖货。这一做，便是 35 年，从年轻的时候一直做到了两鬓斑白。2000 年，供销社开始调整裁员，因为各种原因，马学民下岗了，我们问他为什么都快退休了还会被下岗？马学民有些不忿地说："供销社里的领导说我没有文凭，就让我下了，我在那里当营业员当了 35 年，从没出过什么错，我也没有办法，就只能回家了。"回家之后的一段时间里，马学民心情一直闷闷不乐，每天帮着妻子下地干活，回到家就觉得十分无聊。过了几年之后，村委院子旁边的屋子空了出来，马学民想，这里离学校很近，旁边住的人也多，何不自己在这里开家小卖部。于是，他便把这个想法和妻子说了一下，获得了妻子的支持，于是他便开始筹备开店了。

马学民把家里的积蓄拿出来一大部分，首先是在县城里买了几个货架和货柜，请人运回村。因为之前做的就是这一行的工作，所以也十分了解进货的渠道和价格，没到两个星期，马学民的小店便初具规模了。由于离学校很近，每到上学放学学生们就会到这里买零食吃，所以店里的生意一直不错。现在每个月马学民都会去县里进 10 次货，一次大概拿四五百元的东西。我们问他这个店一个月能挣多少钱，他笑着说："只能补贴一下家里的生活费用吧。"如今每天，马学民便在这个小店里守着，晚上也不回家，有时候去进货或回家吃饭，妻子便会过来看店。我们问他对现在的生活状态满意吗？他回答说："挺满意的。"看来做起老本行来还是比较开心的。

因为是城镇户口，马学民在村中没有分到土地，所以家中只有妻子分到的 2 亩多地。除了自己家的地之外，妻子还把父母的地种上了粮食。2 亩小麦，一年能有 600 斤收成；1 亩大豆和 1 亩菜籽，各能收 400 斤；半亩土豆，能收到 1000 斤左右。每年国家会给每亩地发放 40 元的补贴，除此之外，马学民的妻子还能得到低保金，每个月 200 元。马学民的家就在学校对面的巷子里，建筑面积 120 平方米，是一栋漂亮的小楼房，房间里铺着白色的地板砖，一套大大的沙发对称地摆放在一边。各种家用电器也都俱全，两台电视机，一台冰箱，两台洗衣机，这在农村地区也算是条件比较优越的家庭了。

2010年马学民家总的支出大约是两万元，其中最大的开销用在看病上。原来，去年马学民得了青光眼，到市里做完手术才好。其次就是在食品上的开销，近3000元；通信费用2400元；生产性支出和买衣服上支出的差不多相同，各1500元；红白喜事1000元。（见表2－25）

表2－25　**2010年马学民家支出情况**　单位：元

总支出	生产性	衣服	食品	看病	教育	娱乐	红白喜事	交通	通信	住房
20100	1500	1500	3000	10000	0	0	1000	700	2400	0

像马学民这样在村里开店的还有十来家，卖的东西差不多一样。但是因为位置上的优势，马学民店里的生意比别人家总会好一些。开店4年的时间里，马学民几乎每天都在店里打理生意，日子比起刚下岗那会儿忙碌很多，也开心很多。偶尔还会帮着带带小孙女，家里的地基本上就是妻子和儿媳在种着，农忙的时候自己有时候也会帮帮忙。我们问他对家里未来的发展有什么展望时，他想了想说："我希望我的儿子能在外面把生意做好，多挣点钱以后好送孙女上学。"

我们又问："那对您自己呢？"

他回答说："我就把店看好就行了，年纪大了，也不指望还有什么大的作为，只希望孩子们好就行了。"

访谈完了之后，马学民送我们到店门外，沿着村中蜿蜒的水泥路一直往下走，路的两旁只有一片片绿油油的土地，栽满各种农作物。路上偶尔有些三轮摩托车经过，有载客的，也有运货的。在我们国家的农村，像马学民家这样经营小卖部的家庭成千上万，他们做着小本买卖，踏踏实实地过生活，不求大富大贵，只要能温饱度日便会十分开心，相信这也是一部分农村人的生活现状。

在我们国家广大的农村地区，农业生产的发展越来越好，人们的生活也越来越富裕。经济发展推动更多衍生物的出现，村中小卖部就是一种体现。人们生活条件好了，有了更好的生活物质要求，有些想法或是乐于经商的村民便发现商机，在自己门口开店，成本小，既方便又省力。虽然收入可能不是很高，但是也是一种挣钱的方法，马学民家的小卖部开了4年，看来也为家中增添了不少家用。

十三、村中困难户

（一）马正才家

正值晌午时分，我们在村委会副主任的带领下，进入一个泥土碾平的院子，在一间简简单单，似乎要倾倒的土坯房的右侧，堆积着刚从地里搬运回来的麦子堆，一把把捆得结实的麦子秸秆，沉甸甸的麦穗挂满秸秆。一个年迈的老人，戴着一顶小白帽，帽子似乎很久都没有洗了，汗渍和污垢已将其染成了灰白色，以秸秆把为凳子，佝偻的身躯正在和一个约三岁的小孩子嬉戏。当见到我们和副主任，他随手拿起放在麦堆上的拐杖，迟缓地从秸秆堆上站立起来，面带笑容的迎上来，并与我们打招呼、寒暄起来。

在他的身后就是他一家人所居住的房子，面积大约 60 平方米，灰色的墙，四周的墙倾斜着，与地面似乎保持着不规则的斜角，房顶上散布稀稀疏疏的褐色瓦片。我们一起与他蹲坐在小麦秸秆堆上。通过与老人的访谈，了解到马正才老人已经有 74 岁高龄，背部致残多年，一家的基本情况是：共有 6 口人，妻子马哈飞锁，72 岁；儿子马麻，49 岁，2005 年，在外地打工致残；儿媳马法土麻，30 岁；孙子，14 岁，孙女 3 岁。

马正才，腰部有残疾，已经近 20 年，据老人讲，腰部每当在季节变换和寒冷的时候，其疼痛难熬，甚至连起床都不能。儿子马麻，作为家里的主要劳动力，在 2005 年为了缓解家里的经济压力，去外地干修房子的体力劳动，由于不慎，致使右腿部严重伤残，被鉴定为三级残疾，在医院共花费 4500 元，尽管现在走路没有太明显的瘸拐，但是较重的体力活就完全干不了。家里在缺少主要劳动力的情况下，“有老、有小”的家庭格局使本来受残病困扰的马麻和妻子两人的生活负担变得更重。在儿子致残住院期间，几乎花掉了家里所有的积蓄。当时正值农忙时节，在缺少耕牛的情况下，亲戚和同村的人给予了他们家巨大的帮助，帮助家里购买了耕牛，完成了农忙。

马正才介绍道，家里生活来源主要靠种植小麦、大豆与玉米，而这些重的体力活全落在儿媳马法土麻的肩上。依靠政府每月发放的低保金来维持家里的生活。在村里人和亲戚的帮助下，儿子买了一辆农用拖拉机，主要是进行农业生产，即在农忙的时候主要是通过拖拉机来完成农活，农闲的时候时不时地去给村里人搞一下运输。

马正才身后的房子是一座老式的砖瓦房，听他说，这房子已经建了30多年了，是马正才年轻的时候建造的。经过这么多年，房子出现了严重的走样，明显破旧，已属于危房。

表2-26　**2010年马正才家家庭收入来源情况**

职业	收入（元）	职业	收入（元）
从事种植业	3000	本乡镇就业工资	0
从事渔业	0	外出打工	0
从事家庭手工业	0	从事运输业	2000
从事畜牧业	500	政府补贴和社会救济	3000
从事养殖业	0	出租、草场、耕地、房屋等	0
从事旅游业	0	其他经营收入	0

表2-27　**2010年马正才家家庭支出情况**　单位：元

总支出	生产性	衣服	食品	看病	教育	娱乐	红白喜事	交通	通信	住房
8200	600	1500	2000	1500	1500	0	1000	0	100	0

排行老大的孙子今年已念到小学四年级，问及对孩子今后教育的打算时，马正才说估计自己只能供孩子念完初中，到了高中，因为资金困难，家里也没有能力继续供他上学了，就希望他能够帮助家里分担一些农活压力，抑或是去外地打工。当了解到这个情况时，让我们惋惜之余，不禁感叹农村家庭较困难的孩子接受教育的艰辛和不易，同时也感触到国家的九年义务教育对农村孩子的成长和受教育的重要性和价值。

总结马正才一家成为低保户的原因，我们认为，马正才一家的户主身陷残疾，家里劳动力严重缺乏是马正才一家陷入贫困最主要和最直接的原因。由于家庭的条件和各种困难，其一家将在以后的日子里一直遭受困扰，只能将土地的种植做好。但是仅靠政府的低保金并不能解决长远的问题。正是儿子的残疾，家里缺少了主要的劳动力，很多较长远的问题都没法去安排和实现，比如孩子的继续教育。同时这也直接影响了儿子去市区和其他城市打工、寻找更多的发展机会和空间。

除了孙子的教育外，马正才说由于他和妻子的年龄较大了，身体健康状况不是很好，老人的医疗费用高也是整个家庭面临的另一个现实困难。按照临夏县农村合作医疗实施方案所规定的补偿标准，村民们到合作医疗定点医院看病，其门诊补偿标准为：乡、村两级医疗机构门诊补偿比例在一定的程度上解决了困难户看病难的问题，但是针对像马正才家一样困难的农村家庭还是巨大的挑战和困难。

马正才老人在谈及对于未来的期望的时候，他说，毕竟自己和妻子已经老了，希望儿子和儿媳通过自己的努力能将整个家庭支撑起来，能够渐渐改善家庭条件，能够尽力将这个破旧的房子改建成为一个结实的砖瓦房。同时也希望孙子能将初中念完，就能去外地打工来改善家里的未来状况。

（二）谭白克家

谭白克老人今年 73 岁，家里是村中的五保户。谭老人家一共三口人，妻子叫马比莲，现年 68 岁；还有一个抱养的女儿名叫谭钟芸，今年 16 岁。

我们见到谭白克老人是在村主任家门前的一块空地上，当时艳阳高照，万里无云。谭白克老人正在把自己家刚收割的麦子摊开晾晒，老人热情地和我们打招呼，知晓来意后便停下手中的农活就地而坐，与我们攀谈起来。

仔细打量眼前的这位老人，胡须花白，头戴小白帽，手拿一支拐杖，衣服虽然破旧但却干净整洁，满是沧桑的脸上充满了丰收的喜悦。老人不会讲普通话，但他很耐心地用当地话慢慢跟我们交流，言语中让人感到的是和善与亲近。

提到他的家人，谭白克起身招呼不远处正在干农活的妻子和女儿过来。走近我们的便是谭白克的妻子马比莲，她包着黑色头巾，跟谭白克一样，黝黑、消瘦并且有些驼背。身边的便是他们抱养的女儿，中等个头，一身干净、朴素的衣服，见到我们只是拘谨地打了招呼，就安静地坐在一边听我们交谈。

我们首先问谭老人，今年的收成不错吧？老人呵呵笑了几声，说：“是啊，这不正在晒粮食，多亏了村里人帮助，不然我这一把年纪，什么也干不了啊。”正像老人说的那样，我们来的时候村中五六个小伙子正在帮老人一家晒粮食。眼前的粮食都是早上村民帮忙刚刚打好的。老人并没有主动请人帮忙，这些青壮年都是自发去帮助老人家的。正值农忙时节，家家户户农活都很繁重，但大家不约而同地把谭家的农活视为己任，调研组的同学们无不为村里淳朴的民风所感动。俗话说远亲不如近邻，生活在大城市的我们，各自为家，邻里之间几乎没有来往，虽然享受着物质上的丰裕，却丢失了中华民族精神上的传统。在这点上，我想我们是在退步。

老人说眼前正在晾晒的小麦估摸着有三四百斤，家里还有收好的粮食几百斤，足够他们一家三口一年的口粮了。家里一共有 5 亩地，有 4 亩是分的，剩下 1 亩则是老人自己开荒的河滩地。种有小麦、油菜、土豆、蚕豆等农作物。另外，家里还有一只山羊。

在谈到村中的五保户政策时，老人显得非常满足。谭老人一家享受的是当地五保户最高标准，每人每月有 200 元，这样算来家里一年就有 7200 元的补贴，这些钱对于一个没有劳动人口并且基本没有其他收入来源的家庭来说意义重大，谭老人一家三口就靠着补贴款维持生计。老人说这些年国家经济发展迅速，他们这个村庄也着实得到了实惠，不仅种地有补贴，五保户补助标准也有所提高。另外，今年上半年国家还给了 5000 元的危房改造金，帮助家里盖了三间新房，这样一来女儿有了自己的房子，将来找个上门女婿，老两口也就能安享晚年了。

去年 12 月份，老人突发脑溢血，在州医院住院近两个月，多亏了女儿的悉心照料以及村民们无私的帮助，老人的病情得到了稳定。此次生病住院共花去两万余元，新农合报销 7700 元。当时为了看病，妻子把家里唯一值钱的一头牛卖了，其他都来自亲朋好友相助。老人说上个季度的五保户补助一共 1800 元全部拿来还债了，伊斯兰教义教给他们感恩与报答，宁愿自己少吃点、少喝点，也要尽快把欠别人的钱还上。

谭老人生活节俭，平时除了生产性支出基本没有什么大的花销，但村里人红白喜事邀请老人时，他也会送上礼金略表心意，据老人自己估算，一年下来这方面的支出竟然有三四千元，几乎占到了家庭收入的一半。

在谈到自己的女儿时，谭老人的眼中掠过了一丝忧伤。去年因为自己生病，一方面需要人照料，另一方面家里经济条件困难，当时在读四年级的女儿辍学了。当问到谭老人的女儿想不想上学时，谭钟芸收回了她游离的眼神，看了看我们，又看了看他父亲，刚想张嘴说些什么，又咽了回去。见此情景，我们赶紧岔开了话题，这样一个乖巧听话的女孩又怎能不想上学呢？

随后，谭老人邀请我们到他家里看看。一进院门，墙角一袋袋的小麦便映入眼帘，谭老人说过些天会找人帮忙做个简易粮仓，把粮食都储存起来，这些粮食就是一家人一年的口粮。老人家院子里打扫得干干净净，靠北面是家里的老房子，虽然破旧，但窗明几净；西面则是今年刚建的新房，白瓷砖，合金窗，老人每每提到便抑制不住喜悦与满足；东面是厨房以及地窖。厨房门前有一个小花坛，里面种了点青菜、豆角、黄瓜等蔬菜，花坛一角是一小棵梨树，老人这样设计不仅美观而且能收点蔬菜瓜果，同时也为院子增添了不少生机。

进入堂屋，屋里的摆设极为简单，只有正中的一排柜子和靠左的炕床，右侧则摆放着农具。炕上的被子叠得整整齐齐，桌上的书本、茶杯也摆放的错落有致。家里面没有生活电器，只有桌子上的一台收音机。正面的墙上一大片奖状显得格外醒目：一年级数学统考第一名、二年级期末统考第三名、三年级数学统考第二名、四年级期中英语第三名……可以看出谭钟芸在校期间学习有多么的优秀。只可惜命运对这个女孩并不公平，从一出生就被遗弃，后来被好心的谭老人收养，却因为家庭经济原因不能完成自己的学业，实在令人惋惜。

最后，我们问了谭老对未来的期许，他沉思了一会儿，开口说道：毕竟自己年事已高，重的农活干不动，想让乡政府帮忙贷款买个小牛犊在家喂养，不仅能干农活，养大了卖掉也能赚点钱，可以贴补家用。另外，希望能给女儿找个上门女婿。现在家里缺乏劳动力，收入主要靠政府补贴，不生病的话维持家庭开支还可以，就怕老了身体不好无人照顾。家里条件不好，找个上门女婿也不容易，如果能把女儿的婚姻大事解决了，老两口不仅有了依靠，家里生活也会得到改观。

慈祥、温和、善良是谭白克老人留给我最深刻的印象，尽管生活困难，但老人从没有抱怨什么。相反，老人对邻里在生活上对自己的帮助抱有一颗感恩之心，对国家给予的各项帮扶政策怀有一份感激之情，用平和、从容而又不失期望的心态来面对生活，相信真主安拉会给虔诚的谭白克老人一家一个美好的未来。

衷心祝愿谭白克老人一家幸福安康！

（三）王有成家

王有成，今年76岁，家里只有妻子王实言和外孙女马冬梅。他的女儿都已出嫁，各自成家，有着自己的生活了。在村主任女儿马琳的带领下，我们来到了爷爷王有成家。村里正值农忙季节，王有成和王实言正将自家一袋袋刚收割的麦子平铺在地上晒干。已近正午，甘肃这边的紫外线特别强烈，阳光照射在身上很是刺痛，爷爷奶奶却不辞劳苦，蹒跚着一遍遍地翻着麦子。爷爷奶奶听说要采访他们，非常热情地邀请我们去家里坐坐。

从家徒四壁，我们知道王有成并不富裕。土坯房已经破烂不堪，墙壁很多地方已经缺了一角。房子虽有七八十平方米，但是屋里的设施很简陋，一张简单的床，两个已经用了几十年早就看不清原来颜色的沙发和一个门已经关不上的小柜子，坑坑洼洼的泥土地面完全没有经过修整。看着如此破旧的房子，我们询问王有成爷爷怎么没有参与政府的危房改造，他的答案让我们很是感叹。他说，政府的危房改造工程是每家补助大概19000元，而且改造的房子要按照政府要求的标准，如果按照政府的标准改造房子，家里至少需要花40000元，那么他们自己还要出至少20000元，可是他的家已经没有能力拿出那么多钱了，只能作罢不参与这项工程。之后我们也询问了村主任马一奴和村文书，他们已多次去王有成家劝说他们参与这项危房改造工程，但是他们家的经济条件确实是不容许，只能盼着以后能有更好的政策，或是家里有能力赚钱了再参与吧。

王有成家只有三口人，他、老伴以及他们11岁的外孙女马冬梅。了解之后，我们得知爷爷和奶奶只生了两个女儿，现在两个女儿都出嫁了，所以他们将大女儿的孩子抱过来自己抚养，用以将来养老。采访时外孙女马冬梅也在，个子小小的，一直很安静地坐在爷爷奶奶身旁听着我们的谈话。她的老师马琳说，马冬梅现在上小学五年级了，学习成绩特别好，在班级里是数一数二的，不像别的孩子有偏科的情况，她每一个学科成绩都很优异。马冬梅自己特别喜欢英语和音乐，对于英语她说虽然有时候学起来觉得很吃力，单词很难记忆，但是她要努力学习，因为她想要读大学，找好的工作，英语学得好不好至关重要；对于音乐，她说学校有好几台电子琴，平时她很喜欢弹琴，尤其每次心情不好的时候，听着悠扬的琴声能够让她忘记不开心的事情，并且她也想学习一门技艺，说不定以后能成为一名音乐老师。爷爷王有成对自己的孙女很是喜爱，一直夸奖她，说平日里他和奶奶因为身体老了，有很多事情都需要外孙女帮忙打理，而外孙女虽然年纪小，但是很懂事，总是很主动地打扫卫生，打理家务，仅仅 11 岁，就每天负责给爷爷奶奶做饭做菜。当爷爷奶奶有个腰酸腿疼的时候，马冬梅总会第一时间到爷爷奶奶身旁为他们捶腿捶背。马冬梅说她希望通过自己的不懈努力，爷爷奶奶能一直保持健康的身体，享受到她带给他们的更加富裕的生活。

王有成的一双女儿都已成家，他的大女儿虽就嫁在邻村，但是他已有两三年没见过她了，小女儿虽然外出打工，但是才出去不到半年，根本没找到固定的工作，更别说补贴家用了。王有成家不像村里的一些人家做做小生意，他们一直靠种地为生，家里种了 4.5 亩地，有麦子、蚕豆、菜籽，还养了两头牛，不过这些都是用来自家吃的，并不拿出去卖，因此家中唯一的收入就是政府的五保户补助。虽然每年的收入很少，但是，2010 年，王有成家的支出却着实不少，以下就是 2010 年王有成家的支出情况表：

表 2－28　**2010 年王有成家支出情况**　单位：元

总支出	生产性	衣服	食品	看病	教育	娱乐	红白喜事	交通	通信	住房
10000	400	1800	4800	600	100	0	1500	200	600	0

虽然王有成家没能参与政府的危房改造项目，但是当地政府对鉴于王有成家庭贫困也给予了一定的帮扶。王有成通过考察，政府将他列为五保户，同时又将他家列为二女户。在此，先解释一下五保户和二女户。

五保户是指《农村五保供养工作条例》中的五保供养对象，主要包括村民中符合下列条件的老年人、残疾人和未成年人。五保对象是指农村中无劳动能力、无生活来源、无法定赡养扶养义务人或虽有法定赡养扶养义务人，但无赡养扶养能力的老年人、残疾人和未成年人。所谓五保，主要包括以下几项：保吃、保穿、保医、保住、保葬（孤儿为保教）。五保供养的内容有：（1）供给粮油和燃料；（2）供给服装、被褥等用品和零用钱；（3）提供符合基本条件的住房；（4）及时治疗疾病，对生活不能自理者有人照料；（5）妥善办理丧葬事宜；（6）五保对象是未成年人的，还应当保障其依法接受义务教育。王有成因被列为五保户，每个季度都能拿到政府的 500 元补助款，钱虽然不是很多，但在农村这些钱足以保障两位老人和外孙女的生活了。据我们了解，在发放五保户补助时，还出现了这样一个问题，政府每三个月发放一次补助，按照规定王有成每次能拿到500元现金，但是由于政策执行中出现了某些问题，王有成每次在扣除利息后只能拿到近480元。在向政府反映了这样一个情况后，政府迅速做出反应，加强了政策的执行与监督，这样的情况随之就消失了。

关于二女户在《条例》第四章第三十一条中是这样规定的：育龄夫妻系农村居民，依照本《条例》规定生育了两个女孩或者民族区域自治地方依照本条例规定生育了三个女孩的，自夫妻一方施行输卵（精）管结扎手术之日起，享受本条例规定的以下优待。(1) 免去夫妻双方两年本村内集体生产公益事业所筹劳务；(2) 申请使用宅基地，在符合规定条件下应当给予优先审批；(3) 其独生子女在本省初中升高中和初中、高中升中专时总分增加10分；(4) 优先安排夫妻双方或者其独生子女在乡（镇）、村企业中就业；(5) 为夫妻双方一次性办理养老金保险或者养老金储蓄，所投金额不低于600元；(6) 对贫困家庭，优先发放扶贫贷款，落实帮扶资金，安排扶贫项目和技术培训。此外，从2006年，甘肃省还出台这样一个优惠政策，对农村当年结扎的二女户家庭实施3000元奖励。奖励资金由省、市、县分级负担，省级财政负担奖励资金总额的50%，市级和县级财政共同负担奖励资金总额的50%。并按照财政部门负责资金保障和管理；人口计生部门负责奖励对象的资格确认和张榜公示；农业银行负责对“专项奖励资金”的发放；审计部门负责对专项奖励资金管理发放情况进行专款专账核算、专项审计的“四权分离”机制运行。从王有成那了解，村中这项政策落实的还不错，2009年，他家获得一次性补助3000元。对此，王有成一家都十分感激政府对他们的帮扶与照顾。

谈到未来的希望时，王有成只说，他想和老伴儿一同将外孙女抚养成人，培养她成才，只有好好读书才能摆脱贫困户的帽子，不要像他的孩子那样没有文凭学历，那么贫困。他们还希望等家里富裕点的时候，能盖幢像样的房子安享晚年，我们也希望王有成爷爷一家能够心想事成。

（四）马富良家

马富良，男，79 岁，回族，未曾上过学；妻子马麦来言，69 岁，回族，未曾上过学；大女儿马阿西，40 岁，未曾上过学，现在临夏县卖菜；小女儿马胡飞，38 岁，未曾上过学，在临夏县卖衣服。两姐妹就在同一个地方生活着。平常几乎每天都可以见面。

马富良家是寺庄村的五保户，全家只有两亩多地，由于家里缺少劳动力，再加上妻子常年有病，一家人的重担压在他一个人的身上。虽然孙子外出打工，但是日子仍过得紧紧巴巴，入不敷出。2003 年县上实施灾民建房，给他补助了 3000 多元，修了两间房子。说起这一切，马富良激动地说："没有党的好政策，我们全家一辈子也住不起这么好的房子"。

走进马富良的家，院子不是很大，一棵梨树孤单地矗立在院子中央。走进屋里，只有一张床、一张沙发和一张桌子。看得出来马富良家的条件不是很好，不过收拾得干干净净。

马富良是一位和蔼可亲的老爷爷。他招呼我们坐在沙发上，转身走出屋外搬了个小板凳，紧挨着坐在我们的对面。他解释说他的听力不好，听不清我们说话。和我们面对面坐着，看着我们的脸，就能听清我们的话了。由于从未上过学，马富良的普通话不太好，带着浓厚的地方口音，和他的交谈稍微有些吃力。因为语言沟通的障碍，他能听懂我们说的普通话，明白我们的意思，就是不会说普通话。我们就通过对方的表情和肢体语言，逐渐地能更好地理解对方表达的意思。

马富良家里没什么经济来源，经济条件不好，就靠两亩多地维持生活。种了 1 亩多的麦子，4 分的土豆，6 分的菜籽。前些年，自己的身体还行，地里的农活还能干，这几年身体明显不如以前了。由于年纪大了，这些农活已经干不了了，村里的人就帮着他干农活。每到收割麦子的时候，就请小工帮忙收割。大家都了解马富良家的情况，村民们谁家农活干得差不多了，就主动来帮马富良家干点农活。该种麦子的时候，村里的人就不约而同过来帮他种麦子；该收土豆的时候，村民就过来帮他拔土豆。无论什么事情，村民都热情地提供帮助，他很感激大家热情的帮助。要是没有政府和村民的帮助，他们家的生活状况就不可能像现在一样好。善良的村民们之间互帮互助，相信通过村民们的共同努力，大家的生活会越来越好。

通过后面的交谈，我们知道了一个令人伤心的消息，马富良还有一个大儿子，儿子8年前在一次车祸中不幸身亡，留下了一个年幼的儿子马明，马富良就一个人辛苦地把这个孙子养大。马明，17岁，在河南郑州一家饭馆里端盘子。每月大概1200元的工资，虽然不多，但也还能维持他在外面的生活。刚开始在那还不习惯，有几次马明打电话说不想接着干了，马富良的两个女儿就打电话给他，劝他要坚持下去，万事开头难，坚持下去就会慢慢好起来。

对于这个孙子，马富良很疼爱。总觉得他年纪小，也没让他干过农活，"这个孙子不懂事，小时候还挺听话，长大后就不懂事了"，马富良认真地看着我们的脸说。透过这番话，我们感到了他话语中的无奈和悲哀。

马富良接着介绍说，2009年马明结婚了，娶了个初中毕业的媳妇。马富良挺高兴的，因为孙子结婚了，总算安定下来了。然而好景不长，这个媳妇觉得马明太不懂事了，在2010年提出了离婚。离婚后，马明决定出去找份工作。他来到郑州，在一家饭馆里端盘子，一个月挣1200元。听到这里，我们挺欣慰的。因为马明有份工作，至少可以分担马富良家的家庭负担。然而后来的交谈令我们失望。马明从来没有往家里寄过钱，今年奶奶看病急需钱，医药费的问题还没解决。先向村长那借了1000元，可是还是凑不够医药费。没办法，马富良才向孙子张了口，问有没有积蓄，马明拿出了900元给爷爷付医药费。不过马富良也没有责怪马明，孙子在外面挺不容易的，他只要慢慢地能照顾自己，能依靠自己的能力挣点钱，家里也不需要用他的钱。毕竟家里还有地，足够他们夫妻俩平常的生活开销。

马富良家是五保户，没有任何经济来源，只能靠国家和政府的补贴，政府补贴每月每人150元。五保户是指《农村五保供养工作条例》中的五保供养对象，主要包括村民中符合下列条件的老年人、残疾人和未成年人。五保对象指农村中无劳动能力、无生活来源、无法定赡养扶养义务人或虽有法定赡养扶养义务人，但无赡养扶养能力的老年人、残疾人和未成年人。"五保户"常见于我国的农村地区，这种制度的设立体现了我国法律保护老人和儿童的一贯原则，是人道主义的具体体现。2010年一季度政府补贴马富良家800元，2011年一季度补贴1100元。平时家里没什么花费，国家的补贴维持着马富良家的生活。

2010年家庭支出情况见下表：

表2-29　2010年马富良家家庭庭支出情况　单位：元

总支出	生产性	衣服	食品	看病	教育	娱乐	红白喜事	交通	通信	住房
3130	150	200	200	400	0	0	2000	0	180	0

马富良是再婚，妻子今年69岁，身体不好。妻子看病花费了3000元，参加了新型合作医疗制度，报销了70%的医药费，自己负担了900元。这笔开支对他们家来说无疑是巨大的。2010年大部分收入几乎都花在了给妻子看病上。平常家里需要花钱的地方不是很多，但若生病了，村民们就要把相当一部分的积蓄花费在医疗费上。

对于孙子，马富良存在着矛盾的心理，既希望孙子待在自己身边，毕竟年纪大了，希望身边有孩子可以依靠。但更希望孙子在外面闯一闯，希望在外面工作的经历能培养他的独立性，能明白人生的道理更快地成熟起来，成为家里的支柱。“他一个人在外面挺不容易的，我又帮不上什么忙。”看着他那因为孙子而略带抱歉的眼神，我们深刻体会到了家人对在外拼搏的孩子的深深的牵挂。谈起对孙子的期望，马富良笑了笑，说希望能给他带个孙媳妇回来。

对于国家，马富良有着深厚的感情。他一字一句真挚地说：“国家既是他的父母，又是自己的儿子。国家不好，他们就吃不好。”马富良觉得年轻时自己没能为国家做贡献，现在国家还为他们提供低保，他很感激政府。这是一个质朴的农民对于祖国的真挚感情的表白。马富良依然是认真地看着我的脸，他句句朴实的话语让我真切地感受到他对祖国的热爱和感激之情。大半辈子待在村子里，是国家给他提供五保户的条件，要是没有国家，他们家的生活也就过不下去了。国家为他们做了那么多，他们每年都能享受到国家的帮助，而自己却什么都没能为国家做过，只是享受了国家的帮助，没能好好地回报国家。像爷爷这样很感谢国家的村民还有许多，他们真正地享受到了国家提供的各种惠民政策，他们的生活也因这些惠民的措施得到了改善。

1949年新中国成立时，马富良18岁，由于个子不高，所以没能够参军。那时那些年轻的小伙子都积极参军。觉得谁要是参军了，那是一件多么值得骄傲的事情啊。马富良还自豪地说，抗战期间，共产党来村子里驻扎，还在他家里住着。他还说，村民都争先恐后地给共产党提供食物，共产党吃了食物，就给村民们钱。“共产党好啊，”马富良深有感触地告诉我们。吃过东西，他们付钱给村民们。村民们哪能接受恩人的钱，共产党员们坚持给钱，解释说这是纪律，必须收下。村民们经过商量，接受了他们的钱。

现在党的好政策越来越多，免农业税、农村低保、农村合作医疗等，“比起以前，现在的百姓真是有福”，在交谈中这是听到最多也是群众最高兴说的一句话。的确，我们见到的、听到的一个个鲜活的事例无一不在印证群众这句发自肺腑的话。一项项惠农政策如温暖的阳光，照亮了寺庄村的山山岭岭……

十四、其他农户

（一）幸福之家——马河米顿家

马河米顿，男，43 岁，回族，小学文化程度。妻子马可里苏米，41 岁，未曾上过学。夫妻俩有一个 4 个月大的宝宝。

马可里苏米告诉我们，他们夫妻俩都是寺庄村人。丈夫在拉萨做虫草生意，每隔两个月左右回家一次，孩子太小，妻子一个人在家，在外面奔波的丈夫不管生意多忙，都会定期回家看看妻子和孩子。在家待个一二十天就要返回拉萨了，看得出夫妻俩的感情是很好的。

马河米顿十几年前就开始做虫草生意了。刚开始时是跟着一个朋友学着做生意，帮忙做一点小生意，或者帮着送东西。那几年在外面真的挺辛苦。那时他几乎很少回家，妻子一个人在家，家里种了一亩多地。随着生意的做大，敢想敢做、勤劳吃苦的品质使马河米顿渐渐地领悟了做生意的思路。1995 年马河米顿就和朋友合伙开了一家公司，专门做虫草生意。经过几年的摸爬滚打，挣了些钱。这几年他的生意做得不错，2010 年大约挣了 18 万元，他把一部分钱又用于投资生意，剩余的一部分就给孩子存着，将来供孩子上学用。只要孩子想读，他们就一直供他上学。常年在外面闯荡的马河米顿深知读书学习的重要性。他告诉妻子，待在村子里的生活是挺舒适的，过着平凡的安逸的日子。如果不走出村子还好，一旦出去就会觉得自己的视野还不开阔，思路想法还有待进一步深化。外面的生活节奏比较快，如果没有文化就不能很好地融入这个变化的社会。

榜样的力量是无穷的，这些劳务典型在自己致富的同时也带动了周围群众加快脱贫步伐。村子里的人们刚开始都习惯在家务农，没有想到外面闯闯的想法。在他们的观念里，在家里好好地干好农活，才能有经济收入。渐渐地，随着部分村民走出村庄，在外面的世界里可以挣到比在家里务农多好多的钱。他们也在犹豫着是否要走出去。随着在外面工作的人回来后的讲述，待在村子里的人逐渐明白走出去的重要性。在父老乡亲的帮助下，他们互相介绍，在先出去的人的引领下，越来越多的人走出了村庄，为了家人的幸福，他们奔波在离家很远的地方。

丈夫的勤劳辛苦换来了家庭生活条件的改善。三年前马河米顿回来后，就盖了现在所住的房子。我们抬头看了看，两个独立的深红色的大门，两个连着的大大的院子。两座楼房，每座都是两层。二楼窗户的玻璃反射着太阳的光芒，温暖地照射着院子。二楼的窗户都是推拉式的，统一的白色窗框和雪白的墙壁同一个色系。房子特别显眼，白色的瓷砖墙面，铝合金的门窗使这个家庭看起来颇具现代气息。整个楼房看起来很雅致。院子里种的那棵高大的果树繁茂的枝丫紧挨着窗户，站在窗户边，伸手就可以够得着那圆圆的小果子。马可里苏米说，家里大约有20间房子。平时家里没什么人，一个表妹在家里，帮着她照顾这个刚出生4个月的小宝宝。不过丈夫一回家，家里就热闹起来了。每次丈夫回家后，亲戚朋友就会过来在他们家住上几天。丈夫的朋友比较多，又是个喜欢热闹的人，可能常年在外也比较孤单，每次回家后，就招呼朋友来家里面玩。那几天马可里苏米就要忙着做饭，忙着招待客人，忙得不亦乐乎。不过她心里很开心，毕竟丈夫在家里，她喜欢丈夫待在家里的感觉，踏实。

家里几乎没多少地，唯一的那1亩地，就是家里的粮食来源。丈夫去年做虫草生意，大约挣180000元。对于现在的生活，马可里苏米觉得还比较满意。

表 2-30　2010 年马河米顿家庭耐用品消费情况　单位：个

项目	个数	项目	个数
电视	1	农用车（拖拉机）	0
电冰箱	1	卡车	0
洗衣机	1	小轿车	0
照相机	0	电话	1
影碟机	0	组合音响	0
电动车	0	手机	1
摩托车	1	自行车	0

看得出来，马可里苏米家的经济条件还是很不错的。平时没事了，她喜欢在家里看看电视。有了小宝宝以后，她闲着的时间也就少了。照顾小孩子确实是件挺累的活，丈夫不在家，照顾小宝宝的责任就落在了她一个人的肩上。刚开始自己一个人还能应付得过来。可几天下来，她真的觉得一个人太累了，就让家里的一个表妹过来帮忙照料一下。家里平常用煤气和电做饭，挺方便的。

2010 年家支出情况见下表：

表 2-31　2010 年马河米顿家家庭支出情况　单位：元

总支出	生产性	衣服	食品	看病	教育	娱乐	红白喜事	交通	通信	住房
67920	1000	7000	9600	700	0	0	40000	9000	620	0

由于家里没种多少地，所以家里吃的菜都要出去买。每月大约在食品方面花费 800 元左右。马可里苏米是个挺时尚的女人。所以平时遇到自己喜欢的衣服，一般她都会买下来。一年下来，在买衣服方面花费 7000 元左右。现在家里又多了一个小宝宝，自己就更喜欢买衣服了，那次出去给小宝宝买衣服，那么多可爱的小衣服，她都不知道要挑选哪件了。后来不知不觉间买了七八件。以前出去买衣服的话就只挑选自己的，现在出去就要多买一个人的。谈起马可里苏米平常生活的情况，她回答说平常家里没什么事。家里的 1 亩多地，每到农忙时就雇人做一下农活。家里的农活她不用操心。农忙时丈夫会打电话联系朋友雇人干一下地里的农活。家里的 1 亩地种的都是小麦，其他的什么都没种。家里的面就吃自家种的小麦，菜

之类的就要买着吃。

马可里苏米告诉我们，平常她喜欢织毛衣。现在她手里就在织一件淡绿色的毛衣。和我们谈话的这段时间，她的手并没有因为与我们的谈话而停下来。只见她动作娴熟地一只手拿着毛衣，一只手拿着毛衣针，不知怎么一扭，那刚才还短短的小袖子，经过一会儿的工夫就能看出明显地变长了。她织毛衣的水平得到了大家的一致赞扬。村子里的其他人经常过来找她询问织毛衣的事情，谁不会了也过来向她请教。她也会把织好的毛衣借给亲戚朋友们，她们就可以按照马可里苏米织好的毛衣上的图案自己织。她自豪地告诉我们，村子里的好几个人本来不会织毛衣，在她的帮助下，现在她们都会织一些图案简单的毛衣。以后慢慢再接着学，可以学着织一些不同图案的毛衣。平常在家闲着没事，等孩子睡了，她就织会儿毛衣，亲戚朋友家谁有小宝宝了，她还可以当成礼物送她们。她们都挺喜欢的。没事的时候，几个人就会聚在一起，聊聊天，大家互相指导着织毛衣，或者试着织一些新图案的毛衣。

谈起在外面打拼的丈夫，她说对丈夫没什么要求，就是希望他注意身体。毕竟经过多年的操劳，身体已不如以前了，一个人在外面一定要照顾好自己的身体。有时候丈夫打回来电话，电话的那头，丈夫的声音里透露出些许的疲惫，她也知道，丈夫在外面打拼不容易。其实丈夫几乎没怎么跟她说过生意上的不如意或遇到的困难，她也知道丈夫不想让她担心。现在的她，已经懂得怎样更好地理解丈夫，她也安心地在家，打理着家里的一切。

我们的谈话不知不觉间进行了两个多小时。看着眼前的这个幸福的女人，相信在他们夫妻俩的共同努力下，生活会越来越好，也真心地祝愿那个可爱的小宝宝健康茁壮成长，这个幸福的家庭生活会越来越好！

（二）退休职工——马尕社家

马尕社，男，60 岁，回族，麻尼寺沟乡寺庄村 3 社人。没有受过正式的学校教育，信仰伊斯兰教。家中 6 口人，妻子马哈菲销，回族，55 岁；儿子马玉贤，回族，26 岁，2005 年毕业于兰州商业学院会计专业；儿媳哈至热，24 岁。两人现在青海省西宁市一家虫草店打工。还有孙女（4 岁）、孙子（1

岁）。

寺庄村是临夏县典型的回族聚集村落，共有404户，皆是回民。通过我们调研了解到，该村是一个迄今为止共培养出4个大学生，年长的村民几乎没有受到完整和正规的学校教育，并具有回族特色的民族特征和风俗习惯的地方。

初见到他时，头顶传统的回族小白帽，身穿灰色的旧“工作装”，脚穿深色的布鞋，他正一手牵着孙女和一手推着坐在托儿车里的小孙子，俨然一个慈祥和温和的老人。在简单的招呼后，了解到，老人早在20世纪70年代，即“文化大革命”时期，时值青年的马尕社，有着半年学习和电工工作经历，经由当地政府和村里村民的一致推荐，离开了这个出生和滋养他的土地，经过近两年的业务技能和技术的培训，于1974年参加工作。他在白银有色金属机械厂工作了30年，并于2006年退休。退休后，他并没有停歇，而是努力在村里寻找工作的机会。2007年年底，通过村民的推荐和要求，以及村里干部的支持，他荣幸成为村里的清真寺——寺庄寺的一名义工，担任该寺庄寺的会计工作。他的工作内容主要是包括：(1) 每月审核开销和收入单，认真做好记录和分类。(2) 每月进行寺庄寺的水电费用、伙食费用的开支运。(3) 保管收款收据，出纳领取时做好登记及复核。(4) 按时整理资料，以便归档管理。除基本的工作内容之外，还承担着寺里采购工作以及负责50多名学生的日常学习生活开支与管理。在清真寺里担任这样的工作，在他看来是格外的重要和自豪，因为，在他看来，退休后能继续为自己所信仰的宗教和村里的人做些力所能及的事情，将远远比其他的方式更有价值和意义。此外，马尕社老人和寺庄村村委会领导一起积极地发动和主持了“户户通”道路建设，并倡导家人和村里捐款修路，一心能想村集体所想，实实在在地为集体办好事，是老人一直以来的想法。“户户通”道路经过近一年的时间完成，极大改善了村里的道路条件和设施，改善了村里的物质和畜牧等流通条件，为村里人脱贫致富创造了条件。

通过对退休职工马尕社的访谈，了解到其一家的基本情况，以下是其一家在2010年的基本情况统计表：

表 2－32　　2010 年马尕社家家庭耐用品消费情况　　单位：个

项目	个数	项目	个数
电视	1	农用车（拖拉机）	0
电冰箱	1	卡车	0
洗衣机	1	小轿车	0
照相机	0	电话	1
影碟机	0	组合音响	0
电动车	0	手机	1
摩托车	1	自行车	0

2010 年收入与支出明细：

表 2－33　　2010 年马尕社家家庭收入来源情况　　单位：元

职业	收入	职业	收入
从事种植业	0	外出打工	20000
从事林果业	0	政府补贴和社会救济金	0
从事畜牧养殖业	0	出租林地、耕地、房屋等	0
从事渔业	0	本乡镇就业工资	0
从事家庭手工业	0	出租生产工具	0
从事旅游业	0	其他收入（退休金）	18000

表 2－34　　2010 年马尕社家家庭支出情况　　单位：元

总支出	生产性	衣服	食品	医疗	教育	娱乐	红白喜事	交通	通信	住房
25700	100	2000	4000	5000	0	0	12000	1800	800	0

从上面的表中，可以看出一个退休职工的家庭基本收入和支出情况是：针对一个能有一定的退休金作为稳定收入保障的家庭来说，其基本能够达到农村小康水平；但是其家庭的支出结构中，占据了主要部分的是农村红白喜事的支出，这部分支出接近总支出的50%，可以看出农村风俗中的人情世故给一个普通家庭的致富和富裕所带来的负面影响。正如老人所说的，红白喜

事是一种浪费的支出方式。

通过对马尕社的访谈，了解和掌握了关于该村的变化过程和他对村里未来的变化的思考。马尕社老人回忆和描述出了他所见到的寺庄村的变迁和村貌的变化。他离开寺庄村去外地工作的那时，寺庄村没有村前通畅的柏油马路，村里不足百户，普遍是土坯房，村民普遍呈现缺衣少食的境况等。而现在的寺庄村，家家户户皆住上了砖瓦房，现代化电子设备逐渐在村里得到应用，当前饮用水、电话、电视广播等都已接通，太阳能技术和农业机械化程度也有一定的提高和普及。当时，进入白银市工作和经历到的所见所闻，深感寺庄村与外面相比所存在的差距，“落后”成为没有接受过学校教育的马尕社所找到自认为“合适”的比喻词。此时，他认为村民最主要的表现是思想观念的滞后，而思想观念的改变将是全村脱贫致富的关键途径和前提，唯有村民思想上的转变，摒弃僵化和落后的思想，并结合村里的实际，这才是致富的至关重要的路径和渠道。

与其谈到个人对未来的期望的时候，马尕社老人的脸上泛出了些许红晕，似乎对其孩子的未来有了较多的期待，他稍作思考后用不流利的普通话娓娓道来，他说：有两个期望，一个是他会继续在清真寺里当一名义工，并力所能及地为村里办一些实事与好事。第二个期望是对攻读完大学的儿子的希望，希望他运用所学习与掌握的文化知识，通过自己的努力和拼搏，尽快结束现在给别人打工的日子，自己进行创业，并带动全村人发家致富，与村里人共同谋取幸福的生活。

（三）村中保健员——马哈力麦家

从村主任那得知马哈力麦开的一个小药店——村中唯一的一个定点医疗点。马哈力麦，今年55岁，家中5口人，丈夫一直在镇上的医院住院，儿子马文俊和儿媳在家务农，还有一个可爱的小孙子名叫马国云，今年才7岁。在马琳的带领下，我们来到了这个小药店。

药店的位置很好，是在进入村子的一条主路边，很是方便村子里的村民来这买药看病，药店的门面不是很大，但是门口的招牌特别醒目，大大地写着医疗卫生点几个字。已经55岁的马哈力麦就是这个小药店的经营者。马哈力麦的文凭不高，只是小学毕业而已，但是作为一名已过中年的女性，在这个并不是很重视教育的村子里算是不错的了，普通话相比较其他与她年纪相仿的女性村民来说，可以准确地表达出她想要说的话，这为我们的访谈减少了很多障碍。我们看到药店的手续非常完整，有医疗机构执业许可证，非营利性医疗机构证等，马哈力麦说她的药店一切都是按照国家标准来经营，每个月麻尼寺沟乡的卫生局都会来检查药品的质量、来源及生产日期等，绝对不存在卖假药或是过期药品的行为。村里的村民都十分相信这个医疗点，每每有什么发烧、感冒等病痛都会来这进行简单的治疗，他们说药店里药品都十分齐全，马哈力麦也很认真地为他们进行检查，查看病症，了解病因，对症下药。我们看到在这间看似拥挤的小药店里，柜子里装得满满的都是各种药品，听马哈力麦说她这间小药店足足有七八十种药品，平日里人们的一些小病，像感冒、发烧、头痛等都可以在这选购到合适的药品。

马哈力麦说她从事保健员这项工作已有27个年头了，她29岁那年，村民们觉得她细心，好学，又有小学文凭，是个当保健员的好苗子，后来经过村上的集体选举成为村中仅有的两个保健员之一。成为保健员之后，村里把他们送到了乡里的卫校进行了为期三个月的保健员培训，普及了他们相关保健员的一些基本医学知识和输液注射等一些操作流程，自此马哈力麦将自己的一辈子时间都奉献给了村中的医疗卫生事业。在这个狭小空间的药店里，除了满柜子的药品之外，我们发现还有一张单人床，询问了马哈力麦才知道，这张床是用来休息的，因为有时候夜里也会有人不舒服来买个药什么的，她担心影响村民病情的治疗，所以经常一整夜睡在药店里，其实马哈力麦不用这么辛苦的，她完全可以每天朝九晚五地工作，可是她有着一颗为村民的心。而如此辛苦的工作，她所能得到的报酬也只是1200元一个月，据说在20世纪七八十年代，并没有现金报酬，而是一年400斤粮食。

这家小药店并不是从马哈力麦成为保健员开始就有的，在2000年之前，马哈力麦和另一名保健员一起在村里的药店工作，但是到2000年的时候，村里要求保健员自己开药店，虽然药店是挂靠在村里的，但实行自负盈亏，保健员自己承担亏损或盈利。马哈力麦享受着政府给予的优惠政策，从指定的药厂可以以相对便宜的价格拿到药用于服务村民。每个月马哈力麦都要去附近的韩集镇至少三次进药，那的永恒制药厂和济民制药都是她固定的进药地点。正是由于政府的关照，马哈力麦一家过得还不错，住着漂亮的近 200 平方米的二层小楼，家里的装潢也步入现代化。

马哈力麦一辈子在为寺庄村村民的健康付出着，而她并没有能留住自己丈夫健康的身体。马哈力麦的丈夫名叫马西麦，今年 64 岁，因为当地的矿上给的工资是 1000 元一个月，所以在生病前一直在做矿工挖矿。在 8 年前，马西麦却得了让他们一家人都为之痛苦的尘肺病。尘肺病许多人应该都有所了解，经过翻阅书籍等资料，我们了解到尘肺是由于在职业活动中，如煤矿工作等，长期吸入生产性粉尘（灰尘），并在肺内潴留而引起的以肺组织弥漫性纤维化（瘢痕）为主的全身性疾病。尘肺按其吸入粉尘的种类不同，可分为无机尘肺和有机尘肺。在生产劳动中吸入无机粉尘所致的尘肺，称为无机尘肺。尘肺大部分为无机尘肺。吸入有机粉尘所致的尘肺称为有机尘肺，如棉尘肺、农民肺等。我国法定十二种尘肺有：矽肺、煤工尘肺、电墨尘肺、碳墨尘肺、滑石尘肺、水泥尘肺、云母尘肺、陶工尘肺、铝尘肺、电焊工尘肺、铸工尘肺。而马西麦则是得的尘肺病中最常见的矽肺病。矽肺是由于长期吸入大量游离二氧化硅粉尘所引起，以肺部广泛的结节性纤维化为主的疾病。矽肺是尘肺中最常见、进展最快、危害最严重的一种类型。因为矽肺病马西麦于 8 年前退休，一直住在医院进行治疗，一年光住院费就要花去至少 20000 元，虽然这些钱都由矿上支付，但是对于马哈力麦一家来说还是希望马西麦能够早日康复，身体健康。但是现实却事与愿违，马西麦虽然一直在治疗中，可是病情却没有得到好转，身体一年不如一年，现在病情已经十分严重了，听马哈力麦说马西麦不只是矽肺病，糖尿病、高血压也一直烦扰着他，让他的身体不堪重负。据说在马西麦所工作过的那个矿上，大部分挖矿工人都得了这个尘肺病。马哈力麦很是后悔，说如果早就知道在矿上工作会得这个病，她一定不会让丈夫去做的。尘肺病是近两年来受到大家普遍关注的一种职业病，许多矿工因此失去了健康的身体甚至是生命，许多家庭也因此陷入无尽的痛苦之中。在此，需要政府和社会做的就是救助，最大限度地减少患者的痛苦，延长其寿命，努力使他们享受到在当地可能享受的最好医疗资源，与此同时，政府应督促矿上完善对于矿工的安全保障，在矿工工作前要进行必要的安全培训，在进行作业时要给予应有的安全设施配备，尽可能地减少尘肺病的发生。

最让马哈力麦担忧的除了自己的丈夫外，还有自己的一双儿女。马哈力麦说她的儿子今年已经26岁了，孩子都有了，可是到了这个年纪却整天在家无所事事，让她很担心。她希望儿子马文俊能够像村里的其他男孩子一样出去闯闯，无论是做拉面匠还是去新疆淘金、去西藏挖虫草都可以，赚钱多少不是最重要的，而是能开阔眼界，锻炼自己的能力。同时，她也希望丈夫马西麦的病能早日康复，早些回家与家人团聚，不再受病痛的折磨。马哈力麦的孙子马国云在上小学一年级，马哈力麦希望自己的孙子能好好学习，多读些书，上好的初中、高中、大学，她说，只要孙子愿意学习，她会一直供着孙子上学，希望孙子有一天成栋梁之材，像村子里的大学生一样，通过学习改变自己的命运，不像爷爷那样因为没读书只能做最底层的工作，还落下了一身的病。因为马哈力麦要一直在药店里，所以没办法抽出时间去医院照顾丈夫，她已经有很长时间没见到马西麦了，她很希望有一天丈夫能够痊愈，回到家中，一起享天伦之乐，看着他们的孙子茁壮成长。

(四) 村中“留守户”——马尕洒家

走到一条布满不知名的小花的路上，映入眼帘的是一大片玉米地，接着是菜籽，然后是土豆地，开着淡白色的小花。接着往前走，路过几家，然后看到一片小树林，碧绿的草地上，几只羊在悠闲地吃草。沿着弯曲的小道，远远地看到前边几个人站在一起，还有几个小孩子在旁边玩耍着。走近了，路边一位奶奶正在喂着一个小孩子吃饭。看到我们，他们脸上露出了亲切的微笑。那份温暖的笑容很难让人相信我们是素不相识的人。简单的交谈后，奶奶知道了我们的来意，就热情地请我们到家里谈。

马尕洒，男，57岁，回族，普通话基本流利，小学文化程度。妻子马苏米，55岁，回族，未曾上过学。儿子马东，36岁，小学文化程度，回族。儿媳马来在也，31岁，回族，未曾上过学。孙子马俊华，13岁，小学三年级辍学。孙女马林，2岁。

走进马尕洒的家，整洁的院子里，种着两棵啤特果树，一棵杏树。圆圆的小果子悬挂在树枝上，让你情不自禁地想伸手去触摸。仰头看着这些悬挂在树枝间的果子，一缕缕阳光洒下来。爷爷热情地摘下杏递给我们，还解释说啤特果还没成熟，现在还不能吃。透过这番解释，我们深刻地体会到了村民的那份淳朴，那份善良。在村里的这几天，我们知道爷爷只是众多淳朴的村民中的一员。村民们都是那么憨厚、善良，让你感受到他们的热情和接纳。

院子里还种着好多五颜六色的花，静静地开在爷爷布置的花园里，引来蝴蝶翩翩飞舞。

他们一家4口住在约90平方米的砖瓦房里，两层楼，屋子里收拾得干干净净。

儿子和儿媳在江苏常州开饭馆。“去年11月份我们去了儿子那，今年3月份回来的。”开的面馆一共有两间房子，大概15张桌子。刚开始时儿子他们夫妻两人还忙得过来，后来随着生意的扩大，觉得他们俩人忙不过来，就又招聘了一个服务员。儿子、儿媳都挺勤快能干的，他们都能吃苦，忙活一天下来也从没有埋怨过。马尕洒说去年他和老伴带着孙子孙女去常州儿子那住了一段时间。儿子儿媳早上得早早起床，把当天需要的汤底熬出来。把需要的材料都调配好。刚开始在常州的那几年，他们不卖早餐，因为是面馆，没往早餐这方面考虑过。随着对当地市场的了解，他们觉得早餐在当地还是有一定的市场需求的。有些上班族他们没时间做早餐，所以早上在外面吃早餐的现象很普遍。旁边也有几个早餐点，但需要在外面吃早餐的顾客还是比较多的。已有的几个早餐点的客流量比较大，出现了顾客要等好久的情况。注意到早餐市场的需求量还是比较大，经过夫妻俩的商量，他们决定在已有业务的基础上，再开展一项早餐业务。为了更好地开展业务，也不至于太过劳累，夫妻俩做好了工作分工。妻子主要负责早餐业务，丈夫主要负责面馆的日常业务。自从做早餐业务，夫妻俩起的更要早了。虽然是有了业务分工，但那只是为了更好地开展业务，避免手忙脚乱。其实无论早餐业务还是面馆的事情，都是夫妻俩一块干的。大冬天，外面还是漆黑一片，他们就要离开温暖的床铺，张罗着准备早餐需要的食物材料。

2010年，儿子儿媳在外面开饭馆挣了约6万元，不过他们没让儿子往家里寄钱，家里庄稼的收入足够他们的日常花销。况且他们也是刚刚开始经营这家饭馆，平常需要花钱的地方多的是，爷爷从未接受过儿子的钱，想让儿子留着钱以更好地经营饭馆。问及儿子儿媳在外面工作的情况，爷爷脸上露出了温暖的笑容，看得出爷爷对儿子儿媳的工作还是挺满意的。

爷爷说，他们在外面是能挣钱，不过就是挺辛苦的，早上要早早起床买菜，准备东西，晚上还要整理东西，准备第二天需要的一些东西。

爷爷家的生活条件还是挺不错的，有三部手机，一台电视，一台微波炉，一辆摩托车。院子里还停着一辆黑色汽车。这是以前开的车，旧了，这几年就没再开过。村民之间的关系都很好，遇到谁家有红白喜事，村民都会随个份子。一年下来在红白喜事方面的花销大约 3000 元。家里在买衣服方面花销不大。自己和老伴儿平常几乎都不需要买衣服。这个 13 岁的孙子偶尔会买几件衣服。不过孙子也很懂事，从不乱花钱。只在衣服穿破的情况下才会提出要买衣服。

种了 2 亩小麦，1 亩玉米，1 亩半马铃薯，5 分土豆，1 亩大豆。夫妻俩的身体都挺健康，还有一个 13 岁的孙子，地里的农活他们三人足够可以干了。家里养了 6 只羊，3 只大羊，3 只小羊。农忙的时候，三个人会比较辛苦一点。平常没事，喂喂羊。

孙子马俊华是个高高、胖胖的孩子，通过和他的交谈，看得出他是一个懂事的孩子。上到小学三年级的时候，马俊华决定不上学了。问他辍学的原因，他说不喜欢读书，所以就做了辍学的决定。爷爷奶奶是希望孙子接着读书，希望他学好文化，走出村子。不过既然孩子自己不喜欢上学，他们也尊重孩子的意思，就同意了。问及马俊华上学时最喜欢的科目，他回答说是数学，对老师的教学方式也挺满意。

谈起国家的惠民政策，马尕洒感慨颇深。农业税免了还倒给钱，得了病还能报销医药费，这样的好政策历朝历代都没有过，国家对老百姓确实太好了。乡里实施农村合作医疗后，群众参合积极性非常高，村里大部分群众参加了农村合作医疗，他们切实地享受到了这一政策所带来的好处。

2010 年家庭耐用品消费情况：

表 2－35　　**2010 年马尕洒家家庭耐用消费品情况**　　单位：个

项目	个数	项目	个数
电视	1	农用车（拖拉机）	0
电冰箱	0	卡车	0
洗衣机	1	小轿车	1

续表

项目	个数	项目	个数
照相机	0	电话	0
影碟机	0	组合音响	0
电动车	0	手机	3
摩托车	1	自行车	0

家里有三部手机，平常和儿子儿媳的联系挺多的。他们每星期都会往家里打电话，询问家里的情况。那辆停在门口的小轿车，好几年没开了，现在就经常用这辆摩托车。

2010 年家庭支出情况见下表：

表 2-36　　2010 年马尕洒家家庭支出情况　　单位：元

总支出	生产性	衣服	食品	看病	教育	娱乐	红白喜事	交通	通信	住房
6160	900	600	500	400	0	0	3000	400	360	0

2010 年，马尕洒家的家庭支出总计 6160 元。其中最主要的支出是在生产性的投入和红白喜事方面。平常村民之间的往来比较多，谁家有个红白喜事了，都会积极的凑份子。

马尕洒一家人的身体都很健康，这两年家人都没生过什么大病。村里开展的新型合作医疗制度，他们都积极参加了。看病的医药费只要是到定点的医院去看都给报销，现在报销的比例已经达到了 70%。对于政府为村民办的这件事，马尕洒说非常感谢政府，为村民解决了一大难题。一旦生病，就要支付大量的医药费，这对于一个农村家庭来说是一笔不小的开支。现在好了，不会再担心医药费的事情了。

马尕洒年轻的时候在新疆、青海、四川等地打工，从事建筑、修路等行业。慢慢地年龄大了，就不打算再继续干下去了。谈起年轻时在外面闯荡的日子，他感慨万千。在外面打工虽然很辛苦，但能挣到钱。相比在家务农挣的那点收入，在外面辛苦挣钱还是可以的。村子里的几个人一召集，大家就一块去工地了。都是老乡，平时大家都互相有个照应，互相帮忙。马尕洒认为南方的人比较重视教育，北方的不太重视教育。在外面工作的体会，让马尕洒明白了文化的重要性。所以他想让孙子读书，前段时间因为上学的事情还教训了孙子一番。他想让孙子读高中，上大学，然后再按照他自己的想法生活。不过孙子表示他真的不喜欢读下去。马尕洒也选择尊重孩子的意见。打算让他在家待几年，年纪再大一点就可以出去找份工作，走出村子，感受不同于村子里的生活。

马尕洒对村子里的实务并不是很关心，对村干部的工作不十分了解。如果村子里有事，召集全村人去开会的时候，他也会跟着去参加，除此之外，他几乎不过问村子里的事。对村务不是很关心的他们，依靠着自己勤劳的双手，安分地过着自己平凡的日子。

第三部分 村民

十五、服务乡亲的村干部

（一）致富带头人、村主任——马一奴

初入寺庄村，在村口便看见一辆白色的帕杰罗越野车迎面驶来，陪同人员告诉我们这是村主任马一奴驱车去往村牛羊养殖场上班。看见我们一行几人，马一奴马上停下车来，推开车门，一位典型的穆斯林男性出现在我们的眼前——高高的小白帽，冉冉的胡须，清晰的轮廓，高挺的鼻梁，浓浓的眉毛。马一奴热情地与大家握手后便招呼我们去他家做客。在我脑海中，农村家庭本该是低矮的土坯房，空旷杂乱的场院，脏乱不堪的圈舍，但是步入马一奴家这一定势的思维景象就彻底幻灭了：整洁的水泥庭院里环绕着一周漂亮的二层小洋楼，楼顶的琉璃瓦在阳光下熠熠发光，院子的中央开辟出一方别致的小花园，园中的牵牛花、月季花竞相开放……

走入马一奴家的客厅，首先映入眼帘的是一块偌大的朝觐贺匾，在旁边的博古架上整齐地摆放着马一奴的各种荣誉奖杯和证书，这里面不乏“优秀企业家”、“十佳共产党员”、“五好家庭”等荣誉称号。马一奴拿出“十佳共产党员”的荣誉证书，自豪地对我们说：“这是今年七一的时候临夏州委和州政府颁发的，全州就只有十个人。”和他交谈几句之后，我们得知，马一奴1962年出生，小学文化程度，1980年结婚，2000年加入中国共产党，2003年起担任寺庄村村主任至今，2005年当选临夏县人大代表，2008年当选甘肃省政协委员。马一奴家中有妻子马阿非牙，一个儿子马旭，一个女儿马玲。儿子今年17岁，就读于兰州经学院，女儿今年20岁，在该村小学担任志愿教师。马一奴经商阅历非常丰富，先后从事过公路建筑、客流运输、物流配

送、虫草贩卖、餐饮服务、液化气站经营、屠宰加工、牛羊养殖等工作。而马一奴在自己致富时，时刻不忘为周围的乡亲父老提供资金支持、技术支撑、中介服务，并自己开办企业为村中的一些剩余劳动力提供了就业岗位，其可谓名副其实的"致富带头人"。

1978 年春天，由于家中生活窘困，还未小学毕业的马一奴便离开了父母，独自一人远赴他乡异地打工谋生。初到青海，马一奴进入了一支工程队从事铺路修路工作。虽然只有 16 岁，马一奴虚心求教，干活毫不含糊，搬石头、打地基、淘沙子、铺沥青……他样样都能胜任。两年的风吹日晒退去了少年脸上的稚气，却多了一份成熟和稳重。两年的修路经历使马一奴掌握了一些修路技术，并有了一定的资金积累，想到自己的家乡还有许多父老乡亲每天在饥寒中度过，马一奴决心自己组建一支工程队，将家乡一些有劳动力的人组织起来，一同修路，共同致富。于是，在 1980 年马一奴组织村中的 28 名青壮年成立了自己的修路工程队，11 年间，修路队足迹辗转于青海省、西藏自治区、甘肃省甘南自治州等地，共修建了数百条公路。虽然在这期间充满了艰辛和波折，但马一奴看着一批批的乡亲加入进来，通过修路挣到了钱，盖起了房子，积累了一定的资本可以另谋发展，顿生的成就感除去了多年来风餐露宿、风吹日晒的艰辛。但他却不觉得乡亲们应该对他感恩戴德，而把这看作是邻里父老之间相互扶助的一种义务和伊斯兰信众自然而来的一项"功课"。

1991 年年初，马一奴结束了 13 年的修路生涯，转而从事客流运输工作。利用修路积攒下来的资金，马一奴自己买了两辆面包车，主跑临夏县到夏河县、韩集镇到兰州这两条线路的客流运输。由于当时私人客流运输行业规则不健全，司机为了争揽客源往往争得面红耳赤，甚至是拳脚相加，这与马一奴憨实直爽的性格是格格不入的。于是在 1993 年年底，马一奴索性卖掉了面包车，购进了一辆大货车，又开始从事青稞的运输配送生意。一路上，披星戴月的艰辛中充满着些许疲惫，跋山涉水的煎熬中显现着几分执着。就这样，来回半个月，下四川，过雪山，最终将青稞运达西藏昌都地区。而对一位穆斯林来说从事长途物流运输生意最大的障碍便是吃饭饮食问题，因为在这途中很少有可供穆斯林吃饭的清真餐厅，因而马一奴每次在出车前都不忘带上两箱方便面和两箱大饼。长此以往，马一奴觉得自己的身体负荷不住长途的颠簸和饥寒，于是在 1994 年年底马一奴放弃了物流配送生意。

20 世纪 90 年代中后期，冬虫夏草逐渐博得了人们的青睐，一时间虫草价格成倍上翻。马一奴告诉我们 1995 年的虫草市场价格较之 1994 年翻了两番，于是精明能干的马一奴又做起了虫草收购生意。由于虫草生意具有高投入、高风险、高回报等特征，马一奴为筹集资本，分散风险，与村中的几个乡亲合股分工，一同做起了虫草生意。每年农历四月份是虫草采收的季节，马一奴便和乡亲们进入青海玉树，在海拔 4000 多米的高山上趴在地上仔细寻找虫草的踪迹。时值五月的高海拔地区，呼啸的寒风让人们瑟瑟发抖，地上冒起的寒气让膝盖发麻。而如果运气不好，这一整天连一根虫草也挖不到。到了晚上，马一奴一行几人找一个可以避风的地方，搭起简陋的帐篷，打好塑料地铺，生好火，再吃上一碗半生不熟的青稞窝窝饭，然后为明天能够挖到沉甸甸的虫草而养精蓄锐。当然，马一奴也会让同行的人守在山的出口，直接收购一手虫草。由于虫草的高利润助生了一些虫草商的投机行为，他们不顾道德，以假充真，以次充好，这种投机倒把的行为几乎成为当时虫草市场的"潜规则"。马一奴认为这种欺诈行为与伊斯兰教教义提倡的"诚信，友爱"是相违背的，因而在 1997 年他中断了高利润的虫草收购生意。但是，值得指出的是，马一奴作为寺庄村虫草收购生意的先驱者，他使村里的大部分人看到虫草收购生意背后隐藏的巨大商机，并转而从事虫草生意，以走上致富发家之路。

1997 年，马一奴回到家乡，在韩集镇开起了小餐馆。马一奴的小餐馆主要经营牛肉拉面、手抓羊肉、大盘鸡等。餐馆的开业给同村的十多位不方便远出打工的乡亲提供了就业岗位，使他们的生活有了基本保障。马一奴告诉我们当时餐馆的拉面师傅、刷碗工、服务员、采购员都是他从村里聘请过来的。餐馆自开业生意就很红火，门庭顾客络绎不绝，两年间，马一奴的餐馆净利润就达 5.6 万多元。这当然与他的经营有道、真诚待人是分不开的。但是，餐饮服务行业的琐碎和辛苦是可想而知的。马一奴说餐饮服务说白了就是一个伺候人的行当，众口难调，稍有不慎便会和顾客发生摩擦，还倒落得一身不自在。于是在 1999 年年初，马一奴将餐馆出租，而此时的马一奴确实有一丝茫然：到底做什么生意才适合自己，才能带动更多的乡亲父老走上富裕之路呢？……为了找寻答案，马一奴于 1999 年 3 月到 5 月赴杭州、苏州、温州、上海等地进行了为期两个月的走访考察。一圈走下来，马一奴看到了许多新兴的事物，发现了很多先进的经商理念，而令他不解的是为什么在繁华商业的背后充斥着如此多的尔虞我诈，性格直爽的马一奴每看到欺诈行为，都想上前去制止……回到家，马一奴有些落寞，茫然失措又一次迫不及待地袭击了他，他想沉淀一下自己，于是一天五番礼拜，施舍穷人，认真履行自己的伊斯兰功课，也许在伊斯兰宗教的教义中他可以找到一份寄托。

1999 年 6 月，马一奴的朋友提议自己出钱，马一奴主要负责营业执照审批、营业资格认证等事宜，合力开办一个液化气配送站。当时液化气在当地并未广泛使用，再加之液化气的灌运、贮存存在着较大的危险性，因而政府对于液化气配送站的营业资格审批很严格。而马一奴凭借着多年经商积累下来的人脉资源，多方疏通关系，最终顺利拿到了营业执照。当时的临夏县，液化气并未成为居民生活的主要燃料，马一奴的液化气配送站经营一年之后便因为生意惨淡而转手他人。2000 年，马一奴在当地政府的大力支持下，与朋友合伙，共同创办了牛羊屠宰加工厂。马一奴的牛羊屠宰加工厂坐落在临夏县县城西郊，占地 6 亩，厂里配有 300 平方米的冷库、肉制品加工器械等配套设施。2001 年，马一奴去往杭州、上海、宁波等地考察了牛羊肉的市场需求，摸清了当地消费者对牛羊肉肉质的需求偏好，并在当地成立了销售网点，专门负责拓展销售渠道，与当地的餐饮企业、消费者接洽，将消费者的意见及时反馈给总厂。经过近五年的发展，马一奴的牛羊屠宰加工厂逐渐发展成了订单接收—牛羊收购—屠宰加工—配送销售的一条龙式的风险共担型企业。当然，屠宰加工厂规模的日益扩大吸纳了更多的同村乡亲加入进来，他们不用远赴他乡，在家门口打工也能挣到一份不错的收入。2009 年，正值屠宰加工厂发展得如火如荼的时候，马一奴却生了一场大病，住进了医院，开刀动了手术。在住院的三个月期间，马一奴一闭上眼睛就会出现成千上万堆积如山的牛羊的尸体。马一奴说，厂里一天就要屠宰近 200 只羊，几十头牛，屠宰工人拿着雪亮的刀子行走在腥红成河的血液上，穿梭于横七竖八的尸体中，就这样剥皮放血，开膛破肚。有时甚至还可以看见母畜肚子里蠕动的幼崽……马一奴说，作为一个穆斯林就应该行善顺主，不应屠害生命。他觉得自己生的这场病就是真主对他的惩罚。于是，在出院康复之后他将自己屠宰加工厂的股份立即转让给合伙人，决心再也不做牛羊屠宰生意了。

2009 年临夏县被确定为甘肃省第一批畜牧强县，临夏县以此确定了以畜牧带动经济发展，以畜牧促进民生的整体发展思路。随后，与之相配套的各项优惠扶助政策纷纷出台，如以小额信贷鼓励村办养殖场，进行饲草种植补贴等。以此为契机，由马一奴牵头，村中的几位有志人士合股创办了“伊海”牛羊生态循环养殖有限公司。“伊海”公司位于寺庄村的东北方向，注册资金300万元，占地200亩，其中可供直接投入使用土地120亩，滩涂地80亩，2010年公司赢利90万元。马一奴告诉我们自己前半生的积蓄以及向银行贷款460万元全部投入到了养殖场。他敏锐的市场洞察力使其并未将自己的养殖场简单的定位为牛羊育肥贩卖基地，而是打造了一个社区支持企业，企业带动农村的新型环保企业。“伊海”公司在每年年底将和村民签订合同，与村民协商玉米种植的数量、质量、价格，并向农民预付一部分的生产要素购买费用，到了玉米收获的季节，“伊海”公司将按照当年市场价格将村民种植的玉米全部收购。其中，玉米秸秆将被青贮氨化后用作牛羊饲料，对于玉米，马一奴便会替农民主动联系收购商，将玉米及时地保价卖出。这种做法不仅推动了养殖场的发展和扩大再生产，而且提高了村民的农业收入，降低了村民的风险。此外，马一奴还进一步规划挖造几个沼气池，将剩余的玉米秸秆和牲畜粪便堆砌起来产生沼气，再将沼气输送到农户家里用做生活燃料，以此来实现牛羊养殖的循环再利用。调研组成员参观完马一奴的养殖场后，十分惊讶的是养殖场的工人绝大多数都是残疾人，老年人。马一奴笑着对我们说，养殖场开办后，他将村里的一些不方便外出打工的老年人、残疾人、五保户总共26人全部招聘到厂里当养殖工人，每人每月发1000元的工资，并且包吃包住。一位有听力障碍的老人告诉我们，虽然自己的儿女常年不在身边，但自己在厂里吃、厂里住，每月还有1000元的工资，这些钱都花不完……的确，“伊海”养殖公司的成立为寺庄村带来了福音，村民们不再担心自己辛辛苦苦一年下来种的粮食卖不出去了，而且在生活无依靠时，“伊海”牛羊生态循环养殖公司的大门是朝他们打开的。然而，目前摆在马一奴面前的难题是村民们思想观念转变不过来。由于玉米不是当地的主要粮食作物，再加之村民对公司的承诺存有一定的怀疑态度，因而就不愿过多地种植玉米。为了打消村民的这一疑虑，马一奴在签订合同之初就向农民预付一部分生产资料费用，并将自家的7亩地全部用于玉米种植，意图以此来发挥示范带动效应。真心希望寺庄村越来越多的村民加入到玉米种植行列，踏上社区支持企业，企业带动农村的致富之路。

在1998年的寺庄村，收取农业税是村干部最为头疼的一件事，乡里乡亲抬头不见低头见，强迫村民交税实在是拉不下脸，交不齐又完不成乡里的任务。当时的老支书发现马一奴为人诚恳，在村民中有着较大的威望，于是推荐他进入村委会，负责村民农业税的收缴。果然，马一奴凭借着他的威望和村民对他的信任，村里农业税的收缴少了不少阻力。由于马一奴工作出色，其于2000年正式加入了中国共产党，2003年又被村民选举为寺庄村村主任。

作为村主任的马一奴，其凭借着多年积聚下来的人脉资源，为村里争取了不少的扶助资金和项目，着实改善了寺庄村村民的生活面貌。用他自己的话来说："我在村委会主要搞外交工作……"2006年，他独自一人去往省城兰州跑项目，一天一夜一直守在省政府的大门旁，终于见到了分管的副省长。马一奴向其汇报了寺庄村面临的现实困难，最终省政府批复了30万元专项款用于寺庄村修建小学。2009年，马一奴向县政府争取了45万元的村中道路硬化款，但是摆在马一奴面前的难题是：铺整硬化近6公里的乡村道路，少说也得130万元……于是马一奴开始组织村民自筹资金。依据村民的实际家庭收入情况，马一奴以户为单位，将自筹款的额度分为200元、500元、800元三档，多交不限，实在有困难的可在铺整公路时贡献劳力。为了鼓励村民的积极性，发挥示范带头作用，马一奴自己捐款2.8万元，之后又将政府拨款和村民自筹后不足的11万元工程用款悉数补齐，最终筹集了129万元投入到乡村公路的修建中。如今，步入寺庄村，便会发现绿树环绕下整洁的乡村公路，村民们在公路上打粮食、聊天散步……他们告诉我们，这是寺庄村村民通往美好生活的幸福之路。

寺庄村的大多数村民都要每天去往清真寺做五番礼拜，其中晨礼是在凌晨四点半左右，晚礼是在傍晚十点左右。马一奴想到一些年纪大、腿脚不方便的村民在黑漆漆的路上行走很容易出现意外，于是他联系到县城建局，与其再三沟通协调，终于将县城维护建设换下来的15盏路灯要回了寺庄村。马一奴将这15盏路灯安装在村民们去往清真寺的路上，一到晚上做礼拜的时间便打开路灯，这条路便被照得亮堂堂的。村民们笑着对我们说："现在晚上做礼拜，闭着眼睛走都摔不着了。"2008年，马一奴当选为甘肃省政协委员，他深知作为一名政协委员就应该替民说话，为民出力，把老百姓真实的呼声传达给政府。因而他在政协闭会期间，就会考察百姓的难处，倾听老百姓的疾苦，把老百姓的意见归类梳理，按照迫切程度排序整理成提案，在政协与会期间提交给主席会。2010年，马一奴在省政协会议上提案要扩大临夏县的低保覆盖率，改善临夏县道路情况，加大畜牧业扶持力度，提高农村小额信贷发放率。这一提案受到了省政府的重视，省政府派人去往临夏县进行了实地考察，摸清情况后，马上提高了临夏县的小额信贷发放率和发放水平。寺庄村目前低保覆盖率达到了60%，位居全县之首，马一奴说这就要归功于县政府的特殊关怀了，在给寺庄村划定低保名额时往往有一些小倾斜。

在村容建设，矛盾纠纷处理方面，马一奴也有自己独特的工作方法。马一奴在担任村主任之初就对寺庄村的整体建设布局做了规划，并提请村民代表大会通过，以书面形式表达出来，形成了《寺庄村村民公约》。其规定村民如盖房子就要申请村委会批准，村民房子的修建要符合寺庄村的整体规划，不能东一座、西一幢的影响村容，浪费土地资源。此外，《公约》还规定不能在自家的承包地上擅自盖房子。就当下来说，寺庄村最重要的事情就是评定村中低保户、五保户的待遇享受资质，如果这一评定标准规定不尽合理就会引起村民们的不满，以致诱发一些矛盾。考虑到这些，马一奴在评定过程中采用了"下放到组，民主评定，矛盾不上移"的方法，即将低保和五保指标分配给各村组，各村组组长结合各家各户的实际收入情况，组织全组村民进行投票选举，以产生低保（五保）候选人。之后，村小组将名单汇至村委会，由村委会统一进行复核公示，如在公示期间，村民对评选结果不满意可向村委会反映，村委会责成村小组限期对其评选结果进行调整和协调，直至村民满意为止。这种做法强化了低保（五保）评定过程的结果的公正性，切实保障了村民的基本权利。另外，结合村里的民族特色，马一奴在宣传上面的政策，处理邻里纠纷时往往借助伊斯兰教教义对村民意识形态的影响来提升村民们对上级政策的认知度，并将一些矛盾消除在萌芽状态。马一奴告诉我们，伊斯兰教教义所提倡的"顺主、爱人、宽容"实际上与当下建设和谐新农村的政策理念是相通的，从这个层面来说，伊斯兰教有助于整合基层社会秩序，促进社会主义新农村建设。

马一奴认为自己的所作所为是一名穆斯林应该履行的基本"功课"，并不值得称赞。也许，从"信仰"到"行为"的自然过渡，使得马一奴这位"致富带头人"没有一丝矫饰，不带半点拼凑。衷心祝愿寺庄村村民在马一奴主任的带领下，日子过得越来越红火。

（二）村党支部书记——拜林

我们调研的寺庄村共有 8 个社（即村民小组），拜林 1989 年初中毕业后参加工作，一直在担任寺庄村村主任，时间长达 10 年。从 1998 年担任寺庄村村委会支部书记，至今已有 12 年的历史。因此，对他的访谈是我们调研的重点对象之一，这也关乎我们这次调研项目的整体目标的达成。

拜林，男，48 岁，回族，初中文化水平，1989 年参加工作，1992 年加入中国共产党，1998 年担任村委会书记。家中共 5 口人，妻子尚女香，现年 47 岁；儿子拜麻乃，今 26 岁，已成家 4 年，现在与儿媳妇韩俊芳在外地打工；孙子拜西来也今 3 岁。家庭主要是从事农业生产和经济作物的种植。

拜林书记很健谈，普通话讲得比较好。他告诉我们，在他小的时候，寺庄村当时没有学校，在上小学 3 年级前还在离家 5 公里的唐邻村小学上学，当寺庄村有了唐尕小学后，转学到村小学，直到小学毕业。上初中是在乡里的学校上的。由于当时家庭的兄弟姐妹较多，同时父亲是村里的干部，经常很忙，家里的劳动力不足，家庭的饱暖成为重要的问题，所以很小的时候甚至是上学之后都得帮助母亲忙着家里的农活。在读初二的时候，由于家里很困难，自己本来想坚持上学，但在周全考虑之后，毅然决定退学，成为家里的主要劳动力之一。本来学习成绩一直都很优秀，但是由于家里基本的生活状况很难维持，何谈读书。之后，由于当时整个村能进入学堂和有文化的人较少，而拥有初中学历的他，却成为村里少有的“知识分子”和“文化人”。村委会的干部和村民对他有了较多的期待，期待他能够担任村里的干部，进一步带动村里的人走上脱贫致富的道路。因此他理所当然地成为村里的干部。接下来，就讲述了他担任村里干部这些年的一些经历。

拜林自 1989 年参加村里的工作以来，当上村干部后，由于很忙，也间接地分散了帮助家里从事农业生产的时间和精力。大多数时间与村委会的其他干部一起肩负起村里的大大小小的事情，因为农村人的大小事确实关系与影响着其家庭的方方面面。拜林书记此刻稍微停顿了一下，思索片刻，接着为我们介绍了他 20 多年的工作中所为村里从事的工作的经历。一是管理和协调群众的事情，处理村民邻里矛盾、土地和林权纠纷、清真寺的修建和管理等。群众的事不是小事，在书记自己看来，能够办好群众事情是他的荣幸和自豪之举，一直想着能为群众办好事，办实事。二是从事公粮征收，教育收费。参加工作之初，农业税费改革之前，每年的秋收时节，也是最忙碌的时候，村委会第一要务就是完成对本村公粮征收工作，这是保障国家粮食安全的大事，也受到上级的重视，村委会成员都要进入村民家里进行统计和核实，并进行统一征集和管理，统一运送到乡里；教育收费是针对村小学的学生所进行的收费，由于当时村里人普遍比较困难，很多孩子上学；家里是没有经济能力进行支持的，一方面在努力贯彻九年义务教育政策，倡导和鼓励适龄孩子上学；另一方面就是教育费却成为主要困难的问题，所以村干部都是通过有孩子上学的家庭进行粮食或其他实物作为教育费用的方式进行缴纳。三是努力改善村委会的办公条件。在他参加村里工作那时，村里的干部没有没有固定的办公点，家里便成为各个干部的办公室，村里开会和协商等都是在某一个村干部的家里。在上级和村干部的坚持和努力下，村办公点于 1996 年建成了砖瓦结构的院舍，改善了村里办公和开会条件。四是改善村里交通设施条件。在书记的经历中，由于当时村里没有通畅的道路，村里和外界的物质交换受到阻碍，村里人出行也不方便，2006 年，在拜林书记和村里干部积极倡导村民金额筹资、募集捐款和争取政府资金的基础上，总投资金额 230 万元的乡村公路，在年底贯通，连贯了寺庄村 8 个社，疏通了村里与外界联系的主要设施。为全村的农业生产和经济发展创造了重要的条件。五是贯彻国家计划生育政策的实行。寺庄村由于根深蒂固的传统思想，认为人多力量大，当时的基本状况是很多家庭超生现象普遍，村委会首先是进行说服和疏导的方式的教育，在说服等教育方式不奏效的情况下，使用行政的手段进行强制贯彻，这是基层工作最困难的地方。经过几年的努力，村民的思想意识得到了普遍提高，村里的超生现象得到了遏制，进而保持了至今全村没有一个超生的情况，符合了国家的计划生育政策。六是管理村里的党务工作。寺庄村基层党组织作为党的基层堡垒，党支部现有 20 名党员，写入党申请书的 2 名，支部坚持慎重发展、宁缺毋滥的党员发展原则，为党组织的纯洁性把好入口关。拜书记为我们介绍了入党的大体程序是，由支部在村里物色优秀分子，征得本人同意后，要求该名村民写入党申请书，满一年以后，提交一年两次的党员大会讨论审议，大会通过后，报乡政府，由乡政府报市委组织部批准。每名党员都严格按照程序发展，未满考察期或者考察期表现不合格者，坚决不予发展。每年 12 月，这是农闲时，即书记所说的“冬训”，都会将党员组织起来，开展党的知识教育等各种活动。当拜林书记谈到这些他为村里所做的事情时，他的脸上现出了欣慰的笑容。

当拜林书记谈到村党组织建设和存在的问题时，长长地舒了一口气，郑重地说，现在党组织面临的重要难题和困难是村党组织出现人员断层和后备党员缺少的状况。按照原来的吸收党组成员的设想是每年发展 1 名至 2 名党员，但实际情况是每年能发展 1 名就很不错了，还有好几年都没有一个的情况。在最近几年，村里的青年和壮年都在外地打工，村里只剩下年纪较大的人。同时现在党员组成里面是老党员居多，占据到 70% 以上，青年和壮年党员却不到 30%，即出现所谓的倒三角的情况。年龄结构的不合理，将进一步的限制党组织未来的发展。

当被问到现在一些具备发展成为党员的村民情况和对未来组成基层组织建设的构想和思考时，拜林书记说，现在村里有一个具备较好的发展条件的村民，他叫马小明，主要是他一直在外地打工，所以发展的程序和安排从 2006 年到现在都停滞着。就未来的发展来说，更希望党组织能够吸收到青壮年新鲜血液进入，这样才能更好地衔接基层工作的开展，也需要这样年轻有为的年轻人带领全村人走上富裕之路。

最后拜林书记介绍到寺庄村的基层党员民主会议由于老党员和外出党员的情况，基本组成是“4 + 1 + 3 + 5”，就是由 4 个党员加 1 个预备党员，3 个主任，5 个社长组成。形成这样的情况是针对村里大小事情进行讨论、协商和决定。在以村主任和书记为中心的领导下，寺庄村村民的家庭富裕程度和生活条件得到了极大的提高和改善。我们认为，拜林书记是一位长期扎根基层、服务乡亲的优秀基层工作者。他的工作和生活经历，代表了大多数基层工作者的艰苦和一直坚持为群众所想，情为民所系，利为民所谋。而且从他的工作成绩和为村里做的事情中，我们看到了他的认真敬业、踏实奉献。

（三）村文书——马文义

马文义，男，52 岁，回族，高中文化水平，寺庄村文书，中共党员。

初到寺庄村，我们对这里的一切感觉十分陌生，第一站便是去村主任家了解村里的概况。与村主任一同接待我们的还有一位中年人，不时地忙前忙后，村主任介绍说这是我们村的文书马文义。

马文义个头比较小，圆脸，穿着洗得有些发白的灰色衬衣，听说我们想专门采访他，便热情地邀请我们去他家坐坐。马文书的家离村主任家不远，正在村里那条水泥主道的另一边。在去他家的路上，马文书和我们边走边聊，说村里面这几年变化很大，村民们出去打工的人越来越多，挣的钱多了，生活也越来越好。前几年道路硬化，大家的居住环境也更加舒适。从马文书说话的语气中，我们能感受到他对家乡这片土地深深的热爱。

走进马文书家的大门，我们第一眼看见的就是院子中间一棵绿油油的梨树，此时正是梨子丰收的季节，树枝上挂满了一个个小灯笼似的果实。马文书介绍说，这里的梨一般就只能长这么大，我仔细一看，果然比我们平时吃的鸭梨要小很多。马文书家的院子和北京的四合院比较像，三间房围起一个小院，后来在走访其他农户时，我们发现这里的房子几乎都是这种布局。马文书让我进到堂屋去坐，给我们倒好茶水，便开始在一旁的柜子里找村里的一些材料。等到他把大家需要的材料都找出来之后，我们便开始慢慢地聊起了他个人的情况。

马文书1959年出生在寺庄村一个普通的农户家，在寺庄小学上完小学之后便去唐尕中学上初中，那个时候，由于家里的生活条件比较艰苦，每天吃的只有一点粗粮，有时候还会饿着肚子去上学。初中毕业后，村里的很多孩子都回家务农或是出去打工了，但是因为父母的支持，他继续来到韩集中学上高中，并且开始住校。学校住宿的条件很差，同学们十几个人挤在一个屋里，冬天冷的时候还好，一到夏天，大家伙就热得要命。高中毕业后，马文义便回家帮着父母干农活了。我们问他为什么不想考大学，他说："自己的学习成绩一般，再说家里也没有钱供我上大学啊。"回家做了六七年的农活之后，因为在村里面算是学历比较高的，所以被村民们推举做了四社的社长。说起当社长时的工作内容，马文义想了想说："其实当社长工作挺少的，平时就传达一下乡上的政策信息，调节附近村民之间的纠纷，帮助村民们修梯田之类的，主要还是要自己起带头模范作用嘛。"在当社长期间，1991年，马文义参加了中国共产党，成为一名光荣的党员，并且之后连续四年被评为"优秀党员"。说起入党的经历，马文义笑着说："那时候村里面发展新党员，我就想着自己也要入党，我小的时候，老一辈的人就总说共产党好啊，所以就想也成为一名党员。”

2006年，马文义当选为村文书，并且兼任会计。说起文书的工作，比起当社长那会儿，就繁重多了。村文书，职位不高，职责却不小，不仅要负责农业、农经、计生、劳务等各类报表，帮助村民开具证明，做好村务公开、党建等软件资料，还辅助村委会主任管理村财政收支账目，管理村委会公章。工作烦琐，管的事务多了，马文义说：“文书的工作，很多是和资料打交道。这些年来，国家的惠农政策越来越多，相应的各类报表逐年增多，报表的内容也越来越细化，对我们文书的业务水平提出了更高的要求，如何做好业务工作？我觉得主要是要能做好以下几点：一是加强学习，及时参加镇上组织的各种业务培训，虚心向镇上的统计干部学习、向其他村的文书学习、向文化层次较高的大学生村官学习，掌握新增的报表中数字之间的逻辑关系和填写方法，确保统计报表及时、准确；二是熟悉情况，作为村文书，必须对村里每户村民的情况了如指掌，对村两委的工作思路有清醒的认识，这样在做全村的升级晋档规划时才能切合实际，在为村两委决策提供建议时才能有的放矢，在调处矛盾纠纷上才能得心应手；三是着眼细节，文书的工作离不开细心，无论是清扫村委会桌椅的灰尘、填报报表数字、管理村财村账还是协助计划生育工作，都需要认真对待，不在细节上马虎大意，才能真正当好镇统计干部的助手，做好村两委主要领导的参谋；四是及时更新，村上的软件资料，尤其是党建资料是需要不断更新的，很多文书因为其他工作较忙而忽视了这点，遇到检查才慌忙去补，熬更守夜不说，还常常忙中出错。所以，像党员信息库、党员双承诺销号台账、村上全年的发展规划、村务公开的内容等都应及时更新，尤其是便民服务登记簿，更应随办随登记，确保资料时刻更新。总的来说，就是要做好村支书、村委会主任的助手，甘愿辛苦也要为村民们办实事。”

访谈到最后，我们开始聊起了他家里的情况。马文书的妻子比他小两岁，是经别人介绍结婚的。我们问他：“是哪一年结的婚还记得吗？”他想了很久，摸着后脑勺笑着说：“呵呵，这个都记不清楚了哦，应该是20世纪80年代初那会儿吧。”看着他憨厚的笑容，我们也忍不住跟着笑了起来。文书的妻子是一位非常勤劳的妇女，我们在聊天的过程中她一直在院子里料理着家务，人也十分腼腆，看见我们看着她就不好意思地朝我们笑一笑。文书的大女儿今年已经28岁，早早就嫁人了。儿子马一黑26岁，现在正在西藏打工，每年都会回家两次。家里还有一个8岁的外孙女和2岁半的大胖孙子，都是儿媳妇在带着。

就在我们聊着的时候，村主任给马文书打了个电话，说是让他先带我们去村委办公室找一些相关的资料，我们便起身往村委办公室赶去。一路上，马文书指着两边的庄稼地跟我们介绍这里的农作物，说村里人大多都种植麦子、蚕豆、油菜、玉米和土豆，以前的粮食产量比较低，后来改革了一些种植方法，产量提升了不少。走了大概半个小时，我们终于到了村委办公室，办公室就在寺庄小学旁边，总共只有两间平房，其中一间放了满满一书柜的书籍，我们仔细看了看，大多是关于农业科技的书，屋子的门后面贴着一张纸，原来这间屋子是村里的“农家书屋”，这里面的书全都是县文化局发下来的，目的是为了丰富村民们的文化生活，提高村民们的种植技术。“农家书屋”的管理员就是马文书，马文书说：“来这里看书的村民特别少，农忙的时候没有时间，闲下来的时候都去看电视了。”

查找完资料，我们跟主任和马文书告别，准备回住的地方。一路上，脑海里都回荡着马文书的一些话。马文书虽然只是一个最最基层的村干部，但是发挥的作用却是不可替代的，烦琐的工作，一年年的重复，浇不息他为村民们服务的热情。从一个年轻的小伙子到两鬓斑白，他把自己和这片土地融为一体，为之奉献。衷心地祝愿寺庄村如马文书所希望的那样，越来越好！

（四）德高望重的老干部——拜永祥

拜永祥，男，回族，72岁，初中文化水平，寺庄村老支书，“省级劳动模范”。

前几日在访问寺庄小学校长韩进忠时，听韩校长说寺庄村有一位老支书，当了30多年的村干部，很得村民们敬重。于是一天上午，便和几个同伴一路打听着去他家，想了解一些村里的情况。

到了他家附近，询问了一位路过的村民，热情的村民指着水泥路前面100米左右的院子说，家里种了许多花的那户就是老支书家了。我们一走进这家门，满院子的鲜花映入眼中，姹紫嫣红。鲜黄的小菊、红艳艳的月季、淡紫色的蝴蝶花，鲜艳的玫瑰、绽开的向日葵，都开在院子中间一个大大的花圃里。走近一看，还有轮特梅、牡丹、兰花等很多我们不认识的品种。微风吹来，浓浓的花香沁人心扉，实在无法想象，在甘肃临夏一个僻静的山村里，竟有这样的意外之喜。

正当我们几个人陶醉在这片花香时，从屋里走出一位老奶奶，询问我们的来意。由于语言上沟通起来有些不方便，我们费了很大工夫才让老奶奶知道我们是找老支书的。老奶奶听明白后，告诉我们老支书不在家，去了小儿子家里，并从里屋叫来一位中年妇女，领着我们去她的小儿子家。一路上，这位中年妇女告诉我们她是老支书五儿子的媳妇，刚才的那个院子平时只有两个老人家住，小儿子的女儿时常会过来照顾爷爷奶奶。走了大概十几分钟，我们到了小儿子家，在向主人说明来意后，他热情地将我们迎进屋子，给我们介绍坐在炕上的那位老人就是我们要找的老支书。

老支书拜永祥给我们的第一印象是那双炯炯有神的眼睛，当他从炕上下来时，步履似乎有点蹒跚，旁边的一个小女孩轻轻地扶着他坐在沙发上，他一边往下坐，一边示意让我们也坐下来。老支书看起来很有精神，圆圆的脸上留着长长的山羊胡子，一米八几的个头，可以看出年轻的时候肯定是一个身材高大的帅小伙儿。待我们坐下之后，他的小儿子端来了热茶，因为我们来时正碰上当地的回民在封斋，白天的时候他们是什么东西也不能吃的，水也不能喝，所以很是觉得麻烦了他们。我们向老支书解释，想采访采访他，了解一些村里的和他个人的信息时，他的脸上绽开了一个大大的笑容，然后便开始了属于他的回忆。

1977 年的时候，寺庄村还是一个生产大队，整个队有 1400 多人，1600 多亩耕地。当时的村支书是走长征留下来的一位红军，因为拜永祥能识字，便留他在身边记账，后来，拜永祥当上寺庄队的大队长，这一当，就是十年。拜永祥没有进学校上过学，一直都是自学识字，后来参加了扫盲班，之后经过测试，知识程度已经到初中水平。十年大队长的工作经验，使拜永祥在后来的村支书工作中更加得心应手。在当村支书期间，拜永祥一个重要的职能就是调整农业结构，改变农业生产落后的局面，改善村民们的生活。寺庄村海拔 1300 多米，农作物一年只能种一季，那时农业技术比较落后，往往就是看天吃饭，农作物产量很低。村民们种小麦、蚕豆、青稞、土豆、油菜，都是一整块地种一种作物。后来，县上派来了一个农业技术指导员，在寺庄村做肥料试验、土壤试验和品种试验。拜永祥跟着技术员学习了几个月，然后在村中推广新的种植方法——带状种植。即把一块土地按带状划分，每一带种不同的作物，譬如说把地划分成三块，一块种土豆，一块种麦子，再一块种蚕豆；或者是中间留一带后再种一带。原来的时候，土豆等种植密集，产量低，这样种一带留一带后，更方便锄草，通风透气，有利于农作物对养分的吸收，提高农业产量。除了指导村民们改善农业生产方式外，拜永祥还带领村民们植树造林。从我们第一天来到寺庄村，就完全颠覆了之前对大西北山村的无数想象。村中溪水潺潺，树木郁郁葱葱，一栋栋的小楼，一片片绿色的土地，这些都含有老支书当年工作的成果。另外，老支书还鼓励村民们发展畜牧业，村里家家户户都养有牛羊，这些牲畜是当时村民们的主要生活来源之一。

作为村支书，除了要带领村民们发家致富之外，拜永祥还要管理村庄的方方面面。包括收取费用，解决村民纠纷等。那时候，村里面要收的各种费用有教育费、合作医疗费、计划生育费等 17 种，这些都是村干部要做好的工作。另外，村里要是出现邻里之间的纠纷，也是拜永祥出面解决，如今他卸任之后，仍然很得村民们的信任，谁家要是有一些不容易解决的矛盾，就来请他去调解。拜永祥还有一个很大的期望，就是希望村里的孩子们都能好好上学，珍惜现在机会。1981 年，拜永祥评上了“省级劳动模范”，并且连续 18 年被评选为“先进村支书”。家里摆满了各种大大小小的证书，这些证书是对这位老人一辈子工作和付出的一种肯定和褒奖。当我们问起他觉得这么多年寺庄村有什么变化时，他欢快地说：“村里变化很大啊！我当大队长那时，大家伙儿都穷啊，有的人还吃不上饭。现在好了，村里的人有的出去挖金子、有的出去开餐馆、做生意，生活水平提高了，日子是越来越红火，这都要感谢国家的政策好啊，农业税也不用交了，孩子上学也不要钱，看病也可以报销，我们要感谢国家啊！”

在寺庄村，拜永祥当了 18 年的村支书，一工作起来经常忙的顾不了家庭。之前担任大队长时是没有工资的，那时候大家都过集体生活，挣工分吃饭。土地承包之后，家里分了 2 亩地，每年产 1000 多斤粮食，但是除去生产成本外，余下来只有 400 多斤粮食，根本不够一大家子的生活花费。妻子一个人要带着 8 个小孩，整天忙里忙外，又要做家务，又要去地里干活，十分辛苦，但从未有过什么怨言，这让拜永祥很是欣慰。如今，拜永祥可以说是真正的儿孙满堂，6个儿子都有出息，大儿子现在是州电视广播局局长，老二是现任的寺庄村村支书，老三是当地的阿訇，老四做虫草生意，老五在福建省开餐馆，老六学了门手艺，当面匠。两个女儿也都已嫁人，过着幸福的生活。每年这些出去的孩子们都会陆续回家来看望老父亲，老支书笑着说："要是他们全一起回来的话，我这一屋都坐不下啊！哈哈！"

访谈进行到最后，我们问老书记对村里的发展有什么自己的想法时，老支书想了想说："我们村这几年发展快，村里的路也都硬化好了，我就是希望大家都能发家致富，出去做生意的都能多赚点钱。"现在老支书每天要去清真寺做5次礼拜，清真寺离他家只有几十米路，他自己来来去去，下雨天也不例外。平时在家他还有一个很大的爱好就是种花、种菜。家里院子里的花都是他和小孙女儿一起种下的，每当满园花开的时候，心情也会跟着舒畅。一走进院门，就会发现院里子打理的非常整洁，花圃外的水泥地板上一点泥土也没有落下。可以看得出，这位老人是多么的热爱自己的生活。说起种菜，老人说自己也吃不了多少，都是等孩子们回来了吃。

访问完老支书，我们从他家出来，他也跟着出门，执意要送我们，并说带我们去他儿子家看看。虽然已经到了中午，外面的阳光并不是很刺眼，老人指着前面岔路两边的两栋楼房说："这是我家老二和老五的房子。"远远看去，白色的墙面折射出一道道耀眼光芒，更显出小楼房的漂亮。儿子们有出息，作为父亲，老人心中更多的是一种自豪吧。跟着老人串完门，老人独自去清真寺做礼拜，我们便准备返回。

在回去的路上，我们的心情一直无法平静，远处的山和近处的水似乎都在跃动不止。这位德高望重的老支书使我们对这个平凡的村庄更多了一份不同的感触。28年的工作经历，也许不用计算，老支书也能说出这个村从村头到村尾有多少栋房子，村里有多少户人家。这里是老支书待了一辈子的地方，也是他为之奉献了一辈子的地方，这里的每一处，每一个改变，都和这位老人息息相关，他用自己的年华见证了村庄的发展，用自己的一生促进了村庄的完善。也许，村里很多年轻小辈不认识这位老人，也不知道有过这样一位老干部，但是这都不是老书记所在乎的，他在乎的，是孩子们的生活是否幸福，村民们的日子是否红火，村庄的发展是否会越来越好，如果这些答案都是肯定的，那么他就满足了。

十六、教育工作者

（一）寺庄小学校长——韩进忠

韩进忠，男，46岁，回族，大专文化水平，2005年3月10日调来寺庄小学担任校长一职。寺庄小学坐落在村委办公室旁边，学校门口有一条涓涓小溪，每天经过这里，都能看见一群雪白的鸭子在里面嬉戏。透过几棵大大的垂柳，依稀可以看见校园内一排排整洁的教室。听说我们要来学校看看，韩校长早早就在学校门口等着我们，我们一到，便热情地将我们迎进校长办公室。

第一次见面，韩校长给我们的印象就是踏实、稳重，言谈举止中更是洋溢着对这份工作的热爱。校长个头不高，上身穿着一件略显破旧的青衫，下身是一条洗得泛白的西装长裤，头戴具有回族特色的小白帽，说话时总是带着浅浅的微笑。在我们向他表达想对他做一次个人访谈的想法时，他笑着说道："我就是一名普通的乡村教师，没有什么精彩的故事啊。"但其实，在我们的生活中，有多少不平凡的故事都是由这些普通的人们演绎出来的啊！

韩进忠出生在麻尼寺沟乡郭东山村一社的一个普通家庭，父亲是当时的村支书，家中一共7口人。除了他之外，家中还有两个弟弟和两个妹妹，在那个年代，女孩子的教育没有受到重视，特别是在这种偏远的少数民族农村地区，所以两个妹妹从来没有上学，十几岁就早早嫁人了。两个弟弟也是没上完小学就辍学回家。1975年，韩进忠进入郭东山小学，1980年到离家5公里远的唐尕复社初中继续上中学，因为离家比较远，学校又没有住宿条件，所以只能每天天还没亮就起床，步行到学校。一到冬天的时候，天一下雪，便是连滚带爬地赶去学校，十分辛苦。小学毕业时，全村17个孩子都到这儿来上初中，但是第一学期完了之后，只剩下两个人，其他同学都辍学回家了。上完初一之后，父亲想办法把他转到了韩集中学，开始住校，虽然住宿是打通铺，往往一个铺睡十几个人，宿舍的窗户没有玻璃，窗户都是纸糊的，冬天很冷，晚上睡觉的时候，室友们都挤在一起，但是总的来说条件比起走读时要好了许多。在住校的两年期间，韩进忠每星期回一次家，6公里的路需要连续走一个半小时，中学时学校有灶台做饭，每周给做饭的人交面换面票，交一些土豆换菜票，然后再从家里拿一点荞麦面当主食，谈到这里时，韩进忠感慨地说："我们那时候上学是真的苦啊，教室破破的，有时候还饿着肚子上课，很多人都没有坚持下来。现在，国家发展了，老百姓生活也变好了，孩子们上学的条件也好了很多倍啊。"

1984年9月份，韩进忠成功考上临夏师范学校，就读教师专业。当时全乡考上中专的一共就只有两个人，韩进忠通过自己的努力，成为这其中之一，也成为父亲眼中的骄傲。在临夏师范的生活，可以说是他最美好回忆的一部分，四学年中，学校安排了教育学、心理学、教学方法等各门课程，来学习小学教学。当时韩进忠所在的班级一共51个同学，大家为了同一个教师梦聚集到这里，都十分珍惜这难得的机会，平时学习起来十分认真。另外，国家每个月会给每个学生发24元的伙食费。每次，韩进忠都会省下一部分来买书，添置过冬的衣服。从临夏市到家有30公里，父亲为他买了一辆自行车，每两周他便骑自行车回家一趟，很快，四年的学校生活结束了。1988年9月，韩进忠走上了工作岗位，开始了他为之奉献一生的教育事业。

在唐尕小学，韩进忠当了18年的小学教师。十八个春夏秋冬，仿佛弹指之间，韩进忠从一个23岁的年轻小伙子变成了41岁的老教师。人的一生有多少个十八年，并且是最美好的十八年，在这些岁月里，很多人随着时代的变迁在寻找更好的发展机遇，改变了人生的轨道，而韩进忠，一如既往地坚守住这三尺讲台，兢兢业业。

2005年3月10号，韩进忠被调来寺庄小学，担任校长一职。这一年，寺庄小学正好在重修校舍，重修之前，学校条件比较艰苦，校长没有办公室，当时一共有7名老师，全都挤在一个不足20平方米的房间里办公。全校只有一个教师宿舍，女老师们住在这里，两个人挤一张床。男老师则住在唯一的办公室，白天这里是办公室，晚上把铺盖一铺，便成了老师的宿舍。那时校园也还是泥土面，每到下雨天，都是泥泞，孩子们进教室时脚上沾满了泥巴，校舍不是很干净，整个院子里没有风景树，只有几棵大白杨树立在操场的两边。2005年下半年，学校终于重修好了，一排排崭新的校舍在阳光下格外显眼，教室多了，校长和老师都有了自己的办公室，老师们也多了两间宿舍。但是校园里仍然到处是泥土，看着堆在操场上的从旧教室拆下来的砖头，韩校长心想：何不把这些没有什么大作用的旧砖铺在校园里呢？这样既节约了材料，又美化了校园。于是他便动员老师和学生家长都来学校，自己动手把这些破砖削整齐，铺上。之后逐年又买些新砖，把剩下的补上。隔了一学期，又发动学生家长帮助平整操场。我们到这里时，有几个工人正在刷墙，听校长说，是要把教室的外围全刷成梅红色。

在教学方面，韩校长一直严格把关。学校一共有 6 个班，一到六年级，每个班平均有 40 个左右的学生。每个班级配有一个班主任，管理全班的各项事宜，主要以学生教育为主。为了学生德、智、体、美、劳的全面发展，每周学校还会专门安排一节思想品德课，一节综合课。综合课的内容是宣传一些安全知识、禁毒知识等。2005 年刚来学校时，这里只有 7 名授课老师，还包括校长本人。7 名老师要教好 6 个班级 200 多名学生的所有功课，任务量十分庞大。到 2011 年的时候，新增加了 4 名义务教师，老师们的工作才稍微轻松一点。但是，对于韩校长来说，无论新增加多少老师，他总是会让自己忙忙碌碌的。每天，韩校长六点多就早早起床，开始办公。去年的时候，他负责六年级的语文教学，今年带一年级的数学课，除了要管理学校的各种大小事情外，他更加关心学生们学习情况，在我们访谈的过程中，他不止一次提到说："有些家长们不太重视孩子们的教育，所以每到新学期开学的时候，我们老师都会入户去动员学生上学，我很希望我们这里所有的孩子都能有学上，上好学啊！"

在说到对学校未来发展期望的时候，韩校长略想了一会，然后告诉我们："对于学校今后的发展，我有很多想法，具体来说，有五点。第一，就是要想尽办法提高教师水平，加强师资力量，只有老师的教学水平提上去了，学生们才能接受更好的教育。第二，要想办法拿出一些经费购买教学器材，订购一些供老师和学生学习的报纸杂志。第三，是想尽快开通网络，前几年，县上给学校配了两台电脑，但是却一直没有联网，我就想早点开通网络，老师们可以通过网络借鉴一些优秀的教学模式、课件或是方法。第四，就是想着再美化一下校园，给学生们提供更好的学习环境。尤其是操场，因为没有经费，一直坑坑洼洼的，上体育课的时候给学生们带来很多不方便。还有校门口那条小溪，只有一个一米多宽的水泥板架在上面，希望能争取点资金修个好一些的桥。最后一个期望就是确保学生安全啊！"

而说起个人的生活，韩校长笑了笑，似乎有些羞涩。韩校长的妻子今年 45 岁，平时操持着家中和地里大大小小的事情。两个女儿，一个读到初中毕业，今年24岁，已经结婚有了小孩。另一个女儿现在正在上初中三年级，说到这个女儿时，韩校长脸上满是骄傲的神色。原来在他们村里面，目前上初中的孩子一共只有3名，两个男孩和一个女孩，而这个女孩就是他的女儿。所以他希望未来，小女儿可以努力学习，考上大学，走到更广阔的天地去。

访谈进行到最后，我们已经深深地被这位普通农村小学校长的质朴思想所感动，因为对学生的期待，他二十几年如一日，心系教育，孜孜不倦地做好本职工作。说他平凡，是因为在我们国家很多偏远的农村，都会有这样一位坚守讲台的校长，说他不平凡，是因为正是有了这样一位位老师、校长，祖国的花朵们才可能盛放！衷心地希望韩校长的愿望能尽早实现，寺庄小学会发展的越来越好！

（二）村中老教师——马明良

马明良，男，回族，57岁，大专文化水平，是村中寺庄小学教师。寺庄小学是新中国成立初期建立起来的，之后改迁新的校址，重修三次。现在，学校有11名老师，马明良是1975年到村中工作的，算是村里的老教师了。我们刚来到寺庄村时，就很想采访一下学校的老师，一天上午，便去寻找这位老教师的住处。

寺庄村的村民十分热情，一路打听，很快就到他家附近，站在路边的几个小孩听说我们是来找马老师的，有些害羞地跑来跟我们说话，说是要带我们去找。我们问他们几个人是不是马老生的学生，他们都点头说是。不一会儿，其中一个大点的小孩指着路旁在地里割麦子的几个人说：“马老师就在这儿。”顺着他指的方向，我们这才发现路边的地里有一位穿着白色衬衣的人正望向我们这里，我们赶紧上前说明了自己的来意，他便说自己就是马老师，并热情地将我们带到他家。马老师的家就在离学校不足1000米的路旁，两层楼房，从外面还能看见楼顶上的太阳能热水器，院子里晒着很多的草，马老师说这是给牛羊备的过冬的粮食。进屋之后，马老师又忙着给我们沏了一杯热茶，这才坐下。

马老师的父亲在解放初期时也上过学，但是读到小学四年级就辍学回家了，土地改革之后，便在人民公社当会计，母亲是地地道道的农民，一辈子没怎么出过小山村。马明良在当时的唐尕小学读完小学六年级之后，便到复设初中上完初中，因为学校离家比较远，小学和初中期间都是住在亲戚家，每周周末能回一趟家。那时候家里很穷，甚至连鞋子也买不起，整个小学六年，一到夏天都是光着脚丫上学。1972 年，在父亲的支持下，马明良来到韩集中学，开始了高中学习生活，因为学校有住宿条件，便开始住校，每个周六，马明良还要回家上山砍柴，周天再拿到县上学校换钱，充当下一周的伙食费。虽然那时的条件十分艰苦，但三年很快就结束了。

1975 年 3 月，马明良开始参加工作，到寺庄小学当老师，教一到四年级的语文和数学课。那时候，寺庄小学是附近 4 个村的小学和初中点，一共有 7 个班，7 位老师，教师资源十分稀缺。因此，作为班主任，马老师基本上说是全科老师，语文、数学、自然、体育课都得上，有的学期，他还被安排给初一的班级教授语文和数学课。除了三年级之外，当时其他几个班上都有 50 多个学生，管理起来十分辛苦。马老师说："我们的学生，90% 以上的父母是不识字的，除了老师外，没有别的人能指导学生们的作业，所以我们老师都是把学生一个一个叫到面前，辅导他们的作业，这个也叫作'面批'。"通常，马老师每学期会负责两个班级的课程，每天除了上课之外，放学后他还需花两个小时左右的时间来备课，虽然工作量比较庞大，但是马老师十分热爱自己的这份事业，从未有过任何的抱怨。

到 1994 年，州里在临夏师范开设了一个民办教师培训班，面向 7 县 1 市招生。每个县都有规定的名额，一般是 4～6 名老师可以参加。当时临夏县分到 6 个名额，按照民族成分分配，汉族老师 5 名，少数民族老师 1 名。经过考试，马老师作为一名回族老师获得了这唯一的进修名额。因为上这个班是自费的，所以每学期还需向学校交 500 多元的学费，虽然是带工资上学的，但是当时的工资水平只有每月 105 元，所以这笔费用对于马老师家来说，又是一个很大的开支。三年进修班学习，马老师进一步充实了自己的知识体系和教学方法。1996 年 7 月份毕业之后，马老师仍然回到寺庄小学，不久之后，转为正式老师，并评为小学一级教师。1997 年时，县上为了防止农村教师分心在家做农活，便开始把一部分本村的教师外调，马老师就在这一年被调到郭东山小学担任总务主任。在郭东山小学任职期间，马老师住在学校里，自己做饭，有时候一周回一趟家，忙起来便半个月回一趟家，这一当就是 10 年。2008 年，马老师生了场病，坐骨神经痛，行走起来不便，学校考虑到他的身体状况，便把他调回了寺庄小学。

说到这里时，马老师突然站起来说："你们等一下。"然后出了客厅，不一会儿抱着一沓红色的本子和证书进来。重新坐下之后，他把每一个证书打开，给我们介绍这个是什么时候评上的，获得这个证书需要满足什么样的条件。2005年，马明良被评选上临夏州小学高级教师，根据马老师的介绍，要评选上高级教师，年底的考核必须要达到"一优三良"，这个是直接与学生的成绩、备课的质量、批阅作业的数量和质量、老师的业务学习、校长打分、政治表现等挂钩的。看着这些红色的证书，我们能深深地感受到马老师的自豪，在他介绍的语气中，洋溢着浓浓的对教师事业的热爱。当我们问起老师的薪水时，马老师说："刚开始工作那会儿，每个月是15元，其中10元是要交到农业社记工分的，自己能留下5元。到了1981年，土地改革之后，每个月25元，之后十几年都是这样。1993年，全国工资上调，我们乡村教师的工资也一下涨到每月105元，再后来，1997年我转正，是290多元，现在基本上每个月能拿到1000多元。"

马老师今年57岁了，再过两三年就到了退休的年龄。从2003年开始到现在，马老师还在清真寺里当会计，马老师说："在我们村，90%以上的当家人都是我教过的学生，大家相信我，推荐我到寺里工作，我心里也是很高兴的。"在当老师的36年里，马老师桃李满天下。单说寺庄小学，迄今为止也出了不少人才，像马启龙，兰州大学研究生毕业，现在在甘肃甘南大学任老师；马玉莲，临夏师范毕业，现在在掌子沟乡小学担任教员；还有老书记几个出去工作的儿子，也都曾经是马老师的学生。特别在20世纪七八十年代的学生中，现在已经参加工作的人很多，他们在寺庄小学接受了人生第一堂课，并且从这里走出农村，走到了更为广阔的世界，然后把赚到的财富带回来，建设家乡。

马老师一家6口人，妻子高素德，一儿一女。大女儿嫁到新疆，现在每隔两三年会回一趟娘家，看望父母亲。儿子1995年初中毕业后，因为高中学费昂贵，家里支付不起，也开始出去打工，现在已经结婚。两个孙子，一个7岁，一个2岁，大的已经开始上学，刚上完一年级。说起这两个孙子，马老师脸上满是笑容，直说："我现在最大的期望就是退休后好好帮着带这两个孙子了。我这个大孙子非常聪明，学习能力强，这学期期末考试，数学和语文都考了97分，小孙子看着也特别有灵气。现在家里的生活条件好了，有钱送孩子上学了，所以要好好培养这两个孩子。"平时，马老师在学校的事情较多，家中的事情一般都是妻子在打理，家里的3亩地，养的牛和养，都是妻子在照看。退休之后，马老师就会和妻子一起去麦加朝觐，作为穆斯林，这是马老师多年以来的愿望，现在他们已经报了名，就等着合适的时间出发。

从马老师家里出来，我们的脑海里一直停留着那满桌的证书，心情十分矛盾。马老师当了一辈子的老师，深知教育的重要，但是却送不起自己的孩子上学，这究竟是为什么呢？一直以来，我们国家农村教师的平均工资远远低于城市水平，同样是教书育人，同样付出半生的心血，农村教师的待遇却仅有城市同等教师的一半左右。所幸的是，近几年，国家正大力提倡缩小城乡差距，均衡教育资源，对偏远的少数民族地区也采取了很多优惠政策和照顾措施。在我们到过的很多农村，教育资源比起从前是丰富了许多，但是仍然不能满足当地教育的发展和孩子们的需要，这些不是短时间里可以解决的，仍需要政府和社会的努力。一个农村小学教师，坚守岗位近四十年，教育了几代人，这是一个人最基本的职业操守，更是一种甘于平凡和奉献的精神，值得我们每一个社会人思考和学习。站在马老师家旁边的麦田远远望去，眼前的一切都是欣欣向荣的。刚才带我们寻找马老师的两个小孩正在路边玩耍，听马老师说，这两个小男孩就是他的孙子，看着这两个可爱的孩子，我们衷心地希望马老师一家人能更加幸福和快乐！

（三）义务教师——马琳

其实一来到寺庄村就总是听到当地的村民提到马琳这个名字，从村主任那知道马琳是他乖巧的女儿，我们一直赞不绝口，堪比大厨做的好菜，就是出自她之手；从寺庄小学校长那知道马琳是一位年轻的小学义务教师，深受学生们的喜爱，却一直不曾见过。

一如往常，我们乘车，迎着清朗的阳光来到寺庄村村主任马一奴的家，在同伴的介绍下看到了一直背对我们忙碌的马琳。马琳长得很清秀，只是由于长期在强烈的阳光照射下生活，如村里很多人一样，双颊通红。当听说我们要采访她后，很是腼腆。

说到马琳就不得不提到她的家庭，她的爸爸马一奴是寺庄村的村主任，是临夏市市政协委员，同时又是临夏县人大代表，经年累月的为寺庄村的经济发展在忙碌着，自己还开办了一个养殖场。正是由于父亲的出色，马琳家的经济条件在整个寺庄村算是十分好的，所以他们从小就不会像别的贫困家庭里的孩子因为没钱而辍学，马琳作为一个女孩子从临夏师范中专毕业，在村子里实属少见。我们想这个是她可以成为一名小学义务教师的一个先决条件吧。

良好的家境，让年幼的马琳不识愁滋味，可以专心致志地读书，因此她从小学到初中一直是班里的佼佼者。她说她很爱学习，尤其喜爱英语和数学，英语让她领略到语言的魅力，数学严密的逻辑思维让她着迷，觉得学习是件有趣而幸福的事情。初中那段时光是马琳最为怀念的，每天起早贪黑的学习并不觉得辛苦，她说因为当时他们的老师特别负责，对他们十分关爱，也给予他们很大的期许，那时的她对未来充满信心、想象与期望，幻想着自己未来丰富多彩的大学生活，幻想着像都市白领一样精英般的工作。可是让我意想不到的是，马琳并没有像我们所想象的那样继续读高中，而是选择了中专，如此热爱学习的马琳为什么会这样选择呢？她说在这个村子，回族人民的家庭观念很重，一家之主是家里最具有权威、最受敬畏的人，每个人都要听从他的想法，而她的父亲在家中就担任这样的一个角色。她父亲认为女孩子不要读那么多书，书读多了，年龄大了就嫁不出去了。就这样，马琳选择了就读中专，那时，中专的分数线要比高中还要高一些。巧的是往年中专生都是毕业包分配工作的，可是到了马琳那一届这个优惠政策没有了。也许是因为心中的遗憾不能纾解，也许是觉得前途渺茫自暴自弃了，马琳说她并没有好好地读中专，学习成绩因此不再像初中那样优秀而是有些荒废了。一直忙碌的父亲对马琳的学习状况并不是十分了解，以为自己一向乖巧、学习认真的女儿中专毕业后应该能考上当地的正式教师，不过这个想法并没有实现，马琳出人意料的落榜了。因为没有考上，马琳毕业后不得不赋闲在家中，平日里帮母亲做些家务，打理家中的日常生活。

这样清闲而无趣的生活，对于受过许多教育，已经吸收到外界新思想的马琳来说无疑是不好过的。马琳在父母都极力阻拦的情况下，毅然成了寺庄村小学的一名义务教师。从和她的交流中，我们明白了为什么这个看起来不错的一份工作，却遭到父母的强烈反对。在村里，教育基础设施的配备是很不完善的，村里的孩子并不能够像城里的孩子那样享受到如此多的教育资源，教育资源的匮乏在村里唯一的一所小学寺庄小学完整地体现出来了。马琳说，小学总共只有 6 个班级，一个年级一个班，每个班有大概 20 名孩子。然而

100多名孩子只配备了11名老师，这11名老师要负责教各个年级的语文、数学、英语、音乐、体育等各个科目，每一位老师都身兼多职，多才多艺，我们可以想象，这是需要多么辛苦才能完成的工作量。此外，小学除了工作量大以外，并没有给马琳相应的物质上的补助，她每个月的工资仅仅就是当地政府给的600元的教师补助，这也是今年刚增加的，以往一个月只有400元。

这么少的工资，这么辛苦的工作，马琳的父母固然是不会愿意的。可是马琳还是毅然决然地不顾父母的反对去了，是什么让马琳这么坚决呢？马琳说，她想去做义务教师主要有两点原因：第一点，之前已经提及过，她不想读了这么多年书，肚子里空有这些知识，却只能在家当一名无所事事，只能做做家务的女生，她希望自己能学以致用。第二个原因就是，她一直希望能做一名老师。在这个村子里，人们普遍不重视教育，认为孩子读书没有用，尤其是女孩子，导致很多人成为文盲，缺乏与外面世界的沟通，因而限制了村子的经济发展，限制了村民发家致富。她希望能通过自己在外面看到的、学到的、听到的来带领村里的这些孩子们一起努力学习，创造一个美好的前程。听到这，我们为之动容。

马琳说上个学期，她主要就是教五年级的语文、四年级的英语及六年级的体育，偶尔还得代其他老师上音乐课，纵然她对文艺这块实在是不擅长。她对孩子们的教育方式在我看来是很好的，她说，她觉得她与孩子们是平等的，在课堂上，她是老师，孩子们是学生，但是下课后，他们就是朋友，孩子们可以问各种问题，无论是学习上的还是生活上或是情感上的，所以孩子们都很爱和她一起玩耍。平日里带着学生们上山呼吸山间清新的空气，俯瞰整个村子的美景，课间带着学生们一齐玩耍，或跑或跳，学校的老师们总说她就像个孩子一样。是啊，1988年与我们同龄甚至还稍小一点的她不就是一个孩子吗？当我们还在校园里不问世事的时候，她已经有着这样的理想和想法并为之努力着、奋斗着。我们一直问她，在这样一个青涩、躁动的年纪如何才能与一群顽皮的孩子们相处融洽，如何才能让他们听话，她有什么秘籍吗？马琳说，其实她没有任何秘密武器，只要真心地去对待这些可爱的孩子，用心去与他们交流，这些孩子就会理解她，就会非常的听话。

对于未来，马琳也有着自己的想法，有关自己，有关学生们，也有关学校。她说现在学校的孩子们由于生活环境的限制，家庭的原因，思想上还是很不独立，不能够主动地去学习，想法还不够深远，对学习的重视程度还是不高，她希望通过自己还有学校其他老师的悉心教育，这些孩子们能够在学习上自主，生活上自立，思想上独立，为着自己的前程，为着自己的家乡向前奔跑。同时她也希望学校能够在文体方面多投入一些，无论是资金或是器材或是师资，让学生能够充分感受到艺术的气息，感受到素质教育的美好，为他们以后的发展也累积一些基础。对于她自己，她说，她仍然还会继续在小学里义务教书，一直努力着向着自己的理想迈进，看着学生前程似锦，看着学校蒸蒸日上。如果有机会，她也想来到我们中央民族大学深造，实现她未完成的大学梦。

十七、清真寺管理者

（一）村中清真寺阿訇——邓马五乃

清真寺在现代影视剧的出现频率远不及佛教寺庙出现频率之高，因而说起清真寺阿訇，人们脑海中往往出现佛教寺院住持传经授道的画面。其实，阿訇与住持的任职资格、责任义务都是有所不同的。寺庄村是一个纯回族村落，村内有两座清真寺——磨牙清真寺和寺庄清真寺。这两座清真寺可谓是寺庄村最雄伟的建筑，村民们大都围寺而居，而清真寺的周围也是村中人口最密集、最热闹的地方。

一大早，调研组一行几人便来到磨牙清真寺参观采访。未到清真寺，就看见富有中国古亭阁特色高耸的邦克楼，大殿顶上月牙形的银色清真檐在阳光下显得格外耀眼。进入清真寺时，陪同人员告诉我们磨牙清真寺是不允许女宾参观的，于是调研队的女同志只得悻悻然地留在外面。磨牙清真寺的阿訇分为开学阿訇和散班阿訇，我们马上要见到的这位是该寺的开学阿訇，也是该寺最有威望、最博学的人。清真寺的东边是一幢二层的满拉（清真寺学员）宿舍，阿訇的住所位于宿舍二层的最中央。步入阿訇的房间，映入眼帘的便是四周墙壁上挂起的用阿拉伯传统书法艺术撰写的伊斯兰圣训，书桌后面的书柜里整齐地排列着各种版本的《古兰经》和圣训。整个房间充盈着一股令人心稳神安的香气，颇有参训读经的氛围。陪同人员告诉我们阿訇正在做小净，要稍等片刻。过了一会，阿訇从洗漱房走了出来，我们马上站起身来向阿訇道了句："色俩目尔来库目！"果真是"天下回回是一家"，这一句"色俩目"马上拉近了我们和阿訇的距离，让原本不太愿意接受采访的阿訇马上回了句："尔来库目色俩目！"然后笑着对我说："你也是回族啊？今天封斋了吗？……"还好，寺庄村这么强大的虔诚宗教信仰的气场使一向不做斋戒的我难得封了一天斋，于是我自豪地对阿訇说："当然封了！"

交谈几句之后，我们得知阿訇名叫邓马五乃，今年42岁，家住临夏州广河县，现担任临夏州伊斯兰教协会委员，是寺庄村2010年从外地寺坊聘请的开学阿訇。邓马五乃的妻子名叫马苏得，今年40岁，妻子主要在家里种地干农活，儿子叫作二阿卜杜拉，今年20岁，目前在磨牙清真寺做学员，主要学习基本阿拉伯语的读法和写法。邓马五乃告诉我们，阿訇的职责在于传达和解释经典，剖取教法，以使人们走向美好的伊斯兰大道。他说自己也没有多少收入，自家的房子还是父亲二十多年前盖的，其中有一大半是土坯房。家中尚有一位70岁的老母亲，平时主要由儿媳照料。邓马五乃平均一个月回一次家去看看自己的老母亲，还有四岁的小孙女。提到自己的孙女，邓马五乃脸上露出了幸福、慈爱的笑容，他马上掏出了手机指着孙女的照片说："你们看，多可爱……"

受周围浓厚的伊斯兰宗教氛围的影响，邓马五乃从小就酷爱伊斯兰文化。上小学一年级时，邓马五乃一放学就到村里的清真寺听阿訇讲卧兹，对于懵懂的小学生来说，最感兴趣的莫过于听一些伊斯兰圣人的传奇故事。8岁时，邓马五乃就可以将一些基本的经文背得滚瓜烂熟。由于家中清贫，邓马五乃在小学二年级就辍学了，之后他便参加了经堂教育。在这十五年间，邓马五乃吃住都在清真寺，每天都必须按时履行五番拜功，闲余下来的时间还得苦学阿拉伯语，通读《古兰经》和圣训，研究伊斯兰的种种法律和教规。另外，邓马五乃还要帮忙打理清真寺的日常事务，随阿訇和其他满拉到信众家里念经祈福。十五年间，邓马五乃的心灵在浩瀚的伊斯兰文化中得到了荡涤和洗礼，他觉得伊斯兰教不仅为在现实中茫然失措的自己给了一个方向和一份释然，而且在对伊斯兰教教义教规身体力行过程中更让自己多了一份博爱和克制。于是，他决心自己也一定要"穿衣"当阿訇，以使更多的人走向美好的伊斯兰大道。

在29岁时，村里的清真寺为邓马五乃举行了"穿衣"仪式，自此以后，他便有资格受聘到清真寺任职。2002年，邓马五乃被聘为村里清真寺的阿訇，任职五年后，由于其对于伊斯兰教中有关宗教内部教派问题的看法和该寺的二阿訇有分歧，于是便辞学在家。2009年，邓马五乃认为自己已具备朝觐的身体和经济条件，于是他决定去往麦加朝觐。邓马五乃说，朝觐是一个无条件的顺悦真主的过程，每个有条件的穆斯林必须都履行这一“功课”。穆斯林在朝觐过程中，必须履行三项义务：一是放弃我们现实的服装，只穿两件白布（穆斯林死亡后只需三尺白布裹尸），面向后世，感受死亡的现实，告诫自己不要贪恋现实。二是要在夜晚与来自世界各地穆斯林群居在阿拉法平原，聆听教门对穆斯林的召唤，感受穆斯林融合的力量。三是要带着一颗虔诚忏悔的心去转天房。在转天房时你要诚心祈祷让真主免除你以前所有的罪恶，并决心从此以后不再伤害真主和所有人，严格遵守伊斯兰法律。邓马五乃告诉我们，作为一个哈赤（朝觐归来的穆斯林）必须以身作则，发挥示范带头作用，身体力行伊斯兰的一切教义教规。

2010年邓马五乃被聘请为寺庄村磨牙清真寺阿訇，负责磨牙清真寺的伊斯兰教义的讲解和教育，组织引导本村穆斯林开展宗教活动，并参与清真寺的日常管理。邓马五乃说，寺庄村村民对阿訇都非常尊敬，现在正值斋月，每天傍晚开斋时，各家各户都轮流向清真寺提供开斋饮食。邓马五乃说斋月是真主对每个穆斯林的考验，也是穆斯林要履行的五大“功课”之一。当你吃饱喝足时，伊比利斯（伊斯兰教中的魔鬼）便会钻进你的血液，让你欲壑难填，随心所欲。而一个月的斋戒磨炼了你的意志，克制了你的私欲，也同时体验到了贫苦人饥寒难耐的感受，从而怀揣有一颗同情和博爱的心。说到邓马五乃在磨牙清真寺的工作任务，他摆摆手对我们说，自己从来没有把当阿訇当作一项工作和任务，而是自然而然的一种“替主言法，替圣传教”天职。为了履行这一职责，他每天会为众人的五番“乃麻子”（波斯语音译，意为每天的五番圣行拜）领拜，虔诚组织一些宗教仪式，如每周五的主麻聚礼，大小尔德节的盛大聚礼，圣祭仪式。而村中每家每户的婚丧嫁娶邓马五乃也要亲自出席的。当然，在做礼拜之前，讲20分钟左右的卧尔兹也是他每天必须履行的职责。邓马五乃说，针对村子里的一些邻里纠纷，他也会及时引经据典，以伊斯兰的教义来教导信众相互忍让、互帮互敬、与人团结。

邓马五乃每天讲解卧尔兹的内容包括三个方面：一是对信众进行虔诚教育，使信众更深刻地认知伊斯兰教义的内涵、感受伊斯兰教义的魅力，尽力传播伊斯兰文化。邓马五乃经常会对信众讲到，真正的“不清真”是指一切对人、对社会有害的东西，如黄赌毒、偷窃抢盗等，这些都是与伊斯兰教义大相违背的，是违法的。此外，他还对信众讲，伊斯兰教义是符合人性的发展的，他与自然界结合的天衣无缝，以至于一个真正的合格穆斯林是被众世人所羡慕的。如伊斯兰提倡的用流水洗手洗脸，经常洗大小净就非常符合现代卫生理念。

对于西方国家标榜“人权”，一再指责伊斯兰教压制妇女，阻碍人性发展这一论调，邓马五乃也有自己独特的见解。首先邓马五乃指出这是他们站在“本我”的立场对伊斯兰教片面的看法。孰不见并没有伊斯兰妇女对这一“压制”奋起反抗，相反她们尊崇自己的宗教，热爱自己的教门，并对此身体力行着。其次，邓马五乃还指出，在我国穆斯林的离婚率最低，这就从侧面显示出穆斯林的婚姻和家庭并不是不幸福的。邓马五乃说，近些年来，中东的一些恐怖势力肆意破坏世界和平，给人类社会带来了不少灾难，这也进一步加深了西方国家对穆斯林的误解。但是我们不能一棒子打倒一大片，而应看到大多数穆斯林还是行善博爱的。

对于我国现行的政策，邓马五乃也很是认可和称赞，而且他从伊斯兰教教义的角度向我们阐述了国家政策的合法性和适当性。他说真主对人类的惠泽必须通过一定的媒介来实现，而国家的成立，政府的建制，政策的制定和实施将作为一种外部途径把真主的恩惠传达给人类。邓马五乃说，自他的父辈起国家就落实了教门开放的政策，并对宗教的发展进行了良好的扶持和引导，现如今中国伊斯兰教的发展呈现出欣欣向荣的局面，这与党和国家的重视是分不开的。邓马五乃目前担任磨牙清真寺的阿訇每年会有3000元的固定报酬，省政府每月会补贴150元。此外，作为临夏州伊斯兰教协会的委员，邓马五乃每年也会有5000元的工作津贴，再加上信众们的捐奉，农村低保和粮食补贴，邓马五乃及其家人的生活也有了保障。邓马五乃说政府为我们教门的发展提供了一个这么好的环境，有些人却不知足，为了满一己之私欲，寻衅闹事，严重破坏了社会秩序，这些都是与伊斯兰大道所不相容的。邓马五乃真切地希望所有信众都能感恩行善，爱人爱己。

邓马五乃对于伊斯兰教的传承和未来的发展也显得忧心忡忡。他说，中国的伊斯兰教虽植根于本土，融入了很多中国传统文化的元素，但是它始终处于亚文化状态。受汉族文化的影响和冲击，越来越多的新生一代放弃了伊斯兰的信仰，甚至连基本的教门知识都不懂，这就导致了中国的伊斯兰文化出现了传承危机。鉴于此，邓马五乃认为应该改善经堂教育，多采用新生一代喜闻乐见的方式来对其进行伊斯兰教门的灌输和宣传。如网络宣传、家庭启蒙教育、大学生寒暑期经堂义务教育等。邓马五乃还指出，当下对于阿訇的培养也要实现“现代化和综合化”，即清真寺的阿訇不再是不懂权变，只会背诵教义教条的“经呆子”，而是要顺应时代的发展，提升自己各方面的素质，尤其是汉语水平，从而以自己的一言一行去引导广大信众真正地走上伊斯兰大道。

诚然，宗教让人们在世态炎凉之中寻到了一份信仰，让人们在淡漠无边之中觅得了一抹感动。而像邓马五乃这样的阿訇以自己的一德一行、一言一语去引导广大信众博爱宽容，行善知足，这无疑为少数民族地区社会主义精神文明的建设注入了不少活力，也增添了不少靓丽。

（二）村中清真寺寺管主任——马洒力海

在寺庄村，清真寺寺管主任俗称“学东”，一所清真寺能否成为传播教门、教化信众、感念真主的圣地，学东在其中起着举足轻重的作用。具体来说，清真寺的资金筹集、费用支出、人事管理、后勤保障、基础设施等工作都在学东的管辖范围之内。可见学东能不能认真履行职责对于一所清真寺良好的运行发挥着关键性的作用。鉴于此，清真寺的学东必须是教门虔诚而又有学问、威望的人来担任。早些时候就听说磨牙清真寺的学东见多识广，算账精明，年轻时可是村里面名副其实的“秀才”，而且这位学东严遵教法教规，为人大度，是村民们一致推选出的寺管主任。

清晨，调研组成员沿着村中的林荫小径拜访学东家里，碰巧在路上就遇见了学东。浓密的胡须，高挺的鼻梁，深邃的眼窝，干净的四方小白帽却也彰显了穆斯林老人特有的气质，而一副茶色眼镜，一套中山装也让这位老人散发着智者的气息。说明来意之后，学东热情地招呼我们先去他家坐一坐，自己去给村里的老人开斋，马上就回来。稍候片刻，学东便赶了回来，他说，非常欢迎我们大学生来他们村里看看，之后，他用很流利的普通话向我们进行了自我介绍。原来这位学东名叫马洒力海，今年 66 岁，已担任磨牙清真寺寺管主任 19 个年头了。马洒力海的妻子马苏德，也已年满 63 岁。这位学东可谓是儿孙满堂，膝下有 3 个儿子，7 个孙子，2 个重孙。他笑着对我们说，这多亏了真主的赐福，家里才这么人丁兴旺，自己每天也过得其乐融融。提起自己的儿子，学东脸上稍扬起自豪之情，他说自己的几个儿子还算争气，大儿子马黑麦，今年44岁，现在积石山清真寺担任阿訇；二儿子马学明今年41岁，主要从事临夏至新疆段的物流运输工作，也顺便帮弟弟打理液化气站的生意；小儿子马学林37岁，经营液化气站。马洒力海现在和小儿子马学林住在一起，自己和妻子平常的吃住起居也是小儿子和儿媳照顾的。

1957年，马洒力海开始上小学，可到了三年级村小学被撤销，他便终止了求学。马洒力海回忆说虽然自己只有小学三年级的文化程度，可这对于20世纪50年代后期的农村来说，教育还是一件很奢侈的事情，自己能读到小学三年级已算不易。马洒力海说当初上学时学堂里只有4个学生，大家虽忍饥挨饿，但都上进求学，对于知识十分渴求。当时，马洒力海数学考试每次都一百分，语文也会得上九十七八分，他说即便现在清算寺里的财务账目也没什么问题。辍学在家的马洒力海还不到14岁，可他就担起了谋生养家的重任。马洒力海一边干庄稼活，一边上山打柴。春来播种，夏来锄草，秋来收获，繁重的庄稼活让这位稚嫩的小少年多了几分力量的同时也多了几分忍耐。而在冬季农闲时，马洒力海更是要跑到50里以外的山里砍柴。隆冬腊月，山里呼啸的寒风让人瑟瑟发抖，但纵然是风雪交加，纵然是凛风刺骨，也纵然是荆棘刺痛，可每两天一次从家里到山里的100多里的轨迹却是马洒力海必须要完成的。马洒力海说自己十几岁时一次能背六七十斤的干柴，到了20岁，一次就能背100来斤。他在山里打柴冷了就生堆火烘一烘，饿了就吃蚕豆茎充饥。打完柴之后，马洒力海还得担着柴到镇上卖掉，一担柴最多也就卖个1毛几分钱。这样的生活重复了16年，马洒力海俨然已从青涩的少年变为成熟稳重的青年。生活的打磨让他多了些隐忍和豁达，谋生的艰辛也增长了他的经验和智慧。

农村公社时期，村支书发现马洒力海踏实能干又会算账，是个难得的人才，于是便任他做生产队会计。干了六年之后，马洒力海工作负责、上进，把大队的账务管得井井有条，于是又被提拔为大队主任。当时作为大队干部并没有酬劳，只是会额外计算两个工分，并且多分两亩地，一年多发400斤粮食抵做工资。马洒力海说，担任大队干部虽然可以少点体力劳动，但是大队劳动人员的工分计量、粮食分发、财务出纳都得全权负责，稍有不慎便会出错引发矛盾，因而这项工作操心大也承受着不少压力。随着改革开放，农村家庭联产承包制的实施，马洒力海也梦想着自己有一天能过上小康生活，于是转而做起了生意。1989 年，马洒力海和其弟弟等 9 人合伙在兰州开办了一家制糖厂，当时每个月的工资是 300 元。由于这一时期我国通货膨胀严重，制糖的原材料和市场价格一直波动不定，这就导致了糖厂沉积成本过多，缺少可流动资金，抵御风险的能力偏低。制糖厂一直勉强维持了六年时间，到 1996 年便被迫关闭了。1998 年，马洒力海发现液化气作为一种新型的生活燃料具有很大的市场前景，于是他们兄弟五人便集资合伙，在韩集镇开了一家液化气站。可谁料当时的临夏县居民收入普遍偏低，市场对于液化气的需求并不高，马洒力海的液化气站也是门庭冷落。为了避免积压成本过多而无法承担，马洒力海兄弟五人便通过抓阄的方式来轮流负责液化气站的生意。马洒力海告诉我们，现在液化气站的生意渐渐好起来了，人们的生活方式转变了，液化气的需求量也随之上升了。

自 1992 年起，马洒力海就担任了磨牙清真寺的寺管主任。当时村民一致向阿訇推荐他精明能干，为人诚恳，而磨牙清真寺的大阿訇更是亲自邀请马洒力海担任寺里的学东。当然，担任寺里学东是没有一点工资报酬的，这全凭个人的热情和奉献精神。马洒力海说作为一名穆斯林能为清真寺服务，取悦真主，这是自己莫大的荣幸。他说穆斯林信仰后世，每个人生前的所作所为真主都会记录在功德簿上，但愿自己的虔诚能为子孙和后世谋得福音。马洒力海告诉我们作为清真寺的学东，主要要履行好以下几项义务。第一，筹集资金，保证清真寺的良好运行。这就包括接受信众的“乜贴”[①]，并将每笔“乜贴”记录在案。马洒力海说磨牙清真寺现在每年大概能收到村民的粮捐 4 万斤，各项总收入达 12 万元左右。第二，合理支出，确保每笔资金都用的其所。这就涵盖了清真寺的日常采购支出、基础设施维护支出以及人员生活支出。马洒力海告诉我们清真寺每年的电费、取暖费、人员的食宿费以及设施维护费等要支出近 10 万元，各项开支加总起来还是比较庞大的。第三，人事管理，保障清真寺良好的发展。包括阿訇的聘任、满拉的接收以及相关人员的工资支付都在学东的职责范围之内。磨牙清真寺去年支付给大阿訇的工资是 9000 元，二阿訇的工资 6000 元。马洒力海说阿訇的工资会根据清真寺每

① 阿拉伯语音译，意为“心愿、意图”。此处指寺庄村穆斯林把自愿诚心举办善功的意图转化给清真寺的施散财物。

年的收入状况以及物价上涨水平适当地做出调整。

马洒力海担任磨牙清真寺学东期间认真负责，为清真寺作出了不少贡献。1998年，磨牙清真的旧礼拜大殿已经不能满足村民们正常的聚礼和阿訇讲经传教，于是寺管会人员商讨决定拆掉现有的大殿，在原大殿的旧址上兴修新的礼拜大殿。而大殿修建的初步预算就已达到了80万元，摆在面前的资金问题让作为学东的马洒力海很是头疼。他想到村里有240户人家，每家的家庭经济状况不同，要硬性摊派任务不合适。于是在自愿原则的前提下，一方面阿訇在讲卧兹时，同村民说清楚修大殿的相关事宜，鼓励力所能及的信众积极出乜贴。另一方面马洒力海还挨家挨户的走访，向村民说明清真寺的难处，积极做思想工作，劝说村民行善积福，多出点乜贴。当然，寺庄村的大多数村民都是非常虔诚的穆斯林，只要是在自己能力承受的范围之内，他们都很乐意出资建大殿。马洒力海说好在是寺庄村大多数村民外出经商，太过困难的群众倒没有。最终，寺里筹集到了76万多元的工程用款，不足的三万多元也由马洒力海先行垫付。马洒力海说目前清真寺还有一项大工程就是要把院子硬化，不然下雨后道路太泥泞，大家进大殿做礼拜也不方便。不过搞院子硬化最大的障碍也是资金问题。“清真寺没有固定的经营收入，全凭村民们的乜贴捐赠，要是经常向村民们伸手要钱我们也不好意思……”马洒力海说道。为了能让清真寺的环境更好又不增加村民们的负担，马洒力海只能严格控制清真寺每年的花销开支，将钱一点一点地积攒起来，每年都硬化一点，总有一天清真寺的周围会被平整的水泥道路环绕。马洒力海说，去年寺里就节余下来了2万元，现在寺里路面已硬化的面积差不多1/4了。

兢兢业业十八载，但求无怨尊教门。在马洒力海担任磨牙清真寺十八年里，寺里的账务被管理得井井有条，寺中人员团结友爱，清真寺的面貌也得到了较大的改观。马洒力海说一个人的品质和性格很重要，不管是在工作上还是在生活中为人既要正直善良也要宽容忍耐。如果做到这些，他人也会尊敬你，认可你，有了威望，你的工作也会得到大家的支持。当然在工作中更要一碗水端平了，有个恰当的衡量尺度，做到公平公正。马洒力海告诉我们自己患糖尿病已经十九年了，现在眼睛花，耳朵背，每年打针吃药都要花上5000多元……他说自己和老伴虽然参加了“新农合”，但是类似糖尿病这样的慢性病不在报销的范围之内，因此全部医药费都要自己承担。他笑着说儿女们辛辛苦苦挣来的钱都被自己和老伴的病给折腾上了。不过马洒力海说政府还是很关心他们的，就在去年乡政府还给大队老干部一次性补助了800元，为小孙子治疗烫伤也报销了4800元的医药费。马洒力海过日子也勤俭节约，他不用手机，不看电视，只有一台小收音机，闲来无事时关心一下外面的世界，消磨时光。他指着自己身上的衣服对我们说："你们看，这套衣服是2006年缝的，现在穿起来也很舒服。"

表3－1　**马洒力海家2010年支出情况**　单位：元

总支出	生产性	衣服	食品	教育	娱乐	红白喜事	交通	看病	通信	住房
65900	4800	400	1500	0	0	40000	0	15200	0	4000

虽然马洒力海已年过六旬，但依旧是农活不离手。他说庄稼人不种地就丢掉了老本行，这是不行的。马洒力海和他老伴儿至今还种着3.7亩地，这些地每年收获的粮食基本上能满足家里人的口粮了。另外，马洒力海还饲养了8只绵羊，10箱蜜蜂，农闲的时候自己喂喂羊，再替别人放放羊，日子也就这么忙忙碌碌，充充实实地过来了。也许，丰富的物质生活和安逸的享受不是马洒力海的愿景，然而勤劳生活的背后所承载的一种宽容与踏实才让马洒力海的日子充实而精彩。

十八、村中商人

（一）全能商人——马木地

从虫草收购到贩运牛羊，从皮毛生意到焊接木料，从经营小卖部到出租建材用品，从租地种田到牛羊养殖……马木地样样都在行，件件都干得有声有色，村里人都称他为"全能商人"。这当然与他丰富的从商经历，多变的商人身份有着莫大的关系。因而，马木地精明的头脑，敏捷的市场洞察力，敢于闯荡的精神确为村民们所敬佩。听村民们说，马木地也是村里数一数二的富裕户，家里面拥有两片宅基地，宅基地上都盖有漂亮的小洋楼。本以为马木地在这样富庶生活的滋润下自然是衣着光鲜，遭人歆羡，可谁知当调研组成员看见正在自家小卖部忙乎生意的马木地却也是一位非常朴素又和蔼的穆斯林老人。说明来意之后，马木地热情地招呼我们坐下，打量一番，发现这位“全能商人”体胖富态，脸色红润，精神饱满，一顶白色的小圆帽，宽松的白衬衫倒也和一般穆斯林老人没有什么差别。

寒暄几句之后，我们得知马木地今年58岁，家里有6口人。他的妻子马苏米今年53岁，儿子马黑麦今年33岁，常年在外经商做生意，儿媳马路给娅，今年29岁。马木地说，两个孙子是自己的“开心果”，没事的时候看看孙子，倒也过得其乐融融。马木地说自己现在老了，在外边闯不动了，外面的天地还是留给儿子去闯荡吧。马木地现在和妻子、儿媳总共种20亩地，其中10亩是自家的，另10亩是马木地承包其他村民的。他说种这些地不但能活络一下筋骨，而且一年到头来自家人的口粮满足了，还能卖上几个钱。另外，马木地还养了两头牛，五只羊，去年生的两只小牛也卖了将近10000元。

表3-2　**马木地家2010年农作物种植、牲畜养殖情况**　单位：元

种类	亩数	价值	种类	亩数	价值	种类	个数	价值
玉米	4	4400	油料	0	0	马驴	0	0
麦类	7.5	4500	大豆	3	2700	骆驼	0	0
薯类	2	6000	青稞	3.5	2100	羊	5	5000
水稻	0	0	棉花	0	0	牛	2	20000
蔬菜	0	0	果树	0	0	家禽	0	0

自20岁起，马木地就开始外出经商，其最初从事虫草收购生意。马木地说虽然虫草生意利润高，但是投资大，风险也高，你可以一夜之间赚上十几万元，但也可能一夜间赔得倾家荡产。与自己一起的一个生意伙伴就因一单生意赔了几百万元，最后逼得喝药自杀。马木地告诉我们为了降低生意风险，收购虫草也是有经验可循的，即在收购过程中要“尝、看、摸、称”，上乘的虫草味道浓厚，外形丰润饱满，而且分量也足。做了几年虫草生意后，马木地看到虫草市场泡沫太大，不是一桩可以长久从事的生意，于是他转而从事牛羊贩卖和皮毛生意。当时正值动物皮革制品市场需求量大，价格看好，一张牛皮从原收购到初次转手就能挣上近100元。不过之后随着人造皮革对天然皮革市场的冲击，牛羊皮毛的市场需求降了下来，越来越多的人退出了这一市场，马木地也是其中的一员。不过，马木地说自己做皮毛生意还是积累

了一些资本，这为以后自己能扩大生意规模奠定了基础。再后来，马木地干了近五年的泥瓦匠。砌墙、盖房子、铺路……马木地都尝试过，经过长期的实践锻炼，马木地的技术也精进不少。现在，马木地已是五级泥瓦工，家里的小洋楼都是他操刀设计，负责修建的。他说今年村里清真寺的水房外观想要找人装潢，他自告奋勇地将水房120平方米的外观墙全部承保了下，每平方米的造价大概是100元。马木地说，在外面闯闯还是有好处的，虽然远离家乡，但是一辈子在小村庄待着永远是井底之蛙，不知道外边世界的精彩与奇妙。他说在外边闯荡要善于见贤思齐，借鉴他人的成功经验，不断汲取教训，久而久之你的视野开阔了，头脑也灵活了，生意便会越做越顺利。

1993年，马木地的儿子马黑麦小学毕业，依马木地的话来讲：自家的儿子读书不开窍，只有去外边闯闯体验一下生活了。于是，马木地便购置了一台电锯，带着15岁的儿子在拉萨开了一家木材加工部。他说自己从小就喜欢钻研木匠活，再加之几年的泥瓦匠经历，自己的木活手艺也得到了大家的认可。当时店里主要经营木料打截、模板制作等，店里顾客络绎不绝，生意也算红火兴隆。他说儿子那时还小，干不了重活，就在店里帮他打扫打扫卫生，搞搞后勤服务。2008年的春天，马木地亲眼目睹了拉萨3·14打砸抢烧事件的惨烈，他说虽然自己和儿子都没有受到伤害，但是心里依然忐忑不安，很是恐惧，于是他索性卖掉了自己的店面，与儿子回到了家乡。但是，年轻人总是壮志满怀，希望在外面多闯荡闯荡，见见世面。他的儿子等事件稍平息下来又返回拉萨继续做生意。马木地笑着对我们说："现在的年轻人就是不知道节俭，我的儿子一年换两三部手机，衣服穿名牌，还买了一辆小轿车……"

现在马木地的生活清闲自在而又不乏充实。种地、养牛羊、喂蜜蜂、开小卖部、出租建材工具、加工机器面条……既保留着农民的本色又不乏商人的精明能干。马木地说开间小卖部并不指望挣多少钱，全当是给自己解解闷。马木地的小卖部主要经营日用百货、农副食品，他每隔两天都要去镇上订货，来回跑跑觉得精神头好多了。马木地说村民买东西一般都赊账，但定期都会清算，小卖部一年收入20000多元不成问题。马木地说自己从小就喜欢摆弄木料木活，老了闲下来也不忘给自己置办点家当，说着便带我们去参观他的储藏室。走进马木地家的后院，我们却极为惊讶于这位老人的精明能干：一堆近两米高呈金字塔形的钢管、架子管、钢板整齐的码放在墙角，旁边的粉碎机、切割机、拔山虎、振动棒也都盖着塑料布，井井有条地摆放着。当然，马木地也要让这些建材用品充分发挥它的价值，他告诉我们村子里面现在翻修房子的人特别多，反正这些东西静静地放在那只会生锈，还不如出租给村民，倒能挣些租金补贴家用。马木地说，钢管和架子管的出租价格是每根每小时0.3元，钢板是每件每小时3元，其他大型机电用品都是每小时80元。在马木地家的小堂屋我们还发现了一台自动式压面机，他说这是去年为儿媳置办的，空闲下来帮村民加工面条，现在每天能加工200斤面条，每斤面条的加工费是0.5元。当我们称赞马木地头脑灵活，精明能干时，他不好意思地摆摆手说："我们回族有经商的传统，小孩子打小就外出闯荡，渐渐地也就摸清了门道。当然这也是出于生活的逼迫，我们这没有什么资源，光靠种地是不行的，得靠自己的头脑和双手去奋斗。"

表3－3　　　　**2010年马木地家收入来源情况**

职业	收入（元）	职业	收入（元）
从事种植业	20000	从事乡镇就业工资	0
从事畜牧养殖业	21700	外出打工	22540
家庭手工业	12000	政府补贴和社会救济金	0
从事渔业	0	出租草场、耕地等	0
从事旅游业	0	经营小卖部	21900
从事运输业	0	出租建材用品	28500

作为一名虔诚遵道的穆斯林，去往麦加朝觐也是马木地最大的愿望。他说无论是刮风下雨还是酷暑寒冬，每天在清真寺的五番聚礼都是他必须要履行的功课。他说只有具备一颗虔诚的心，尊教顺主，博爱待人才有资格去往麦加朝觐。马木地说他已经具备了朝觐的经济条件，在两三年内他会带着自己的妻子去往麦加，感怀伊斯兰大道的神圣。当我们感慨于像马木地这样一个普通的农民靠自己的智慧和双手打造出属于自己的一份充实幸福的生活时，我们何以埋怨社会的不公，因为我们有曾经孜孜不倦地奋斗过吗？我们又何以感慨事态的炎凉，因为我们有曾问心无愧地努力过吗？而当你背起行囊，枕戈待旦之时，幸福的生活已经伫立在不远的前方。

（二）面馆经营者——马哈录乃

初见马哈录乃时，正是他刚从清真寺做礼拜回来，在近十米开外，他就和我们打招呼，面带笑容，很客气地招呼着我们进入他的家里，小伙子个头不高，似乎稚气未脱，头上没有戴回族传统的小白帽，上身穿着一件深色的夹克衫，里面穿着一间白衬衣，搭配一条浅灰色的休闲裤，脚穿一双黑色的皮鞋，精神很好，长得也很阳光，普通话说得很好。一进门就忙里忙外地找凳子招呼我们坐下，并忙着去端水果和坚果。房子是一幢砖瓦结构并用白色的瓷砖装饰的主屋和侧房，主屋有上下两层，侧房是一层，院子有 150 平方米左右，很整洁，晒着刚收割的麦粒。

他在忙了一会儿后和我们坐下聊了起来。马哈录乃今年 25 岁，初中学历，结婚 6 年，妻子马哈着勒，今年 24 岁，有一个 5 岁的女儿马苏戴，现在与妻子在江苏常州经营着一家拉面馆，自己是店里的拉面师，妻子负责店面的打理。在他上初中不到一年，就辍学了，当时他才 15 岁，就跟着哥哥到江苏打工，主要是学习做拉面，学习了两年的拉面后，和哥哥一起将这家拉面馆接手并进行自己经营和管理，在接下来的三年里，生意较好，哥哥就去外地开店，余下自己一个人打理这家面馆。由于自己一个人在那里照顾着店面的实在不易，在家人说亲之下，迎娶了现在的妻子，一起经营和管理这个店面，19 岁结婚后，就和妻子以及过来帮忙的弟弟一起在面馆里工作。他一边直立起来招呼着我们吃水果，一边面带微笑地说这次借伊斯兰教斋月里回家，一方面是看看现在这个房子修建的情况和看望父母和女儿，还有最主要的是为弟弟的亲事，想在村里或者邻村给弟弟定一门亲事。突然之间，我们感到，他的想事周到，做事成熟，完全与他的实际年龄不符，不禁对我们眼前的小伙子马哈录乃称赞不已。

当我们问到这个房子的修建费用和现在欠债情况时，他说当初由于家里条件不太好，就期望出去打工，以求改善家庭的条件，经过自己的打拼，有了一定的经济基础，当初生意好的时候，每年能挣到 30000 多元，而现在拉面馆的生意不好做，同行业做的人很多，竞争也很激烈，以及物价的高涨，收入已不如前几年，现在和妻子一年能挣到的与当时一个人挣的差不多。由于结婚的花费之后，没有太多的积蓄。

以下是他2010年家庭耐用品消费表。①

表3－4　　2010年马哈录乃家家庭耐用品消费表　　单位：个

项目	个数	项目	个数
电视	1	农用车（拖拉机）	0
电冰箱	1	卡车	0
洗衣机	0	小轿车	0
照相机	0	电话	1
影碟机	0	组合音响	0
电动车	0	手机	0
摩托车	1	自行车	0

2010年收入与支出明细：

表3－5　　2010年马哈录乃家家庭收入来源情况　　单位：元

职业	收入	职业	收入
从事种植业	0	外出打工	30000
从事林果业	0	政府补贴和社会救济金	0
从事畜牧养殖业	0	出租林地、耕地、房屋等	0
从事渔业	0	本乡镇就业工资	0
从事家庭手工业	0	出租生产工具	0
从事旅游业	0	其他收入（退休金）	0

表3－6　　2010年马哈录乃家家庭支出情况　　单位：元

总支出	生产性	衣服	食品	医疗	教育	娱乐	红白喜事	交通	通信	住房
9100	0	3000	1000	0	1000	0	1000	2000	100	1000

他最近几年的计划和打算是首先关注孩子的教育，因为女儿马苏戴现在5岁了，这几年都是父母带着，这次回来也是希望将女儿接到江苏常州，尽管

① 电视、电冰箱、摩托车等耐用消费品是马哈录乃在结婚的时候配置的。

在外地上学的学费比较贵，花费挺大，但自己也要把女儿接出去。一方面因为自己接受的学校教育较少，知识缺乏，希望孩子要多学知识。从孩子未来看，期望她能够接受到较好的学校教育。另一方面，孩子的成长也需要好好地管理，就希望妻子和自己力所能及的做到、做好。同时也计划在女儿稍大些时候，再要一个孩子。届时有了一定的经济基础，就让妻子全心地照顾两个孩子，这样能给孩子带来更好的教育。

其次，计划在未来三年内，与妻子一起努力经营好拉面馆的生意，还清由于盖建房子所欠下的民间贷款债务。民间贷款由于其高于从银行的贷款，所以利息将是一个很大的数字，所以债务问题解决是一个亟待完成的任务，只有将这部分贷款还清才会有积蓄，才会达成让家庭慢慢走上富裕和殷实的目标。

再次，马哈录乃还介绍自己这几年的经历和面馆经营中的感受和体验，由于面馆所在的地里区位优势不大，经常光顾的是一些在前些年积攒下来的人际关系，同时由于对市场知识的缺乏，在很多时候错过了很多的顾客，所以希望，在未来五年后通过自学，来增长市场分析和竞争优势方面的知识，更好地在同行激烈竞争中找到出路，赢得胜利。

最后，期望在三年后，通过自己的努力，有一定的积蓄时，进一步将拉面馆的店面稍微扩大，进行全面的装饰等环境改善与服务水平的提高，更好地吸引顾客，带动利润的增长。

通过对面馆经营者马哈录乃的访谈，让我们感叹作为一个现代化市场中的个体或者细胞，能够坚持和独立经营面馆的不易。但可以预知到的，正是由于他的努力和勤劳，家庭的未来生活状况和条件将会越来越好。

（三）外出包工者——马忠

一进入寺庄村的主路，就能看见一幢很精致的还在修建的二层小楼，这就是包工头马忠的家。在马忠儿子的带领下，我们找到了马忠热情而又淳朴的妻子马苏代。马苏代说马忠在外做建筑工程已经四五个月了，到十月份工程做完才能回家，现在就她和儿子马永志还有女儿马雪梅在家。马忠今年35岁，正值年轻风华，而与妻子马苏代结婚已有18个年头了，夫妻感情十分和睦，婚后一两年就开始了他的包工生涯，一直做到了现在。

虽然没能见到马忠本人，但从与其妻子马苏代的谈话中，我们看到了一个皮肤黝黑，身体健壮的好父亲、好丈夫、好儿子。马忠出生在一个并不富裕的家庭，从小家里生活就很拮据，但是父母并没有因为生活上的不宽裕而吝啬给予马忠爱的呵护，年幼的马忠在父母极为疼爱的抚养下健康无忧地长大了，也许正是因为父母无尽的关爱，所以马忠对父母很是孝顺。马忠小时候就很顽皮，整日和村里的孩子们一块嬉戏玩闹，对学习总是不那么上心，总觉得村里的孩子也没有几个读书好的，他这样也不会有什么问题。就这样在小学毕业后，马忠就没再继续读书了，成了一名在家务农的待业青年。村子里的孩子读书一般都比较晚，7 岁才开始上小学一年级，即使八九岁上小学，在大家看来也是非常正常的现象。马忠小学毕业那年就已经 14 岁了，在寺庄村，14 岁的男孩子就不再是小孩子了，而是一个能担当、负责任的男人。虽然毕业赋闲在家，但是马忠作为家里的长子，开始帮家里打理农田，做一些力所能及的家务。马苏代说马忠的母亲很是疼爱马忠，从不让马忠做一些粗重的农活，但是每次马忠都很孝顺地将所有的农活都包揽在自己身上，马忠一直认为作为家里的长子就一定要成为家里的顶梁柱，要让自己变得强大，让所有家人在自己的羽翼下好好生活。没过几年，在家人的介绍下，马忠与马苏代结为夫妻，并共同孕育了他们的孩子。随着孩子的到来，马忠越发觉得身上的担子越来越重，强烈的责任感促使他冒出要出去打工给妻子、孩子更好生活这样的一个想法。

就这样，在结婚后的两年，马忠带着一点点的行李只身去了内蒙古呼和浩特市开始他的闯荡。刚到呼市，仅有的小学文凭和不怎么流利的普通话，使得马忠只能在拉面馆里给别人做做小工，虽然到后来，凭借着自己的努力成为了一名面匠，可是工资也只有 1000 元多点。这样的生活，这么点的工资并不是马忠想要的，他需要赚更多的钱来改善家里的生活。在无意中马忠听说在工地上工作虽然不是很安全，条件也不怎么好，但是赚钱要比在拉面馆做小工好得多，马忠毅然决然地在朋友的介绍下来到了工地。当时马忠的身体条件并不怎么好，非常瘦小，包工头看着马忠瘦弱的身体一度很怀疑他能在工地上撑多久，但是意志力坚强的马忠挺下来了。马苏代说马忠在建筑工地上的生活是很艰苦，每次马忠回来人都会瘦一大圈，看着让人心疼。马苏代曾经去工地上看望过马忠，那边的生活条件很差。在建筑工地附近有一些背街小巷，马路边有很多生意火爆的小餐馆，与之形成鲜明对比的往往是

“遍地开花”的餐巾纸和食物残渣，还有随处泼洒的脏水，让人看了只想呕吐，而马忠却是这种小餐馆的常客。工地的食堂经常没有饭菜，而这种小餐馆的饭菜既便宜又实惠，炒饭炒面才 3 元一份，虽说味道不怎么样，但是能吃饱。马苏代说马忠为了能攒多点钱，一直很省。在工地上不光吃得不好，连休息的地方也是拥挤不堪，又脏又乱。马忠在工地上住的集体宿舍，其实就是一个简易的小工棚，好一点的话就是还未竣工的房屋，十几个人拥挤在同一个棚屋中，冬冷夏热，卫生和安全条件极差。平时在施工时，条件也是极其艰苦的。虽然每个工人都有安全帽做防护措施，但是安全还是得不到保障。马苏代说马忠的工地都是在建的楼房，周围都是些建楼要用的铁架子之类很坚硬的东西，上楼的楼梯则是用铁管搭建的，上面只铺了一层走起路来颤颤悠悠的木板，走路时双腿都不敢用力，生怕木板折断了从上面坠下去，有好些工人都是丧命于此。楼房里到处都是钢管支起的支架，弯腰前行也会不时地撞上去，不光要注意头顶的钢管还要注意脚下散落的铁钉，马忠的脚上有着大大小小的伤疤，都是因为没注意脚下的铁钉而留下的。马忠在工地里是负责水泥和钢筋的工作，几十斤重的水泥和钢筋一天要来回背无数次。每次都要穿很厚的衣服，一件小背心根本不抗磨，每晚回到住的地方，都是腰酸背痛，肌肉僵硬，一点力气也没有了。像这样做小工的日子一直持续到 2009 年，马忠每次在工地上做个六七个月，刚开始工资有六七千元，到后来能拿到 1 万元。因为马忠的辛苦工作，家里的条件也日渐好了起来，父母亲也不用那么辛苦地在地里劳作，妻子和孩子也能得到更好的照顾。随着马忠在工地上的资历越来越老，技术也越来越好，包工头也对他青睐有加，从 2010 年，也就是从去年开始，马忠带着乡里的邻居们一起去做工程，成了一名小包工头。随着自己身份的转变，马忠的生活也有所转变，不用像之前那么辛苦地背水泥背钢筋，不用事事都亲力亲为，而工资却增长了许多，从从前的一万元涨到现在的半年两万元。

马苏代指着家里新建的房子说，这是今年马忠带着几名技术工程师合力盖成的，现在已经盖了一大部分，还有点要等到马忠十月份回来再修整一下，盖这幢小楼除了装修已经花了 14 万元。她和马忠一直都梦想着能有一个漂亮的家，漂亮的房子，这个梦想再过几个月就能实现了。我们看到马忠家的房子盖的很精致，不像村里的其他人家，虽然有些也是二层小楼，但是马忠家的房子连拐角处都是用很精致的瓷砖贴上的，可见马忠对于家的热爱以及他的手艺是如此精细。我们无意中发现，马忠家买了辆小轿车，这在寺庄村是不多见的。妻子马苏代说，这两年马忠在外面做工程挣了些钱，到今年家里比以前要富裕不少，不像以前还要为吃穿发愁，现在算是步入小康生活了。小轿车也是今年才买的，马忠一直让她考驾照，这样以后去附近的韩集买东西也方便些。谈到未来的想法时，马苏代说，马忠还是想要坚持做包工头，虽然职业苦了点，但是能改善家里生活才是最重要的，希望以后随着家里的宽裕，包工头能做的更大些，多带着村里的邻居们老乡们出去挣钱，让更多的人像他一样凭着自己的双手摆脱贫困户的帽子，带着家庭走向富裕。马忠和马苏代还希望能尽早将家里的房子盖好，让孩子有一个更好的成长环境。希望孩子能够用心读书，做一个有学问的人。

十九、打工者

（一）打工达人——马又布

早就听村主任讲寺庄村有一远近闻名的“推土机”，乍一听不知“推土机”作何解，仔细打听后才知道这是村民们送给村里干活能人——马又布的外号。听村主任讲马又布年轻时可毫不费力地背起300多斤重的粮食，一顿饭能吃掉15个大馒头，可谓是寺庄村数一数二的干活能手……马又布传奇的故事愈发唤起了调研组成员急于拜访这位干活能人的好奇心。

见到马又布后却发现他与我们脑海中的虎背熊腰的大力士形象相差甚远，相反，黝黑的脸上泛起的褶皱却记录着他的饱经沧桑，干瘪的长满老茧的双手却显示着他操劳生活的艰辛，而头上的一顶小白圆帽更衬托出他的黝黑瘦弱。也许是村里人固有的那份自尊与羞涩，马又布不好意思让我们看到他家的简陋，于是便请我们坐在屋外的走廊上与其交谈。这时，马又布的妻子、女儿，还有两个孙女也围了过来。交谈几句后，我们得知马又布今年64岁，没有上过一天学。妻子马阿伊沙今年63岁。马又布膝下无子只有一个女儿名叫马哈力麦，今年28岁。但考虑到老两口今后的养老问题，于是为自己的女儿招了一个“上门女婿”。马又布的女婿马右素夫今年30岁，他常年奔波于青海、敦煌等地，做矿工、打零工，景气的时候一年也能挣上三四万元补贴家用。还有两个小孙女，一个名叫马素夫叶，今年12岁，一个名叫马苏得，今年7岁。

马又布告诉我们，在1971年时，国家为支援困难地区建设，大规模征兵。那时自己也正值身强力壮，只是单纯地考虑到为家里减轻口粮负担，便应召入伍，去往山西当了两年的义务兵。马又布说当兵期间每天高强度的训练锻造了自己这样一个强健的身板儿，他说自己现在已经六十多岁了也没生过什么病，而且干活有力气、有精神头。马又布回忆说自己是一个纯粹的文盲，这在当兵时还惹出了不少笑话。有一次部队去往敦煌，途经天水吃饭休息，马又布由于不认识卫生间的门牌标识，误入了女厕所。这一下子可引起了正在如厕女士的恐慌，她们认定马又布道德败坏，揪着她要去找部队的领导，马又布真是百口莫辩。当时也多亏了班长向这些女士诚恳地解释道歉，马又布才得以脱身。1973年，马又布复员回乡，由于自己目不识丁，再加之丢了服役证明，马又布没有享受到国家对于复员军人的安置待遇，他说当时流传着一句话——“复员军人不如一头老母猪”，可见马又布当时的辛酸与沮丧。

马又布觉得自己有手有脚，一身力气使不完，不能因为政府不给安置就不求上进，昏昏度日。于是他自复原归来就一直在村子里打零工。马又布说寺庄是个大村庄，这家要修房子，他便去做泥瓦工，砌墙打地基；那家要收庄稼，他便去做收割工，收庄稼脱小麦；哪家要过红白喜事，他便去做干事，刷碗端盘子。马又布干活任劳任怨，为人又诚恳老实，村里的乡亲有个大凡小事都会请他去做。这些打零工挣来的辛苦钱让马又布的生活有了基本保障，而且熟能生巧，马又布也渐渐地掌握了一些盖房子的工艺技巧。马又布指着他家的那排土坯砖瓦混合结构的房子自豪地对我们说：“你们看，这排房子就是我在2004年自己修的，没有花多少钱!”马又布回忆说，这四十年来，别人都去外地打工挣钱，自己却一步也没有踏出过村庄。砖瓦工、泥匠工、屠宰工、收割工、搬运工……他都干过，而且每样工作都做得有板有眼。马又布说给乡亲干活就要踏实细致，虽然很累很辛苦，但却赢得了乡亲们的称赞和喜爱，这些都是在外地打工无法感受到的亲切感和满足感。

马又布说自己现在老了，不像年轻时那样感觉全身有使不完的力气，但是乡亲们还是很照顾他，时常请他去干一些比较轻松的活儿。这不，调研组成员来到他家时，他刚帮隔壁邻居家收割完小麦，还拿到了150元的酬劳。

不过难以想象，一位年过六旬的老人顶着火辣辣的太阳，面朝黄土，半蹲身体，还得耐着麦芒刺扎的疼痛是何等的辛劳。况且马又布是一位虔诚的穆斯林，虽然每天都从事高强度的体力劳动，但他依旧不落下半天的“斋功”。对于一位在麦田一连劳作几个小时却滴水不进的六旬老人来说这又是何等的难耐。马又布告诉我们家里7口人的开销只靠自己打点零工还有女婿外出打工的收入支撑不了，因此他自己还养了16只羊，平时妻子和女儿没事的时候就喂喂羊或带出去遛遛。去年母羊产了十多只小羊崽，卖了不少钱，正好拿来补贴家用。马又布说现在政府确实考虑到了他们的难处，今年三月他们家的4口人取得了享受“特困户”待遇的资格，并到乡里面进行了登记。乡政府给他们建立了个人账户，每季度的特困补助、粮食补贴等都会按时发放到“一折通”上。马又布家现在每个季度可以拿到1168元的政府救济金，他说有了这部分钱就可以给两个孙女买上几件新衣服，自己也不用太辛苦的去打散工了。当调研组人员问到马又布为什么不参加新型农村合作医疗时，马又布笑了笑说道：“你们看我的身体这么硬朗，也不像是会得什么疑难杂症……参加‘新农合’每人每年要缴纳30元，这对我们家7口人也不是什么小数目，而且我们都没文化，怎么去报销也不清楚。”

表3－7　**2010年马又布家庭收入来源情况**

职业	收入（元）	职业	收入（元）
从事种植业	0	从事乡镇就业工资	0
从事畜牧养殖业	10000	外出打工	36000
家庭手工业	0	政府补贴和社会救济金	4452
从事渔业	0	出租草场、耕地等	0
从事旅游业	0	其他经营性收入	0
从事运输业	0		

无论刮风下雨，多苦多累，每天到清真寺完成五番礼拜是马又布必须履行的功课。马又布说希望自己的虔诚能获得真主的赐福，让他们家一直平平淡淡、平平安安。老两口年老了千万不要生病，不要动弹不得，也不要连累了儿女们。他说自己这一辈子最懊悔的就是连一天书都没读过，没有一点文化，只能凭着一身死力气来谋生活。他说包括自己还有村里的人一定要转变

观念，让孩子们多上点学，虽然自己苦一点累一点也是值得的。

人值甲子，尽享天伦。可对于马又布来说，脸庞的褶皱却挡不住岁月的涤荡，双手的老茧却也盖不住生活的打磨。然而，谈笑言语之间的感恩知足却让人歆生羡慕与欣慰。衷心祝愿马又布一家人的生活平平安安。

（二）打工司机——肖哈比布

肖哈比布是供弟上学的打工者——肖哎有布的堂叔，在小组成员对肖哎有布的访谈中，经介绍结识了他，瘦高，皮肤偏黑，头发寸长，脸部轮廓较小，眼神炯炯有神，穿着朴素，说话慢条斯理。通过沟通和攀谈了解到，肖哈比布，男，今年36岁，回族，信仰伊斯兰教，临夏县寺庄村4社人，家有6口人，父母年纪较大，已没有劳动的能力，父亲现今74岁，母亲73岁；妻子妥爱米乃，34岁；有一个12岁的女儿肖月吟和一个儿子肖胡塞泥。

肖哈比布家里的人口较多，且呈现了“上有老，下有小”的结构，生活压力也是可想而知的。由于自己每到农忙时节，都会尽可能地赶回来帮助家人完成农业生产劳动，能保障家庭的基本生活，平实还是由肖哈比布的妻子承担着整个家庭的重担。通过访谈了解到，2010年的收支情况如下表：

表3－8　　2010年肖哈比布家家庭收入来源情况　　单位：元

职业	收入	职业	收入
从事种植业	6000	外出打工	40000
从事林果业	0	政府补贴和社会救济金	0
从事畜牧养殖业	2000	出租林地、耕地、房屋等	0
从事渔业	0	本乡镇就业工资	0
从事家庭手工业	0	出租生产工具	0
从事旅游业	0	其他收入（退休金）	0

表3－9　　2010年肖哈比布家家庭支出情况　　单位：元

总支出	生产性	衣服	食品	医疗	教育	娱乐	红白喜事	交通	通信	住房
23500	2000	4000	5000	500	0	0	10000	1500	500	0

他向我们介绍道，在他16岁的时候，就辍学帮别人装玻璃，工作很辛

苦，两年后他辞去工作回家。在外地的两年经历，让肖哈比布深刻地了解了学习一门技术的重要性，同时也得到了父亲的全力支持，也相信掌握一门技术是能够保证以后能养家的条件。他说古话说得好："技多不压身"。在家里亲戚的帮助下，学会开车，拿到驾驶资格证 C 照。就用打工挣来的不到 1 万元买了村里的一辆旧的农用拖拉机，主要是在村里或邻村给人临时搞点运输。当时由于自己很勤快，运输的效益还乐观，尽管挣得不多。肖哈比布本以为就这样凭自己的努力，可以慢慢地改善以后的日子。但事与愿违，在接下来的几个月里，拖拉机总是出现故障，由于是旧机器，在后期的修理更是频繁，几乎不是这里坏，就是那里出毛病，也因此耽搁了很多的运输机会。后来实在不堪修理费用，就下决心卖掉了。卖掉拖拉机后，就和村里的一个采虫草的人，去了青海采虫草。在采虫草两年多时间里，自己也挣了 4 万多元。21 岁结婚后的两三年的每年 3 ~7 月间都去青海采虫草，但是由于当时采虫草的人越来越多，也渐渐地难采到，挣得也就少了。当时也有了孩子，家庭的开销也越来越大，加上农活也需要自己承担，就没有心思再去采虫草了。在家里待了不到三月后，去了南方打工，在差不多 5 年的时间里，肖哈比布学习做过拉面，后又与他人合伙做过药材生意。

在南方打拼了 5 年后，即 2005 年回到临夏县寺庄村后，由于自己会开车，并有驾驶证，所以又开始重操旧业。2006 年，买了一辆长安车，进行载客，主要路段是从麻尼寺沟乡到临夏县。由于买长安车后，当时月纯收入在 3000 元左右，但不知办理手续的程序，因此也抱有一种侥幸的心理，由于没有及时办理相关的手续，这也成为后面出现的被运输管理局罚款，被交警扣留长安车等问题的条件。2007 年年初将刚买来不到一年的长安车卖出。也正是刚刚卖掉长安车的一个月里，村里的一个在浙江省宁波市开办了肉食品加工厂的老板以月收入 4000 ~5000 元的待遇聘他为司机，主要工作是包括负责厂里的肉食品的运输，还有就是有时给老板开私家车。这个工作也一直持续到现在。

在谈到在给别人做打工司机的年月里，他在行车的过程中出现的事故时，他说，在这几年里，没有一次出现给单位财产和人身造成影响的事故，但惊险事情的出现还是有的。肖哈比布自豪地说，由于江苏当地交通管理较规范和严格，同时行车距离都是在工厂附近方圆 100 公里以内的地方，至今没有一次闯红灯和超重的情况出现。取得这样好的结果，肖哈比布深思后，进行了总结。

肖哈比布说，行车上路，不论是在宽敞的马路，还是在狭窄的胡同，经常遇到一些不守规矩的司机和不文明的驾车方式。或是在不允许拐弯的地方拐弯，在不允许掉头的地方掉头，或是违章超车，随意停车等。在一些没有红绿灯的十字路口，你争我抢，谁也不让，结果是挤成一团，谁也动不了。有时候真的很生气。通过自己在经营长安车过程吸取到的经验和教训，他说自己已经成为一名成熟的驾驶员，因为在行车的过程中，他努力地做好这几方面的事项。一是要懂得和知晓一些交通法规和章程，即法治观念。作为一名司机需要知晓与道路交通安全有关的法规，并且严格要求自己严格执行和遵守。这是保证一名打工司机合法出车的条件。二是要养成良好的驾驶习惯，合格驾驶。在行车的过程中，尤其是在大城市的一些狭窄路段交通拥堵十分常见。此时自己要做的就是先让对面的车过去后，再过去。同时在外地的行车中，要充分尊重驾驶员同行，尊重他人，也能赢得他人的尊重，与人方便，自己也方便。三是要充分照顾交通弱势群体的利益。在行车的过程中，经常见到无车可驾的人、老人、小孩，尤其是残疾人，而道路是有限的，他们也要出行，也要上路。因此，每一名驾驶员都有义务和责任，平等对待行人和非机动车驾驶员这一交通弱势群体，与他们和平共处，并尽可能地给予他们更多的方便和便利；四是要有平和的驾驶心态。开车时始终保持一种平和的良好心态，因为很多时候都会遇到让人气愤的事情，比如占道，但是自己要保持冷静，要明白自己是一个打工的人，忍让一下。平和与良好的心态也是检验一名驾驶员是否成熟的重要标志。

同时，肖哈比布说，作为打工的司机，为老板开车的时间相对较多。肖哈比布认为，在打工的单位要做到一名合格的司机要具有的下面几点。一是要具备过硬技能，让供职的单位安心。保证生命和财产安全，是司机的第一责任。司机必须要有过硬技能，既要能保证乘车人按时到达目的地，又能平稳行驶，让他们能静心思考问题、安心小憩养神。好的技能还体现在时刻要保持良好车状，不带“毛病”出车；能够准确判断车状车性，及时发现问题，及时解决问题，消除事故隐患。二是要体现优质服务，让老板省心；优质服务，让老板舒心，是司机的第二职责。优质服务要做到以下二点：①搞好车内卫生，保持车面洁净。我开的车是干部职工的第二办公室和休息室，“雅室”卫生洁净，必使干部职工舒心畅心，保持良好精神状态，有利于工作。

②了解单位乘车人的习惯，精心服务到位，使他们更集中精力工作。三是要做到守时守纪，让人放心。守时守纪，是对司机最基本的要求，也是司机必备的基本素质。守时，就是准时将车开到装货和载人地点，同时能够将货物按时送达目的地；守纪，就是要做到遵纪守法，不仅要严格遵守交通规则，还要做到不该去的地方不去，不该做的事情不做，不该听的不听，不该说的不说，不向老板提无理的要求。

最后在谈及最近几年的计划与期望时，肖哈比布深思片刻说，在未来几年主要希望父母能够少生病，保持健康的身体。近年来，伴随年龄的增长，身体也大不如从前了，且经常生病，期望他们能够健康、长寿。还有就是打算在最近几年继续做一名打工司机，并希望在五年后能拥有属于自己的一辆客运车，在临夏县做客运。

肖哈比布作为一个朴实的人，在当打工司机的经历中，明白了如何成为一个现代化的文明的驾驶员和合格司机。听他说话，令我们对这个瘦高，皮肤偏黑，穿着朴素的青年人产生了崇高的敬意。一个平凡的村民，一份平凡的工作，却让人感受到他的不平凡的思考。这也是整个社会所需要的一种内在素养和精神！

（三）供弟上学的外出打工者——肖哎有布

见到肖哎有布时，他正在和一个身高与他几乎差不多的高中生模样男孩在交谈，笔者和小组成员走上去打招呼，他似乎对于我们这一举动，有点不知所措，样子显得有点腼腆。当向其说明我们的来意后，他稍顿片刻，用还标准的普通话说“你们好！请跟我来”，即刻和刚交谈的男孩一起招呼我们进到一个宽敞的院子里。他个头1.60米左右，身材壮实，皮肤黝黑。一进院子后，说这是他叔叔家，他家据这里有400米，并让我们到主屋与我们一起在客厅坐下，聊了起来。

通过对他的访谈了解到，他今年21岁，回族，信仰伊斯兰教，甘肃省临夏县寺庄村人，没有上过学。2010年结婚，现在和妻子在浙江省宁波市开了一家拉面馆。月收入2500元左右，和妻子一年大约能挣到35000元的净收入，现未有孩子。通过访谈了解到他一年的收入和支出情况如下：

表 3－10　　2010 年肖吱有布家家庭收入来源情况[①]　　单位：元

职业	收入	职业	收入
从事种植业	2000	外出打工	35000
从事林果业	0	政府补贴和社会救济金	0
从事畜牧养殖业	0	出租林地、耕地、房屋等	0
从事渔业	0	本乡镇就业工资	0
从事家庭手工业	0	出租生产工具	0
从事旅游业	0	其他收入（退休金）	0

表 3－11　　2010 年肖吱有布家家庭支出情况　　单位：元

总支出	生产性	衣服	食品	看病	教育	娱乐	红白喜事	交通	通信	住房
17800	600	2000	2000	0	8000	0	3000	1000	200	1000

当我们问到他身边的男孩子时，他说这是他的弟弟，现在 17 岁，在临夏县中学读高二。他说，由于家里很贫穷，在小的时候，父母都身患重病，不能从事农业生产劳动，由于家里的劳动力不足，主要是叔叔们帮助来完成农事，且粮食收入也是有限的，所以当时家里的经济条件比较艰难，尽管村小学离家就两里地，但一天学都没有上过。

在他 14 岁的时候，在叔叔的帮助下，在浙江的一个较大型的餐馆找到了学习做拉面的工作，经过两到三年的学习，基本能独立掌握拉面馆的拉面技术和厨房的事务，因此而成为这家餐馆的拉面师。

也正是从刚去打工时，弟弟刚刚上小学 2 年级，由于其父母的能力和家里的经济条件所限，决定全权负责弟弟的学费和部分生活费，当时，他从事工作每个月只有 800 元左右，通过省吃俭用，用仅有的工资来补贴家用和弟弟的学费，每年 2000 元，直到弟弟 2006 年小学毕业时，以村小学毕业生前几名的成绩考入临夏县中学学习。当时，他的父母都不建议再送弟弟上学，但是他拒绝了他们的建议，并在父母的面前许诺将尽全力去承担他的生活费和学费开支。尽管他那时经济能力有限，每月邮寄 300 元作为开支，而且当

---

① 肖吱有布的父母在家里从事农业生产，每年都需要他进行种植的投入，同时由于父母身体不好，每年农忙时节，肖吱有布都会赶回家里帮助进行农业劳动。

时很相信自己能够将这个困难克服。当时他这样想的：一方面由于自己没有上过学，没有体会到学校教育是什么样子，再加上在外面打工的日子，让自己深刻地明白了，知识对于一个在社会上谋生的人来说，尤为重要；村里同龄人且读过大学的人，现在都找到一个很好的工作，这也对他的触动很大；再则，肖哎有布自己也亲身体会到没有知识和文化去找工作的不易，一般情况下，工厂招人也将你的学历看成一个很重要的条件和基础。所以他这样做也是希望弟弟不要再经历那样的情况，让弟弟能受到良好的学校教育，以后能够找到一个很好的工作，能够更好地改善他们家的状况。另一方面，当肖哎有布每次回家来，听父母说起弟弟的学习成绩，都是在班上前几名，当他听到这样的消息的时候，他说：自己都不知道用什么方式来表达，总之是一种说不出来的高兴和为弟弟而感到自豪。同时他也很庆幸，在日后工作中，由于他的拉面技术的提升，收入也得到增加了，在保证了弟弟支出费用之后，他就慢慢地将剩下来的部分作为积蓄存起来。2009 年 8 月结婚，也全靠这些年的打工挣得的收入。

2009 年，肖哎有布的弟弟以优异成绩考上高中学习，并进入高中实验班。那时肖哎有布正着手筹备婚礼，他知道结婚几乎会花去他打工以来所有的积蓄，但当他知道弟弟即将需要 6000 元入学费时，他没有迟疑，而是从婚礼筹备金中取出 6000 元给弟弟。直到现在，肖哎有布每年都会定期地给弟弟邮寄学费和生活费，每年约 8000 元。

当我们问及他对未来的期望和计划时，肖哎有布向院子里望了望说，由于没有知识文化，对于未来的期望和计划可能想的不够周到和详尽。在接下来的三至五年的计划和期望是：第一是对弟弟的希望，期望弟弟能够考上一个好的大学，做哥哥的也竭尽全力地帮助他解决大学的学费和生活方面的问题。考入大学，才能继续他的学业，加强知识和文化的学习。待大学毕业后，能够找到一个稳定的工作，这样整个家庭以后的日子就好过了。第二，独立经营拉面馆。由于自己常年在外给别人打工，打工的苦楚只有自己明白。希望通过这几年的努力，积攒一部分资金。另外希望能从银行获得低息贷款。通过在外打工的经历来看，外面的市场很大，机会也很多，所以希望筹集到大约 8 万元的资金后，就开一家属于自己的拉面馆。

与村里唯一一位供弟读书的打工者谈话轻松而愉快，从他打工的经历和人生体会中，可以看出，肖哎有布拥有思想成熟、做人稳重、做事认真和踏实的特点。是生活和压力造就了他，让他在社会工作中磨砺和成长，这将是他今后生活富足的坚实基础和必要条件。祝愿他与弟弟都有一个美好的明天。

（四）养殖场饲养员——周古白

周古白老人今年63岁，寺庄村人，一辈子在家务农。妻子马尕姐，现年61岁，也是位地地道道的农民。老两口都没有上过学，最远去过临夏市，是土生土长的寺庄村人。

我们是在村里养殖场见到周古白老人的。老人个头不高，身体消瘦，有些驼背，脸上布满了皱纹，胡须很长并且已经花白。老人穿了一件藏蓝色外套，衣服很脏，显得非常落魄。当时他刚刚给养殖场的牛喂完水，老人洗了洗手，便坐下与我们攀谈起来。

周古白有两个儿子和一个女儿。大儿子在家跟周老伯和妻子一起住，小儿子在外打工，已经好几年没有回家了，女儿嫁到了外地。周古白有两个孙子、两个孙女，孙子一个25岁，一个18岁，也都在外打工，孙女都出嫁了。

提到自己的儿孙，周古白长叹了一口气望向窗外，眼神里充满了悲伤。许久，他才开口。周古白说自己的儿女们都不孝。大儿子儿媳虽然跟他们老两口住在一个院子里，但是却分灶吃饭，平时也不怎么说话，因为一些小事还经常吵架。家里的生活用品也是分得一清二楚，有时候借用一下儿子都会大发脾气。

小儿子常年在外打工，这些年没有往家里拿过一分钱，平时也没有往家里打过电话。更令人难以置信的是，周老伯说一家人春节都没有在一起吃过饭，这些年春节都是老两口自己买点肉炒个菜，就算是过年了。

说到这里，周老伯又长长地叹了一口气，我们便没有再继续问下去。这样的儿女真是让人气愤，就算是跟老人之间有什么矛盾，也不应该忘记老人的养育之恩啊。

周古白来饲养场当饲养员已经有4个月了，厂里包吃包住，一个月给1000元工资，这对于周老伯来说是一笔相当可观的收入。养殖场是村主任马一奴投资兴办的，考虑到周老人的生活状况，建厂之初，村主任特地邀请周古白到厂里当饲养员，不仅干的活很轻松，每个月还能有不错的收入。村主任说儿女不孝是谁都不愿看到的事，周老伯相当可怜，自己安排周老伯来厂里也算是帮帮老人吧。

周老伯现在每天的生活非常规律，吃住都在养殖场，厂里一共有两个饲养员，他们相互协作，合作非常愉快。周老伯每天的工作并不繁重，早上跟其他工人及技术员吃过早饭后，就开始工作了，上午的工作主要是清理粪便和喂养饲料。周老人说厂里有严格的操作规程，早上一定要把饲养棚里的粪便清理干净，这样一来不仅干净卫生，也会大大降低牛羊感染疫情的风险。清理之后，他们会给牛羊拌饲料。厂里有约有 200 头牛在栏，全都是优质肉牛，它们吃得多，光是这些牛一天就要消耗几吨的饲料。养殖场里现在羊的存栏量大概在 600 只，分为山羊、绵羊、藏羊三个品种，它们的饲料有所区别，所以要分别拌制。上午的工作一般 10 点钟左右就能结束。中午吃过午饭，要给牛羊喂水一次，周老伯说这个很简单，把水龙头打开就行了，牛羊会自己到食槽喝水。晚上晚饭前还要再喂一次饲料，操作步骤跟上午的一样，吃过晚饭后再给牛羊清理一次粪便，这就是一天的工作。

周老伯说现在的工作比较轻松，一天干活时间也就那么几个小时，其余空闲时间可以到厂里的宿舍看看电视，虽然自己年纪大了，但一点都不感觉累。养殖场今年新建了一个牛饲养棚和一个羊饲养棚，明年村主任计划增大养殖场存栏量，但村主任已经事先给周老伯吃了定心丸，到时候会再增加饲养员，不会增加周老伯的工作量。

提起村主任，周老伯满怀感激之情，他说村主任在村里办了养殖场，不仅带动了村里的经济发展，而且给村里人提供了就业岗位，不仅如此，村主任还经常让养殖场从外地聘请的技术员到养有牛羊的农户家里做技术指导，帮助农户解决养殖中出现的各种问题。周老伯说自己在厂里不仅吃得好、住得好，村主任给的工资也高，家里的生活比以前宽裕多了。

周老伯现在每天吃住在厂里，跟工人们一起工作很开心，特别是看到一批批的牛犊羊羔在自己的悉心喂养下渐渐长大，心里有一种成就感。每一批牛出栏的时候，都已经跟周老伯产生了感情，每当装车的时候，牛都会依依不舍地看着周老伯，有些牛甚至还会流下眼泪。周老伯说这些牛羊养的久了就像自己的孩子一样，每次出栏他也会依依不舍。另外，周老伯说伊斯兰教义里面教人们要多多行善，他现在的工作就是喂养生灵，是一大善事，多做善事就会得到真主安拉的保佑。

周老伯说虽然家离养殖场只有不到1里地，但自己没什么特别的事的话一般不回家。以前在家里跟大儿子住在一起，低头不见抬头见，小吵不断，每次看到自己那个不孝的儿子就气不打一处来，心情也总是很不好。现在住在养殖场，心情好了很多，每天有牛羊相伴，别有一番乐趣。过些日子周老伯准备把老伴儿也接过来，两个人都不在家住了，不为别的，就是图个清静。周老伯说的一句话让我们印象深刻，他说自己的儿女们在某些程度上还不如养殖场的这些牛羊，起码牛羊们懂得知恩图报。

周老伯家里是村中的低保户，只有周老伯一个人有低保，一个月国家补助75元。在以前，这75元就是周老伯的生活费，老两口日子过得相当拮据。现在好了，在厂里不仅吃喝不愁，一个月还拿不少工钱，工资每个月都花不完，大部分都存了下来。老两口在家里还养了一头牛，不过周老伯打算把它卖了，天天在厂里也没工夫去喂养了。

村里亲朋好友和乡亲们有什么红白喜事，周老伯两口也会送上自己的一份心意，周老伯说自己条件不好，给的也不多，但是钱多钱少不重要，心意到了就行。

表3－12　　2010年周古白家家庭收入来源情况　　单位：元

职业	收入	职业	收入
从事种植业	0	从事乡镇就业工资	0
从事畜牧养殖业	3000	外出打工	0
家庭手工业	0	政府补贴和社会救济金	900
从事渔业	0	出租草场、耕地、房屋等	0
从事旅游业	0	其他经营性收入	0
从事运输业	0		

表3－13　　2010年周古白家家庭支出情况　　单位：元

总支出	生产性	衣服	食品	看病	教育	娱乐	红白喜事	交通	通信	住房
1400	0	0	300	100	0	0	1000	0	0	0

周老伯家里种了5亩地，有1亩大豆，1亩小麦，2亩玉米，1亩油菜。周老伯说地都是由儿子儿媳来种，至于收成怎么样自己也不知道，每年收了粮食儿子就给他们老两口点，也就仅仅够他们的口粮。

周老伯老两口身体都很好，他们都参加了农村合作医疗保险。但是周老伯说新农合报销太麻烦，自己平时头疼发热的有个小病就在村里的卫生室拿点药，一般吃两次就好了。

儿女不孝在农村是普遍存在的现象，一旦遇到这种情况，老人的赡养就成了最大的问题。好在周古白现在有份饲养员的工作，有固定收入来源，日子过得还不错。但是全国又有多少儿女不孝的老人生活在贫困和痛苦之中呢？要想从根本上解决这个问题，恐怕还要加强道德宣传，弘扬中华民族的传统美德，提倡孝道，尊崇“百善孝为先”，使全社会的老人都能够安度晚年。

二十、大学生

（一）村中公务员——马明海

马明海，男，回族，46岁，现任临夏县粮食局副局长（正科级）。

马明海自幼勤奋好学，1983年，刚刚读完高二的他参加高考，一举考入甘肃农业大学草原系。1986年大专毕业后，年仅20岁的他被分配到临夏畜牧局草原工作站工作，主管牧草的推广种植。1990年到临夏县韩集镇政府任民政司法干事。1991年在韩集镇政府当会计，一干就是两年半。1992年调任韩集镇副镇长兼会计，1998年提为镇长。2000年，马明海出任临夏县金沟乡党委书记，任职3年。2004年6月，调任临夏县县委统战部，在民族团结办公室工作，2005年，任临夏县粮食局副局长至今。

马明海是当地基层公务员的典型代表。谈到工作，马明海感慨颇多，他说基层工作都是直接与老百姓打交道，基层公务员的工作到位不到位是上级政策能否落实的关键环节，许多群众对他们的工作不够理解，平时工作难度很大。曾经做计划生育工作时，由于工作量大，连续几天都休息不好，到后来大家站着都能睡着。现在，马明海在粮食局主管粮食的储备、轮换等工作，当前工作中的难点主要是收粮比较困难，老百姓大多不愿意卖粮食。虽然工作中存在着各种各样的困难，但是马明海说自己是干一行爱一行，干得久了就会慢慢喜欢上自己手头的工作，现在在粮食局已经有六个年头了，各方面工作也已经非常熟悉，加之近几年当地风调雨顺，粮食连年丰收，粮仓储备充裕，所以工作上总体还是比较顺利的。临夏当地的政策是公务员工龄满 30 年就可以退休，马明海到今年工龄已经满 26 年了，他表示在退休前会踏踏实实地做好手头工作，为群众多办点实事，自己也就不枉为官一任了。

马明海家里人口众多，有 4 位老人。分别是父亲马正忠，今年 76 岁；母亲马祖古拉，今年 74 岁；爷爷马尕东，现年 83 岁；姑姑马河西，今年 62 岁。妻子马尕姑，43 岁，也在临夏县政府机关工作。两人工作的同时还要照料家里的 4 位老人，非常辛苦。家里一共有 8 亩半地，种了麦子、玉米、油菜等农作物。家里老人都年事已高，马明海主张把地租给村里其他人种，但老人都坚持要自己种。去年租出去了 2 亩地，今年在老人的一再要求之下又收回来了。马明海说 4 个老人一辈子务农，靠地吃饭，土地就是他们的根，虽然现在不愁吃不愁穿，但老人的观念还是没变，一定要守着自己的地才觉得踏实。

家里 4 个老人中，马明海的父亲身体不太好，患有心脏病、高血压。去年住院花了三四千元，好在家里老人都参加了新农合，生病住院能报 80% 的医疗费，家里的经济压力还不算太大。

家里种的地多，马明海夫妻两人又基本不在家吃饭，所以种的粮食大部分都卖了。据马明海讲，2007 年、2008 年每年卖粮食收入都在一万元左右。除了种地外，马明海的父亲还在家里养了 8 箱蜜蜂，一年到头也有六七千元的收入。平时 4 位老人生活非常节俭，蔬菜都吃自己种的，平时只是买些肉、调料等物品，一年也就是不到 2000 元。马明海给家里装了座机，方便老人随时联系自己，但老人平时不舍得打电话，装机的时候交了 200 元话费都三年了还没用完。由于自己平时不在家，村里亲朋好友、邻里之间的红白喜事大都是老人去参加，他们也会表示一下自己的心意，但都比村里其他人少，花在这方面的钱也不多，一年大约有 5000 元。

表 3－14　　2010 年马明海家家庭收入来源情况　　单位：元

职业	收入	职业	收入
从事种植业	10000	从事乡镇就业工资	60000
从事畜牧养殖业	7000	外出打工	0
家庭手工业	0	政府补贴和社会救济金	500
从事渔业	0	出租草场、耕地、房屋等	0
从事旅游业	0	其他经营性收入	0
从事运输业	0		

表 3－15　　2010 年马明海家家庭支出情况　　单位：元

总支出	生产性	衣服	食品	看病	教育	娱乐	红白喜事	交通	通信	住房
11600	1000	1000	2000	1000	0	1000	5000	500	100	0

马明海是寺庄村为数不多的大学生，谈到村子的变化，马明海说用天翻地覆来形容一点都不为过。1983 年马明海读大学的时候，村里面大部分人家都还住的是茅草房，80% 的人还吃不饱饭。当年多亏了父母重视教育，吃了很多苦来供养自己上学，上大学时马明海一个月有 10 元生活费，都是父母拉沙子挣的血汗钱。当时学费、住宿费全都由学校补贴，10 元刚刚够自己吃饭，周围同学当中好多人条件还不如马明海，饭都吃不饱。现在情况大有改观，村里人通过打工、做生意或是搞养殖业大都过上了富足的生活。马明海感叹道这些都要感谢于国家，如果没有共产党的领导，没有国家的各项帮扶政策，没有一个公平的环境，穷苦人家永远不可能过上好日子。近几年村里出去做生意的人都挣了不少钱，马明海的几个小学同学虽然只有小学文化，但在青海、西藏等地做虫草、木材生意一年都能赚到上百万元。

马明海受过高等教育，又在政府机关工作这么多年，对寺庄村的发展有着自己独到的见解。

首先，他提到了教育观念问题。转变观念或许是当前发展的最重要的一点。他说国家历来对教育都非常重视，但是村民还意识不到教育的重要性。在当地年轻人普遍小学或是初中毕业就外出打工，什么来钱快就干什么。在麻尼寺沟乡 13 个行政村中，寺庄村外出务工的人是最多的。村里人遍布全国各地，大都集中在运输、虫草生意、饭店和建筑等行业。大家都有一种攀比和急功近利的心理，看着别人家的孩子在外面打工一个月能拿到好几千元，自己家的孩子上学还要花家里的钱，就萌生了让孩子辍学的想法。这是一种非常不好的风气，村民们看到的都是眼前的利益，看不到教育所带来的长远利益。在这一点上，政府要加大宣传力度，努力使农民尽快转变观念。马明海提到的教育问题也是寺庄村当前最为重大的问题，关于这点，县、乡两级政府已经给予了足够的重视，通过各项政策扶持和发展教育。村口的一句标语给我们留下了深刻印象：今天的文盲，就是明天的贫困户。

其次，他谈到农业方面要调整种植结构，寺庄村目前的经济作物主要以小麦、大豆、菜籽、土豆为主，种植结构较为单一，农作物的经济价值不高。例如种植小麦，从犁地、播种、施肥、锄草到收割、打麦，种植过程繁杂，花费较高，核算下来每亩地每年收益大概在200元。相比之下，油菜作为油料作物种植周期短，花费较少，收益相对较高，应该大面积推广种植。马明海还举例说临近的和政县气候条件不如临夏县，但当地通过政府引导大面积种植油菜，现在已经发展成为一个产业品牌，在当地小有名气。另外，今年本村引进双垄沟播玉米种植技术，玉米粒个大饱满，淀粉含量高，加上对气候要求低，耐旱，适合当地气候条件。最重要的是此品种玉米市场收购价较高，经济效益好，也应该鼓励广大村民种植。

再次，马明海说村里应该大力发展养殖业。寺庄村本来就有着悠久的养殖传统，现在村主任又在村里兴办了伊海牛羊育肥有限公司，村里应该学习其他地方的先进经验，由养殖场出资给各家各户配置牛犊羊羔，有农户分别喂养，养成之后再统一由养殖场负责收购，并统一销售。这样一来不仅能为村民创收，整个村子的养殖业也会形成产业规模。

最后，马明海提到要规范村里的劳务输出情况。目前村里的绝大多数青壮年都常年在外务工，他们或是自行一人，或是三两结伴。在打工的过程中他们也会遇到各种各样的问题，比如工资拖欠，出现纠纷时合法权益得不到有效保障等。最好能由政府出面，村里能人牵头，找一些好的项目签订长期合作协议，组织大家一起外出打工。这样不仅让乡亲们在一起相互之间能有个照应，也使他们的合法权益得到保障。

采访的最后，我们问到马明海关于养老问题的看法。马明海说孝敬父母本身就是中华民族的传统美德，在他们伊斯兰教义中也有很多内容是关于赡养老人的，所以道德加上宗教的约束，对老人不孝在当地还是很少发生的。马明海家里有4个老人，养老的负担很重，好在夫妇二人都有稳定的工作，老人们的身体也都算不错，经济上的困难不大。家里的老人都说马明海是个孝顺的儿子，平时对老人们照顾周到，老人们只是希望他们工作之余可以多回来看看他们。当我们问到再过几年老人年龄大了行动不便时有什么考虑，会不会把他们送到养老院，马明海连连摇头，说在回民民族自治地方建立养老院是行不通的，把老人送到养老院，亲朋好友们会认为这个人是怕苦怕累而不赡养老人，从另一个角度讲就是这个人不孝。所以等到老人真的年岁大了，生活不能自理时，会考虑把他们接到县上跟自己一起住，方便自己照顾老人们的生活。

马明海是一个勤勤恳恳的基层干部，并且对身边的很多问题有着自己敏锐的嗅觉与独到的见解。从这次采访中我们不仅发现了一个优秀基层公务员的代表，也引发了我们对民族自治地方公共管理问题新的思考。

（二）村中大学生——马腾云

当我们调研小组通过与寺庄村村主任的访谈，了解到寺庄村的基本情况，同时也掌握和知悉了寺庄村最近几年村里读大学的人数。村主任说由于村里的大学生今年这时回家的只有马腾云。村中大学生作为被村里人称赞和引以为傲的一分子。所以，对村中大学生的访谈也将是这次调研成果的重要组成部分。调研小组初次见到他时，是在他家门前的空地上，一眼望去，俨然一个大男孩模样，身材高大，体形健硕，头发乌黑，皮肤白皙，穿着一身安踏运动装，脚穿一双耐克的透气运动鞋。他正在和一个同龄男孩似乎忙着去办什么事情，我们快步上前去和他们打招呼，向他们介绍调研小组来到这儿的目的，并表达了我们想对他进行访谈的想法，说只需要耽搁他一点点时间。他听到之后，说："可以的"，然后转身过去与身边的同伴说了几句，随后就与同伴一起招呼和引领我们进入他的家里。通过访谈了解到：马腾云，今年21岁，回族，信仰伊斯兰教，2009年9月考入甘肃省天水师范学院体育专业进行学习，现读大二，是临夏县寺庄村村中4个大学生之一。

家里有共有3口人，父亲马文意，今51岁，现在外地做虫草生意，主要是经营虫草的收购和销售。母亲，马文秀，51 岁，主要负责家里的农业生产和家里的管理。2010 年家庭的收支情况如下表：

表 3－16　　2010 年马腾云家家庭耐用品消费情况

项目	个数	项目	个数
电视	1	农用车（拖拉机）	0
电冰箱	1	卡车	0
洗衣机	1	小轿车	0
照相机	0	电话	1
影碟机	1	组合音响	0
电动车	0	手机	2
摩托车	1	自行车	0

2010 年收入与支出明细：

表 3－17　　2010 年马腾云家家庭收入来源情况①　　单位：元

职业	收入	职业	收入
从事种植业	6000	外出（虫草生意）	800000
从事林果业	0	政府补贴和社会救济金	0
从事畜牧养殖业	0	出租林地、耕地、房屋等	0
从事渔业	0	本乡镇就业工资	0
从事家庭手工业	0	出租生产工具	0
从事旅游业	0	其他收入（退休金）	0

表 3－18　　2010 年马腾云家家庭支出情况　　单位：元

总支出	生产性	衣服	食品	看病	教育	娱乐	红白喜事	交通	通信	住房
27300	2000	2000	5000	0	10000	0	5000	3000	300	0

① 马腾云家里的主要收入来自其父亲在外地做虫草生意。

表 3－19　2010 年马腾云家家农作物、牲畜、家禽情况

种类	亩数	价值（元）	种类	亩、个数	价值（元）	种类	个数	价值（元）
玉米	0	0	油料	0	0	马驴	0	0
麦类	3	2400	棉花	0	0	骆驼	0	0
薯类（土豆）	2	2000	果树	0	0	家禽	0	0
水稻	0	0	羊	0	0			
大豆	2	1600	牛	0	0			

马腾云在寺庄小学毕业后，以优异的成绩考入临夏县韩集中学，上初中时成绩较好，在高中能进入韩集中学的尖子班学习。自己从小都爱好体育，并时常进行体育锻炼，体育素质出众。在高二的时候，经老师的评定与推荐，由于学习体育考大学较容易，加上身体条件好和素质出众，建议学习体育专业。当初父亲坚持不让，后来在学校的教练和老师沟通后，勉强答应了他学习体育。他也在与教练交流和沟通后，选择了学习体育的田径项目。据马腾云介绍，在高中时学习体育主要练习田径 200 米和 800 米专项素质，补充练习项目是铅球。当时学习体育很辛苦，不论春夏秋冬每天早上都需要练习跑步，尤其是冬天，天气很冷，外面下着雪，都还在练习跑步以及自己主要的项目。由于天气冷，身体的舒展度打不开，自己在练习过程中脚踝受过伤，在休息的一个多月的时间里，改练习为练腹肌。也正因为自己的坚持和努力，在 2009 年 2 月参加了临夏州运动会，并取得了 200 米和 800 米专项素质两项第二名的优异成绩。

2009 年 6 月参加高考，当时国家线要求是体育单科 80 分上线，而自己不仅达到上线要求，并以文化课 340 分的分数达到且超过大学分数线很多的情况下，考入天水师范学院体育学院社会体育专业。上大学后，主要学习文化课，开课的课程包括：思想政治教育、外语以及与体育相关的课程 20 多门，有时进行室外训练，但还是给予了自己的专项练习一定的时间。并在 2010 年 4 月份，参加学校校运会，获得了专业组 100 米第三名，200 米第一名的成绩。在大二的时候，马腾云体育练习的方向是学习体育健身俱乐部、社区健身，并且也选修了武术和羽毛球。在学校的两年时间里，通过学校英语四级考试，并一直在努力争取通过国家英语四级考试，此外还获得了体育教师资

格证。

当问及在大学学习期间的生活费时，马腾云说，学费和住宿费分别为4900元和1200元。上大学的学费主要是用家里提供，主要来源是父亲马文意做生意的收入，还有当地的贷款，第一年贷款为4900元。生活费方面，由于2010年消费和物价水平的上涨，每月的花费在600~700元，同时学校有大学生生活补助，每年有400~800元，以及在2010年获得了国家助学金1500元，这些方面在很大程度上弥补了生活费。

当谈到短期计划与未来期望时，马腾云轻叹一声后说，因为通过与天水师范学院体育学院往届毕业生的交流后，以及通过上网对大学生就业信息的查阅，知悉用人单位在招聘用人时很多时候是需要看毕业生的社会实践能力和兼职实习的经历。所以在接下来的两年时间里，由于自己没有太多的社会实践或兼职经历，计划在大三的时候，尽可能去做兼职实习或从事社会实践，积累和增长自身的社会实践能力。同时也期望在大学毕业后能够找到一份教师职业的工作，因为现在教育改革后，体育教师的就业压力和竞争激烈程度，使得体育专业的学生较难找到一份教育工作。计划在大三或者大四的时候进行考试复习，主要奋斗方向是参加临夏州的教师招考，期望通过自己的努力找到一份较好的工作。

本次对村中大学生的访谈，让我们感受到当前大学生学习和就业压力，尤其是对于农村走出来的大学生，他们对大学毕业后的出路却是那样的茫然，只能寄托于美好的希望中。毕业后该走向何方？是很多农村大学生到现在为止都未曾知晓和明白的。

二十一、其他典型人物

（一）传奇人物——马永祥

马永祥，男，44岁，回族，麻尼寺沟乡寺庄村人。家里一共有6口人，妻子名叫马白白，今年37岁，在家务农。马永祥有一个儿子，两个女儿。老大马晓霞，今年18岁，已经出嫁。老二是儿子，名叫马晓林，今年16岁，小学毕业后一直在外地学经。老三马晓慧，今年还不到四岁。

马永祥一共兄妹8个，有1个哥哥，4个姐姐，2个妹妹。其中3个姐姐和1个妹妹都已去世，剩下一个姐姐和一个妹妹远嫁他乡。哥哥马拉黑今年64岁，患有小儿麻痹症，丧失部分劳动能力，只能干些轻体力活，跟随马永祥一家住在父亲留下的老宅子里。

马永祥1972—1977年在本村的小学读书。小学毕业之后便不再上学，1978年开始给村里的有钱人家放羊。当时的他还不知道生活的艰辛，无忧无虑的当了两年放羊娃。1979年，父亲把马永祥送到邻近县一个清真寺学经，一共学了六年。

1986年，当时已经20岁的马永祥跟随村里人外出淘金，他们是村里最早一批出去淘金的人。第一次外出淘金，马永祥选择了离家乡1000多公里的敦煌。正如他所期待的那样，淘金使得他们这些贫苦的农民迅速富有起来。当时黄金的回收价是40元/克，这一年马永祥一共在矿上干了4个月，淘到10多克金子，除去日常花销，一共挣到了500多元。

1987年，马永祥跟随村里人转战四川淘金，但是运气欠佳，淘了两个月却基本没见到金子。于是，马永祥和同去的村民果断地又回到了敦煌。在敦煌他们依然有不小的收获，两个月挣到1200元。9月份，马永祥拿着自己挣到的钱，回到家乡订了婚。

1988年，他继续到敦煌淘金。当年，他挣到了2000元。马永祥说那些年敦煌还是一片沙漠，杳无人烟，但在金矿上却有来自全国各地狂热的淘金者，当地的河床产金量很高，那两年也是自己挣钱最容易的时候。

1989年，马永祥结婚了，婚后他拿着自己前两年挣到的钱带着新娘到四川、成都等地痛痛快快玩了一把，度过了他们甜蜜而又快乐的新婚蜜月。说这些时，马永祥脸上洋溢着幸福的笑容。

1990年，马永祥听说和田地区发现了大片的金矿，河床下遍布着黄金。于是他便和村里人一起怀着发财梦奔赴新疆和田。当时为了节省路费，同去的四五十人包了一辆解放车，他们就挤在后面的货仓中，一路颠簸了十来天才到达和田。和田并没有人们传说中的那样遍布黄金，但这年马永祥等人收获也不错，每人差不多都拿到了两三千元。

1991年，他尝试做黄金贩卖生意，这年他从银行贷款5000元，到四川回收黄金。当时他从四川金矿上的收购价是每克90元，贩卖到临夏，每克卖到97元。这年虽然赚到了一两千元，但是这样的生意并不好做，马永祥说身上带着黄金在路上风险太大，一旦出现意外自己就是血本无归。

1992年，他又转回老本行，回到敦煌继续淘金，这年收成不好不坏，挣了2000元。

1993年，当地又有人盛传青海曲玛莱发现了大金矿。曲玛莱气候环境异常恶劣，有说法叫“去了曲玛莱，能去不能来”，“十人进去，一人出来”。当时的马永祥一心想着挣钱，便毅然决然地奔赴曲玛莱地区。当年一共干了四个月，挣了3500元，马永祥说这是自己淘金生涯挣钱最多的一年，也是最苦最危险的一年，现在想想当时的情况自己都后怕。

1994年，马永祥不甘于仅仅当一名普普通通的淘金工，凭借自己的才能以及对这个行业的了解，贷款1000多元，加上自己的存款，在当地召集了三四十人，自己作为领队到敦煌淘金。当时到矿上淘金要给当地的黄金管理局交人头费，每人200元。马永祥负责工人们的人头费、来回路费及工人们的伙食，之后工人们淘出的金子按比例交给他管理费。

这年矿上也出了不少金子，本来马永祥能挣到不少钱，但当年却发生了意外。他手下有一个自己的远房亲戚，患有哮喘。这个亲戚看到他在外淘金挣到了钱，从两三年前开始就想跟着他外出淘金，但是考虑到他的身体原因，马永祥一直没有同意。这年在他的一再要求下，马永祥终于同意他跟着一起去。作为自己的亲戚，马永祥不收取他管理费，也就是说，他挖出多少自己就挣多少。但谁也没有料到，淘金队刚刚到达敦煌，这个亲戚哮喘病就发作了，当地人迹罕至，医疗条件极差，由于病情得不到控制，三四天后便去世了。事发后，马永祥拿出三千多元包了一辆车把尸体送回老家，后来又赔偿给死者家属几千元的抚恤金。这样下来，马永祥当年只落下了两三千元。

1995年，马永祥处理完亲戚的事，意志消沉，便没有外出打工。期间还跟老婆发生了矛盾，吵了几次架。在一次冲突之后，老婆一气之下带着孩子回了娘家。随后的一段时间，马永祥好好反省了自己，他认识到不能因为一时的坎坷就一蹶不振，自己的脾气暴躁不仅耽误了生意，也导致了家庭的不和睦。到了年底，马永祥把老婆接了回来，一家人开开心心地过了年。

1996年，马永祥重拾淘金事业。这次，他从家里带了25个人，每人每天15元，包吃住，马永祥承担所有的风险，挖出的金子则全部归他所有。他投入了巨大的成本，希望自己能够大赚一笔，但事情并不像他希望的那么顺利。

刚开始的时候，矿上的探测出了问题，挖了两个月，一点金子没见到。后来马永祥带领队伍换到了另一家金矿，这次虽然挖出了金子，但却碰到了其他麻烦：当时矿上还有来自四川、河南的几支队伍，他们之间因为相互争夺矿井经常发生冲突，马永祥本人也在一次冲突中受伤。两个月后，马永祥被迫无奈离开了那片矿区，带着他的队伍来到了新疆阿勒泰地区。阿勒泰的金矿老板都是当地的地头蛇，极其蛮横霸道，挖出的金子老板要先收回成本，之后再和队伍四六分成。三个月后，马永祥的队伍已经难以维持下去了，他给工人清算了工资，便解散了队伍。

这一年，马永祥受尽了欺辱，也深刻地认识到了人心险恶。一年到头，马永祥不仅没有赚到钱，还赔进去了一两万元。他说自己是个要强的人，这样的结果自己不知道该怎么面对妻子和儿女。这年春节，马永祥没有回家……

1997 年，马永祥来到了中俄边境的霍尔果斯口岸当搬运工。当时口岸的搬运工都处在当地地头蛇的掌控之中，像马永祥这样的外地人被称作关外人，在当地受尽欺压，经常因各种理由被克扣工钱。马永祥虽然愤恨在心，但自己走投无路，只能咬牙坚持。当时一桩生意是 15 ~ 20 元工钱，马永祥凭借自己强壮的身体以及不怕吃苦的精神，一个月能挣到 8000 多元。

后来一个地头蛇发现马永祥脑子聪明，介绍给他一桩生意。起初马永祥还很高兴，以为自己得到了赏识，等他接触以后才发现老板出高价钱让他运的都是军火。马永祥知道走私军火是严重违法的事，但因怕老板报复，马永祥没有当面拒绝。在一个漆黑的夜晚，马永祥逃离了霍尔果斯，再也没有回去。

1998 年，是马永祥命运的一个转折点。这年发生了一件大事。马永祥的妹妹 1991 年远嫁东北，妹夫家里是土匪出身，新中国成立前后在当地作恶多端，改革开放以后才有所收敛，但家族势力依然庞大。妹妹嫁过去以后没有像压寨夫人一样百般受宠，反而备受欺压，苦不堪言。妹夫一旦心情不好或是酒醉之后经常找妹妹出气。姐姐去世时，妹妹本应回来参加葬礼，但因妹夫不同意，最终妹妹也没能回来。妹妹生活暗无天日，马永祥作为哥哥是看在眼里急在心里，于是他选择了一个简单且粗暴的解决办法：1998 年年初，马永祥带领自己的几个亲戚来到东北妹妹家，试图用武力把妹妹给抢回来。在当地，马永祥等人同妹夫家里人发生了一场激烈的冲突，但最终由于妹夫家里在当地势力太大，计划没能成功。冲突之后，妹夫方有一人声称自己的眼睛在冲突中受伤失明，要求马永祥一方承担刑事责任并予以赔偿，但据马永祥讲那人本身眼睛就看不见，这是妹夫一方在故意诬陷他们。

后来，妹夫一方把马永祥告上法庭，公安机关在全国范围内通缉他——犯罪嫌疑人。通缉令下来没多久，马永祥的父亲就因极度愤恨突发心肌梗死离开了人世。为躲避抓捕，他开始了他的逃亡生活。马永祥办了假身份证，先后在新疆、西藏、内蒙古、贵州、山东、福建等地藏身。每到一个地方只能做些临时性的工作以求生计，周围的人一旦熟悉自己，就要另寻他处。马永祥说在2000年的时候，全国展开了集中抓捕行动，自己每周都会遇到两三次抓捕，在乌鲁木齐、拉萨、阿里、天津各被认出过一次，每次都是惊险逃脱。马永祥说自己也不想这样一直潜逃，但自己是被冤枉的，他害怕自己一旦被抓，便永无回天之日。妹夫在法院有着各种各样的关系，肯定不会轻易放过自己。

事情在2003年出现了转机。当年冲突发生之后，马永祥给过伤者一笔赔偿金，但赔偿金被一个中间人私吞，受害人一直没有能够拿到。后来这个受害人跟妹夫及私吞款项的中间人发生了矛盾，便私下里联系上了马永祥，说自己眼睛本身就有残疾，当时是受马永祥妹夫指使才诬告马永祥伤人的。至此，这桩冤案真相大白，随着受害人的撤诉，马永祥终于回到了正常的生活。

2004年，马永祥回到了6年都没敢回来的家乡，见到了思念已久的亲人。虽然饱受委屈，但作为一个无权无势的普通百姓也只能咽下这口气。他说幸好当事人良心发现撤诉了，不然自己还不知道要逃到什么时候。

回到家乡以后，他开始到村里的糖厂打工，普通工人每个月300元工资，当时糖厂的老板同情于马永祥的经历，每月给他310元，算是照顾马永祥。马永祥说虽然只多了10元，但是这里面包含的是一份心意，自己在外面这么多年，早已领会人心险恶，还是自己的父老乡亲最为善良、淳朴。

2005年，马永祥的生活又起了波澜。由于之前为案子欠下了八九万元的账，自己心里一直想着快点赚钱还账。一个远房侄子利用了自己的这种心理，把自己骗到了一个传销组织当中。最初，马永祥来到河南开封，被传销组织洗脑，天天沉浸在迅速发财的幻想中。由于马永祥聪颖过人并且勤奋努力，仅仅3个月之后，他便以骄人的业绩升到了传销组织的C级，到邯郸担任华北地区的总经理。当上经理后不久，马永祥慢慢认清了这个组织的真相，也明白了自己所在的是一个地地道道的传销组织，是通过不正当的手段获取财富的。随后，马永祥并没有一走了之，他在暗中联系被传销组织所控制的下线，告诉他们传销组织的实质，并奉劝他们早日离开传销组织。在9月份的一天，他带领手下一百多人，集体逃离了传销组织。

2006年，马永祥发现家乡好多人在外地做虫草生意都挣了钱，自己也跟随乡亲来到了西藏贩卖虫草。由于自己没有本钱，开始时都是借钱做生意，到年底要拿出50%的利润给贷款人作为分红。第一年，他赚到了3万多元。

2007年，马永祥继续到西藏做虫草生意，但这年他又遇到了麻烦。他在一桩生意中赊账给了一个下家，这人生性好赌，待马永祥找他要钱的时候，他已经把货款挥霍一空。最后，在马永祥的逼迫之下，这人拿了5斤虫草抵债。离开拉萨之后，马永祥发现虫草里面掺假，只能以低价贱卖。这桩生意马永祥一共赔了6万元，也正因为此事，这年马永祥几乎没赚到钱。

2008—2009年，随着马永祥对虫草行业的了解不断加深，生意也渐渐好起来。这两年他在西藏昌都收购虫草，贩卖到拉萨。两年一共赚了有八九万元。

2010年，马永祥终于有了自己的一点积蓄，不用借别人的钱做生意了。他用自己的积蓄作为本钱，跟同村的4个人合伙到西藏做虫草生意。这一年，马永祥赚了10万元。先前因为案子欠下的债也全部还清。

2011年上半年，马永祥继续做虫草生意，近年来虫草价格疯涨，马永祥从挖虫草工人手里收购的价格是每斤5万元，贩卖到拉萨收购商的价钱是每斤5.5万元。仅上半年马永祥就赚到了四五万元。我们采访之时恰逢伊斯兰教的斋月，他暂时放下手中的生意，回到家乡封斋。

马永祥家里一共种了3亩4分地，有2亩小麦，1亩油菜，4分土豆。每年的种粮补贴有150元，买种子、化肥、地膜等生产性支出大概每年400元。由于哥哥不能干重体力活，家里养了8只羊，平时哥哥就上山放羊，一年约有10000元的收入。

表 3－20　　2010 年马永祥家家庭收入来源情况　　单位：元

职业	收入	职业	收入
从事种植业	0	从事乡镇就业工资	0
从事畜牧养殖业	10000	外出打工	100000
家庭手工业	0	政府补贴和社会救济金	150
从事渔业	0	出租草场、耕地、房屋等	0
从事旅游业	0	其他经营性收入	0
从事运输业	0		

马永祥家里的支出主要是教育、医疗和红白喜事。家里亲戚众多，一年红白喜事的花费大概要 2 万元。儿子学经每个月大概要 1000 元。马永祥由于多年在外淘金，落下了严重的胃病，平时肉蛋奶都不能多吃，有时犯病还要住院治疗，一年大概花去 8000～10000 元。妻子也患有哮喘，一年要花去三四千元。

表 3－21　　2010 年马永祥家家庭支出情况　　单位：元

总支出	生产性	衣服	食品	看病	教育	娱乐	红白喜事	交通	通信	住房
51500	500	1000	1000	12000	12000	0	20000	3000	2000	0

谈到对未来的打算，马永祥沉思了一会儿。他说近几年做虫草生意行情还可以，今后几年还准备继续做下去。通过前几年的努力自己也存了几万元，本来拿这些钱当本钱以后收虫草会比较方便，但是眼下儿子马上要结婚了，家里还住着父亲留下来的老房子，要是不盖新房没女孩愿意嫁过来，所以要拿这些钱盖房子给儿子娶媳妇。下半年自己不准备出去了，先在家里把房子盖起来。过两年儿子学经回来也让他跟自己出去做生意。

采访的最后，马永祥还告诉我们一个方子，他说这个方子是听一个老藏医说的，很有效果。冬虫夏草虽是名贵的药材，但是不能单吃，最好是和贝母、麝香、乌鸡、枸杞、当归一起炖汤，最能补身子。马永祥说自己早年在外淘金，后来又各处逃亡，身体落下很多毛病。这些年自己做虫草生意，断断续续按照这个方子吃了点儿虫草，现在感觉身体比前些年硬实多了。

马永祥是个充满传奇色彩的人物，虽然一生经历了很多挫折，但他始终都是以积极、进取的态度去面对生活。衷心祝愿马永祥一家人在今后的生活中能够一帆风顺，幸福安康。

（二）重视教育者——马西明

马西明今年 47 岁，家中一共 5 口人，马西明及妻子、儿子、女儿和小孙女。

马西明家是寺庄村小学校长推荐给我们的。校长介绍说他们家儿子是研究生，这令我们十分兴奋，在村里找个大学生都难，何况这家培养出了研究生呢？于是我们便来到了马西明家探个究竟。

马西明家位于寺庄村西部，院子占地面积非常大，一共有 11 间房子。坐北朝南的是家里的堂屋，白色瓷砖，朱红门窗，房檐下的木雕更是色彩斑斓、精致美观。虽然房屋建筑样式与村里其他人家基本相似，但细节之处却明显胜过一般人家。

进入堂屋，房间的装修也让我们眼前一亮。西面墙上挂了伊斯兰教真神安拉的画像。北面及东面墙上则挂了三幅字画，使屋里顿时增添了几分书香墨气，如此文雅的装饰风格在村中极为少见。马西明介绍说这三幅字画都是儿子亲手创作，一幅字为毛泽东的《沁园春·雪》，笔势雄健洒脱；一幅画名为《牧童出门香满园》，一枝牵牛花争芳斗艳，栩栩如生；另一幅画名为《远上寒山石径斜》，画面上层峦叠嶂，危峰兀立。一幅字行云流水、苍劲有力；两幅画清新脱俗、意境深远。想不到在这样的小村庄也有如此文人墨客。

马西明 1965 年出生在寺庄村，1972 年进入本村的寺庄小学读书，1977 年小学毕业到唐尕乡中学读初中。1980 年，因父亲患肺病，家里条件差，加之马西明还有两个妹妹需要人照顾，当时在读初三的马西明被迫辍学。

1980 年辍学以后，马西明便外出打工挣钱以贴补家里。当时他来到青海的一个煤矿当矿工，每天下井挖煤，这一干就是 7 年。当时煤矿上工作环境恶劣并且危险重重，但是一天能拿到三四元工钱，在当时算是相当高的工资了。马西明省吃俭用，每个月都往家里寄 60 ~ 70 元。

1987 年开始跟随舅舅到新疆阿勒泰地区淘金，同样是艰苦异常。由于运气不佳，没有挖到多少金子，两年下来一共才挣到几百元。

1989 年，跟本村村民一起转战甘肃大肥河继续淘金。当时一个小队有 7 个人，一个老板，6 名工人。老板只负责联系金矿并不参与淘金，在队伍里算半个人头，挖出的金子六个半人平分。日常的吃住以及金矿上收取的管理费都从挖金的收益里扣除。在甘肃一共挖了两年，同样运气不怎么好，一共挣到了 1000 多元。

1991 年马西明不再淘金，而是到甘肃的窑盖煤矿当矿工，当时的工资每天 10 元，一个月省吃俭用能存下一百多元，也全都寄回家供养孩子上学了。

1993 年，马西明跟随一个老板到甘肃的洪水坝淘金，这年运气很差，一年到头只挣了个回家的路费。马西明无奈地说："没办法，淘金就是这样，三分靠努力，七分天注定。"

1994 年马西明的儿子已经上初中了，随后的这两年他便没有外出，只是在本地附近的山上挖药材，一天老板给一二十元的工钱，一年到头共挣了 1000 余元。当时孩子在韩集镇中学读书，每个月的花销都要四五百元，马西明供养孩子已经觉得力不从心了。

1996 年乡政府在夏河修水电站，村上的大队承包了一段水渠，马西明便到施工队当工人，一天有 8 ~10 元的工钱，一共干了半年。半年之后工程结束，马西明不得不另谋生路。

1997 年马西明和村里人一起到新疆打工，在建筑工地当工人，每天能挣到 17 ~18 元。

1999 年开始，马西明到西藏阿里地区打工，一干就是十年。每年的四月份进藏，十一月份回乡。阿里不通公路，每次都是跟工友一起包东风大卡车去，从家里到阿里地区要十天时间。在阿里打工十分艰苦，当地海拔在 4400 ~7000 米，曾经在去阿里的途中一名工友因高原反应强烈，不治身亡。

既然这么艰苦，干嘛还要去呢？马西明说虽然艰苦，但是挣的钱多，这几年阿里搞开发建设，项目多，找活容易。1999 年刚去的时候平均工资一天四五十元，到后来每天能拿到八九十元了。刚到阿里时是跟同村的村民一起在工程队当工人，只是拿份工钱，到后来自己从村里带去几个村民，承包一些小工程，赚的就多点。阿里地区气候恶劣，经常遇到大雪大风天气，便只能停工，再加上有时候一个工程做完不能及时联系到下一个工程，平均下来一年在阿里也就是干一百多天活。最好的一年在阿里一个小水电站工程中承包了一个项目，工钱是按立方数给的，多干多得，加上施工周期长，几个月一直都有活干，所以那年手下的工人平均都拿到了 2 万多元，马西明自己作为领队拿到了 3 万多元。

马西明说在阿里的时候自己吃了很多苦。2004 年在中印边界修公路的时候，一名工友产生了严重的高原反应，命悬一线，当时正赶上大雪封山，他和工友们一起徒步翻越雪山，行走 12 天才从阿里出来，路上他和其他工友轮流用担架抬着高原反应的工友，最终那名工友从死神手里捡回了一条命。

2006 年在阿里修水坝的时候，手下的一名工人在施工中不幸去世。出事之后老板害怕承担责任，便携款潜逃，之后杳无音信。死去那名工人的赔偿款以及工人们的工资一下没有了着落。后来马西明东奔西走，先后到水利局、劳动局、信访局等政府部门反映情况，最后终于在当年回乡之前拿到了一部分钱。除去给死者家属的赔偿金，自己当年几乎没落下什么，到现在还有 1 万多元的工钱没有要回，已经成了死账。

2009 年，因为老板的工程从阿里转到了昌都，自己也跟随老板到昌都打工。主要是修建公路防护工程，一天 130 元，那年马西明一共挣到了 2.3 万元。

2010 年，马西明跟随老板又从昌都转战芒康。同样是做公路防护，一共干了 6 个月，挣到 1.7 万元。

2010 年上半年，马西明自己带了一个施工队到新疆接工程，但是由于公司一直拖欠工程款，施工队难以维持，6 月份便回到家乡。我们采访之时正值穆斯林的斋月，马西明说过完斋月再另行寻找其他工程，之前那个工程已经干不下去了。

马西明的儿子名叫马启龙，今年 30 岁，在甘肃民族师范学院工作。马启龙读师范学院时成绩非常优秀，1997 年被保送到西北师范大学读本科。当时师范毕业后，马启龙同时被分配到赢准乡小学当老师。考虑到父亲常年在外打工非常辛苦，原本准备放弃保送资格早日参加工作以减轻家里负担，但是当时马西明坚决要求儿子去读本科。马西明有一个信念，只有通过教育才能改变家庭的命运。马启龙在西北师大开学时的学费是向亲朋好友借的，一共凑了 5000 余元，除去生活费外，还有 2000 余元的学费没有交齐，最后这 2000 多元是父亲当年打工回来才补交上的。

2001 年，马启龙本科毕业，分配到合作师范学院工作，其间马启龙并没有放弃自己的学业，一边工作，一边学习。两年以后，马启龙以优异的成绩考取了西北师范大学的公费研究生。2009 年马启龙研究生毕业，在甘肃民族师范学院工作至今，教授电子技术课程。

马西明的女儿名叫马玉莲，今年 27 岁。马玉莲 6 岁上学，初中毕业后在临夏师范读了 4 年中专，之后通过自考拿到了本科文凭。2006 年到唐尕小学当义务教师，一干就是三年，其间没有工资，只有国家给予的义务教学补助每年 600 元。在唐尕小学工作时，马玉莲通过自己的努力考取了教师资格证书，2009 年，她被分配到掌子沟小学成为一名正式教师。

马西明常年在外，家里全靠妻子马麦勒牙一人操持，马麦勒牙今年 47 岁，脸上已经布满了岁月的痕迹，她说自己虽然辛苦，但心里高兴，儿子女儿的成绩是她最大的回报。

马西明的孙女名叫马悦阳，今年一岁半，平时跟着父母在合作市，周末回老家。马西明说儿媳妇也是一名教师，他们家现在是教师之家。说这句话的时候，马西明脸上充满了骄傲与自豪。

马西明家里种了 6 亩 9 分地，其中小麦 4 亩、蚕豆 1 亩、菜籽 1 亩、土豆 9 分。生产性支出一年大概有 1000 余元。国家给的种粮补贴一年有 350 元。

马西明家里冰箱、电视、洗衣机一应俱全，据他说这都是儿子、女儿给买的。去年儿子还给买了一辆摩托车，方便自己出行。另外，马西明家里还有一辆手扶拖拉机，农忙时候经常帮乡亲们犁地，帮助街坊邻里的同时自己也能有点小收入。

表 3－22　**2010 年马西明家家庭耐用消费品情况**　单位：个

项目	个数	项目	个数
电视	1	农用车（拖拉机）	1
电冰箱	1	卡车	0
洗衣机	1	小轿车	0
照相机	0	电话	1
影碟机	0	组合音响	0
电动车	0	手机	3
摩托车	1	自行车	0

马西明家里养了 1 头牛，2 只山羊，6 只土鸡。马西明说牛已经养成了，今年准备把它卖掉，再买个小牛犊继续喂养。

谈到对未来的打算，马西明思考了一下，说："儿子已成家，女儿已出嫁，他们都有稳定的工作，我心里就踏实多了。今后再出去做两年工程，就准备在家养老。现在儿子女儿都已经不需要家里的钱了，每个月还往家里拿不少钱，我和老伴儿也该享享清福了。"

采访的最后，马西明还向我们展示了他儿子马启龙从小到大获得的各种奖项及荣誉证书。他说这些就是他这么多年辛辛苦苦打工最好的回报，每当自己在外身心疲惫的时候，想想儿子的这些成绩，自己就立马精神抖擞，正是儿子支撑着他在各种艰难困苦的环境下坚持下去。

对子女教育不够重视是寺庄村的一大问题，很多家庭在子女小学毕业后就选择让其外出打工。马西明为村里人树立了榜样，他用自己的实例告诉身边的村民，只有教育才是改变家庭的命运的最好途径。

（三）退休矿工——马成国

经过几天的调研，我们调研组团队又多了一位小成员，一个上小学四年级的机智、聪明的小男孩，他是我们调研组的小翻译。由于和当地的村民语言上有些沟通障碍，这个小男孩就成了我们得力的小助手。当我们听不懂某些村民的话后，这个小翻译就挺身而出，给我们解释村民的话。今天我们沿着柏油小路向前走，看到前方矗立着一座漂亮的楼房。红褐色的大门，整个楼房的主体色是白色，楼房的一侧是一片郁郁葱葱的树林，嫩绿的小草，些许不知名的小花点缀其中。在这片静谧的树林旁，坐落着一座整洁的楼房。小男孩告诉我们，这是马成国的家。

马成国，男，60 岁，普通话基本流利，没有上过学。妻子马托里哈，女，55 岁，没有上过学。儿子马玉，33 岁。儿媳马发头妹，30 岁。孙子马龙 12 岁，孙子马洒洒 7 岁。

这是两层整洁、干净的楼房，院子里种着几棵果树。累累果实挂满枝头，缕缕清香沁人心脾。从收拾得干净整洁的院子可以看出，他们和其他村民一样，都是勤劳的村民。马成国家的经济条件在寺庄村算是不错的了。谈起他的家人，他露出了刚毅灿烂的笑容："家人都很好，儿子儿媳去地里干活了，你早过来一会就可以看到他们了。"这是一个幸福的大家庭。

交谈中，我们得知他是一名退休的矿工。谈起为什么做矿工，他真挚地说："就是想挣钱，让家人生活好点。"附近的大山里那几年开了不少小矿。一个拉上一个，渐渐地，一些村民奔向那些个给他们带来梦想的矿山。1969—2002年，马成国在兰州市一个煤矿厂上班，是中国上百万煤矿工人大军中的一员。一个月工资8000元左右。这些来自不同地方的矿工家庭状况都不太好，带着挣钱的愿望每个矿工都努力地工作着。他认真地告诉我，当他选择了这条路，他就会走下去，并且认真地走下去，在自己平凡的岗位上，体现自己的价值。

马成国是个勤劳、能干的矿工，为了家人的幸福辛勤地工作着。谈起他当矿工时的生活状况，他告诉我们那是一个三面环山的狭长山谷，山谷深处的空地上堆满了出窑不久的煤炭，山脚下建着几排低矮的砖瓦房，这些房屋就是该矿工人的居住之地。

讲起熟悉的井下生活，马成国感慨万千。在家里种地，一年下来，收入只有自家种的几亩地。他考虑到通过另一种方式去提高家里的生活水平，出去打工。在询问过在外面打工的一些村民的相关情况后，他决定出去闯闯。家里没什么经济来源，全家的生活基本上靠他一个人的工资维持，于是他毅然地坚持做着这个职业。以前身体挺好的，现在原本轻松的活儿也变得吃力起来。他感到自己的身体大不如前。稍微干点重活，就像扛了千斤重担一样沉重，"气只能喘到一半就喘不动了"。1991年，他被确诊为尘肺病。他不再去矿上打工了。返乡后出现咳嗽、胸闷、呼吸困难等症状。胸闷，气短，干一会儿活就没劲儿了。平常身体没什么不适，只是不能感冒。现在他注意不让自己感冒，感冒的话，呼吸就比较困难。确实采煤一线的工人太辛苦了，高温，粉尘，有毒有害气体无时不侵害自己的身体。

马成国患的这个疾病属职业病，马成国所在矿务局认定他属工伤符合法律规定。以前还不了解尘肺病这个职业病，自己也不重视这病，工作的时候也不戴专用的防尘口罩（一般的口罩没用）。自己得这个病以后，他开始关注有关尘肺的报道，都是很悲惨的事。所以他想提醒各位矿工朋友，一定要重视和了解这个病，也一定要提醒周围的同事和朋友尤其是农民工增强自我防护的意识。让他们清楚地了解到这个病的危害。大多数人都是在不知情的情况下得的这种病！希望更多矿工和从事各种粉尘工作的朋友注意防范。他说不做防护，得尘肺病的可能性就比较大。只是因环境和工龄影响发病的时间长短有所不同。"矿工朋友们一定要重视起来，一定要戴专用的防尘口罩和提醒周围的人戴防尘口罩!”

2002年，退休之后的马成国给自己放了一个长长的假，和家人一起用勤劳的双手耕耘着家里的4亩地，在家从事农活。从他灿烂的笑容里，我们能感受得到他对现在生活的满意。没有了在煤矿上工作的辛苦，现在的他，是一名普普通通的农民，在自己的家乡，通过辛勤的劳动，和家人一起过着舒服的日子。

马成国对于寺庄村有着深厚的感情，也是村庄不断发展变化的见证人。政府给村民提供危房补助，帮助村民修建新的房屋；帮村民修建了条条宽敞的马路，再也不用担心下雨天的淤泥了。以前每到下雨天，整个路上几乎都不能行走。

谈起近些年村子里都有哪些变化，马成国一脸的笑意。他回答说：“这个变化可大了。你看，村容村貌有了新变化。以前村里的路都是土路，凹凸不平，遇到下雨天，路面泥泞不堪，骑车就更不要提了。那时候村里养羊的特别多，每条巷都堆着满巷的羊粪，一到夏天更是苍蝇漫天，臭气熏天。逐渐地，群众环保意识有了提高，不但对庭院卫生意识有了转变，对公共卫生也有了讲究，树立起讲卫生、美环境的新意识。现在垃圾不随处乱扔，家禽的粪便也不随处乱倒，都有了统一的安排和处理。现在到哪都是干干净净的水泥地，让人的心情也十分舒畅。另一个显著的改变就是群众物质生活条件得到了改善。以前农村人就只会守着那一亩三分地过日子，吃穿用都很简单、随便，只要不饿着肚子，不冻着就很满足了。如今，在国家不断的发展变化中，农民也意识到要不断提高自己的物质水平，开始不断寻求致富的道路。现在我们村里不仅发展了养殖业，还有很多小型厂矿，同时给一大批的妇女们提供了就业岗位，现在每家都是两个人在赚钱，手里的钱多了，物质生活便有了提高，村里集市上卖的东西也丰富了起来。以前只能在过节吃上的东西现在随时都可以吃了。用的就更不用说了，什么电冰箱、洗衣机和电饭锅之类都上了农民的锅台。”

马成国是一个很有想法的人，他深知教育的重要性。觉得教育对于一个国家富强与否至关重要。村里不识字的人太多，没文化的人太多，要想生活好起来，必须得有文化。他觉得自己没接受过教育，没文化的人是没有多大的前途的。没有文化，人的思想愚昧，没有想法，做起事情来没有思路，村里的孩子早早地就不上学了，在家里待着。他希望孩子努力学习或者多学些技术。马成国是我们访谈到的比较重视教育的一个人。马成国说，他们这一代就是因为没文化，所以眼光和思路都跟不上，只能干农活，挣不了多少钱。随着时代的发展，村民们逐渐意识到教育对于家庭、民族长远发展的重要意义。从对待子女教育问题上态度的转变，我们看到了寺庄村发展的希望。

马成国认为，阻碍他们家致富的主要原因是没有资金。其实也有过办厂的想法，可以利用家乡的资源特色开展畜牧养殖加工业。他指着前面那片郁郁葱葱的树林说，那么好的草地和树木，闲置在那，没有好好利用起来，多可惜啊。对于办厂，他有自己清晰的思路，多年在外的工作也让他懂得拼搏的意义，只是资金这方面是个大问题。没有资金，自己的想法就只能是一纸空文，厂子不可能启动起来。

三百六十行，各行有各行的难处，但却很少有煤矿工人的艰辛。当公鸡还没报晓，他们已经离开了温暖的床铺。天还不亮他们就钻入了几百米的深井。一年四季，风雨无阻。日复一日，年复一年。有这样一些人，他们收入不高，福利待遇低下，为了家人的幸福，明知道工作存在的危险性，他们还是选择了坚持。他们为国家的建设和发展默默无闻地奉献着。祝愿天下所有的矿工，所有辛勤工作的劳动人民一生平安！

（四）“孤儿”——马如林

在还没采访马如林之前，我们一直以为马如林是孤儿，是无父无母的。在字典上孤儿的解释是这样的：失去父母的儿童或者是未成年人。在和马如林的访谈中，我们才了解到，原来他是有母亲的，只是母亲患有重病，一直无法照顾他的生活，所以我们在孤儿这词语上加上了一个双引号。

第一次见到马如林，很是瘦小，也就十来岁的样子，与一个十五岁的孩子一点不相符合，在他姨妈的带领下不情愿地走到我们身旁，他姨妈说，他不太想与我们聊天，我们很是不解，但是在后来的聊天中，我们仿佛能够理解他的心情了。访谈是在马如林家的房子里进行的，他的家和他姨妈家是连在一起的，虽然连在一起，但差距很大，是萧条又或说是贫穷的。马如林的家不大，看起来也不过五六十平方米，没有像村子里很多人家盖的砖瓦房，而是已经常年失修的有些破旧的土坯房。进入他家，感觉很没有生气，仿佛这个房子已有很久没有人住过了，柜子上、床上都落满了灰尘。

马如林说他小学毕业就没再上学了，而是去了家附近的磨牙清真寺念经，我们问他为什么不再多读一些书呢？他说，自己的父亲很早就去世了，唯一的顶梁柱没有了，家中一下子就失去了经济来源，很贫穷，没有钱支持他上学。虽然他很喜欢读书，尤其喜欢学习语文，觉得在学习语文知识的过程中，能读到许多优美的词句，能学到许多以前不曾理解的一些道理，还能让自己对未来的生活充满想象。而且他还很谦虚地说自己的学习成绩并不优秀，以后也不可能像村里的那几个大哥哥一样成为大学生，到头来他也学业无成还害得母亲那么辛苦。从与马如林的谈话间，我们发现他有着与一般同龄孩子不一样的沉静，仿佛有很多事情压在他的心里，让他不能像别的孩子那样恣意玩耍。

马如林说他在清真寺里已经念经三年了，第一年一直在学阿拉伯语，第二年和第三年就开始学习《古兰经》。我们都认为阿拉伯语应该很难学，他却说阿拉伯语很有意思，学起来很轻松，甚至要比小学里学习的英语简单得多，现在他已经能够看懂阿拉伯语并且可以读出来，这让我们很是吃惊，但同时又觉得也许这个孩子可能有学习阿拉伯语这方面的天赋吧。从他说《古兰经》的神情中，我们好奇地问他难道要一辈子在清真寺里念经吗？他说，他很喜欢念《古兰经》，觉得现在自己年纪还很小，有很多经文都不是很理解，还需要长期的学习才能逐渐明白更多的道理，并且觉得经文的学习是没有止境的，只要自己想学就还有没学会的知识和道理，能在清真寺学习一些《古兰经》的知识对他帮助很大，可以纠正自己的言行，可以学习很多父母没教会的道理，可以让自己的思想升华。他还特别开心地与我们分享了一段他在寺里学习《古兰经》中自己觉得最有道理的一段话。他说在世界上总共有三种人，第一种人是对不起自己的人，也就是不做礼拜，不封斋，不按照《古兰经》要求做的人，他们死的时候会受到惩罚（这辈子会变成动物，下辈子会在大火里燃烧）；第二种人是亏欠了别人的人，也就是偷盗、抢劫、杀人、放火的人，他们也会受到惩罚（在大火里燃烧，在油锅里煎）；第三种人是最好的人，也就是一直跟随着《古兰经》走的人，他们如果犯了罪，只要在大火里烧尽他们的罪恶，就可以升入天堂，而其他两种人是怎样也无法进入天堂的。马如林说，这段经文一直环绕在脑海中，鞭策、监督着自己要按照《古兰经》的要求，不断完善自己的想法，不断提升自己的言行，不能犯错。他希望自己能做第三种人，最终能够进入天堂。

在提到《古兰经》时，马如林的眼中一直闪耀着耀眼的光芒，但是当提到他的母亲时，马如林的眼神却瞬间就落寞了。听马如林的姨妈说，马如林的母亲在去年的时候得了很严重的颈椎病，依靠拐杖才能勉强站起来，之前一直在临夏自治州的医院治疗，花费了家里大部分积蓄，本来就一贫如洗的家更加贫困了，病情却一直不见好转。家里虽然参加了农村新型医疗合作保险，但是还没有来得及报销，这些钱只能由自己先垫付了，他们也不了解政府能帮他们报销多少医药费。而马如林家一年唯一的收入就是政府按照低保户的标准一个人每月 100 元，一年也就 2400 元的收入，根本无法支付那巨额的医药费开支。由于没有钱，所以他们放弃了让母亲在医院进行治疗，母亲现在一直住在姐姐家，由姐姐来照顾病重的母亲。马如林说姐姐今年也才 20 岁出头，刚结婚没多久，不像村里许多人家做点小生意能赚些钱，姐姐和姐夫也只是在家务农的农民，靠天吃饭，一年种的粮食也只够填饱自家的肚子，家里也很是贫困，根本无力去帮助母亲看病治疗。马如林说他现在在清真寺里念经，每个月寺里会发给他 200 元，他每次最多只留 10 元，剩下的都交给母亲，他说希望有一天这些存下来的钱能够帮助母亲治好颈椎病，让母亲重新拥有健康的身体。在清真寺学习经文的这三年，每个月都会有几天假期，马如林一如既往地会到姐姐家中去看望母亲，他说自己很心疼母亲，每次去那帮母亲洗洗衣服，做做饭，干干家务，陪母亲聊聊天。而且他说，母亲特别喜欢马如林帮她捶背，所以他每次去的时候都会帮母亲捶好久，他说如果母亲的病通过捶背就可以痊愈的话，他愿意每天都坚持不懈地帮母亲捶背，即使捶十年二十年都无所谓。听着他的讲述，我们都很心疼地看着马如林，在一个本该无忧无虑享受着父母呵护的年纪，却如此辛苦地过着每一天，承担着他本不应承担的一切。

当我们问到马如林有什么理想的时候，他很腼腆地笑了，说他梦想能当一名阿訇。大家可能有所不知，阿訇是从波斯语音译过来的，是中国伊斯兰教教职称谓，是回族穆斯林对主持清真寺宗教事务人员的称呼。其意为“教师”、“学者”，也可翻译为“阿衡”、“阿洪”、“阿宏”等。大约从明代后期胡登洲开办经堂教育时起，中国穆斯林就开始称教授经文的教师为阿訇，后逐渐流行。其地位名列“三道”制或“五道”之下。18 世纪末，随着“三道”制的衰落，阿訇才基本上取代“三道”制跃居首位，成为清真寺的主要负责人。今为由清真寺经堂大学或经学院“穿衣”毕业，具有较高宗教学识的宗教人员的通称。也就说，阿訇是清真寺里地位最为崇高的职位。马如林说阿訇很伟大，他希望通过自己不断地学习经文，能够成为博学多才的阿訇，为父母争光。但是同时，马如林也告诉我们，如果有一天自己没法成为梦想中的阿訇，他会放弃在清真寺里学习经文，像自己的表哥一样出去打工，做一位拉面师傅，学习拉面技艺，赚钱为母亲治病，让母亲过上更好的生活。

希望有那么一天马如林能实现自己的梦想，无论是成为一名伟大的阿訇还是赚钱治好母亲的病，我们希望这个小小年纪就如此辛苦却仍然怀揣梦想的孩子能够得到社会或是政府或是他人更多的眷顾。

附　录

寺庄村问卷调查

地区别			代码
甘肃______自治区、省			□□
临夏回族______自治州、盟、市、地区			□□
临夏______自治县、旗、市、区			□□
麻尼寺沟______乡、镇、苏木			□□□
寺庄______村、嘎查			□□□
调查时间	开始时间	2011年8月1日　时　分	
	结束时间	2011年8月1日　时　分	

调查员 马子博

指导员 周晓丽

一、姓名 邓马五乃

二、性别 1.男 2.女

三、年龄 42

四、文化程度 1.大专及以上 2.高中（中专） 3.初中 4.小学 5.文盲半文盲

五、婚姻状况 1.未婚 2.初婚有配偶 3.再婚有配偶 4.离婚 5.丧偶

六、你是哪个民族 回族

七、你信仰什么宗教 1.佛 2.伊斯兰 3.基督 4.道教 5.天主 6.撒满 7.不存在

八、你家共有几口人（包括户籍人口和外来半年以上人口数） 7 人

九、你家16岁及以上劳动人口数 3 人

十、去年以来，你和你的家人是否患过大病（达到住院程度） 1.是 2.否

十一、 你是否会讲汉语普通话 1.能流利讲 2.讲不很好 3.不会讲

十二、 2010年你家的收入为 57080 元（包括政府补贴和社会救济）

十三、 2010年你全家收入来源比例情况

职业	收入（元）	职业	收入（元）
从事种植业		从事乡镇就业工资	55800
从事畜牧养殖业		外出打工	
家庭手工业		政府补贴和社会救济金	1280
从事渔业		出租草场耕地房屋等	
从事旅游业		其他经营性收入	
从事运输业			

十四、 制约你家农牧业收入增长的主要原因（限选三项） 1.自然灾害 2.市场（销路、价格）3.政策 4.缺少劳动力 5.草场退化 6.失去土地 7.缺少资金、技术、信息等 8.不存在

十五、 2010年你家的农作物、牲畜、家禽情况

种类	亩数	价值（元）	种类	亩、个数	价值（元）	种类	个数	价值（元）
玉米	25	5000	油料			马驴		
麦类			棉花			骆驼		
薯类			果树			猪		

水稻			羊			家禽		
蔬菜			牛					

十六、 你家住房建筑类型是什么

1. 砖瓦石房 2. 蒙古包 3. 土坯房 4. 钢筋水泥房

十七、 你家住房建筑面积 200 平方米

十八、 你家住房取暖设施是什么 1. 炉子 2. 火炕 3. 土暖气 4. 其他______

十九、 你家饮用水主要类型是什么 1. 自来水 2. 泉水 3. 井水 4. 河湖水

二十、 你家是否有厕所 1. 有 2. 没有

二十一、你家做饭主要燃料是什么

1. 煤气 2. 电 3. 煤炭 4. 木柴 5. 牛羊粪 6. 其他________

二十二、你家承包土地情况（单位：亩）

总面积	耕地面积	水浇地面积	旱地面积	草场面积
2.5	2.5			

二十三、你家农业生产水源情况

1. 湖泊水 2. 降雨 3. 井水 4. 河流水 5. 泉水 6. 其他________

二十四、你家主要生产性固定资产数量情况 （单位：个）

汽车	拖拉机	打草机	收割机	机动三轮车	牛车	马驴车	水泵	其他

二十五、你家主要放牧方式情况 1. 游牧 2. 圈养 3. 轮牧 4. 不存在

二十六、2010 年你家支出情况（单位：元）

总支出	生产性	衣服	食品	看病	教育	娱乐	红白喜事	交通	通讯	住房
3万		3000	1.5万	2000			7000	1000	1000	

朝鲁 10万

二十七、2010 年你家耐用消费品情况（单位：个）

项目	个数	项目	个数
电视		农用车（拖拉机）	
电冰箱		卡车	
洗衣机		小轿车	

照相机		电话	1
影碟机		组合音响	
电动车		手机	2
摩托车	1	自行车	

二十八、如果你们这里有新型合作医疗制度，你是否参加了

1.已参加 2.没参加 3.不存在

二十九、如果你们这里有社会养老保险，你是否参加了

1.已参加 2.没参加 3.不存在

三十、近三年你家接受国家、集体和社会的补贴救济资金(包括低保金) 4.36万 元.

三十一、　如果你家是贫困家庭，难以脱贫的主要原因（限选三项） 1.疾病或工伤 2.教育费用 3.建房或结婚负债 4.劳动力少 5.自然灾害及自然条件差 6.失去土地 7.文化水平低 8.其他 9.不存在

三十二、你闲暇时间主要做什么（限选 3 项） 1.看电视 2.聊天 3.文体活动 4.下棋 5.看书 6.打牌 7.上网 8.闲逛 9.其他 [illegible]

三十三、如果你家耕地被占用，得到了什么补偿（限选 3 项）

1. 金钱　2.食物　3.牲畜　4.土地　5.没补偿　6.不存在

三十四、你认为土地被占用的补贴标准是否合理 1.合理 2.不合理 3.说不清

三十五、你家外出劳动力情况

姓名	性别（男填 1，女填 2）	年龄	外出距离（公里）	如没有外出劳工力填零

三十六、你家在过去一年接受过政府组织的劳动技能培训 0 人次

三十七、你家距离最近的医疗点有多远 0.5 公里

三十八、你家距离最近的小学有多远 0.5 公里

三十九、你家距离最近的柏油马路有多远 0 公里

你家是否有电话，请留下电话号码：（ 13884015710 ）

18919337188

参考文献

[1] 张成福，党秀云．公共管理学［M］．北京：中国人民大学出版社，2001.

[2] 党秀云．民族地区公共服务体系创新研究［M］．北京：人民出版社，2009.

[3] 党秀云，周晓丽．南桑村调查［M］．北京：中国经济出版社，2010.

[4] 党秀云，周晓丽．水各村调查［M］．北京：中国经济出版社，2010.

[5] 杨思远．巴音图嘎调查［M］．北京：中国经济出版社，2009.

[6] 李俊清，党秀云．变革与繁荣至民族地区公共管理的问题与挑战——中国民族地区公共管理论丛［M］．北京：人民出版社，2009.

[7] 李俊清，党秀云．重构与超越——民族地区公共管理现状调查与分析［M］．北京：人民出版社，2009.

[8] 马东平．临夏八坊回族民俗文化中的伊斯兰文化特质及构建［J］．西北民族研究，2009（2）．

[9] 穆罕默德·努勒·马存恩．伊斯兰教教义大全［M］．兰州：西北民族大学出版社，2007.

[10] 马坚，译．古兰经［M］．北京：中国社会科学出版社，1991.

[11] 海学旺，主编．临夏县民族宗教专辑［A］．兰州：甘肃民族出版社，1998.